바다에서 본 역사

바다에서 본 역사

개방, 경합, 공생
동아시아 700년의 문명 교류사

하네다 마사시 엮음 ― 고지마 쓰요시 감수

조영헌, 정순일 옮김

민음사

『바다에서 본 역사(海から見た歴史)』를 한국어로 번역해 출판하게
되었습니다. 이 책의 엮은이로서 매우 기쁘고 영광스럽습니다. 번역
을 담당하신 조영헌 교수님과 정순일 교수님의 노고에 깊이 감사드
립니다. 원저가 간행된 지 5년이 지났기 때문에 최신 연구 성과가 충
분히 반영된 서적이라고는 말할 수 없습니다. 그러나 이 책이 지닌 몇
가지 독자적인 특징은 여전히 의미를 잃지 않았다고 생각합니다. 그
래서 한국어판 서문을 통해 그 가운데 특히 중요한 두 가지를 소개
해 드리고자 합니다.

이 책은 일본의 역사학자들이 일본어로 축적되어 온 연구 성과를
주로 활용하고 일본 학계에서 논의된 흐름을 의식해 '동아시아 해역'
(일본어로는 이 용어 자체가 새로운 역사 공간 개념입니다.)의 역사를 논한

작품입니다. 독자로는 주로 일본어를 읽을 수 있는 지식인과 학생을 상정하고 있습니다. 독자가 전문가로 한정되지 않는다는 점에 유의해 모든 원전을 표기하는 순수한 학술서의 형식을 취하는 대신에 책의 마지막에 참고 문헌 목록을 게재하는 방식을 채택했습니다. 이것은 일정한 교양과 넓은 관심을 가진 사람들에게 최신 학술 성과를 될 수 있는 한 읽기 쉽게 전하기 위한 궁리입니다. 따라서 이 책은 고도의 전문 학술서가 아니며, 그렇다고 해서 광범위한 독자를 대상으로 하는 대중서라고도 말할 수 없는, 그 중간적인 성격을 가진 일반 학술서라고 할 수 있을 것입니다. 일본어권에서는 비교적 자주 접할 수 있는 서적 유형인데, 이것이 이 책의 첫 번째 특징입니다.

이 책은 참고 문헌 목록에서도 알 수 있듯이 이 책이 나오기까지 출판된 일본어로 된 연구, 특히 저서를 포괄적으로 참고했습니다. 일본어로 출판된 학술적인 책인 만큼, 그것은 당연한 방법론입니다. 그에 비해 한국어나 중국어, 게다가 영어 등 서양어로 된 관련 연구는 본문을 집필하면서 직접 인용한 것만 참고 문헌으로 실었습니다. 이 때문에 한국의 독자분 중에는 한국어로 된 연구 문헌에 관한 언급이 충분하지 않다는 이유로 이 책의 학술적인 가치와 수준에 의문을 품는 분이 계실지도 모르겠습니다. 그러나 이 책에서 참고한 일본어로 된 연구 중에는 한국어를 비롯한 비(非)일본어로 된 연구를 두루 살핀 연구가 많습니다. 따라서 이 책에는 비일본어로 된 연구 성과가 참고 문헌 목록에 열거한 서적과 논문의 수 이상으로 반영되어 있습니다. 한국에 충분히 알려져 있다고 말할 수 없는, 일본어로 된 최신 연구를 빠짐없이 참고해 동아시아 해역의 역사를 논한다는 점에서 이

바다에서 본 역사

책은 한국에 소개할 만한 의미가 충분히 있다고 말할 수 있습니다.

이 책을 읽으시면 한국에서는 알려지지 않았던, 혹은 문제시되지 않았던 주제를 다룬다는 사실을 깨달으실 수도 있습니다. 같은 주제를 다룬다고 하더라도 한국의 독자분들을 대상으로 집필된 한국어로 된 저작과 비교하면, 문제를 설정하는 방식이나 시각, 역점을 두는 방식, 해석이나 이해에서 차이를 발견하는 경우도 있을 것입니다. 그중 대부분은 저자의 위치성(positionality)에 따른 차이라고 저는 생각합니다. 어느 쪽이 옳고 어느 쪽이 그르다는 종류의 주장이 아닙니다. 저자들과 그들이 의식하는 독자가 서 있는 위치, 나아가 공유되는 지식이 한국어로 집필된 서적과 일본어로 집필된 서적 사이에는 차이가 있다는 사실입니다. 중요한 것은 위치성이 다른 저자가 쓴 작품을 읽고 서로의 견해가 상이함을 인식하며, 왜 그처럼 해석되고 기록되는지를 이해하는 것입니다. 그런 의미에서 이 책을 읽으시는 한국 독자분들의 반응을 듣는 과정이 저자인 저희에게는 대단히 중요합니다. 어떤 점이라도 괜찮으니 의견과 감상 등을 들려주신다면 감사하겠습니다.

이 책의 두 번째 특징은 많은 연구자가 참여한 공동 연구 성과이면서, 일반적으로 공저라는 말에서 연상되는 책과는 상당히 다른 성격을 지닌다는 점입니다. '책을 마치며'에 적어 두었기 때문에 여기에서는 상세히 논하지 않고자 합니다만, 저희는 이 책을 기획하면서 종래의 인문학과 사회과학의 공동 연구에서 보여 왔던 상식과 관례에 도전하고 새로운 기축(機軸)을 내세우고자 시도했습니다. 연구회를 빈번히 열어 참가자 전원이 납득할 때까지 철저하게 논의를 나누었으며, 기본적인 개념과 사실(史實), 역사 서술의 방법에 관해 공통의 이해를 얻은 다음, 그 이해를 바탕으로 '동아시아 해역'의 과거를 해석하고 서술하려 했던 것입니다. 이 방법이 제대로 기능하면 출판되는 작품은 연구자 한 사람의 개별 연구로는 도달할 수 없는 수준과 확산력을 가지는, 규모가 큰 공동 연구의 성과를 제시할 수 있을 것입니다.

실제로 공동 연구를 시작해 보니, 각 연구자가 하나의 주제를 바라보는 시각과 견해가 서로 다른 것은 당연하기 때문에 연구회를 열 때마다 논의는 활기로 넘쳤고 때로는 뜨거워지기도 했습니다. 결과적으로 유감스럽게도 모든 점에서 참가자들이 완전히 합의했다고는 말할 수 없습니다. 하지만 연구회의 산물로서 이 책이 출판되었다는 사실 자체가 저희의 시도가 성공했음을 보여 준다고 말할 수 있는 것이 아닐까요?

다음으로 이 책에서 사용된 용어와 표현에 관해 한국의 독자분들께서 주의해 주셨으면 하는 점을 두 가지 말씀드리고 싶습니다. 첫 번째, 이 책에서는 전근대 동아시아 해역 각지의 언어(주로 한국어와 한어, 일본어)에서 활용되던 어휘나 개념, 표현을 그들에 대응하는 적당한 표현이 현대 일본어에 없는 한 그대로 쓰기로 했다는 점입니다. 현대어로 변환해 생각지도 못한 오해를 낳는 것보다는 원어를 그대로 제시하는 방식이 독자들에게 친절할 것으로 생각했기 때문입니다. 또한 한자가 많이 사용되는 일본어 문장에서는 문장 중에 한자를 사용해 원어를 표현해도 대체로 그 의미가 통하며 그다지 위화감이 생기지 않습니다. 이러한 점에 관해서는 한글을 사용하는 한국어판에서 어떠한 조치가 취해졌는지 저는 알 수 없습니다. 하지만 아마도 문자는 별개로 하더라도 상당수의 한국어와 한어, 일본어에 의한 서술어가 본문 중에 그대로 삽입되지 않았을까 생각합니다. 이들이 한국 독자분들의 통독을 어렵게 해 드린 면이 있다면 사과드리지 않을 수 없습니다. 그렇지만 저자로서는 현대에서 멀리 떨어진 시공간인 과거의 동아시아 해역을 될 수 있는 한 정확하게 제시하고 설명하기 위한 조치였습니다. 너그러이 용서해 주시면 감사하겠습니다.

두 번째는 '한국'과 '중국', '일본'이라는 용어에 관해서입니다. 이 책에서 장소를 나타낼 때에는 무조건 이와 같은 용어를 사용했습니다. 그러나 전근대에 관해 논하는 책이기 때문에 현대의 국민주권국가와 그 국민을 나타내는 용어를 사용할 때에는 충분히 신중해야 한다고 생각했습니다. 그래서 이 책에서는 중국에 사는 사람들을 '화인(華人)'으로 쓰고, 현대 중국의 국민을 의미하는 '중국인'이라는 용어와 구별하기로 했습니다. 국민주권국가가 있고 나서야 비로소 국민이 탄생했다는 생각에서입니다. 마찬가지로 한반도에 사는 사람들에 대해서는 '고려인'과 '조선인' 등의 용어를 사용했습니다.

대조적으로 일본어에는 전근대 일본열도에 사는 사람들을 부를 만한 적당한 호칭이 '일본인' 말고는 없습니다. 그래서 이 책에서는 표현을 다양하게 궁리해 될 수 있는 한 '일본인'이라는 용어를 쓰지 않게 했습니다. 그러나 일본열도에 사는 사람 전체를 가리키는 경우만큼은 때때로 '일본인'을 사용하지 않을 수 없었습니다.

이 책은 출간된 후 다행스럽게도 호평을 받아 일본 국내의 신문 등 미디어에서 호의적으로 소개되었습니다. 타이완(대만)에서는 중국어 번체자로 번역되어 이미 출판된 바 있습니다. 또한 현재 영어 번역의 준비가 진행되고 있으며, 2019년 3월에는 선보일 예정입니다. 이에 더해 이번에 한국어판이 나온다는 사실은 일찍이 '동아시아 해역사 연구회'에 참가해 논의를 나눈 모든 동료의 큰 기쁨입니다. 이 책이 관련 분야를 다루는 한국의 연구자와 일본의 연구자 사이에서 학술 교류의 활성화를 불러올 수 있기를, 그리고 한국의 많은 독자분이 동아시아 해역의 과거에 관심을 보이시고 그로부터 세계사의 흐름과 구조를 다시 생각하시는 계기가 될 수 있기를 바라 마지않습니다.

2018년 9월
하네다 마사시

한국과 중국의 교류사는 일본에 어떤 의미가 있을까?

동아시아의 긴밀한 관계가 일상적인 경제적·문화적 교류부터 점점 주목받는 한편으로, 동아시아의 상호 간 이해가 더욱 시급한 과제로 다가오고 있다. 좀 더 좋은 관계를 구축하기 위해서는 과거를 돌아보고 일본열도가 한반도 및 중국과 함께 만들어 낸 해역 세계가 어떠한 역사를 걸어왔는지, 그 결과로 오늘날의 일본 문화가 어떻게 형성되었는지를 알아야 할 것이다. 이 책은 공동 연구의 성과를 바탕으로 동아시아의 해역 교류의 모습과 그에 따라 일본 전통문화가 형성되는 과정을 제시한 것이다.

견당사(遣唐使) 시대의 교류는 교과서를 통해 널리 알려졌고, 예전부터 사회적으로 큰 관심을 받았다. 또한 근대의 '불행한 역사'에 관해서도 역사 인식의 차이는 있지만, 많은 책을 통해 일반적으로 다루어져 왔다. 그런데 894년의 견당사 철폐에서 1894년의 청일전쟁에 걸친 기간에 있었던 한·일 교류와 중·일 교류의 경우, 많은 사람에게는 개별적으로 몇몇 사건이 떠오르는 정도일 것이다.

이 책은 이러한 1000년이라는 기간에 동아시아 국가 간에 정식적인 국교가 거의 없었는데도 다채롭고 풍부한 교류가 이루어졌음을, 그리고 그것이 일본에서 '전통문화'로 불리는 것을 만들어 내는 데에 결정적 역할을 했음을 밝히고자 한다. 독자들은 기존에 알고 있던 개별적인 사건들이 어떻게 서로 연관되어 있는지에 관해 신선한 충격을 느낄 것이다.

이 책을 다 읽었을 때 당신의 세계관은 분명히 변해 있을 것이다.

고지마 쓰요시

바다에서 본
역사로의 초대

1 우리의 바다 지도

1.1 바다에서 본 역사란 무엇인가

가라이모와 니혼이모

'바다에서 본 역사'란 어떤 역사를 말하는 것일까? 이는 이제까지 우리가 아는 역사와 무엇이 다른 것일까? 또한 왜 다시 그 역사를 생각해야 하는 것일까? 이런 질문에 대해 익숙한 소재를 예로 들어 설명할 수 있을 것이다.

17세기를 맞이할 무렵부터 동아시아 각지에서는 라틴아메리카가 원산지인 새로운 농작물을 일제히 재배하게 되었다. 고추는 그중 하나다. 일본열도에서는 고추를 '도가라시(唐辛子 또는 唐芥子)'나 '남만(南蠻)', '호초(胡椒)'로 불렀다. 이는 당인(唐人: 중국인)이나 남만인(포르투갈인이나 에스파냐인)이 고추를 가져왔기 때문이다. 중국에서도 오래전에는 고추를 '번초(番椒)'라 해서 번국(番國 또는 蕃國)이나 만국(蠻國), 즉 외국에서 온 것을 나타내는 명사로 부르는 경우가 많았다. 한편 한반도에서는 고추를 처음에는 '왜개자(倭芥子)'로 불렀다. 류큐 열도에서도 널리 퍼진 고추 '코레구스'의 '코레'는 한반도의 고려를 나타내는 '고라이(高麗)'에서 유래되었다고 한다. 유럽 선박을 통해 동아시아로 들어온 고추는 이처럼 국가나 지역에 따라 어디에서 전래되었는지에 관한 정보가 다양하다. 전래된 시기는 거의 같은데, 도대체 왜 이렇게 다른 것일까?

또 한 가지 예를 소개하겠다. 마찬가지로 라틴아메리카에서 들어온 작물 중에 사쓰마이모(薩摩芋)가 있다. '사쓰마에서 온 토란'이라는 이 명칭은 주로 일본의 혼슈 이북의 것으로, 규슈 북부에서는 '류큐이모(琉球芋)'로 불린 적도 있으며, 사쓰마가 있는 규슈 남부에서는 '가라이모(唐芋)'로 불리는 경우가 많다. 한반도에서는 '고구마'라고 하는데, 이는 쓰시마의 '고코이모(孝行芋)'에서 유래했다고 한다. 오키나와에서도 고구마는 '가라이모'로 불리는 경우가 많지만, 18세기 무렵까지는 '반스'로 불렸다. 16세기 말과 17세기 초의 전래에 관해 기록된 류큐의 사료에는 '반스'가 '번서(番薯)'로 표기되어 있는데, '번서'는 중국에서 널리 쓰인 고구마의 호칭이다. 중국에서도 고구마의 전래에 관해 지역마다 여러 설이 있는데, 광동(廣東)에서는 1580년에 광주(廣州) 연안의 동관현(東莞縣) 사람이 안남(安南)에서 가져왔다고 하고, 복건(福建)에서는 1593년에 민강(閩江) 하구의 장락현(長樂縣) 사람이 루손(呂宋)에서 가져왔다는 주장도 있다.

그런데 같은 중국에서도 절강성의 주산군도(舟山群島) 부근에는 전혀 다른 설이 있다. 여기에는 관세음보살의 영험한 기운이 서린 곳으로 유명한 보타산이라는 섬이 있는데, 1607년에 절동(절강성 동부) 지방의 사대부[1]들이 『보타산지(普陀山志)』라는 지방 요람을 편찬했다. 이 요람에는 섬의 산물로 일찍이 '반스'가 포함되었는데, "맛은 매우 달다."라는 설명과 함께 "종자는 일본에서 왔다."라고 서술되어 있

---

1   유교적 교양과 학식을 몸에 지닌 중국의 전통 지식인 지배층을 말한다. 송대 이후에는 과거와 관료 제도에 관계된 자들을 가리키는 총칭으로도 사용되었다.

다. 따라서 이때 번서의 '번'은 일본을 가리킨다. 류큐나 사쓰마에서 '가라이모(중국에서 온 토란)'로 불린 고구마가 이 지역에서는 '일본에서 온 토란'으로 불렸다는 말이 된다. 이 일본 유래설은 100년 후에 간행된 『남해보타산지(南海普陀山志)』에도 그대로 기록되어 있다. 현대적 '상식'선에서 보면 『보타산지』의 일본 유래설은 상인들이 동남아시아에서 가져왔다는 광동의 설이나 복건의 설보다 설득력이 없지만, 이는 보타산이 일본과의 해상 교통의 거점이었다는 사실을 반영하는 것이다.

이처럼 고추나 고구마의 전파와 관련된 여러 정보는 언뜻 보기에 황당무계한 것도 포함해 여러 설이 혼란스러운 양상을 띤다. 최근에도 다양한 논거나 논리를 통해 합리적인 설명을 시도하려는 연구가 발표되고 있다. 그중에는 품종의 차이에 착안하는 등 주목할 만한 연구도 있지만, 주장의 진위를 분별하려고 한 나머지 많은 사료나 전승을 버리거나 "무엇이 먼저인가?"와 같은 내셔널리즘적인 논의로 기울어지는 경우도 많다. 생산적인 논의가 이루어진다고는 할 수 없는 상태다. 이러한 교착 상태를 타개하기 위해 과감하게 발상을 전환해 보면 어떨까?

기존의 연구와 논의의 기본적 전제에서는 어떤 것이 A국에서 B국으로 전파되거나 건너갔다고 본다. 이 전제 자체를 의심해 보는 것이다. 사쓰마 사람들이 말하는 '당'과 절동 사람들이 말하는 '일본'이 사실은 같은 '장소'를 가리키는 것이라든지, 혹은 광동과 복건, 절강에 각각 고구마를 가져간 '동관현 사람'과 '장락현 사람', '일본인', 나아가 '남만인'도 실제로는 같은 '무대'에서 활동했다는 식으로 생각해 보는 것이다.

그렇다면 그 '장소'나 '무대'는 어디일까? 그것은 '바다'다. 즉 고구마나 고추도 A국이나 B국에서 온 것이 아니라 실제로는 '바다'에서 온 것이다. 그 '바다'라는 세계를 어느 한 지역에서는 '당'이라고 하고, 다른 지역에서는 '왜'나 '일본'이라고 하며, 경우에 따라서는 '류큐'라든지 '고려'라고 한다고 보는 것이다.

이것을 읽고 "무슨 말도 안 되는 소리!"라고 하며 얼굴을 찌푸리는 독자도 많을 것이다. 하지만 이것이 '바다에서 본 역사'를 표방하는 이 책을 관통하는 발상인 것이다. 각도를 조금 바꾸어서 이야기를 더 진행해 보겠다.

'바다'의 세계와 육지의 '국적'

바다를 무대로 활약했던 상인들을 해상(海商)으로 부른다. 경우에 따라 같은 해상이 마치 다른 나라 출신인 것처럼 기록되어 있기도 하다. 예를 들면 9세기 일본의 유학승 엔닌(圓仁)[2]이 당에서 귀국할 때 탔던 배의 사공이었던 김진(金珍)은 당에서는 '신라인'으로 보았지만, 일본에 오자 다자이후(大宰府)에서는 '당인'으로 불렸다. 또한 김진과 행동을 같이한 흠량휘(欽良暉)도 당에서는 역시 '신라인'이었지만, 나중에 일본에서 엔닌의 라이벌 엔친(圓珍)[3]의 출국을 지원했을 때는 '대당국 상인'으로 불렸다. 게다가 마찬가지로 엔친을 후원했던 이연

---

2 794~864년. 천태종(天台宗) 승려. 지카쿠(慈覚) 대사라고도 한다. 『입당구법순례행기(入唐求法巡禮行記)』를 저술했다.
3 814~891년. 천태종 승려. 지쇼(智証) 대사라고도 한다.

효(李延孝)도 일본에서는 '대당 상객(商客)' 또는 '본국(일본) 상인'으로 보았는데, 중국 항구에서는 '발해국 상주(商主)'라고 했다.

외교사절 역할을 했던 해상들에게도 비슷한 사례가 있다. 1026년에 일본의 '다자이후 진봉사(進奉使)'로서 중국의 영파를 방문했던 주량사(周良史)는 일본에 있을 때 '대송국 상객'으로 불렸다. 1160년대에 고려[4]와 송 사이를 외교 문서를 갖고 왕래했던 서덕영(徐德榮)은 송에서는 '고려 강수(綱首)'로 기록되어 있고, 고려에서는 '송도강(宋都綱)'으로 불렸다.(강수나 도강은 해상의 별칭이다.) 또한 1004년과 1019년에 서아시아에 있는 대식(大食: 아랍)의 조공사로서 송으로 내항했던 포가심(蒲加心)은 1011년에는 소하르(勿巡: 오만의 도시)의 조공사로, 1015년에는 남인도에 있는 촐라 왕조의 조공사로 등장한다. 1391년과 1396년에 류큐의 추잔국(中山國)이 명에 파견한 조공사 고에쿠츠치(隗谷結致)도 1404년에는 난잔국(南山國)의 사자(使者)로 건너갔다. 같은 사람인데도 그 해상이 속한 나라의 이름을 다르게 불렀던 경우가 있는 것이다. 그들은 실제로 어느 나라 사람이라고 해야 하는 것일까?

언뜻 보기에 혼란스러운 것은 당시 육지의 정치권력이 해상들의 출생지나 민족적 출신보다도 그들이 어디에서 왔는지, 어느 정부가 그들을 파견했는지를 중시했기 때문일 것이다. 바다 세계에서 온 배와 상인들에게 자기들이 아는 육지의 국명을 꼬리표로 붙이면 그것으로 충분했기 때문이다.

---

4   918년에서 1392년까지 한반도 대부분을 지배했던 국가. 건국자는 왕건.

실제로 바다 세계에서 살아가는 사람 중에는 자기 출신을 그렇게 중요하게 생각하지 않는 경우도 있었다. 예를 들면 영파에는 1167년에 사원에 돌을 까는 비용을 기부한 장공의(張公意)와 정연(丁淵), 장녕(張寧) 세 사람의 이름을 새긴 비석이 있다. 성에서 알 수 있듯 그들은 분명히 화인(華人: 중국인)인데, 각각 "건주(建州) 보성현(普城縣)에서 일본국으로 이주", "일본국 다자이후 하카타진(博多津) 거주", "일본국 다자이후 거주"라고 소속이 쓰여 있다. 장공의가 일본에 사는 건주 보성(현재의 복건성 남평시(南平市) 보성현(浦城縣)) 사람이라고 고향을 밝힌 것에 비해 다른 두 사람은 출신에 관해서는 기록하지 않고 '일본국 거주'라는 현재의 상황을 기록했다.

바다 세계를 왕래하는 배에 관해서도 마찬가지다. 1323년 무렵 영파에서 하카타로 향했던 무역선이 현재 한국의 신안 앞바다에서 침몰했다. 1976년에 발견된 침몰선은 목재나 구조로 보아 중국에서 만들어진 정크선임이 분명했지만, 짐에 포함되었던 목간(木簡)에는 도후쿠지(東福寺)[5]와 하코자키구(筥崎宮)[6] 등 일본 사찰의 이름이 많이 기재되어 있었다.[7] 또한 선상 생활 도구에는 중국 냄비(바닥에 구멍을 여러 개 뚫어 물이나 기름을 쏟아내는 용도로 사용하는 냄비)나 수저, 일본

---

5 1236년에 구조 미치이에(九條道家)를 시주로 엔니가 교토에 창건. 이후 교토의 임제종(臨濟宗) 5대 사찰(京都五山) 중 제4위 선종사원이 된다.

6 후쿠오카시 히가시구(東區) 하코자키(箱崎)에 소재한 하치만구. 엔기시키 나이샤(延喜式內社) 중 하나이자 지쿠젠국의 신사 중 하나. 고대에는 다자이후와 밀접한 관계를 가졌고, 일본과 송의 무역에도 관여했다.

7 대한민국 전라남도 신안군 앞바다에서 발견된 침몰선 유적에서는 선체와 함께 도자기와 짐 꼬리표 목간을 비롯한 대량의 적재물이 인양되었다. 조사를 통해 14세기 전반에 중국과 일본 사이의 무역에 종사했던 중국식 정크선임이 확인되었다.

의 옻칠 공기나 게다(일본식 신발) 등이 보였다. 승조원들은 중국과 일본의 혼성팀이었을 것이다. 이와 같은 배를 과연 '일본선' 혹은 '원선(元船: 중국선)'으로 부를 수 있을까?

고구마와 고추가 전파되었던 시대로 돌아가 보면 바다 세계에는 서로 섞여 이루어진 흔적이 명확하게 보인다. 17세기 초기에 동남아시아 각지에 도항했던 주인선(朱印船)으로 불린 배가 있다. 도쿠가와(德川) 정권으로부터 주인장(朱印狀)이라는 해외 도항 허가서를 교부받은 무역선으로, 통상적으로는 '일본선'으로 부른다. 일찍이 주인선을 일본인의 남방 약진의 상징으로 부른 적도 있었다. 하지만 주인장을 교부받은 사람의 30퍼센트는 화인이나 서양인 등 '외국인'이었다. 또한 일본 상인이나 다이묘가 주인장을 교부받았다고 하더라도 배의 선장은 화인이나 서양인인 경우가 적지 않았다. 반대로 중국인이나 서양인이 파견한 배의 선장이 일본인인 경우도 있었다. 1626년의 스미노쿠라부네(角倉船)를 보면 선장은 일본인이지만, 항해사나 조타수 등은 '남만과 네덜란드 등의 해상 안내 전문가'를 나가사키에서 고용했다. 이처럼 간부 선원까지 보면 승무원의 혼성률은 더욱 올라간다. 물건을 실은 하주(荷主)나 자금 투자자도 마찬가지였다.

또한 선체에 주목해 보면, 예를 들어 히라도에 있었던 영국 상관이 파견한 주인선은 중국식 정크선이었다. 에마(絵馬)에 남아 있는 일본 상인의 주인선도 정크선이었는데, 이는 뱃머리 등을 서양식으로 개조한 혼성 배였다. 또한 1630년에 네덜란드 상관선이 나가사키에서 두 척의 서양식 갤리언선을 목격했는데, 한 척은 중국 상인의 소유였고 다른 한 척은 일본인의 소유였다. 후자의 배는 중국 상인이 빌려서 항해를 시작하려던 참이었는데, 그 배의 항해사는 태평양 항로의 에스파냐선을 오랫동안 타고 나가사키를 왕래하며 일본인 여성과 결혼해 무역업에 종사했던 네덜란드인이었다. 이와 같은 배는 어느 나라에 속했다고 말할 수 있을까? 예를 들면 영국 상관의 주인선은 주인장을 받았다는 점을 강조해 일본선이라고 주장할 수 있을지도 모르겠다. 하지만 경영 주체로 보면 영국선, 선체로 보면 중국선으로 볼 수도 있다. 이처럼 전근대 바다 세계의 현상은 사람과 배에는 국적이 있다는 전근대적 개념을 전제로 한 관점으로 보려고 하면 지리멸렬해지는 경우가 많다.

해역이란 무엇인가

이처럼 '국가' 단위로 구분해 이해할 수 없는 개체로서의 바다 세계를 이 책에서는 '해역'으로 부르겠다. 여기서 말하는 '해역'은 하나의 구분된 범위의 바다를 가리키는 자연지리적인 용법과 달리 인간이 생활하는 공간으로서의 바다를, 사람과 물품, 정보가 이동하고 교류하는 장으로서의 바다를 가리킨다. '지역'이라는 말도 단순한 육지의 구분이 아니라 다양한 크기의 생활과 활동의 장을 가리키는 경우가 많은데, 이 용법과 비슷하다. 바다를 중심으로 한 '지역'이라고 해도 좋을 것이다. 하지만 역사를 국가 단위로 사고하거나 인간의 활동을 육지 중심으로 보는 사람들은 '해역'의 모습을 파악하기가 어렵고 종종 이해하기가 어렵다. 그것은 예나 지금이나 마찬가지다. 따라서 해역에서 온 사람과 물품은 '당'이나 '코레' 등 각 지역에서 해외의 육지 세계를 상징하는 지명과 국명이 붙어 불리는 경우가 있었던 것

바다에서 본 역사

이다.

육지를 중심으로 물품을 보는 관점에서 보면 해역은 입구나 출구를 알 수 없는 블랙홀과 같은 공간으로, 또는 해적이나 밀무역 상인들이 들끓는 무법의 세계로 비추어질지도 모른다. 하지만 그곳은 물고기를 잡거나 소금을 채취하는 섬이나 연안의 주민들, 배로 사람과 물품을 나르는 상인과 뱃사람들의 삶과 일터이며, 통치자의 뜻을 받들어 파견된 외교사절이나 학구열에 불타는 승려, 때로는 병사를 실은 군선이 왕래하는 역사 공간이기도 한 것이다. 우리가 이 책에서 말하려고 하는 것은 이 '해역'의 역사다.

이 책은 역사가 바다에서 시작되었다고 주장하거나 해역을 육지에서 분리해 역사를 그리려는 것이 아니다. 이 점은 오해가 없기를 바란다. 사람과 물품, 정보의 교류가 바다에서 생성되는 해역이라는 역사 공간에서 살아가는 사람들의 시선으로 그려 보고자 하는 것이다.

한 가지 예를 들어 보겠다. 과거의 동아시아에서는 사적인 해상 활동이나 해외무역을 억압하는 해금(海禁)이라는 특징적인 정책이 있었다. 이 정책을 강하게 추진한 명의 영락제(永樂帝)[8]는 즉위 직후에 "사신의 보고에서는 바다 가운데 있는 섬에 번국인이 많이 거주해 우리 나라의 병졸과 민중 중에서 무뢰한들과 은밀하게 손을 잡고 도적질을 한다고 한다."라고 하며 "번국인은 신속하게 본국으로 돌아가라. 국왕의 사자로 다시 내조(來朝)한다면 후하게 환송해 줄 것이다.

---

8   1360~1424년. 명의 제3대 황제(재위 1402~1424년). 북평(北平: 현재의 베이징)에 연왕(燕王)으로 봉해졌으나, 내전을 일으켜 조카 건문제(建文帝)를 쫓아내고 황제가 되었다. 북경으로 천도했고, 남해 원정과 몽골 친정 등 적극적인 대외 정책을 폈다.

도망가거나 숨은 우리 나라 사람은 모두 잘못을 용서해 본업으로 돌아가 오랫동안 양민으로 살게 하겠다. 만약 해로의 험원(險遠)을 잘 따르지 않으면 병사를 보내 모두 죽이게 하겠다.”라고 명했다. 이것이 육지의 정치권력이 바다를 바라보는 관점이다. 해금은 국내 치안이나 외교 질서의 회복을 위한 것이다. 하지만 거기에는 육지의 권력이 위협을 느낄 만한 당시 해역의 상황이 은연중에 드러난다. 그 실정을 밝히고자 한다.

우리 대부분은 이제까지 반은 무의식 상태로 육지 권력의 관점에서 당시 역사를 이해해 왔다. 하지만 해역의 관점에서 보면 같은 대상이 달리 보이지 않을까? 육지를 중심으로 하는 정치권력의 눈으로 기록된 종래의 동아시아사를 바라보고 바다와 육지를 합친 동아시아를 상정해 그 역사를 그려 보고자 한다. 바다를 중심에 두고 그곳에 사는 사람들의 시선으로 역사를 고찰해 보려는 것이다. 이것이 이 책의 기본 입장이다.

거듭 말하지만 해역은 육지 세계에서는 잘 보이지 않는다. 역사 서술은 사료에 기인해야 하지만, 유감스럽게도 뱃사람이나 해적 등 바다에 살았던 사람들이 스스로 기록을 남긴 것은 그렇게 많지 않다. 현존하는 고문서나 옛 기록은 대부분 육지 사람들의 시선과 문맥에 따라 기록되어 있다. 하지만 명확한 문제의식을 갖고 사료가 말하는 정보를 하나하나 재구성해 간다면 해역의 사정과 ‘육역(陸域)’ 사이의 관계성을 구체적으로 밝힐 수 없지는 않다. 해역에 사는 사람들의 권력에 대한 귀속 의식과 ‘이방인’과의 거리를 측정하는 방법은 육지의 사람들과 같았을까? ‘가족을 위해 땀을 흘리는’ 어부나 뱃사람들과 '살인을 일삼는' 해적과 병사들은 어떤 관계에 있었던 것일까? 해역을 중심으로 본 역사, 즉 '바다에서 본 역사'가 밝혀졌을 때 우리는 이 질문에 답할 수 있을 것이다.

1.2   이 책의 무대와 구성

동아시아의 바다란 무엇인가

아우트리거 카누(outrigger canoe)가 대양에 퍼져 있는 섬들을 연결해 놓은 남대서양. 바이킹[9]이나 한자 동맹[10]의 배들이 다녔던 유럽 서북 해역. 무역풍[11]을 타고 삼각돛을 단 다우(dhow)선이나 대형 갤리언이 왕래했던 인도양. 세계의 역사 속에는 다양한 해역 세계가 존재한다. 이 책의 무대가 되는 '해역'은 유라시아 대륙 동쪽의 '동아시아'다.

먼저 '동아시아'라는 용어에 관한 이 책의 입장을 밝히겠다. 이 말은 일본에서는 한반도와 중국, 일본열도 등의 지역을 포괄하는 호칭으로 자주 사용되지만, 그것이 가리키는 곳은 실제로는 다양하고 정해져 있지 않다. 최근에는 유럽 연합(EU)과 같은 지역 공동체로서

---

9   8세기에서 11세기까지 유럽 각지에서 활발하게 활동한 스칸디나비아 출신의 사람들. 전사와 상인도 있었다.
10   12세기에서 16세기까지 발트해의 무역을 독점했던 도시동맹. 최성기에는 북부 독일을 중심으로 200개 이상의 도시가 가입했다.
11   몬순. 인도양에서는 5월에서 9월까지는 남서풍, 10월에서 4월까지는 북동풍이 분다.

'동아시아 연합(EAU)'을 만들려는 움직임이 있지만, 이 '동아시아'에는 동남아시아 국가가 포함되고, 나아가 대상을 넓혀 인도나 호주를 포함시키려는 생각도 있다. 일본에서는 태평양전쟁 전의 대외 정책에 대한 반성으로 이 지역의 국제 관계를 중시하는 역사 연구자가 '동아시아'라는 용어를 사용한 적이 있다. 또한 한자가 사용되며 유교의 영향을 받은 문화권으로서 '동아시아'라는 용어를 사용하는 경우도 있다.

아시아를 지리적으로 동서남북으로 나누어 그 동쪽 부분을 다시 동남과 동북으로 나누는 경우도 있다. 그 경우 이 지역은 동북아시아에 속한다. 또한 중국의 한가운데에 경계선을 그어 남중국과 동남아시아 사이의 연속성에 주목하는 견해도 있다. 한국에서는 한반도와 중국, 일본을 포괄해 동북아시아라고 하는 것이 일반적이고, 일본에서도 고고학 등의 분야에서는 동북아시아라는 말이 사용되는 경우가 많다. '동아시아'라는 말은 이를 사용하는 사람의 입장이나 사고방식에 따라 다양한 지리적 공간을 가리키는 것이다.

이 책의 주요 무대가 되는 '해역'은 구체적으로 말하면 동중국해와 황해를 중심으로 북쪽에는 동해(일본해)와 오호츠크해가 있고 남쪽에는 남중국해가 있는, 유라시아 대륙 동쪽의 남북으로 연결된 바다다. 우리는 '동아시아'라는 용어의 역사성과 문화적 의미를 고려하면서 유라시아 동쪽으로 연결되는 바다와 그 주변을 '동아시아 해역'으로 부르기로 하겠다.

그렇지만 이 책은 '동아시아 해역'만을 대상으로 한 것은 아니다. 나라의 호류지(法隆寺)에 8세기 중기에 봉납된 백단(白檀)에는 상인의 이름과 함께 상호라 할 수 있는 각명(刻銘)과 소인(燒印)이 있다. 중앙유라시아를 두루 돌아다니며 상업 활동을 했던 소그드(Sogd)인[12] 들의 소그드 문자로 보이는 소인에 관해서는 최근 한자설(漢字說)도 나오고 있지만, 각명이 멀리 서쪽 이란 고원에서 사용되었던 팔라비(Pahlavi) 문자라는 것은 틀림없는 사실이다. 따라서 이와 같은 생산품에 관해 말할 때, 유라시아 남쪽의 인도양 해역 세계에도 주목해야 한다. 나아가 인류사가 전 지구적 규모로 전개되었던 16세기 이후 해역을 논하기 위해서는 세계 각지의 해역 세계에 나타난 동향으로 눈을 돌려야 한다. 육지와 달리 바다는 전 세계로 이어져 있다. 거론되는 주제나 시대에 따라 이 책에서 다루는 지리적 범위가 좁혀지는 것도 미리 밝혀 두고자 한다. 다시 말해 시대마다 관점과 확장의 차이는 있지만, 동중국해의 중앙에 서서 주위를 둘러보았을 때 조망할 수 있는 인간 활동의 연계성으로서의 공간을 여기서는 '동아시아 해역'으로 부르는 것이다.

이 책에서는 '동아시아'의 바다를 모두 평등하게 다루지는 않는다. 본론을 읽어 보면 알겠지만, 오호츠크해나 동해에 관한 언급은 적고, 동중국해와 남중국해 중에서는 전자 쪽에 중점을 둔다. 이처럼 한쪽에 집중해 서술하는 데에는 몇 가지 이유가 있다. 하나는 앞서 언급한 '동아시아'를 문화권과 국제 관계의 틀로 다루어 온 일본의 역사 연구의 영향이다.

하지만 좀 더 중요한 이유는 동중국해와 황해를 중심으로 한 해역

---

12 유라시아 중앙부 소그드 지방(소그디아나)의 오아시스 출신 주민. 이란어 계통의 소그드어를 썼고, 서아시아의 아람 문자 계통의 소그드 문자를 사용했다. 기원전 1000년기 내내 실크로드 무역의 주도자로서 활약했다.

의 역사가 이제까지 거의 다루어지지 않았다는 점에 있다. 남중국해와 오호츠크해, 그리고 그 주변에 관해서는 근대적인 국경과 국적을 전제로 하지 않는 문헌사학과 고고학 연구가 오랜 역사를 지니고 있으며, 바다에서 본 역사상은 비교적 많이 밝혀져 있다. 이에 비해 동중국해나 황해를 둘러싼 지역에서는 역사 연구가 한국사와 중국사, 일본사 등 근대국가의 단위로 나누어져 있어, 바다의 역사는 그 틀 속의 한 분야로서 연구되어 왔다. 바다는 육지의 부속물로 다루어졌고, '자국이 얼마나 적극적으로 바다와 관계를 맺었는지' 증인 찾기를 경쟁하는 상태였다. 하지만 이와 같은 역사 연구의 상황이 일본에서는 최근 20~30년 사이에 급속히 변화하고 있다. '해역 아시아사'나 '동아시아의 해역 교류' 등의 주제를 내건 연구가 활발하게 진행되면서 동중국해를 주요 무대로 한 다양한 연구 성과가 나오기 시작했다. 이 책이 동중국해에 중심을 두고 여기에 특히 힘을 실은 데에는 이러한 최근 성과를 바탕으로 일국사관과는 다른 역사의 관점을 제시하고 싶었기 때문이다.

우리는 근현대의 국가와 전근대의 국가를 혼동하지 않기 위해 '한국'과 '중국', '일본'을 될 수 있는 한 국가 명칭으로 사용하지 않기로 했다. 이 책에 등장하는 '한국'과 '중국', '일본' 등은 한반도와 중국, 일본열도 등 지역 공간을 가리키며, 육지를 통치하는 권력은 왕조와 조정, 정권 등으로 표현된다. 고려인이나 일본인 등 '○○인'이라는 말도 그 국가의 사람이 아니라 그 지역의 사람이라는 의미로 사용했다. 이 밖에도 중국의 동북 지방에 있었던 여진인[13]이나 몽골인처럼 민족 그룹으로서 명칭을 사용하는 경우도 있다. 또한 '중국인'이라는 호칭은 현재 '중국의 국민'을 의미하는 경우도 있고, 해외 거주자를 포함한 한족을 가리키는 경우도 있어 매우 애매한 표현이다. 영어로는 특히 후자를 가리키며, 'Han-Chinese'라는 호칭도 사용된다. 이 책에서는 언어나 습관을 공유하는 민족적인 측면에 주목해 주로 '화인(華人)'을 사용하겠지만, 복건인이나 광동인 등 될 수 있는 한 구체적인 지역 호칭을 사용하겠다. 또한 문맥에 따라 '중국인'(중국 북부에 관해서는 문맥에 따라 '한인'으로 쓰는 경우도 있다.)을 사용하는 경우도 있지만, 이는 중국에 산다는 것을 의미한다.

3부로 구성된 파노라마극

바다에서 본 동아시아의 역사를 그리고자 하는 이 책은 조금 다른 서술 방식을 시도한다. 역사서에 자주 나타나는 시대별 통사적인 서술이 아니라 시간적으로 다른 세 개의 시기를 구분해 그 시대의 해역과 그것을 둘러싼 지역의 특징을 모델적으로 재현하려고 했다. 이와 같은 구성 방식을 취한 것은 추상적인 개설이 아니라 될 수 있는 한 바다 중심의 시각에서 주위를 둘러보는 파노라마와 같은 구체적인 이미지를 독자들에게 전달하고 싶었기 때문이다. 하지만 모든 시대에 관해 그런 식으로 서술하기에는 지면이나 시간적으로도 제약이 있다. 그래서 이 해역의 역사적 특질이 잘 보이도록 세 개의 '100년'을 선별해 각 시대의 특징과 다양성을 구체적으로 그리려고 한 것이

---

13 동북아시아의 퉁구스계 민족으로, 한자로는 '女眞' 또는 '女直'으로 적었다. 밭농사와 목축을 영위하고 수렵 활동과 채집 활동을 했으며, 몽골의 정치적·문화적 영향을 크게 받았다. 12세기에 금을, 17세기에 청을 세웠다. 청대에는 만주로 개칭했다.

다. 이와 같은 방법은 연극에서 자주 볼 수 있다. 이 책을 세 개의 장으로 구성된, 바다에서 본 역사극으로 보아도 좋다.

세 개의 '100년'이란 다음과 같다.

1부 1250~1350년: 열려 있는 바다

2부 1500~1600년: 경합하는 바다

3부 1700~1800년: 공생하는 바다

각각의 주제는 우리가 그 시대 해역의 모습을 상징한다고 생각하는 한마디로 요약되어 있다. 이 세 개의 '100년'은 동일한 공간의 연속적인 역사의 일부를 떼어 낸 것이 아니다. 오히려 시점을 바다의 중앙에 둔 공간의 파노라마식 데생 세 장을 제시한 것으로 보아야 한다. 당연히 데생의 크기나 그림은 서로 다르다. 마찬가지로 바다에서 주위를 둘러보아도 눈앞에 나타나는 광경은 시대에 따라 크게 변화하기 때문이다. 그렇지만 어디가 어떻게 다른지 이 데생을 잘 비교할 수 있도록 각 부의 서술에는 연구가 필요할 것이다. 이 책에서는 세 개의 '100년'을 서술하는 데에 바다에서 보는 시각과 기준, 서술의 흐름 등을 될 수 있는 한 갖추기로 했다. 구체적으로는 다음과 같다.

먼저 각 부의 첫머리에는 '시대의 구도'를 제시하고, 각 '100년'에 해당하는 해역의 정의와 특징을 설명한다. 이어서 '사람'이 주제가 된다. 우리는 해역과 관련된 사람들을 (1) 정치권력이나 그와 밀접한 관련이 있는 사람들, (2) 항해 및 무역과 관련이 있는 사람들, (3) 연안에서 생활하는 사람들이라는 세 종류의 범주로 다루어 보기로 한다. 각각의 그룹이 해역의 역사적 전개에 어떠한 역할을 하고 어떻게 관여해 왔는지 설명하고, 각 시대에 해역 교류의 무대가 된 항구도시와 그곳에서 나타난 무역의 실태, '국외'에서 온 사람들의 존재 형태나 권력을 통한 관리 등 특징에 관해서도 설명한다. 다음은 '물품'이다. 해상을 통해 운반된 물품의 다양성과 시대적 특징을 밝히고, 물품의 관점에서 각 시대의 동아시아 해역의 경제적인 특징을 논할 수 있다. 마지막은 '정보'다. 기술과 학예, 미술, 신앙, 사상 등 넓은 의미에서 '정보'와 관련된 요소의 수용이나 거부의 여러 현상을 설명하고 각각 동아시아 해역의 역사와 어떤 연관성이 있는지 살펴본다.

무대의 줄거리

세 개의 '100년'의 역사적 정의는 각각의 '시대의 구도'로 설명할 수 있다. 하지만 그 설명을 좀 더 쉽게 이해할 수 있도록 여기서 미리 세 가지 시대를 거론하면서 동아시아 해역의 역사를 통시적으로 개관해 보겠다. 이것은 연극으로 말하면 각본에 해당한다. 막이 열리기 전에 각본을 읽어 두면 대사나 몸짓의 의미를 좀 더 정확하고 깊이 있게 이해할 수 있으며 연극을 더 즐길 수가 있다. 다음은 이제부터 시작되는 파노라마극을 즐기기 위한 기초 지식이라고 할 수 있겠다.

전근대의 사람들은 종종 자기중심적인 세계관에 입각해 세계를 이해했다. 중국에서는 그것이 중화사상(화이사상)이라는 형태로 체계화되었다. 이 사상에 따르면 하늘로부터 지상의 통치를 위임받은 천자(황제)가 주재하는 세계 질서의 기본은 '조공'이라는 제도에 있었다. 조공이란 천자의 덕을 기리기 위해 오랑캐[14]의 수장이 사자를 파견해 예물을 바치는 일로, 천자는 그 답례로 조공 이상의 가치를 지닌 하사품을 내리게 되어 있다.

하지만 그것은 어디까지나 왕조의 논리이므로 그와는 별개로 일찍이 많은 해상이 이익을 추구해 중국 각지의 항구를 방문해서 각종 상업 활동에 종사했다. 남중국해와 인도양 방면에서 오는 무슬림 해상들의 경우 당대(7~9세기)에는 왕조에 따라 황제의 덕을 기리기 위해 오는 번객으로 취급받았고, 광주 등 항구에는 번방(蕃坊)으로 불리는 거류지가 있었다. 황해와 동중국해 방면에서 온 해상은 신라 상객으로 불렸으며, 산동반도 등에 신라방이 설치되었다. 절강성 중부 영파에는 번방의 일종인 파사단(波斯團: 페르시아인 거류지)이 있었다고 전해지며, 신라방의 남단은 절강성 남부의 태주(台州)였다. 남쪽과 북쪽에서 온 해상의 활동 범위는 항주(杭州)만 부근이었다고 할 수 있다.

엔닌이나 엔친이 유학했던 당 왕조 말기에 해당하는 9세기부터 화인 해상의 활동이 동아시아 해역에서 급속도로 활발해졌다. 그들은 동중국해에서는 신라인을 대신했고, 남중국해에서도 무슬림 해상과 갈등을 겪게 되었다. 해상 교역이 활발해지자 송 왕조(10~13세기)는 주요 항구에 시박사(市舶司)라는 관청을 두고 해상을 관리하는 동시에 상품에 세금을 부과해 재원을 확보하려고 했다. 왕조가 해상 교역

---

14 중화사상과 관련해, 중국 주변부에 있으면서 천자의 덕을 충분히 받지 않았다고 생각된 사람들.

의 중요성을 깨달은 것이다. 이 시대에는 근교 외항인 예성항을 통솔하는 고려의 수도 개경이나 일본의 하카타, 동남아시아의 주요 항구에 많은 화인 해상이 진출해 거류했다. 하카타에 정착한 송의 상인 사국명(謝國明)의 이름을 아는 사람도 많을 것이다. 동중국해를 왕래하는 해상의 배에는 중국의 사찰로 향하는 고려와 일본의 승려들의 모습도 눈에 띄게 되었다.

화인 해상을 통해 활발한 해상 교역이 전개된 송대를 이은 것이 이 책의 '1부 열려 있는 바다'의 시대다. 이 시기에는 몽골이 세력을 키워 남하해 남송을 멸망시키고 중국 전역을 지배하게 되었다. 1부에서는 이 강대한 몽골 세력의 진출로 크게 동요했던 동아시아 해역의 여러 모습을 상세하게 해설한다.

원[15] 말기에 해당하는 14세기 중엽이 되자 동아시아 각지에서는 육지 정치권력의 구심력이 약해졌다. 내전과 황실 내분이 이어지며 원의 통치는 느슨해져서 중국 각지에 군사력을 통솔한 자립 세력(군벌)이 등장했다. 당파 항쟁이 치열했던 고려에서도 국왕의 폐위가 이어졌고, 일본열도에서는 남북조의 동란이 장기화되었다. 육지 세력이 흔들리는 가운데 동중국해 주변에서는 연안 도서 각지에서 자립한 여러 세력의 움직임이 눈에 띄게 늘어났다. 중국 연안에서는 방국진(方國珍)이나 장사성(張士誠)이 봉기했고, 일본열도에서는 각지의 해상 세력이 남조와 북조의 깃발을 내걸고 충돌했다. 그 일부는 한반도

---

15   대원(大元). 1260년에 몽골의 대칸이 된 쿠빌라이 칸과 그 자손들의 왕조. 직접적인 세력권
      은 몽골고원과 중국을 중심으로 한 동부 유라시아였으나, 사실상 분립했던 서방의 여러 몽골
      칸국도 종주국으로서 원이 지닌 권위를 인정했다.

나 산동반도의 연안에까지 건너와 해상 치안을 저해하는 요인이 되었다. 이들을 '전기 왜구'[16]로 부른다.

몽골 세력을 무너뜨리고 명 왕조를 세운 홍무제는 집권적인 통치 체제하에서 사회질서를 재편해 원 말의 혼란을 수습하려고 노력했다. 자립하는 방향으로 움직였던 해역에 대해서는 이념에 지나지 않았던 '조공'을 실체화하고, 이를 '해금' 정책과 관련지어 왕조가 외교와 무역을 일원적으로 통제하는 체제를 만들어 낸다. 또한 공도(空島) 정책을 통해 해역의 여러 세력을 분할하고, 그들을 섬멸하려고 했다. 이러한 명의 해금 정책에서 전형적으로 볼 수 있듯 동아시아 해역에서는 육지의 정치권력이 해역의 동향에 신경을 곤두세우며 간섭과 통제를 지향하는 경향이 강했다. 이는 정치권력이 바다 세계에 그다지 관심을 갖지 않았던 인도양 해역과는 대조적이다. 해역이 종종 '정치의 바다'가 되었던 점은 동아시아 해역의 큰 특징인 것이다.

'2부 경합하는 바다'는 명의 후기에 해당한다. 에스파냐와 포르투갈의 사람들이 전 지구적 규모의 해역 연계를 형성한 시대이기도 하다. 명이 만들어 낸 체제의 동요와 통제에 대한 해역 세력의 반항, 나아가 이베리아반도 출신의 새로운 세력의 진출 등으로 발생한 동아시아 해역의 역동적인 전개를 설명한다.

17세기 전반은 동아시아 해역사의 일대 전기였다. 오랫동안 권력이 확대되었던 일본열도에서는 강대한 군사력을 통해 정치적 통일을 이

---

16   14세기 후반을 중심으로 한국과 중국의 연안부에서 해적 행위를 했던 집단. 쓰시마와 이키, 마쓰우라를 주요 발원지로 보지만, 사회적 성격과 민족적 성격에 관해서는 여러 가지 설도 있다. 2부에서 언급되는 16세기 후기 왜구와는 구별된다.

룬 도쿠가와 정권이 해역에 대해서도 강력한 해금과 관리무역 체제를 구축해 갔다. 대륙에서는 만주(여진)인의 청이 내란으로 자멸한 명을 대신해 강력한 지배 체제를 세웠다(1644년). 한편 해역에서도 여러 세력의 통합과 자립의 움직임이 활발하게 일어났다. 황해 북부의 해역 세력들을 규합한 모문룡(毛文龍),[17] 동중국해와 남중국해의 해역 세력을 배경으로 둔 남부의 정지룡(鄭芝龍)[18]과 정성공(鄭成功)[19]의 활동이 그것이다. 특히 정성공은 17세기 후반에 대만을 거점으로 중국 중남부 연안 각지에 영향을 미치는 일대 세력으로 성장했다. 해역의 힘이 최대한으로 발전한 시대였다고 할 수 있다. 청 조정은 이에 대항하며 주민들이 연안에 거주하는 것과 바다에 나가는 것을 금지하는 천계령(遷界令)을 내리는 동시에 정씨 세력 내부의 붕괴를 추진해 1683년에야 겨우 정씨의 근거지였던 대만 공략에 성공했다.

이에 따라 내려진 청의 전해령(展海令)을 통해 주민들의 해외 출항이 금지되자 대량의 화인 상선이 동중국해와 남중국해를 오가는 사태가 벌어지며 관리무역 체제하에 있었던 일본의 나가사키에서는 당선(唐船)의 과도한 내항이 큰 문제가 되었다. 또한 유럽 세력 중에서는 기독교 포교와 깊은 관계가 있어 동아시아 정치권력들의 견제를

---

17 1576~1629년. 명의 군인으로 조선과 명의 국경에 진출해 후금(이후의 청)과 싸웠다. 하지만 해상 군벌이 되면서 조정의 통제에서 벗어났고, 강경한 자세를 취한 상관에게 처형당했다.

18 1604~1661년. 복건 천주 출신. 무장 해상 집단을 통솔해 복건 연안의 해상무역을 장악했다. 명이 멸망한 후 1646년에 청에 투항했으나, 아들인 정성공이 저항을 계속했기 때문에 처형되었다.

19 1624~1662년. 히라도에서 정지룡과 일본 여성인 어머니 사이에서 태어났다. 정지룡이 투항한 후에도, 하문(廈門)을 거점으로 청에 대해 계속 저항했다. 1661년에는 대만의 네덜란드인을 몰아내고 대만으로 본거지를 옮겼으나, 이듬해 병사했다.

받은 포르투갈인과 에스파냐인들의 활동이 계속해서 눈에 띄게 늘어나며 네덜란드 동인도회사(VOC)[20]가 상업 활동을 조직적으로 전개하게 되었다. 그들은 도쿠가와 정권의 관리무역 체제에 유일하게 진출을 허용받아 큰 수익을 올렸다. 이처럼 17세기 후반에는 육지의 강력한 권력이 그 힘을 발휘하기 시작했고, 그에 따라 해역의 세력들이 잇따라 그 자립성을 상실하고 육지 정치권력의 관리 아래로 들어가게 되었다.

'3부 공생하는 바다'는 이처럼 거세고 큰 파도가 서서히 잠잠해진 후 해역의 양상을 다룬다. 우리는 여기서부터 현대에도 나타나는 이 지역의 특징 몇 가지를 먼저 발견할 수 있다. 3부의 100년이 끝나면 동아시아 해역은 아편전쟁으로 상징되는 '근대'라는 새로운 시대를 맞이하게 된다.

이상이 대략적인 줄거리다. 본편이 시작되기까지 잠시 설명하자면, 세 가지 구체적인 '100년'을 감상하기 전에 우리가 다루는 역사가 펼쳐진 무대장치와 거대한 도구를, 즉 바다와 바람, 그리고 배와 해항의 실제를 반드시 기억해야 한다. 사람들의 이동과 물품 및 정보의 움직임은 분명히 동아시아의 바다와 그 주변 자연환경의 영향을 받아 조선과 항해의 기술이 뒷받침했다.

---

20 정식으로는 연합 동인도회사라 했고, 1602년에 네덜란드 각지의 무역 회사 여섯 개를 통합해서 설립되었다. 동아시아 해역에서는 바타비아를 근거지로 삼고, 인도양에서 동중국해에 이르는 거의 전역에서 활동을 전개했다.

2   바다의 환경과 배

2.1   유라시아 동쪽 끝의 바다와 바람

바다의 형태

인공위성에서 본 우리 지구는 바다와 육지가 아름다운 대조를 이루고 있다. 특히 가장 큰 해양과 육지가 만나는 장소가 이 책의 무대다. 잘 보면 태평양과 유라시아 대륙은 직접 맞닿아 있지 않다. 양측의 사이에는 쿠릴 열도(지시마 열도)와 일본열도, 난세이 제도, 필리핀 군도 등이 아름다운 아치를 그리며 연결되어 있다. 북태평양의 서쪽 끝을 에워싸는 이 활 모양의 도서부는 지구의 모양을 만드는 판의 경계에 생긴 것이다. 따라서 섬들의 양측에서 해저의 양상이 크게 다르게 나타난다. 태평양 쪽에서는 평균 4000미터 깊이의 광대한 해저가 이러한 아치 앞에 더 날카롭게 깊어지며 수심 8000미터 내외의 해구(海溝)를 형성하고, 그곳에서부터 한 번에 가파르게 올라가는 심도 차이 6000미터의 거대한 벽을 형성하고 있다. 대륙 쪽 해저는 완만하게 휘어서 심도 3000미터 정도의 해분(海盆)을 형성하고 육지를 향해 있는 곳에서 완만하게, 어떤 곳에서는 급격히 상승해 완만한 대륙붕이 되어 육지와 바다의 경계로 늘어서 있다.

이 아치의 연쇄를 캄차카반도와 사할린섬(가라후토섬), 한반도, 타이완이 마치 돌기둥처럼 받치고 있다. 이 반도나 섬은 대양과 대륙 사이를 가로지르는 이 연해(緣海)를 분절하는 역할을 한다. 이렇게 해서 오호츠크해와 동해, 황해-동중국해,[21] 남중국해라는 네 개의 바다의 모양을 이루는 것이다. 물론 이 네 개의 바다는 완전하게 닫혀 있는 것이 아니라 라페루즈 해협(소야 해협), 대한해협(쓰시마 해협), 타이완 해협 등을 통해 서로 연결되어 있다. 나아가 섬과 섬의 크고 작은 틈 사이로 태평양으로 출입할 수 있다. 네 개의 바다의 모습은 다양한 형태의 건축물로 구성된 거대한 회랑으로 둘러싸인 광장이나 가운데뜰인 중정처럼 보인다.

지구상에 있는 대륙의 해안선 중에서 이처럼 길게 열도나 반도에 둘러싸인 해역이 연결된 곳은 유라시아 대륙의 동쪽밖에 없고, 서로 연결된 네 개의 바다는 북극권 근처에서 적도 직하까지 8500킬로미터의 길이에 이른다. 게다가 회랑은 북아메리카나 오세아니아로도 뻗어 가는데, 이 바다 모양이 유라시아 동부에서 사람과 물건, 정보의 이동과 교류의 형태에 적지 않은 영향을 미쳐 왔다.

각 바다의 개성

북쪽에서 남쪽으로 이어지는 이 네 개의 바다가 이 책에서 모두 같은 무대로 올려져 비추어지지는 않는다. 시대에 따라서도 차이가 있지만, 무대로서 가장 빈번하게 등장하는 곳은 동중국해이며, 그다음이 남중국해다. 동해는 때때로 등장하지만, 그 북쪽에 있는 오호츠크해는 3부를 제외하고는 거의 다루지 않는다. 이는 물론 앞서 말

---

21   동중국해와 황해, 발해는 각각 다루는 일이 많지만, 수면은 연결되어 있으므로, 여기에서는
      황해-동중국해로 한데 묶어서 부르기로 하겠다.

한 이 책의 구성과 내용에서 비롯된 편향성이다. 하지만 영파에서 하카타로 향하는 배가 남중국해 방면의 소목(蘇木)이나 향료를 싣고 가는 것처럼 겉으로 나타나지 않는다고 해서 결코 이 책과 무관한 것은 아니다. 그런 의미에서 여기서 네 개 바다의 개성, 즉 지리적인 특징을 간단하게 살펴보겠다.

가장 북쪽에 있는 오호츠크해는 북, 동, 서의 삼면을 대륙과 캄차카반도, 사할린섬이 둘러싸며 남쪽으로는 쿠릴 열도가 이어진다. 표면적 약 150만 제곱킬로미터에 평균 수심 838미터로, 해저는 북부 연안의 대륙붕, 중앙으로 넓어지는 수심 1000~1600미터의 해분, 나아가 가장 깊은 부분이 7300미터에 달하는 남부의 깊은 해분으로 이루어져 있으며, 북쪽에서 남쪽을 향해 심도가 깊어지는 특징이 있는 쓰레받기 모양의 바다다. 쿠릴 열도 주변의 해저도 수심이 1000~2000미터에 달한다. 수역 안쪽에는 앞서 언급한 섬들을 제외하면 눈에 띄는 섬은 없고, 작은 섬들이 북방 연안 곳곳에 보이는 정도다.

이 바다의 개성을 돋보이게 하는 것이 서쪽으로 연결되는 아무르강(흑룡강)이다. 여기서부터 거대한 민물과 영양소가 이 바다로 흘러간다. 민물은 염분 농도를 낮추어 바다를 잘 얼게 해 겨울철에는 해면의 70퍼센트 이상이 해빙으로 뒤덮여 있다. 해빙은 이후 유빙이 되어 홋카이도 연안으로 밀려들어 간다. 또한 동결 시에 발생하는 해수의 대류 혼합으로 말미암아 침전했던 영양소가 떠오르며 플랑크톤이 대량으로 발생한다. 그것이 이 바다에 풍부한 수산자원을 키우고 아름다운 모피를 지닌 바다짐승의 낙원을 만들어 내는 것이다. 하지만 비바람이 심한 날씨나 결빙과 같은 북쪽 바다의 황량한 환경이 해상 교통을 막았으므로, 오랜 기간 이 바다는 한정된 수의 연안 주민들의 어획장에 그친 채 특별한 항구도시는 발달하지 않았다.

대륙과 한반도, 사할린섬, 일본열도로 둘러싸인 동해는 표면적은 약 100만 제곱킬로미터로, 네 개의 바다에서는 가장 작지만 평균 수심이 1700미터나 된다. 깊이가 동해의 특징이라 할 수 있는데, 중앙의 야마토퇴(大和堆: 수심 400미터)를 북쪽의 동해분(수심 3000미터), 남동쪽의 야마토 해분(수심 2500미터), 남서쪽의 쓰시마 해분(수심 2500미터)이 둘러싼, 일종의 냄비 모양의 바다다. 대륙붕은 수역의 북동쪽과 남서쪽에 작게 있을 뿐이다. 수역 서부의 울릉도와 독도를 제외하면 대부분의 도서는 연안부에 산재해 있고, 일본 연안에서 오키와 사도, 리시리 등 다소 눈에 띄는 섬들을 볼 수 있다. 이 바다의 또한 가지 특징은 폐쇄성이다. 주변 바다와는 타타르 해협(마미야 해협)과 라페루즈 해협, 쓰가루(津輕) 해협, 간몬 해협, 대한해협이라는 다섯 개 해협과 같은 좁고 얕은 수로로만 연결되어 있다. 해수 출입의 제약은 조석 간만의 차이가 작은 이 바다의 개성으로 이어진다. 간만의 차가 거의 없기 때문에 연안에는 갯벌이 발달하지 않았다. 이 바다의 남단에 있는 대한해협은 한반도와 일본열도를 연결하는 중요한 수로이며, 그 양안에는 부산을 비롯한 삼포[22]나 하카타, 시모노세키와 같은 해역 교류의 거점이 되는 항구도시가 형성되었다. 또한 일

---

22 한반도 남동부에 있는, 15~16세기에 왜관이 설치된 세 개의 항구도시. 부산포와 내이포, 염포를 가리킨다.

본열도를 따라서는 홋카이도에서 하카타에 이르는 고을에 연안 교역을 위한 항구도시가 발달했다.

대륙과 한반도, 규슈라는 세 지역으로 둘러싸여 있고 남쪽으로는 난세이 제도로 이어지는 수역은 동중국해(약 125만 제곱킬로미터)와 황해(약 40만 제곱킬로미터), 발해(약 10만 제곱킬로미터)까지 합해 약 175만 제곱킬로미터의 표면적을 자랑하는, 네 개의 바다 중에서 두 번째로 넓은 바다가 된다. 해저는 오호츠크해와 비슷한 경향이 있어 북쪽 대륙붕에서 난세이 제도 부근의 심도 2000미터 해분(오키나와 트로프)으로 나아갈수록 깊어진다. 하지만 이 바다의 특징으로 두드러진 것은 얕은 깊이다. 오키나와 트로프의 폭은 200~300킬로미터로 좁고, 전체 면적 중 90퍼센트 이상을 수심 200미터 이하의 대륙붕이 차지한다. 북부에서는 더 얕아지며 황해의 평균 심도는 40미터이고 발해는 10미터밖에 되지 않는다.

이 바다에서는 난세이 제도 외의 도서가 연안 지역에 집중되어 있다. 수심이 얕기에 섬의 수가 많다. 특히 한반도 남서부나 항주 항구의 주산군도 등은 다도해의 양상을 띠고 있다. 한반도의 서해안에 있는 만 중에는 간만의 차가 10미터 가까이에 이르는 곳도 있고, 그곳에는 광대한 갯벌이 형성되어 있다. 나아가 제주도와 쓰시마, 고토 열도 등 육지에서 다소 떨어진 곳에도 눈에 띄는 섬이 있다. 이 섬들은 종종 바다를 무대로 생활하는 사람들의 거점이 되었다.

특히 장강(長江)의 존재를 기억해야 한다. 회수(淮水)와 함께 대량의 모래흙을 바다로 배출하며 양쪽 하구의 사이에 있는 연안에 거대한 퇴적 지대를 발달시키는 주요 원인이 되었다. 이 강 하구는 동시에 대량의 민물을 바다로 공급했다. 크게 넓어지는 기수역(氣水域)은 난세이 제도 방면과 타이완 해협 및 대한해협에서 오는 해수와 만나 여러 수괴(水塊: 해양에서 물리적·화학적 성질이 거의 같은 해수의 모임)의 혼재 상태를 이 바다에 만들어 냈다. 그 결과 다양한 해양생태계가 형성되어 오호츠크해와는 다른 양상의 풍부한 수산자원 구역을 만들었던 것이다.

장강을 비롯해 대륙 쪽에서 많은 하천이 이 바다로 흘러나온다. 그리고 항구도시의 대부분은 바다에서 이 하천을 조금 거슬러 올라간 자리에 있다. 강남(江南)의 상해(上海)와 영파(寧波), 복건의 복주(福州)와 천주(泉州) 등은 모두 그 예다. 해상을 항해하는 배는 만조 시에는 조류를 타고 그대로 항구도시까지 역류해 도달할 수 있었다. 이것은 간과하기 쉬운 부분으로, 동중국해 연안의 하천은 해상 교통과 육상 교통을 연결하는 중요한 역할을 했던 것이다. 일본열도 서부를 수백 킬로미터에 걸쳐 연결하는 세토 내해(瀬戸內海)도 이 하천과 비슷한 성격을 갖고 있다. 해면에 이와 같은 내륙수로가 접해 있는 것도 이 바다의 개성 중 하나일 것이다.

가장 남쪽에 있는 남중국해는 표면적 약 360만 제곱킬로미터로 다른 세 바다보다 두 배 이상으로 넓다. 평균 심도는 1200미터인데, 대륙붕이 펼쳐지는 서남부와 북부, 그리고 심도 5000미터의 마닐라 해구를 가장 깊은 곳으로 삼은 거대한 해분이 입을 여는 동부로 나뉘듯이, 프라이팬과 냄비가 합체된 듯한 구조를 띠고 있다. 대륙과 반도로 닫힌 북서쪽, 섬들과 수도, 해협으로 구성된 남동쪽, 넓게 입을 연 루손 해협과 좁고 길게 늘어선 믈라카(말라카) 해협, 커다란 덩어리의 하이난섬(해남도)과 넓은 수역으로 흩어져 있는 섬과 암초들. 실로 혼성이 이 바다의 개성이라고 할 수 있다. 서쪽은 안다만해, 동쪽은 술루해나 자와(자바)해 등으로 연결되어 있고, 개방적인 형태를 띤 바다이기도 하다.

남중국해의 대부분은 열대에 있다. 도서부에서는 산호초가 발달했고, 대륙 쪽 연안에는 광대한 맹그로브 숲(홍수림)이 펼쳐져 있다. 맹그로브 숲의 갯벌과 얕은 대륙붕은 대단히 생산성이 높아 많은 종류의 새우와 물고기, 조개가 서식해 이곳에서 어업으로 생계를 꾸려가는 사람들에게 이용되었다.

이 바다의 연안에도 몇몇 커다란 교역 거점이 존재한다. 대륙 쪽은 동중국해와 마찬가지로 하천을 거슬러 올라간 장소에 광주나 프놈펜, 나아가 아유타야와 같은 커다란 항구도시가 탄생했다. 또한 믈라카와 호이안[23]처럼 하구 지역에 발달한 항구도시도 있었다. 유럽 출신의 사람들이 이 지역에 진출하는 16세기 중반 이후에는 마카오와 마닐라,[24] 바타비아[25]처럼 바다에 접한 장소에 교역 거점이 되는 항구도시가 생겼다. 또한 필리핀에서 남쪽에 있는 동남아시아 군도에는 바다를 생활의 무대로 이용하는 사람이 많이 살았다.

---

23 오래전부터 무역항으로 번성했던 베트남 중부의 항구도시. 17세기 전반에는 니혼진마치(日本 人町: 일본인 거류지)도 존재했다.

24 루손섬 남부에 있는 무슬림 수장의 교역 거점이었지만, 1571년에 초대 필리핀 총독 미겔 로페스 데 레가스피(Miguel López de Legazpi)가 식민지의 수도로 삼았다. 그 후에는 갤리언선이 태평양을 횡단하면서 에스파냐령 멕시코의 아카풀코와 마닐라를 왕복했다.

25 자와섬 서부의 도시로, 현재 인도네시아의 수도 자카르타. 17세기 초에 네덜란드가 상관을 세워, 이후 교역과 통치의 거점으로 삼았다.

바람에 관한 지식

네 개의 바다에는 각각 다양한 바람이 분다. 예를 들면 동해에서는 편서풍의 영향으로 1년 내내 서쪽과 서북쪽에서 바람이 분다. 이에 비해 동해보다 남쪽에 있는 동중국해와 남중국해는 계절풍(몬순(monsoon))이 특징이다. 계절에 따라 바람의 방향이 바뀐다. 범선을 조종하는 뱃사람들은 그 사실을 잘 알았다.

중국 남부의 뱃사람들이 지닌 지식을 18세기에 집대성한 항해용 교본 『지남광의(指南廣義)』에는 "4월 상순의 청명 이후에는 땅의 기운이 남에서 북으로 통하며 남풍이 항상 분다. 10월 하순의 상강 이후에는 땅의 기운이 북에서 남으로 통해 북풍이 항상 분다."라고 기록되어 있다. 여름에는 바람이 태양에 의해 데워진 대륙으로 향하는데, 남부의 경우 인도양 방면에서 남서풍이, 북부의 경우 태평양 위의 고기압으로 인해 남동풍이 분다. 반대로 겨울에는 차가운 대륙에서 불어오는 북동풍과 북서풍이 강해진다.

계절에 따른 바람의 변화는 바다를 둘러싼 환경에 큰 영향을 미치며 그곳에 사는 사람들의 생업과 문화에도 적지 않은 영향을 미쳐 왔다. 열대와 아열대에 속한 지역에서는 1년이 건기와 우기의 두 시기로 나뉘며, 계절풍은 우기의 대명사가 되었다. 온대 지역에서는 변화의 시기가 두드러지며 사계라는 계절관이 나타났다. 사계절을 갖고 있는 지역에도 차이가 있다. 남중국해 북부에서 동중국해와 동해 남부의 사람들은 시간 차는 있으나 '장마'라는 계절을 공유한다. 하지만 황해나 동해 북부의 사람들은 지식적인 면에서 그 말을 알지만 실제적인 감각은 없다. 이 지역은 태평양에서 부는 남동풍보다도 인도양에서 히말라야를 넘어 중국 내륙을 통해 온 건조한 남서풍의 영향이 강하기 때문인데, 이 차이는 식생이나 농업의 형태에도 영향을 미친다.

바람에는 계절풍만 있는 것은 아니다. 『지남광의』를 더 살펴보면 "바람이 크고 거센 것을 구(颶: 폭풍)라고 하며 그 정도가 심한 것을 태(颱: 태풍)라고 한다. 구는 항상 갑자기 발생하며 태는 그다음에 일어난다. 구는 순간적으로 불거나 멈추지만, 태는 낮과 밤 또는 며칠간 멈추지 않고 계속된다. 대체로 2월에서 5월에는 구가 많고, 6월에서 9월 사이에는 태가 많이 발생한다. 또한 10월에 북풍이 강렬하게 불어오기 시작하며 몇 달 동안 계속되는 것을 흔히 구강풍(九降風)이라고 한다. 물론 그 사이에도 태가 발생하는 경우가 있으며, 봄의 구처럼 갑자기 발생한다. 배가 바다 한가운데에 있을 때 구를 만나면 대응할 수 있지만, 태를 만나면 어쩔 도리가 없다. 태나 구의 발생은 계절풍처럼 정해지지 않았기 때문에 뱃사람들은 바람의 간격을 확인하고 왕래해야 한다." 여름에서 가을에 걸쳐 태풍이나 저기압 폭풍, 또는 돌발성의 회오리바람 등도 선박의 항해에 위협적이다.

돌발적인 강풍으로부터 배를 지키기 위해서는 구름이나 대기 현상을 살피고 날씨를 예측하는 지혜가 반드시 필요하다. 교본은 다음과 같이 설명한다. "구름이 동쪽에서 일어나면 반드시 동풍이 불고, 서쪽에서 발생하면 반드시 서풍이 분다. 남북도 마찬가지다." "구름 조각이 서로 뭉쳐 모여 햇빛을 둘러싸면 바람이 분다. 운행이 급하거나 해나 달이 반짝이면 큰 바람이다. 구름에 비치는 햇빛이 빨갛게 보이거나 낮에 금성이 보이는 오리온자리가 반짝이는 것도 모두 큰 바람의 징조다." 기류가 빠르게 변하거나 대기가 불안정할 때는 서둘러 대피하거나 대책을 세워야 한다.

"봄과 여름, 하늘이 덥고 뜨거운 날의 오후에는 구름이 떠오르고 천둥이 치며 반드시 폭풍이 온다." 햇빛이 뜨거운 날은 스콜이 따라온다는 기록도 있다. 온화한 일기를 알기 위해서는 일찍 일어나야 한다. "일어나면 먼저 사방을 관찰해 하늘빛이 밝고 떠 있으면 새벽 직전에 출범하라. 오전 8시 무렵이 되어도 하늘빛이 변하지 않고 미풍이 불면 순풍의 여부를 불문하고 그대로 배를 저어라." 풍향은 순풍이라도 바람이 강하면 큰 파도를 일으킬 악풍이 된다.

기상청의 통계에 따르면 동중국해에서 폭풍우의 기준이 되는, 물결의 높이가 4미터가 된 날의 수는 1~3월이 8.3일, 4~6월이 1.2일, 7~9월이 6.1일, 10월~12월이 8.0일이다.(2004년부터 5년간의 평균이다.) 이 바다가 가장 온화한 표정을 보여 주는 것은 봄에서 여름의 전반기까지이며 여름 후반부터는 태풍, 늦가을부터는 서북 계절풍을 통해 거친 풍파가 해상의 배를 기다리고 있던 것이다.

해류의 영향

이에 비해 해류에서 중요한 것은 무엇보다 구로시오(黑潮) 해류다. 구로시오 해류는 필리핀 군도에서 일본열도까지 수천 킬로미터에 걸친, 폭이 약 100킬로미터인 태평양 최대의 난류로, 해양기후나 해양 자원은 물론 연안 생태계에도 큰 영향력을 지닌다. 하지만 과거 동아시아 해역의 여행자들이나 주민들에게 구로시오 해류는 그다지 친근한 존재가 아니었다. 이 해역에서 선박은 주로 아치형으로 연결된 도

서로 둘러싸인 연해의 안쪽에서 활동했기 때문이다. 물론 동중국해 남동부에서는 구로시오 해류가 회랑을 통과한다. 하지만 깊이 수천 미터에 달하는 구로시오 해류의 모든 흐름이 수심이 얕은 동중국해로 들어가는 것은 아니다. 일부 흐름은 해구의 벽을 따라 류큐호(琉球弧) 바깥쪽으로 북상하고, 회랑에서 흘러온 일부분과 시코쿠 앞바다에서 합류한다. 동중국해의 구로시오 해류는 흐르는 양이나 속도가 태평양의 구로시오 해류보다 반 정도로 감퇴한다. 류큐로 향하는 중국 사절이 '흑수(黑水)'와 '흑수구(黑水構)'라고 기록한 표현도 대륙붕과 오키나와 트로프의 깊이 차이에서 유래된 것으로, 흐름을 의식한 것은 아니다. 예외는 회랑의 출구에 해당하는 도카라 열도의 근해로, 동쪽으로 방향과 각도를 바꾸어 합류점을 향해 기세가 더해지는 모습으로 인해 고전에 등장하는 '낙제(落漈: 바다 경계의 폭포)'에서 이름을 따거나, 선박이 항해하기 어려운 '천수(天水)의 도(渡)'로 표기되곤 했다. 하지만 아무렇지도 않게 통과했다는 기록도 있기 때문에 계절이나 바람의 상황 등 외부 요인의 영향도 크다고 볼 수 있다. 관점에 따라서는 태평양의 구로시오 해류는 전근대의 항해가 대처하기 어려운 일종의 장벽이었으므로, 선박의 활동이 연해 내부에 한정되어 있었다고 볼 수 있다.

동중국해로 들어간 구로시오 해류의 일부는 더 나뉘어 동해로 흘러간다. 이것이 쓰시마 해류다. 이 따뜻한 해류는 겨울에 동해를 건너는 북서 계절풍에 대량의 수증기를 공급하고, 동해의 각 지역에 많은 눈을 내리게 하는 원인이 되었다. 또한 17세기 후반 무렵까지는 한반도나 규슈 북쪽, 산인(山陰) 지방에서 출발한 선박은 와카사(若

狹)만까지 오고, 그곳에서 물자를 하역한 후에 다시 비와호(琵琶湖)와 요도가와(淀川)강을 거쳐 교토와 오사카로 나르는 경우가 많았다. 해류가 없는 세토 내해보다 쓰시마 해류를 타는 것이 위쪽 지방에 빨리 도착할 수 있었기 때문이다.

2.2 선박과 항해

중국의 선박

이 책의 무대가 되는 동아시아 해역을 실제로는 어떤 선박이 항해했을까? 이 책이 다루는 세 가지 시대와 공간을 통해 선박의 모양과 성능, 항해 방법에 큰 차이가 있었던 것일까? 유감스럽게도 서양의 선박에 비하면 동아시아 해역의 선박에 관한 연구는 그다지 충분하지 않기 때문에 아직 밝혀지지 않은 바가 많다. 여기서는 중국과 일본의 선박에 관해서 현재 알려진 정보를 극히 개괄적으로 소개하겠다. 또한 여기서 소개하는 것은 주로 해상 교역에 사용된 선박이다. 그 외에도 나룻배나 군선, 어선 등 많은 종류의 배가 있었지만, 여기서는 다루지 않는다.

이 책이 다루는 시대에 중국의 연안에서 사용된 선박은 크게 두 종류다. 하나는 주로 하천이나 운하, 나아가 연안을 항해하는 바닥이 평평한 평저선으로, 사선(沙船)으로도 불린다. 수심이 얕은 수면에서도 항해할 수 있고 파도를 타기 쉽도록 고안된 점이 특징이다. 장강 하구의 북쪽 지역은 연안에 모래톱이 많아 선박의 항해가 어려웠기에 본래 해상 교통이 그렇게 발달한 지역은 아니었다. 하지만 이 책의 1부에 해당하는 원대와 3부에 해당하는 청대에는 사선을 사용한 통교가 활발해졌다. 사선 중에는 원양항해에 나서는 경우도 있었고, 에도 시대의 나가사키를 방문하는 중국 선박 가운데에도 사선의 모습이 보였다.

다른 한 가지 종류는 첨저선(尖底船)이다. 이는 문자 그대로 배 바닥이 뾰족해 외해의 깊은 수면에서 물살을 가르고 나아가는 데에 적합했다. 주로 장강 하구 남쪽 지역에서 건조되어 원양항해에 이용되었다. 이미 9세기 무렵에는 중국의 해상들이 이러한 종류의 선박을 이용해 연안을 항해하거나 남중국해를 경유해 남쪽의 동남아시아로 항해하는 길을 개척했다. 또한 강남에 거점을 둔 해상이 이 선박으로 동중국해를 건너 중국과 일본열도 사이에서 교역 활동을 한 것도 대략 9세기부터의 일이다. 비록 첨저선이라 하더라도 그중에는 복선(福船)과 조선(鳥船) 등 다양한 종류가 있었다. 15~16세기에 복건에서 개발된 조선이 쾌속으로 원거리 지역과의 해상 교통에 널리 사용된 것은 알려져 있지만, 각 선박의 자세한 특징과 차이는 아직 밝혀지지 않았다.

이들 선박은 종종 '정크'로 불린다. 오늘날 한자로는 '戎克'으로 쓰는 경우가 많은데, 원래 중국어로 배를 뜻하는 선(船)의 발음(chuán)이 말레이어의 'jong'과 포르투갈어의 'junco'로 와전되고, 그것이 영어로는 'junk'가 된 것으로 보인다.

오늘날 정크로 이해되는 선박에는 두 가지 특징이 있다. 하나는 구조적인 특징으로, '량(梁)'으로 불리는 격벽판(隔璧板)을 갖추었다는 것이다. 이는 선박의 가로 방향 강도를 보강하고 방수하는 데에 효과가 있었다. 배의 크기에 따라 차이는 있지만 10장(杖) 이상의 량을 선체에 끼운 경우가 많았다. 또 다른 특징은 '봉(篷)'으로 불리는 사각형의 세로돛으로, 대나무를 연결해 망을 만들고 그 사이에 나뭇잎을 넣은 대나무의 작은 가지를 끼운 것이다. 중량이 있기 때문에 봉을 걸기 위해서는 시간과 노력이 필요하지만, 내리는 것은 간단하기 때문에 해상에서 급변하는 기후에 신속하게 대응할 수 있었다. 또한 저렴한 것도 장점이었다. 만약 이 두 가지 특징을 지닌 선박을 정크라고 한다면, 그 출현은 약 8~9세기 즈음이 될 것이다. 따라서 그 이전에 중국 연안에서 건조된 선박은 정크선이 아니지만, 중국이 아닌 곳에서 중국인이 아닌 사람이 만든 정크도 존재할 수 있다. 또한 용도에 상관없이 이른바 상선이나 군선도 모두 정크라 부른다. 이처럼 정크라는 표현은 상당히 애매한 말이다.

표현뿐 아니라 실제 정크선의 크기나 형태, 닻이나 노의 형태, 돛의 수 등도 분명히 정해져 있던 것이 아니었다. 다만 상선은 대략적인 기준이 있었고, 그것은 이 책이 다루는 세 가지 시대를 통해 그렇게 크게 변하지 않았던 것 같다. 정크를 제작하는 기술은 11~12세기의 송대에 그 기본이 확립되었고, 선박의 주요한 부분은 19세기까지 유지되었기 때문이다. 물론 시대에 따라 세부 공법이나 개량된 부분도 다양해졌다. 포르투갈이나 네덜란드 등에서 동아시아 해역으로 진출한 이른바 '서양선'에 달린 선수(船首)의 돛이나 높은 선미루(船尾樓)의 구조를 도입한 것이 그 예다.

이 책의 1부에 해당하는 시대의 선박으로, 복건성 천주에서 발굴

된 선박의 유물이 있다. 이 배는 길이가 34미터, 폭이 11미터, 적재 중량은 200톤 정도로 추정된다. 또한 한반도 남서부의 신안 앞바다에서 발견된 침몰선(14세기 전반)도 천주에서 발굴된 배와 거의 같은 크기다. 한편 15세기 초에 동남아시아와 인도양으로 파견된 명의 정화(鄭和)[26]가 이끈 선단에는 보선(寶船)으로 불리는 거대한 선박이 포함되었던 것으로 알려져 있다. 일설에 따르면, 이 선박은 전체 길이가 150미터나 된다고 한다. 하지만 최근 연구에 따르면, 당시 목조 정크선으로 이처럼 거대한 크기는 상상하기 어렵다고 한다. 최대 길이가 70미터 정도인 선박으로 보는 것이 적당할 것이다.

3부의 시대에 해당하는 18세기 선박에 관해서는, 규슈 히라도의 마쓰우라 사료 박물관에 있는 「당선지도(唐船之圖)」가 그 모습을 생생하게 전해 준다. 이는 영파선과 남경선, 광동선 등 열한 척의 중국 선박을 상세한 수치와 함께 그린 컬렉션이다. 사선의 특징을 지닌 남경선을 제외한 나머지 열 척은 모두 첨저선이다. 그중 대만선의 길이는 약 33미터로 추정된다. 크기에는 다소간의 차이가 있지만, 다른 선박의 수치도 크게 다르지 않다.

그렇다면 적어도 중국과 일본열도 사이를 왕복하는 정크선은 세 가지 시대를 통해 전체 길이가 30미터 정도, 적재 중량은 100톤 정도였다고 할 수 있다. 선박 건조용 목재를 보면, 용골(keel) 등 선저재(船底材)로는 무겁고 부식되지 않는 소나무가, 량에는 못이 잘 들어가는

---

26 1371~1434년. 운남의 무슬림 출신 환관으로, 1405년에서 1433년 사이에 일곱 차례에 걸쳐 남중국해와 인도양으로 원정했다. 정화의 선단은 명에 조공하라고 재촉하는 것과 더불어 교역 활동을 했고, 분견대는 아프리카 동쪽에도 도달했다.

녹나무가, 외판(外板)에는 물에 잘 뜨는 삼나무가 종종 사용되었다. 또한 외판의 이음매에는 침수를 막기 위해 마(麻)를 채워 넣고, 거기에 석탄과 여회(蠣灰: 굴 껍데기를 태운 재)에 오동나무 기름을 섞어 짠 것을 발랐다.

일본의 선박

일본열도 연안에서 사용되었던 선박에 관한 구체적인 정보는 많지 않고, 특히 중국으로 향하는 선박의 경우는 15세기 이후의 것 외에는 그 실태가 밝혀진 것이 없다. 나라 시대와 헤이안 시대에는 일본에서 중국으로 견당사선을 파견했는데, 그것이 어떠한 배였는지는 알려지지 않았다. 또한 1부에 해당하는 시대에 중국에서 하카타 등 일본열도의 항구로 들어온 정크 외에 만약 일본에서 건조되어 중국으로 간 선박이 있었다 해도 그 크기나 형태 등은 불분명하다.

2부에서 언급되는 견명선(遣明船: 15~16세기)에 관해서는 정보가 일부 알려져 있다. 통상적으로 이 선박에는 명으로 향하는 사절과 함께 상인이 다수 탑승했는데, 탑승한 선원의 수는 150명에서 200명이나 되었다. 이 때문에 대형선이 사용되었다. 하지만 특별한 배가 마련되는 것은 아니었고, 열도 연안의 바다에서 사용되었던 상선을 돌려 썼다. 이는 17세기 후반이라 해도 충분히 큰 배였다고 한다. 이 무렵에는 선반 구조(棚板造り)로 불리는 공법으로 조립된 구조선(構造船)이 사용되었다.

1445년에 세토 내해에서 도다이지(東大寺)가 관할하는 효고(兵庫) 홋칸(北關)을 통과해 오사카 방면으로 향한 선박의 평균 총수는

바다에서 본 역사

1903척으로, 그 가운데 적재 중량을 알 수 있는 1678척 중 반 이상은 100석(石) 미만의 작은 배였다. 600석(약 90톤) 이상의 배는 열세 척이었다. 명과 일본 사이의 무역에 사용된 선박은 이처럼 예외적으로 큰 선박이었을 것이다. 이러한 선박이 귀속된 곳은 모지(門司: 부젠(豊前)), 도미타(富田), 가미노세키(上關), 야나이(柳井: 스오(周防)), 다카사키(高崎), 오노미치(尾道: 빈고(備後)), 효고(셋쓰(攝津))였다.

또한 16세기 후기의 왜구가 사용했던 배는 용골이 없는 평저형의 일본식 소형선이었다. 이 때문에 옆에서 불어오는 횡풍(橫風)이나 역풍이 불 때에는 파도를 가르고 나아가기가 어려워 동중국해를 건너는 데에 한 달 정도가 걸렸다고 한다. 하지만 이후 복건에서 온 중국인이 일본선의 선체 아랫부분을 가공해 뾰족한 첨저식 정크선으로 개조했고, 이를 통해 왜구는 단기간에 동중국해를 건너게 되었다고 한다.

이 책에서는 직접 다루지는 않는 시대이지만, 17세기에는 일본열도에서 전례 없이 정크선의 인기가 높아졌다. 17세기 전반기를 보면 불과 30년 정도 사이에 평균 356척 이상의 주인선이 일본열도에서 동남아시아 방면으로 진출했기 때문이다. 외양 항해에 견딜 만한 강도를 지닌 주인선의 다수는 정크선이었다. 주로 일본에서 건조되었지만 복건과 시암에서 구매한 것도 있었다. 크기는 적재 중량이 72톤에서 480톤까지 다양했다. 나가사키 역사 문화 박물관에 나가사키 대관(代官)[27]이자 주인선 무역에 종사했던 스에쓰구 헤이조(末次平藏)와 나

27　나가사키의 필두 지방관으로, 나가사키 봉행의 보좌역이자 주민의 대표격으로 나가사키 시

가사키의 상인 아라키 소타로(荒木宗太郎)의 선박 그림이 소장되어 있다. 이를 복원한 것에 따르면 이 선박의 길이는 49미터 정도이고, 폭은 8~9미터다. 평균적인 정크선보다 상당히 큰 배였던 것으로 보인다.

이른바 '쇄국' 이후에도 도쿠가와 정권이 큰 선박의 건조를 금지한 것은 아니었다. 아타케부네(安宅船) 등 군용으로 사용되는 큰 선박은 규제했지만, 정크형 항해 선박의 제조는 금지하지 않았다. 구마모토 번과 센다이 번이 정크선을 건조하겠다고 요청했을 때 막부는 이를 허가했으며, 1667년에는 스에쓰구 헤이조에게 '당선'을 만들라고 명하기도 했다. 이 선박이 1675년에 오가사와라(小笠原) 군도를 탐색했는데, 이것이 이후 일본이 이 섬의 영유권을 주장하는 근거가 되었다.

하지만 3부에 해당하는 시대인 18세기가 되자 일본열도에서 해외 도항용 정크선이 만들어지는 일은 사라졌다. 그 대신 국내의 수상 운송이 비약적으로 발달했다. 사용된 선박의 종류는 다양한데, 크게는 천선(川船)과 해선(海船)으로 구분할 수 있다. 해선의 선체 구조에 따라서, 세토 내해와 태평양의 선반 구조와 동해의 면대 구조(面木作リ)라는 두 종류로 나눌 수 있다. 이 중 18세기에는 세토 내해와 태평양에서 그 이전부터 사용되었던 선박 가운데 하나인 베자이센(弁才船)이 일본열도 각지로 보급되었는데, 상선이라고 하면 거의 이 배를 가리킬 정도였다. 오늘날 일본인이 '와센(和船: 일본선)'이라는 말을 듣고 떠올리는 것이 바로 이러한 모양의 선박이다. 특수한 부재료가 필요

정에 큰 영향력을 지녔고, 주변 천령(天領) 등의 지배를 담당하기도 했다. 무라야마 도안(村山等安)과 스에쓰구 헤이조의 가문을 거쳐, 1739년 이후에는 다카기 사쿠에몬(高木作右衛門)의 가문이 세습했다.

하지 않고 일반적인 판 재료와 량 재료만으로 건조할 수 있었기에 저렴했다는 점, 그리고 돛을 이용해 바람으로 나아가는 범주(帆走) 성능이 뛰어났다는 점이 베자이센이 널리 보급된 이유일 것이다. 히가키카이센(菱垣廻船)과 다루카이센(樽廻船),[28] 여기에 동해의 기타마에부네(北前船)[29] 등은 모양에 약간의 차이는 있지만, 모두 베자이센의 한 종류다.

이 선박은 항(航)으로 불리는 평평한 선저재를 중심으로 그 좌우에 붕판(棚板: 선반 널)으로 불리는 목재를 이어 붙여서 건조되었다. 돛대는 배의 중앙에 한 개가 세워졌고, 17세기 중기까지는 상선에 보급되었던 목면범(木棉帆)이 장착되었다. 18세기가 되면 거의 노(櫓)나 상앗대(櫂)를 사용하지 않고 바람을 이용해 나아가는 항해 기술이 만들어졌다. 또한 키(舵)는 점차 대형화되어 18세기 후반의 센고쿠부네(千石船)의 경우 바닥의 면적이 6첩(疊) 정도였다.

원격지와의 교역이 활발해진 18세기에는 선박도 대형화되어 갔다. 이른바 센고쿠부네(적재 중량 150톤)도 찾아보기 어려울 정도였다. 하지만 일본 국내의 수상 운송에서 압도적 다수를 차지한 것은 200석 (30톤) 이하의 소형선이었다는 것을 기억할 필요가 있다.

---

28 히가키카이센은 여러 하주에게서 받아들인 여러 종류의 화물이 뒤섞여 실린 화물선으로, '히가키'라는 이름은 뱃전에 있는 마름모꼴의 격자에서 유래한다. 1730년에 술 운반 전용의 다루카이센이 독립함에 따라 술이 아닌 화물도 실어 나르면서 양자는 경합하게 되었다.

29 에조치와 호쿠리쿠 방면의 물산을 서쪽으로 우회하는 항로를 통해 오사카로 운송하는 가이센의 총칭으로, 북쪽에서는 베자이센으로 불렸다. 선주의 상당수는 동해 연안을 본거지로 삼았고, 하주를 겸해 스스로 상거래를 하는 사람이 많았다.

한반도의 선박

한반도에서는 9세기에 신라 상인의 대외 교역이 활발해졌는데, 그들이 사용한 선박에 관해서는 잘 알려져 있지 않다. 10세기 초에서 14세기 말까지의 고려 시대에 연안 지역에서 이용되던 선박의 실물이 서해안에서 여럿 발견되었다. 그것은 소나무를 주재료로 사용했고 평평한 선저와 선수가 특징이었으며, 격벽이나 늑골재 대신 가룡목(加龍木)으로 불리는 여러 봉재(棒材: 원형 재료)를 좌우로 연결해 선체를 보강했다. 이처럼 두꺼운 소나무 재료를 사용한 뭉툭한 방주형 선체는 한반도 연안의 서해안을 중심으로 전근대 시기에 일반적으로 발견되며, 어선과 하선(짐배), 군선 등 여러 종류의 선박에 공통된 특징이었다. 정크선이나 베자이센과 비교하면 이러한 배는 상대적으로 운송 기능이 떨어지고 흘수가 얕아 외양의 파도를 극복하기가 쉽지 않았지만, 간척지가 펼쳐지는 얕은 해역을 항해할 때에는 선박의 좌초나 전복을 피하는 데에 오히려 유리한 면도 있었다.

활발한 해역 교류가 있었던 고려 시대에, 그 주축을 담당했던 중국 해상의 정크선 외에 국제 교역에 이용된, 한국에서 건조된 선박이 있었을 테지만, 그 실상은 밝혀지지 않았다. 14세기 말에서 19세기 중반까지의 조선 시대에 바다를 통한 중국과의 왕래는 표류 등 일부 예외적인 경우를 제외하고 거의 끊겼지만, 일본으로는 종종 사절을 태운 선박을 파견했다. 에도 시대의 일본에 파견된 통신사의 선박은 기본적으로는 조선의 전통에 따른 평저선이었던 것으로 보이지만, 외양 항해를 고려한 선체의 변형도 다소 있었던 것으로 보인다. 또한 조선 시대에는 중국과 통교하면서 육상 교통에 문제가 발생했을 때 드물지만 황해를 횡단해 산동반도에 사절을 보내는 경우가 있었다. 거리가 짧거나 파도가 잠잠한 수역을 통과하는 경우에는 평저선으로도 운항할 수 있었을 것이다.

항해 기술과 신앙

과거에 육지가 전혀 보이지 않는 대양을 범선으로 항해하려면 대단한 용기가 필요했을 것이다. 늘 좌초할 위험이 있었기에, 순풍이나 좋은 날씨를 계속 기다리면서 연안의 다양한 육표(陸標, landmark)를 기준으로 신중하게 항해를 이어 가는 것이 훨씬 안심이 되었을 것임이 틀림없다. 바다를 건너기 위해서는 아무래도 해류나 바다의 어려운 코스, 천문, 기상, 지리 등에 관한 지식이 필요하다. 이러한 지식 없이 동중국해와 같은 대해를 직접 건너는 것은 곤란한 일이었다.

7세기에서 9세기까지 중국에 파견된 견당사선은 당초 이키와 쓰시마에서 출발해 한반도 서안을 북상해서 황해를 건너고 산동반도에 이르는 루트를 거쳤다. 이는 거의 모든 여정으로 연안을 이용했다고 할 만큼 해난 사고의 위험성이 적었다. 그 후 한반도의 정치 정세의 변화 등으로 동중국해를 직접 횡단하는 루트가 사용되기 시작하지만, 총 여덟 번의 도항 중 왕복이 모두 무사했던 것은 겨우 한 번뿐이었다.

그 후 계속해서 항해에 필요한 기본 정보가 축적되었는데, 특히 자석을 이용한 나침반이 발명되자 동중국해 횡단이 그렇게 어렵지 않게 되었다. 선체나 돛, 키 등도 계속 개량되어 배의 성능 역시 향상되었다. 또한 역풍이나 횡풍이 불 때에도 선박을 전진시키는 기술처럼 뛰어난 항해술이 개발되었다. 이러한 기술이 있으면 선박으로 대양을 항해할 수 있는 기간은 대폭 늘어날 수 있다. 그 결과 이 책에서 앞으로 소개하는 세 시기에는 동중국해와 남중국해를 넘나드는 항해가 상당히 자연스럽게 이루어지게 되었다.

하지만 항해에는 늘 해난 사고가 따라다니기 마련이었다. 예상치 못한 기상 급변이나 선체 고장으로 선박의 항해가 어려워질 때가 있었다. 특히 간만의 차가 큰 연안 지역을 항해할 때에는 좌초를 피하기 위해 신중을 기해야 했다. 메이지 시대의 기록을 보면 1880년대에서 1890년대에 걸친 시기에 일본형 선박의 해난 사고 발생률은 2~4퍼센트 정도였다. 이는 17~18세기에 서유럽 여러 국가의 동인도회사에서 고용한 선박의 해난 사고 비율과 거의 같은 수준인데, 이 정도 비율의 해난 사고를 당하는 것은 피하기 어려웠다고 할 수 있다.

따라서 바다에서 살아가는 사람 모두에게 공통된 바람은 항해의 안전이었다. 그들은 항상 신에게 기도를 드리고 신의 뜻을 점치면서 항해를 이어 갔다. 그것은 저항하기 어려운 바다라는 대자연과 마주하는 인간의 위안처이기도 했다. 기원의 대상은 실로 다양했다. 본래 어민이나 뱃사람들이 의지했던 것은 고향의 신들이었다. 무역선의 왕래가 활발해지자 영파의 초보칠랑신(招寶七郎神)과 천주의 통원왕(通遠王) 등 항구마다 항해의 수호신이 출현했다. 해남도의 남쪽 연안에는 중국인계 박주신(舶主神)과 이슬람계 번신묘(藩神廟)처럼 항로를 따라 제사되는 것도 있었다. 한편 폭풍우나 조류로 왕래가 곤란한 장소를 신격화한 용왕신이나 불교 경전에서 유래한 관세음보살이나 수야신(守夜神) 등 지역을 불문하고 믿은 신불도 있었다. 이 외에 조선과 중국의 동해신과 남해신, 그리고 일본의 하치만 신(八幡神)처럼 국가와 관련된 사절이나 군선을 수호하는 항해신도 있었다. 신불을 모시는 장소를 보면, 해상에서 눈에 띄는 산, 조류가 복잡한 항구 입구의 작은 섬이나 항구, 닻을 내리는 부두나 맑은 물이 나오는 우물가 등 항해와 밀접하게 관련된 곳이 많다. 선박 안에는 아침과 저녁마다 간구하기 위해 지폐를 붙이거나 그림으로 된 형상을 걸기도 했다. 외양선에서는 선장실에 작은 제단을 마련하고 신상을 안치하는 경우도 있었다.

일본에서는 스미요시(住吉) 신사와 곤피라구(金比羅宮)의 신들, 그리고 관세음보살이 해상의 안전을 지키는 신불로 유명하다. 오늘날 각지의 항구 마을을 방문해 보면 반드시 어딘가 해변 가까운 곳에 항해의 안전을 기원하는 신사와 사찰이 은밀하게 숨어 있다. 일찍이 바다와 관련된 사람들이 이러한 신사와 사찰에 참배하고 에마(繪馬: 마구간을 상징하는 나무판에 말을 그린 봉헌물)를 봉납하며 열심히 무사한 항해를 기원했을 것이다.

동아시아 해역에서 지역신으로 시작해 지역을 넘어선 명망 높은 항해신으로 발전한 신으로 마조(媽祖)가 있다. 전승에 따르면, 이 여신은 원래 송대에 복건성 보전(莆田)에 가까운 미주도(湄洲島)의 임씨(林氏) 가문에서 태어난 딸로, 영험한 힘을 지니고 있었다. 처음에는 현지 뱃사람들이 숭배하는 마음에서 시작해, 그들의 활약과 함께 중국 연안으로 신앙이 퍼졌다. 마조를 기리는 묘가 항구마다 잇따라 세워지고, 작은 형상을 배 안에 안치하는 선두마(船頭媽)의 풍습도 확산되었다. 또한 관세음보살의 화신이나 용왕의 딸이라는 식으로 널리 알려진 신불과 만나기도 했다.

송대에 복건 남부의 항해신에 지나지 않았던 마조였지만, 이 책의 2부에 해당하는 시대에는 남송 토벌과 해상 조운(漕運)을 도왔다는 공을 인정받아 원의 황제에게서 천비(天妃)의 칭호를 받은 국가신이 되었다. 마조는 그 영력으로 해상에서 조난당한 아버지와 오빠를 구하려 했는데, 아버지밖에 구하지 못해 회한을 품고 바다에 몸을 던져 신이 되었다고 한다. 이 이야기가 뱃사람들의 마음을 울렸고, 이와 함께 마조에 대한 신앙이 동아시아 각지로 확대되었다. 또한 3부에 해당하는 시대에는 정씨 세력을 공략했다는 공적을 인정받아 청의 강희제(康熙帝)[30]에게 천후(天后)의 칭호를 받았고, 일본 등지에서는 그 신앙이 독자적으로 전개되었다. 현재도 나가사키의 당사(唐寺: 당나라 양식의 사찰)인 고후쿠지(興福寺)나 소후쿠지(崇福寺)에는 마조당이 있고, 경내의 좌우에 제단이 마련되어 있다. 일찍이 당선이 입항하면 출항하기 전에 여기에 선두마를 올리고 배로 돌아갔다고 한다. 동아시아 해역의 연안 각지에 남아 있는 마조묘는 바다를 통한 교류라는 역사의 증인이라고 할 수 있다.

그렇다면 이제 준비가 된 듯하다. 우리도 떠날 시간이다. 드디어 이제부터 동아시아 해역의 세 가지 시대를 논하는 본편의 막이 올랐다. 3막으로 구성된 무대를 마음을 다해 즐겨 주시기를 바란다.

---

30 1654~1722년. 청의 제4대 황제(재위 1661~1722년), 이름은 아이신기오로(愛新覚羅) 현엽(玄燁). 남방에서는 삼번을 평정하고 대만의 정씨를 공략했으며, 북방에서는 러시아를 흑룡강 방면에서 쫓아내고 북몽골을 신속(臣属)함으로써, 제국을 안정 궤도에 올리는 데에 성공했다.

1부

열려 있는 바다,
1250~1350년

1250~1350년의 동아시아 해역

1   시대의 구도

1250~1350년의 '100년'은 중국에서는 남송이 멸망하고 원(몽골 제국)의 패권이 확립되었던 시대였다. 한국에서는 고려 시대 후반의 한 시기에 해당한다. 또한 일본에서는 가마쿠라 시대 중기부터 남북조시대 전기에 해당하는 시기였다.

이 시대 동아시아 해역의 특징은 '열려 있다'라는 키워드로 이해하는 것이 어울릴 것이다. 그 '열려 있는' 양상은 크게 다음과 같은 국면으로 설명할 수 있다.

첫 번째, 해상무역을 중심으로 한 이 시대 동아시아 해역의 교류는 유라시아 대륙의 동서와 인도양까지 확산되는 광역 교류의 일환을 이루고 있으며, 동중국해 일대와 남중국해 일대뿐만 아니라 외부 세계로도 널리 열려 있다는 점이다.

두 번째, 민족적·종교적으로 다양한 '외래자(外來者)'가 활발하게 왕래하는 동시에 각지에 커뮤니티를 형성해 현지 사회에 녹아들어 그 네트워크가 해역 교류의 기반을 형성했다는 점이다.

세 번째, 연안 각지에서 다양한 차원의 정치권력이 해상무역에 대해 비교적 온화하거나 유연한 관리 체제를 세웠고, 경우에 따라서는 무역을 적극적으로 보호하고 진흥하려는 태도를 보였으며, 국가 간 긴장 관계가 동반되는 상황에서조차 무역 외의 교류가 활발하게 이루어졌다는 것이다.

1부에서는 먼저 이상의 세 가지 특징을 상징적인 사례를 따라 개관하고, 논의의 대상이 되는 해역의 거시적인 이미지를 설명하겠다.

유라시아와 인도양으로 열려 있는 동아시아 해역

지팡구(일본을 지칭)섬이 있는 이 바다가 '지나해(중국해)'로 불린다는 사실을 알아 두어야 할 것이다. 그것은 만지(남중국)의 맞은편에 있는 바다라는 뜻이다. 섬사람들의 언어로 '지나(친)'라는 것은 곧 만지를 가리킨다. 이 바다는 동쪽에 있는데, 그곳으로 항해를 해 보아서 잘 아는 지혜로운 안내인과 현명한 선원들의 말에 따르면, 그곳에는 7448개의 섬이 있고, 대부분 사람들이 산다고 한다. (……) 자이툰*(천주)이나 킨사이(항주)에서 출발한 배들은 그곳에 가서 많은 이익과 수입을 올린다. 1년 동안 열심히 노력해야 그곳에 도달할 수 있는데, 겨울에 출항해서 여름에 회항하기 때문이다. 그곳에는 두 종류의 바람밖에 불지 않는데, 하나는 갈 때 이용하고 또 하나는 올 때 이용하며 각기 여름과 겨울에만 분다. (……) 또한 이 바다가 '지나해'로 불린다고 말했는데, 그렇다 하더라도 그것은 여전히 대양의 일부라는 것을 말해 두고 싶다. 우리가 마치 '영국해'나 '에게해'로 부르는 것처럼 그 지방에서도 '지나해'라든가 '인도해' 또는 '아무개해'라는 식으로 부르지만, 모두 한 대양의 일부다.

이는 지금으로부터 약 700년 전 동아시아 해역에 관한 기록이다. 기록을 남긴 인물은 마르코 폴로(Marco Polo).[1] 베네치아에서 유라시

---

* **옮긴이 주** _ 자이툰(zaitūn)은 아랍어로 올리브(감람) 나무를 가리킨다. 당시에 천주의 서쪽 교외 지역에 엄나무(刺桐)가 많았는데, 엄나무의 중국어 발음 'cì tóng'이 '자이툰'과 유사해서 천주를 자이툰으로 불렀다.

1　1254~1324년. 이탈리아의 베네치아 상인. 원에 가서 쿠빌라이 칸을 섬겼고, 『동방견문록(東

아 대륙을 횡단해 중국에 도착했던 폴로는 돌아갈 때는 남중국해에서 인도양을 횡단한 후 페르시아만에서 지중해로 연결되는 해로를 이용하면서 그 기록을 남겼다. 실로 이 시대의 아시아 해역(이 책에서는 동중국해와 그 주변으로 인도양에 걸쳐 이어지는 바다를 이렇게 총칭한다.)의 대부분을 스스로 직접 본 것이다. 폴로는 앞에서처럼 지팡구, 즉 일본에 관한 서술 중에서 '지나해'를 언급했다. 이 '지나해'가 오늘날의 동중국해와 남중국해를 혼동한 것으로 보는 의견도 있지만, 폴로의 지식은 중국 현지의 지리 개념이라기보다는 유라시아 서쪽의 프톨레마이오스 이후의 지리 개념[2]을 바탕으로 했기에 남중국해와 동중국해를 나누지 않고 하나로 본 것으로 여기는 것이 자연스럽다.

이 서술 중에서 눈에 띄는 것은 폴로가 계절풍에 관해 언급한 사실이다. 계절풍은 동중국해와 남중국해뿐만 아니라 인도양의 특징적인 자연현상이며, 나아가 이러한 바다를 상호 연결하는 선박의 움직임을 가능케 하는 요인이기도 하다. 폴로의 서술은 '지나해'의 끝에 '인도양'이 펼쳐지는 것을 전제로 한다.

실제로 이 시대 아시아 해역의 최대 무역항인 중국 복건 지방의 천주는 인도양 방면과 직접 연결되어 있어 세계적으로도 첫째가는 번영을 누렸다. 다시 폴로의 서술을 살펴보자.

方見聞錄)』을 저술했다. 그 실재를 의심하는 설도 있다.
2   천문학자이자 지리학자인 프톨레마이오스(2세기 무렵)로 대표되는 고대 그리스와 고대 로마의 지리 개념은, 이후 서아시아와 북아프리카의 무슬림 사회하에서 계승되어 발전했고, 나아가 중세 유럽으로 전해졌다.

(복주에서) 닷새 거리를 가면 크고 훌륭한 도시 자이툰에 도착한다. 이 도시에는 값비싼 보석과 크고 좋은 진주를 비롯해 비싸고 멋진 물건을 잔뜩 싣고 인도에서 오는 배들이 정박하는 항구가 있다. 만지의 상인들은 이 항구에서 주변의 모든 지역으로 간다. 수많은 상품과 보석이 이 항구로 들어오고 나가는 모습은 보기에도 놀라울 정도인데, 그것들은 이 항구 도시에서 만지 지방 전역으로 퍼져 나간다. 여러분에게 말해 두지만, 기독교인들의 지방으로 팔려 나갈 후추를 실은 배 한 척이 알렉산드리아나 다른 항구에 들어간다면 이 자이툰 항구에는 그런 것이 100척이나 들어온다. 이곳은 세계에서 배가 가장 많이 들어오는 두 개의 항구 가운데 하나라는 사실을 여러분은 알아야 할 것이다.

천주항에 인도에서 온 상선이 계속해서 입항하고 남중국 각지에서 상인들이 모여든다는 폴로의 기록은 실제로 남중국해를 결절 지역으로 삼아 동아시아 해역이 인도양까지 하나의 해역으로 연결되어 있었으며, 천주가 해로와 육로의 결절점이 되었다는 것을 보여 준다. 폴로는 항구도시인 천주를 '세계 최대'로 칭했는데, 이는 결코 과장이 아니다. 이슬람 국가들에서도 최고의 여행가로서 유명한 모로코 출신의 무슬림 이븐 바투타³도 같은 평가를 많이 내놓았다.

우리가 바다 너머에서 가장 처음 도착한 도시는 자이툰이다. 이 도시에

---

3   1304~1368년. 이슬람 법학자. 1325년에 메카를 순례하기 위해 모로코를 출발해 이후 서아시아와 중앙아시아, 인도, 수마트라, 자와를 거쳐 중국에 도착한 것으로 여겨진다. 여행기 『여러 도시의 불가사의들과 여행의 경이로움을 열망하는 자들을 위한 선물』을 저술했다.

는 자이툰(올리브)이 없다. 중국과 인도의 그 어느 곳에도 올리브는 없다. 그런데도 그러한 이름을 취했다. 자이툰은 장대하고 광대한 도시로, 공단(貢緞)과 주단(綢緞)을 생산하는데, 자이툰 명산물로 알려져 있다. 이 천은 한싸*나 칸발릭(대도(大都))에서에서 생산된 직물보다 우수하다. 항구는 세계의 대형 항구 가운데 하나라고, 아니 어찌 보면 가장 큰 항구라고 할 수 있다. 나는 그곳에서 약 100척의 대형 정크선을 보았으며, 소형 선박은 그 수를 셀 수 없을 정도였다. 그곳 지형은 바다에서 육지로 쑥 파인 만이며, 게다가 큰 강과 합쳐진다.

이븐 바투타는 인도의 델리에 있던 투글루크 왕조(1320~1413년)의 사절로 바다를 건너 1340년대에 중국에 도착했고, 귀로에서도 다시 해로를 통해 마그레브 지방(서북아프리카)까지 돌아갔다. 이븐 바투타는 당시에 아시아 해역을 왕래했던 많은 무슬림 가운데 한 사람에 지나지 않지만, 이븐 바투타가 기록한 여행기 역시 남중국해를 결절 지역으로 삼아 동아시아 해역이 인도양과 하나로 이어져 있었음을 보여 준다.

이와 같은 상황이 출현한 배경으로 13세기 초에 몽골고원에서 발발한 몽골 제국의 패권이 당시에 동쪽으로 한반도, 서쪽으로는 서아시아와 러시아 평원까지 확대되었다는 점이 있다. 그 결과 '몽골의 평화(Pax Mongolica)'로 불리는 정치적 안정이 넓은 지역에 걸쳐 실현되

---

* **옮긴이 주** _ 한싸는 황제가 잠시 머무는 곳이라는 뜻의 행재(行在)에서 유래한 지명으로, 남송의 임시 수도였던 지금의 항저우를 말한다.

었고, 이와 더불어 유라시아 대륙과 인도양을 순환하는 사람과 물품, 문화, 정보의 이동이 하나의 전성기를 맞이하게 된 것이다. 13세기에서 14세기는 지중해와 이슬람권이 중앙유라시아와 인도양을 끼고 동아시아와 연결되며 유라시아 대륙에서 동서에 걸친 교류가 가장 활발했던 한 시기로 추정된다.

예를 들면 당시 이탈리아 피렌체에 있던 바르디(Bardi) 상회의 상인 프란체스코 발두치 페골로티(Francesco Balducci Pegolotti)가 남긴 상업 수첩인 『상업 실무서(*La pratica della mercatura*)』에 의하면, 이탈리아에서 아나톨리아를 경유해 중국까지 향하는 상업 여정 가운데 정비된 마을에는 몽골인 위병이 배치되어 있어 내란이나 정권 교체를 경험하지 않는 한 밤낮을 불문하고 안전한 길이 보장되었다고 한다.

해상 루트의 경우 몽골의 지배나 통제가 직접 미친 것은 아니었다. 하지만 이전부터 계속되던 계절풍을 이용한 교통망이 육상에서 이루어진 '몽골의 평화'와 연동되면서 안정된 양상을 보였다. 당시 해상 교통의 주역 중 한 사람인 이븐 바투타는 아시아의 바다에서는 아비시니아인(에티오피아인)이 항해의 인도자로 유명했으므로, 그들을 승선시키는 한 안전한 항해가 보장되었다고 전한다.

이처럼 육로와 해로가 동시에 안정되고 상호적으로 연계되었기 때문에 이 시대에 동서 교류의 번영을 가져올 수 있었다. 실로 유라시아 대륙과 아시아 해역이 고리를 이은 것과 같은 연환 구조가 정점에 달한 것이 이 시대였다. 육상에서 몽골의 패권하에 동중국해와 남중국해, 인도양, 지중해 등 해상 교류의 여러 핵이 연결되었고, 그것이 유라시아 대륙의 간선과 연계되어 커다란 환류를 형성했다. 이 공간

바다에서 본 역사

을 사람이나 물품의 이동과 교류를 중시하는 입장에서 보면 '환유라시아 교류권'으로도 부를 수 있다. 이 시대의 동아시아 해역은 그 일부를 구성하는 것으로 볼 수 있다. 단순히 동중국해와 남중국해뿐만 아니라 인도양과도 밀접하게 연결되면서 유라시아의 동쪽과 서쪽을 향해 크게 열려 있었던 것이다.

확산하고 공생하는 사람들

마르코 폴로나 이븐 바투타뿐만 아니라 이 시기의 동아시아 해역에서는 다양한 출신과 종교를 가진 사람들이 왕래했다. 그중 일부는 현지의 정치권력 내부로 들어갔고, 동시에 연해부를 중심으로 활동 거점이 되는 커뮤니티를 지역 안에 형성했다. 그것은 내방자를 더욱 불러들이는 마중물이자 인프라가 되어 해상 교류를 한층 활성화했다. 그 움직임 중에서도 특히 눈에 띈 것은 무슬림과 화인 해상이다.

예를 들면 이븐 바투타는 앞서 언급한 천주에 관한 서술에 이어 다음과 같이 언급했다.

무슬림들은 특정 구역에 산다. 우리가 자이툰시에 도착한 날, 그곳에서 일찍이 예물을 가지고 인도에 출사한 바 있는 한 아미르(장군)를 우연히 만났다. 그는 우리와 동행하다가 그가 탄 정크선은 침몰했으나 그만은 구출되었었다. 그는 나에게 인사를 하고는 행정 장관을 소개하고 훌륭한 거처도 마련해 주었다. 무슬림들의 법관 타쿳 딘 알 아르두와일리가 나를 찾아왔는데, 그는 덕을 갖추고 인자한 사람이다. 또한 청렴한 이슬람 샤이흐 카말룻 딘 압둘라 알 아스파하니도 찾아왔다. 그 밖에 대상인들도 찾아왔는데, 그중에는 샤라풋 딘 앗 타브리지도 있다. 그는 내가 인도로 올 때 노상에서 돈을 꾸어 준 사람으로서 대단히 친절하고『꾸란』을 암송하며 독경도 많이 하는 사람이다. 이들 상인은 이교도 지역에서 살아서인지 무슬림이 오기만 하면 "이슬람 땅에서 왔다."라고 하면서 더없이 반가워한다. 그리하여 이 새로 온 무슬림은 그들이 보태 주는 자카트만 받아도 그들과 같은 부자가 되어 돌아간다. 이 도시에는 후덕한 샤이흐 중 한 사람인 부르하눗 딘 알 카자루니가 있는데, 그에게는 시외에 수도장이 하나 있다. 상인들은 그곳에 가서 (항해의 수호 성자) 샤이흐 아부 이쓰하끄 알 카자루니에게 (항해의 안전을) 기원하고 봉납금을 바친다.

이븐 바투타는 천주에서 신세를 진 인물로 행정 장관과 장로, 법관, 대상인 등의 이름을 기록했다. 장로와 법관은 아시아 해역 각지의 무슬림 커뮤니티마다 있으며, 종교적 지도자이자 옳고 그름을 판정하는 재정자(裁定者)로 총괄하는 입장에 있었다. 행정 장관은 원의 지방정부에서 요직에 있었던 무슬림을 말한다. 이븐 바투타의 기록은 이러한 무슬림 커뮤니티가 내방자를 받아들일 때 상인들이 매우 중요한 역할을 했다고 전한다. 즉 교단과 관리, 상인이 하나가 된 형태로 이러한 커뮤니티가 존재했던 것이다.

또한 상인들은 바다 너머에 있는 각지의 커뮤니티를 상호 연계했는데, 이때에도 각지에 있는 종교 거점의 역할이 중요했다. 이븐 바투타가 예로 든 샤이흐 아부 이쓰하끄 알 카자루니 교단[4]은 페르시아

---

4   이란의 카질룬 출신의 샤이흐 아부 이쓰하끄 알 카자루니(963~1033년)가 창시한 수피(이슬

만에서 남중국해에 이르는 각 항구도시에 수도장을 세웠고, 중국과 인도를 왕래하는 해상들에게 신앙의 장이 되었다. 아시아 해역 각지의 무슬림 커뮤니티는 상업과 종교의 네트워크로 연결되어 있었다.

이처럼 거류지에 형성된 커뮤니티는 그 형태는 각각 다르지만, 9세기 이후에 동중국해와 남중국해의 연안 각 지역에 진출했던 화인 해상에게도 나타났다.

화인 해상은 종종 자기들이 거주하거나 체류하는 지역의 정치권력과 중국 왕조 사이에서 외교나 무역을 중개했는데, 여기에는 현지 상인과 뱃사람도 관여했다. 이 과정에서 해역 진출에 필요한 기술이나 지식이 현지 사회에 축적되었고, 각 지역은 그 이후 해역 교류의 토대를 마련했다.

이처럼 중층적이고 복합적인 구조를 지닌 연안 사회의 다양한 네트워크가 정치 영역을 넘어 겹겹이 넓은 지역으로 퍼지고 연쇄적으로 연결됨으로써 무역을 비롯한 해역 교류가 활발해진 것이다.

정치권력의 느슨함 또는 유연한 자세

당시 동아시아 해역에서 국가를 비롯한 정치권력은 주로 항구도시를 관리하는 방식으로 해역 내 사람들의 활동을 통제하려 했다.

가령 중국에서는 주요 항구도시에 시박사라는 관청을 설치해 출입하는 상인과 선박, 상품에 대한 검열과 관리를 했다. 또한 원대의

람 신비주의) 교단. 이 교단이 발행한 호부(부적)는 뱃사람과 상인의 항해 안전과 상업 번성을 기원하는 데에 쓰였다.

13세기 후반 이후 남해 무역(남중국해와 인도양을 통한 무역)에서는 상인을 통제하는 행천부사(行泉府司)[5]나 최고 지방정부(행성)도 이에 관여했다. 하지만 실제로 이러한 기관이 항만 외부로 나간 선박의 활동을 엄격하게 통제하거나 해상 활동의 자유를 제한하는 것은 아니었다. 형식적으로는 엄격한 규정이 있어도, 실제 해상 교역에서는 유연하게 대응할 수 있었기에 결과적으로는 느슨한 상태였다.

게다가 이러한 정치권력의 항만 통제가 반드시 해역 교류를 저해하는 요소가 되는 것도 아니었다. 이븐 바투타는 무슬림의 관점에서 무역과 항만에 대한 원의 통제가 다른 지역보다 세밀하고 엄격했다고 언급했지만, 오히려 그 엄격함이 여행길의 안전을 보장해 주었다. 즉 동아시아 해역에서 해상 교통과 해상무역이 번영한 배경에는 정치권력을 통한 위기관리와 안전보장이 커다란 요인 중 하나였음을 확인할 수 있다.

이 시기에 중국에서 해역 교류에 대한 정치권력의 입장 변화를 볼 수 있다. 이전에는 왕래하는 상선을 받아들이되 검열이나 징세만 하는 수동적인 경향이 강했던 것에 비해, 이 시기에는 정치권력 측에서 상인에게 적극적으로 자본을 제공하며 관무역(官貿易)을 대행하게 하는 경우가 많아졌다. 즉 무역에 대한 자세가 능동적으로 바뀐 것이다. 이는 앞서 서술한 몽골의 패권 아래에서 유라시아 대륙 규모로

---

5   튀르크-몽골계 유목민은 자기들을 대신해 자본을 운영하는 협력자를 오르톡으로 불렀는데, 몽골 제국의 시대에는 주로 무슬림 상인과 위구르 상인이 그 역할을 했다. 그리고 원은 오르톡에 대한 자금 대부와 관리 전반을 담당하는 중앙 관서로서 천부사를 세웠고, 강남에는 그 지사로서 항주와 용흥에 행천부사를 세웠다.

극대화된 교류의 상황과 무관하지 않다. 상업과 연계된 서아시아와 중앙아시아의 무슬림과 위구르인[6]이 재무 관료로 몽골 조정에 다수 등용된 점도 이와 같은 상황에 박차를 가했다.

한편 당시에 동아시아 해역에서는 정치적으로 긴박한 상황도 연출되었다.

1305년, 경원(현재의 저장성 닝보)에 입항한 일본 무역선이 있었다. 이 선박에는 류잔 돗켄(龍山德見)이라는 시모우사 출신의 승려가 타고 있었다. 류잔 돗켄은 중국의 선종사원 중에서도 격식이 높은 오산(五山) 가운데 하나인 경원 천동사(天童寺)의 동암정일(東巖淨日)[7]이라는 법사를 만나러 갈 예정이었다. 류잔 돗켄은 가마쿠라 엔가쿠지(圓覺寺)[8]의 일산일령(一山一寧)이라는 승려 아래에서 배운 경력이 있었다. 일산일령은 1299년에 원이 일본에 조공을 요구하는 사자로서 파견되었다가 가마쿠라 막부에 구류된 화인 승려였다. 하지만 신분이 있는 승려였기에 그 이전에 원이 파견한 사자처럼 처형되지는 않았으며, 후에 석방되어 가마쿠라와 교토의 선종사원을 두루 돌며 많은 일본

---

6   이전부터 몽골고원에 거주했고, 744~840년에는 돌궐을 대신해 같은 지역을 지배했던 튀르크계 유목민. 위구르 제국이 와해되자, 일부는 타림 분지로 남하해 정주민이 되었고, 상인으로서도 활약하게 되었다. 몽골 제국의 통치하에서는 관료와 상인으로서 각지에서 활동을 펼쳤다. 현재 '위구르인'은 20세기 동투르키스탄의 튀르크계 무슬림 정주민의 통일된 명칭으로서 새로이 사용되고 있다.

7   1221~1308년. 원대 임제종의 승려. 남강로(南康路) 도창(都昌) 출신. 경원 천동사의 제47대 주지.

8   가마쿠라의 임제종 5대 사찰(鎌倉五山) 중 제2위 선종사원. 가마쿠라 막부의 제8대 집권 호조 도키무네(北條時宗)를 시주로 삼아, 남송 출신의 승려 무학조원(武學祖元)이 1282년에 창건했다.

승려를 제자로 받아들였다. 아마도 류잔 돗켄은 일산일령의 가르침을 받으며 동시대 중국의 소식을 듣고 스스로 유학을 결심했을 것이다.

하지만 류잔 돗켄의 유학은 결코 순조롭게 진행되지 않았다. 류잔 돗켄은 중국에서 몇 번이나 고난에 맞닥뜨렸는데, 가장 처음 맞은 고난은 중국으로 입국할 때였다. 류잔 돗켄의 전기에 따르면 당시에 원은 일본 선박에 대한 세율을 인상하고 상인과 승려의 상륙을 금지했다고 한다. 이러한 상륙 금지 조치는 원의 사료에서도 확인된다. 일본 선박이 내항할 때는 일본인의 도성 진입을 허용하지 않는 상태로 무역을 수행해야 한다는 규정이 있었다. 류잔 돗켄은 이 규정 때문에 관리의 눈을 피해 성벽을 기어올라 내부로 숨어들었지만, 침입했던 집에서 주인에게 포박당했다. 그렇지만 류잔 돗켄이 수행의 뜻을 밝히자 감명을 받은 주인은 관에 사면을 요청했고, 그 결과 류잔 돗켄은 천동사까지 도달하는 데에 성공했다.

원은 일본과의 무역에 매력을 느끼면서도 내항하는 일본인에게는 경계심을 품고 있었는데, 원의 우려는 이후 더욱 커지게 되었다. 1309년에 경원의 무역을 관리하는 관원의 부정행위에 분개한 일본 상인이 상품으로 가져왔던 유황을 사용해 관청에 불을 질렀는데, 이것이 인구밀도가 높은 경원의 시가지로 번지면서 막대한 피해를 가져왔던 것이다. 그러자 원은 일시적으로 계엄 태세를 취했고, 일본에서도 상선을 통해 원군이 습격해 올 것이라는 소문이 퍼지면서 가마쿠라 막부는 각지에 '이국 항복(異國降伏)'의 기도를 빌도록 명했다. 그리고 중국에 체류하던 일본 승려들도 이 사건에 관여했을 것이라는 의심을 받고 각 사원에서 검거되어 처형과 유배 등의 처분을 받았다. 류잔 돗켄도 낙양으로 유배되어 수년의 시간을 보냈는데, 이러한 방식의 일본인 단속은 그 후에도 종종 이루어졌다.

일본에 대해 원이 이러한 태도를 취한 배경에는 후술하는 1274년과 1281년 두 번에 걸친 일본 침공의 실패와 그에 따른 일본의 반격을 경계하는 마음이 있었다. 원은 일본 외에도 조공 권고나 협력 요구에 따르지 않는 자와와 참파,[9] 쩐 왕조(陳朝)[10] 베트남으로 출병했다. 이러한 원의 대외 전쟁은 이 시대 동아시아 해역의 특징이었다.

하지만 정치적·군사적 긴장을 동반하면서도 전쟁이 종식된 후에는 이러한 지역들과의 무역은 끊어지지 않았을 뿐 아니라 오히려 활발해졌다. 전후 어느 시대보다 무역에서 더욱 성황이었다는 평가도 있다. 실제로 14세기는 전근대를 통틀어 볼 때 일본에서 중국으로 건너간 승려가 가장 많은 것으로 확인되는 시대다. 이러한 사실은 곧 그들이 도항에 이용하는, 중국과 일본 사이의 무역선이 그만큼 정기적이고 빈번하게 왕래했음을 의미하는 것이기도 하다.

원에 대해서 군사적인 경계 태세를 취하면서도 한편으로는 무역을 허용하는 이중적인 태도는 일본도 마찬가지였다. 게다가 일본의 조정(공가(公家) 정권)과 막부(무가(武家) 정권)를 보면 무역선에 대해 억제

---

9   2세기 무렵부터 베트남 남부에 존재했던 참족의 왕국. 중국 문헌에는 임읍(林邑)과 환왕(環王), 점파성(占婆城), 점성 등으로 기록되어 있다. 1471년에 북부 베트남의 레 왕조의 공격으로 수도 비자야가 함락되었고, 17세기 말에는 남아 있던 세력도 응우옌씨(阮氏)에 정복되었으나, 그 이후에도 일정한 자치권을 가지고 특수한 속국으로서 1832년까지 존속했다.

10   1225~1400년. 연안부의 수상 세력 출신으로, 리 왕조(李朝)를 이어 베트남 북부를 지배했던 왕조. 홍하 삼각주의 개척을 진행했고, 13세기 말에는 원의 침공을 격퇴했으나, 14세기 말에는 참파 공격에 실패해 쇠퇴했다.

적 관리를 했던 흔적이 별로 보이지 않을 뿐만 아니라, 사찰 경영의 자산을 조달하기 위한 후원자의 형태로 스스로 중국과의 무역에 관여했다. 정치권력의 느슨하면서 유연한 항만 관리와 무역에 대한 적극적인 상황이 각지에서 공통적으로 나타났고, 이것이 정치적·군사적 긴장이 동반되는 상황에서도 유지되고 증진되었다는 점에서 이 시대의 해역 교류를 '열려 있는' 모습이라 할 수 있다.

동아시아 해역의 두 가지 국면

이상과 같이 동아시아 해역의 '열려 있는' 양상을 개관하면서 이 시기 동아시아 해역의 공간적 밑그림을 확인해 보자. 당시 동아시아 해역에는 동시에 진행되는 두 가지 국면이 형성되었다.

하나는 남중국해에서 인도양에 걸친 상황이다. 이곳에서는 무슬림과 중국인을 비롯한 다양한 해상이 다자간 교역에 종사했다. 이는 몽골의 패권 아래에 형성된 '환유라시아 교류권'의 간선 가운데 하나로 자리 잡았다. 이러한 상황은 몽골 제국을 계승한 각지의 국가[11]가 14세기 후반에 대부분 와해된 이후에도 계속되었다. 하지만 14세기 중반에 몽골고원에서 오이라트[12] 세력이 확대되고 해역 교류에 대한 명의 자세가 소극적으로 변하면서 '환유라시아 교류권'의 일체성은

---

11 몽골 제국이 세력을 확장한 후, 칭기즈 칸의 아들과 손자들이 수립한 원과 일 칸국, 우구데이 칸국, 킵차크 칸국, 차가타이 칸국.

12 몽골 제국이 건국되던 시기에 몽골고원 서북부에서 시베리아 남부까지 거주했던 유력한 유목 부족. 몽골 황실의 인척으로서 존중되었다. 칭기즈 칸 일족의 국가들이 와해된 후에도 큰 세력을 유지했고, 15세기에는 에센 타이시 아래에서 몽골고원을 통일했으며, 17세기에는 중가르 칸국이 몽골고원 서부에서 동투르키스탄 일대를 지배했다.

사라져 갔다.

다른 하나는 동중국해를 중심으로 황해와 남중국해에 걸쳐 전개되는 상황이다. 중국 강남의 절강 지방과 복건 지방을 한반도와 일본, 동남아시아와 연결하는 선이 그 중축선이 된다. 13세기 이전에는 주로 화인 해상이 주도권을 잡았지만, 14세기 전후부터는 각지의 현지 상인들이 서서히 진출하기 시작해 14세기 후반 이후에는 화인 해상과 경합하거나 복합적으로 행동하면서 교역권을 형성해 갔다. 이지역에서는 육지를 지배하는 정치권력의 동향이 해역 교류에 큰 영향을 미친다는 점이 특징이라 할 수 있다. 특히 원을 대신해 등장한 명이 조공이라는 틀로 대외적인 통교 체제를 마련하고 주변국 역시이를 수용함으로써 해역 교류에 정치권력이 미치는 영향력은 더욱현저해졌다. 하지만 그 반작용으로서 정치권력의 통제를 무너뜨리려는 움직임도 계속해서 고조되었다.

이러한 두 가지 국면은 남중국해와 동중국해라는 공간으로 명확하게 구분할 수 있는 것은 아니었고, 절강 및 복건과 류큐, 베트남과같은 남중국해와 동중국해의 결절 지역을 축으로 중복되었다. 두 국면의 다른 점은 그 주체다. 전자에서 무슬림과 화인을 포함한 다양한해상이 주체가 된 것에 비해, 후자에서는 화인 해상이 주도권을 장악했다. 이러한 동아시아 해역의 교류 형태는 '환유라시아 교류권'이 분해된 후에도 얼마간 이어졌지만, 15세기 후반 이후 믈라카 해협 이북에서 중국을 상대로 하는 무역에 대해 화인 해상의 우세가 두드러지자 동중국해와 남중국해를 하나의 교역권으로 하는 역내 연계 양상이 두드러지게 되었다.

2　해역 교류의 무대 배경과 주역들

2장에서는 1250~1350년의 동아시아 해역과 관련된 각 지역의 사회 상황과 해역 교류에 관련된 주요 인물, 그리고 그들이 속한 집단 및 기관을 대략적으로 소개한다. 앞 장에서 요점을 정리했던 당시 동아시아 해역의 구체적인 양상에 관해서는 3장 이후에 다시 살펴보기로 한다.

각 연안 지역의 사회 동향

중국에서는 당대에 해당하는 8~9세기 이래 남부 지역에서 운하와 경지의 정비와 함께 개발이 진행되고 대규모 인구 이동이 있었다. 그 결과 절강과 복건, 광동 등 동남 연해 지역으로 경제 중심이 이동했는데, 이러한 경향은 1250~1350년에도 계속되었다.

이 지역은 원대에 강절행성(江浙行省)과 강서행성(江西行省)의 관할 구역에 해당한다. 당시에 원의 세수입 가운데 37퍼센트는 강절행성이, 10퍼센트는 강서행성이 차지해, 이 두 지역에서만 전체 세수입의 반 가까이를 부담했다. 이러한 경향은 화북에서 강남으로의 중심 이동이라는 중국 사회의 거대한 역사적 흐름을 반영하는 동시에, 내륙에서 연안으로의 중심 이동이라는 흐름도 포함한다.

한편 원의 정치적 중심부에서 가까운 화북 지방에서는 금 말에서 원 초에 이르는 황폐한 시기가 인구 변동에서 큰 분기점이 되었다. 가령 산동을 보면 북송 말기에서 금대에 해당하는 12세기에 1000만 명에서 1250만 명에 달하는 인구가 있었지만, 몽골의 침공과 이후의 혼란으로 더욱 황폐해지면서 한때 450만 명까지 인구가 격감했다. 13세기 후반에는 경작지나 염전, 광산의 개발이 추진되었지만, 14세기 전반까지만 해도 인구는 800만 명 정도에 그쳤다. 연안 지역에서 이루어진 해상 교통 역시 강남에서 출발했던 선박을 중심으로 전개되었다.

이러한 가운데 상업과 유통은 1250년 이전의 상황에 이어서 계속 발달했다. 원 치하에서는 기존에 정치적으로 분단되어 있던 화북과 강남을 연결하는 육상 교통과 수상 교통이 정비되었고, 곡창지대인 강남에서 징수된 세곡이 수도인 대도(현재의 베이징)까지 해상으로 수송되는 등 특히 해상 교통의 발전이 현저했다. 동중국해와 남중국해를 통한 역외 교류를 포함해 이 시대는 중국 역사상 대내외 교통에서 해로의 중요성이 큰 시기였다고 할 수 있다.

일본에서는 10세기 무렵부터 농지 개발이 대규모로 진행되었고, 이에 따라 12세기에는 귀족과 대사찰의 장원[13]이 발달했는데, 이러한 경향은 13세기에 안정되었다. 그리고 이모작과 밭농사의 보급에 따른 집약화와 생산성의 향상이 현저해졌고, 공예작물의 재배가 발달했다. 이러한 과정에서 발생한 잉여 농산물과 수공업 제품은 상품 경제의 발달을 촉진하는 요인이 되었다. 교토와 가마쿠라 같은 두 대도시를 중심으로 하는 도시 간 교통과 함께 두 도시와 각 지방을 연결하는 교통 역시 발달했고, 항구도시를 가이센(廻船)이 왕래했다. 교통의 거점에는 숙소가 세워졌고, 물류의 거점에는 운송업자와 위탁

---

13   조정과 국사(國司)에 의해서 국아(國衙)에 바친 조세와 잡역의 일부 또는 전부를 면제받았던 토지. 대부분은 확실한 보호를 받기 위해서 천황가와 섭관가(攝關家), 큰 절과 신사, 가마쿠라의 장군, 호조 도쿠소가 등의 유력자에게 기부해, 그 경제 기반의 일부가 되었다.

판매업자의 도매상이 등장했다. 그리고 공가 정권(조정)과 무가 정권(가마쿠라 막부와 무로마치 막부), 장원 영주, 대사찰 등 다양한 권력자가 설치한 세키쇼(關所: 관문)에서 관전(통행세)을 징수했다. 교환 수단과 지급 수단으로는 수입된 중국 동전이 큰 역할을 했고, 환어음도 사용되기 시작했다.

가마쿠라 막부의 실권을 쥔 호조씨(北條氏)[14]는 이러한 교통과 물류의 거점을 적극적으로 장악하려 했고, 가마쿠라 말기에는 이러한 거점이 그들의 영지가 되는 경향을 볼 수 있다. 교토 조정도 교통과 물류에 주목해 진료(津料: 항만 통행세) 징수권을 적극적으로 대사찰에 기부하게 되었다. 불교 교단 역시 교통과 물류를 활동의 장으로 주목해, 13세기 중반에는 에이손(叡尊)[15]에게서 시작되는 사이다이지(西大寺)류의 율종(律宗)은 호조씨와 연계하면서 전국의 숙박 시설과 항구도시로 진출했다.

이처럼 당시 일본에서는 교통과 물류에서 나오는 부의 중요성이 커졌다. 해외무역의 성황도 그 일환이라고 할 수 있다. 이 시대에 문제가 된 '해적'이나 '악당(惡黨)'[16] 가운데 교통과 물류에 관여하는 자가 많았다는 사실도 이와 관련이 있을 것이다. 또한 이러한 열도 중

---

14 이즈의 재청 관인(국아의 관리로서 조직된 지방 유력자) 출신의 가문. 미나모토노 요리토모(源賴朝)의 정실 마사코(政子)의 출신 가문으로 가마쿠라 시대의 유력 고케닌이다. 미나모토노 요리토모 사후에는 집권으로서, 호조씨의 적통인 도쿠소가를 중심으로 가마쿠라 막부의 실권을 장악했다.
15 1201~1290년. 야마토 출신. 당시 나라의 불교계에서 계율 부흥 운동을 이끈 중심인물 중 한 사람. 야마토의 사이다이지를 중흥했고, 그 문하는 가마쿠라 후기 이후 각지로 널리 퍼졌다.
16 가마쿠라 시대 중기부터 남북조시대까지 장원 영주와 막부 등 기존 권력에 반항했던 지방 유력자 집단.

심부의 상황은 현재 홋카이도나 오키나와에 해당하는 지역과의 경제적 관계가 심화된 것과 관련이 있을 것이다.

한반도에서는 12세기 이후 수리 개발과 쌀의 신품종 도입으로 말미암아 저습지 개발이 진행되었고 농업생산력이 향상되었다. 13세기 이후에는 권세가의 영리 활동이 빈번해져 수도의 시장이 활성화되었고, 지방에서는 농장으로 불리는 대토지 경영이 확산되었다.

당시 한반도에서 최대의 물류는 바다나 하천을 통해 수도로 세곡을 수송하는 조운이었다. 조운의 업무는 원래 전국의 열세 개 적출항인 조창을 중심으로 조직된 노역 집단이 담당했으나, 12세기 이후 유민의 발생과 전란, 지방 제도의 재편과 함께 그 기능이 상실되거나 저하되어, 결국 각 군현 단위로 분산적으로 운영되어 갔다. 하지만 이러한 사실은 오히려 수상 운송에 종사하는 사람들의 저변을 넓히면서 물류 경제의 발달을 촉진했다고 볼 수 있다.

또한 사회의 유동화는 신분 질서를 동요시켰다. 이 점은 상업에 종사하는 사람들의 일부가 정치에 진출하는 계기가 되어 고려의 궁정 내부에 상업에 대한 지향성을 발생시키는 배경이 되었다.

당시 동남아시아는 현재의 원형이 되는 민족적 분포 상황이 고착화되어 가는 전 단계에 있었다. 베트남 북부의 홍하(紅河) 유역과 자와 등 소수의 예외를 제외하면 인구밀도가 극히 낮은 상태였고, 이처럼 인구가 적은 지역의 도서와 연안부에는 교역에 의존하는 정도가 매우 높은 소규모의 항구도시국가(port-polity)[17]가 분포했다.

17　동남아시아 각지에서 강 하류 유역과 해협부 등의 항구도시(무역항)를 거점으로 성립한 국가.

그 가운데 쩐 왕조의 대월 치하에 있던 북부 베트남의 경우, 당시 동남아시아에서는 예외적으로 국가가 주도하는 대규모 토목공사를 동반한 홍하 삼각주의 개발이 진행되었다. 그 결과 증가한 인구 압력은 이후로 북부 베트남의 정치권력이 남부 베트남과 캄보디아 방면으로 끊임없이 진출해 가는 역사적인 전제가 되었다.

이 밖에도 대륙부에서는 베트남 남부의 참파가 1250년 이전부터 계속 해상무역의 중계지로서 존재감을 보여 주었고, 내륙에서는 태국계 세력들의 활동이 두드러졌다. 그들은 현재의 미얀마와 태국에 해당하는 지역에 많은 국가를 세우고 캄보디아 세력 및 베트남 세력과 충돌한 다음, 연해부에도 진출해 수마트라섬에서 북진해 온 말레이 세력과 대립했다. 나중에 아유타야[18]로 이어지는 기존 세력도 이미 등장했던 것으로 보이며, 중국 문헌에서는 이러한 태국계 세력을 '섬(暹)'으로 불렀다.

한편 그때까지 말레이반도 중부에서 수마트라섬 북부에 걸친 지역을 주요 세력권으로 삼았던 삼불제(三佛齊)[19]는 '배와 수레가 왕래하는 목구멍'으로 불린 믈라카 해협을 장악했으나, 13~14세기 사료에서 그 이름이 사라지게 되고, 오히려 말라유(수마트라 남부)와 람리,

---

강 하류 유역의 항구도시에서 이루어진 상류 유역과 중류 유역의 배후지 상품과 외래 상인이 가져온 상품의 교역이 왕권의 기반이 되었다.

18   1351~1767년. 짜오프라야강 하류의 항구도시 아유타야를 수도로 했다. 왕실이 독점하는 무역을 추진했고, 캄보디아와 태국 북부, 말레이반도까지도 세력을 넓혔다.

19   7~9세기의 스리위자야로 추정되어 왔으나, 말레이반도의 중부와 남부, 수마트라섬의 믈라카 해협 연안부, 자와섬과 보르네오섬의 서부 등 믈라카 해협의 교역 국가군(群)의 총칭으로 보는 견해가 있다. 아랍 사료의 '자바쥬', 인도 비문의 '자봐카'와 '샤봐카'를 한자로 빌려 썼다는 설이 유력하다.

사무드라 파사이(수마트라 북부) 등 개별 항구도시를 단위로 하는 활동이 두드러지게 되었다. 이는 중국과 인도 사이의 직항 노선이 발달하면서 믈라카 해협이 지녔던 중계지로서의 중요성이 줄어들고, 그곳을 중심으로 한 광역 개념으로서의 '삼불제'라는 인식이 약해져서일 것이다. 그때까지 삼불제 국가의 하나였던 말레이반도 중부의 탐브라링가도 이 시기 해상 활동에서 독자적인 세력으로 부상했다.

이런 상황에서 자와는 도서부에서 생산물의 집산 기능과 많은 인구가 뒷받침하는 농업과 수공업의 우위를 바탕으로 해당 지역에서 대외무역의 일대 중심지가 되었다. 당시 자와를 지배했던 싱하사리 왕조[20]나 마자파힛 왕조[21]는 수마트라나 발리에 원정 활동을 나가는 등 정치적·군사적으로 대외 영향력을 지녔고, 그 세력은 보르네오와 말레이반도에까지 미쳤다.

바다를 오가는 사람들, 바다와 맞서는 사람들

해상과 항해자

이 시대에 동아시아 해역 교류의 중심축을 담당했던 것은 원격지를 연결하는 무역, 그리고 무역을 위해 항해에 종사하는 사람들이다.

---

20 1222~1292년. 자와섬 동부의 수답 지대를 점거함으로써, 향신료의 집산을 시작으로 해서 해상무역과 대외 확장 정책을 추진했다. 그 뒤 마자파힛 왕국은 이것을 승계했고, 한층 더 발전을 이루었다.
21 1293년~16세기 초. 자와섬 동부의 수답 지대를 근거로 발전했다. 자와섬의 쌀과 말루쿠 제도의 향신료의 생산과 유통을 장악했고, 대외무역도 추진했다.

이 가운데 동중국해와 남중국해, 황해에 걸쳐 활동했던 사람들은 화인 해상이다. 구체적으로는 무역선의 선주(船主: 선주 자신이 반드시 항해를 하는 것은 아니다.)와 도강, 강수로 불리는 선박 운항과 상거래의 실무 책임자, 그리고 그 지배하에 있는 상인 집단이 이에 해당한다. 9세기에 황해와 동중국해에서는 신라 해상이 신라와 당, 일본을 연결하며 활동했지만, 그 대표자인 장보고(張保皐)[22]가 실각하는 동시에 그들의 존재감이 약화되고 그 대신 화인 해상이 떠오르게 되었다. 남중국해에서도 당대의 강남 연해부에는 무슬림 해상이 진출했지만, 9세기 말에 일어난 황소(黃巢)의 난[23]으로 비롯된 혼란으로 무슬림 세력이 일시적으로 동남아시아까지 후퇴하자 10세기 이후 화인 해상이 그 공백을 메우기 위해 남해의 여러 섬과 무역(남해 무역)을 시도했다. 이러한 화인 해상의 활동이 1250~1350년 사이에도 계속되었다.

한편 남중국해에서 인도양에 걸쳐서는 아랍계 무슬림 해상과 페르시아계 무슬림 해상이 활약했다. 이미 13세기 전반까지 복건과 광동의 무역항으로 진출해 커뮤니티를 형성했던 무슬림과 더불어 서방에서 새롭게 내항한 무슬림 해상 말고도 힌두교 계열과 유대교 계열,

---

22 787~846년. 궁복(弓福)이라고도 한다. 신라의 하층민 출신. 9세기 초에 당으로 건너가 군인이 되었고, 이후 신라로 돌아가 청해진 대사가 되었다. 한반도 서남쪽 연해의 해상 교통을 장악했고, 중국과 일본을 상대로 활발한 교역 활동을 했으나, 신라 조정과 대립하다가 암살당했다.

23 874년에 당에서 발발한 민중 반란. 소금 밀매업자 왕선지(王仙芝)가 일으켰고, 동업자 출신인 황소가 계승했다. 이 활동은 넓은 강남의 각지를 휩쓸었고, 한때는 장안과 낙양을 함락시켰다. 하지만 이후 급속히 세력을 잃고, 황소는 884년에 살해당했다.

기독교 계열의 해상도 존재했다. 그들은 동남아시아와 남아시아, 서아시아의 연해 지역과 동아시아를 연결했고, 그중에는 남해 지역의 여러 지역에서 무역 청부인으로서 활동하는 사람도 있었다.

반면에 한국과 일본, 동남아시아의 현지 상인들은 당시 국제무역에서 눈에 띄게 존재하지는 않았다. 다만 실제로 이러한 상인들도 화인 해상과 무슬림 해상 등에 섞여 무역에 참여하는 경우가 있었고, 그러한 기회를 통해 항해나 상거래의 노하우를 축적해 갔다. 또한 국제적으로 활동하는 상선의 선원 중에는 혼혈을 포함해 다양한 출신의 사람들로 구성되는 경우도 적지 않았다. 가령 중국인 강수가 지휘하는 무역선에 한국인 선원과 일본인 선원들이 탑승하고, 그들의 지식과 기술이 각 지역의 항해나 상거래에 기여하는 사례는 쉽게 상상할 수 있다.

이러한 상선 활동과 해상 네트워크를 이용해 종교와 관련된 이들이 바다를 왕래했다. 황해와 동중국해에서는 승려, 특히 선승의 활동이 많았고, 그 활동 범위는 강남과 화북, 한반도, 일본에 걸쳐 있었다. 남중국해에서 불교 승려나 순례자 외에도 이슬람교의 울라마(이슬람학자)나 수피(신비주의 수행자)를 비롯해 다양한 종교인들이 왕래했는데, 그들이 해상 교역의 거대 자본주인 경우도 드물지 않았다.

각지의 정치권력이 파견하는 외교사절도 중요한 항해자였지만, 당시 외교는 상업 네트워크와 연계되어 이루어지는 경우가 있었다. 이미 10세기에서 13세기 전반에도 사자의 파견이나 문서와 메시지의 전달 또는 정보 수집과 같은 형태에 해상이 외교를 뒷받침했는데, 원이 남해의 여러 섬에 사절을 파견할 때에는 무슬림 해상의 네트워크가 종종 이용되었다. 또한 상업과의 연계성이 깊었던 위구르인이 남해의 여러 섬에 파견되었던 사례를 통해서도 상업 네트워크와의 관련성을 짐작케 한다.

외교사절로 상대국의 종교에 어울리는 인물이 선정되는 경우도 있었다. 원이 무슬림을 남해의 여러 섬으로 파견한 것이 그 대표적인 사례다. 남해의 여러 섬 중에서도 불교국을 상대할 때는 원이 불교도가 많은 위구르인을 사자로 기용하는 경우가 있었다. 한편 1299년에 원이 일본에 조공하라고 권고할 때에는 선종 승려인 일산일령이 정사로 기용되었다. 그 사절단에는 일본에 체재한 경험이 있고 가마쿠라의 사원에 지인이 있던 승려 서간자담(西澗子曇)[24]이 동행하기도 했다.

이러한 원격지 사이의 교통과 병행해 지역적인 차원으로 진행되는 해상 활동도 이루어졌다. 여기에는 어민과 도서 주민, 연안 해운과 근거리 교역의 종사자 등이 그 주역이었다. 물론 지역적인 해상 교통을 담당했던 자들로 영세업자만 있었던 것은 아니었다. 특히 원 치하의 중국에서는 대규모로 전개된 세곡의 해상운송을 담당하는 사람 가운데 해외무역에 함께 종사하는 사람도 있었다.

항구도시의 사람들

해역 교류의 거점이 된 항구도시에는 해상과 함께 항해자로 대표

---

24 1249~1306년. 절강 태주 출신. 1271년에 가마쿠라 막부의 제8대 집권 호조 도키무네가 이 사승 석범(石帆)에게 사자를 보냈고, 이에 석범이 서간자담을 가마쿠라로 파견했다. 일산일령과 함께 다시 일본으로 간 후에는 일본에서 엔가쿠지와 겐초지(建長寺)의 주지가 되었다. 임제종 대통파(大通派)의 조(祖)이기도 하다.

되는 외래자가 내방하거나 거류했다. 그리고 그곳에는 상거래의 대상, 관민에게 다양한 자본 등을 지원했던 제공자, 각종 종교 관계자 등 그들의 해상 활동을 물심양면으로 뒷받침하는 다양한 인간관계가 존재했다.

그중에서도 무슬림은 강남 연해부에서 독자적인 커뮤니티를 형성했다. 또한 중국 연해부까지 몽골의 패권이 영향을 미치자 새롭게 중앙유라시아에서도 무슬림이나 당시에 불교도가 많았던 위구르인의 상업 관계자가 진출해 해상무역에 관여했다. 일본의 하카타에서는 11세기 후반 이후 하카타 강수로 불리는 사람들을 비롯한 화인 해상 커뮤니티가 존재했다. 이러한 무슬림과 화인의 커뮤니티와 네트워크는 남해의 여러 섬에 있는 다양한 항구도시에도 광범위하게 형성된 것으로 보인다.

항구도시를 비롯한 연해부에는 해당 지역을 통치하는 지역적인 정치권력이 무역과 해상 교역을 관리하거나 감시했다. 특히 동아시아에서는 국가의 중앙집권적 성격이 비교적 강했으므로, 무역항을 직접 관리하는 정치권력은 독립적인 지방정권이 아니라 적어도 형식상으로는 중앙정부가 설치한 관청인 경우가 많았다.

원 치하의 중국 연해부에서는 최고 지방정부인 행성과 그 하부 조직인 로(路)와 부(府), 주(州), 현(縣) 등 각 차원의 민정 관청이나 감찰 기구가 존재했고, 만호부(萬戶府)와 천호소(千戶所) 등의 군사 기구가 존재했다. 또한 지정된 무역항에는 송대 이후로 무역을 관리하기 위해 시박사가 설치되었는데, 이와 함께 원대에는 남해 무역을 관리하기 위해 행천부사가 설치되었던 시기도 있었다.

일본에서는 다자이후[25]가 오랫동안 무역관리와 외교 창구의 기능을 담당했지만, 13세기 후반에 원이 침공한 이후에는 규슈의 행정과 재판, 군사를 통괄하는 기관으로 하카타에 진제이 단다이(鎭西探題)가 설립되었고, 그 아래에 동원된 무사들이 연안 경비를 담당했다. 무로마치 막부가 성립되자 진제이 단다이의 기능은 진제이 관령(鎭西管領: 훗날의 규슈 단다이(九州探題))으로 이어졌다.

한반도에서는 고려가 10세기에 건국된 이후 수도인 개경(현재의 개성)의 외항인 예성항에서 중국의 무역선을 받아들였다. 한반도 남해안에는 일본에서 온 통교자를 응접하기 위해 김해에 객관이 설치되었으나, 원의 간섭 아래서 일본 경략에 참여하면서 철폐되었다. 13세기 말 이후에는 연안 요충지에 일본을 경계하기 위한 진변만호부(鎭邊萬戶府) 등의 군사 기구가 설치되었다.

동남아시아 각지의 항만에 관한 개별적인 상황은 아직 밝혀지지 않은 경우가 많지만, 도서와 연해부에는 항구도시 자체가 국가적인 정치 단위가 된 항구도시국가가 많았다. 그러한 항구도시국가 중에는 때로 상선에 대해 강제로 교역을 시도하거나, 사실상의 약탈 행위를 하는 경우도 있었다.

---

25 고대 일본에서 규슈와 이키, 쓰시마를 관할했고, 외교와 규슈의 내정 등을 담당했던 관청. 현재 후쿠오카현 다자이후시 소재. 율령제하에서는 사(師) 이하의 행정관과 제사를 담당한 주신(主神)을 두었으나, 차관급의 권사(權師)와 다이니(大貳)가 실무의 장을 맡았다. 그 권사와 다이니도 12세기에는 대부분 현지에 부임되지 않게 되어, 가마쿠라 시대에 들어와서는 가마쿠라의 고케닌인 무토씨가 다자이후에 슈고소를 설치하고, 나아가 다자이쇼니(다자이후의 실질적인 현지 책임자)를 세습해, 이 기능을 장악했다.

광역적인 정치권력

해상에서 활동하는 이들과 항구도시의 배후에는 육상의 광역적인 정치권력이 존재했다. 중국에서는 원(초반에는 남송), 일본에서는 무가 정권(가마쿠라 막부와 무로마치 막부)과 교토의 공가 정권(조정), 한반도에서는 고려, 동남아시아에서는 참파와 자와와 같은 남해의 여러 나라가 존재했다. 또한 류큐에서는 14세기 후반에 왕국을 형성하게 되는 지역 세력이 역외 교역을 통해 형성되었던 것으로 보인다. 이처럼 국가나 이에 준하는 광역적인 정치권력이 해역에서의 인간 활동을 '관리'하는, 적어도 명목상의 최고 주체였다.

3   해상이 확장하는 해역 교류: 개방성의 확대

1250~1350년의 동아시아 해역에서는 중국의 강남 연해 지역을 핵으로 전개되는 활발한 교류를 볼 수 있다. 이러한 교류는 이 시기에 처음 나타난 현상이 아니라, 8~9세기 이후 본격적으로 전개된 해상무역의 연장선상에 있다.

그렇지만 1270년대에 원이 강남 연해 지역까지 진출한 이후의 상황은 1250년 이전까지 이어 온 흐름의 단순한 연속으로 볼 수 없다. 그것은 언뜻 보기에 상반된 두 개의 국면을 지닌다. 첫 번째는 해상무역에 대한 몽골 조정의 적극적인 자세 및 육지와 바다를 연결하는 유라시아 규모의 광역 교류망 형성으로 상징되는 해상 교류를 더욱 촉진하는 국면이다. 한편 두 번째는 몽골의 패권 확대에 따른 정치적·군사적 충돌이 주변 지역들과의 사이에 긴장을 발생시킨 결과 교류에 일정한 제약을 부과하는 국면이다.

과거에는 어느 한쪽의 국면을 강조하는 경향이 강했지만, 전체상을 이해하기 위해서는 양 측면을 종합적으로 파악해야 한다. 그런 의미에서 이번 장에서는 이 가운데 첫 번째 국면, 즉 1250~1350년의 동아시아 해역에서 바다를 매개로 한 교류를 촉진한 요소와 그 안에서 전개된 교류의 실상에 관해 살펴보기로 한다. 특히 이 시대에 새롭게 등장한 상황뿐 아니라 1250년 이전부터 내려온 흐름을 이어받아 발전한 해역 교류의 양 측면을 분명히 인식하기 위해, 13세기 이전의 상황에 관해서도 적절하게 언급하고자 한다.

정치권력의 유연하고 느슨한 해상무역 관리

동아시아 해역에서 활동하는 해상들은 그 이전부터 한국과 중국, 일본의 각 정치권력이 장악했던 특정 무역항에 입항해 공적 관리를 받으며 무역을 해 왔고, 이는 1250~1350년에도 마찬가지였다. 중국에서는 시박사를 통한 송대의 무역관리 체제가 원에도 이어졌다. 한국과 일본을 상대로 한 무역은 주로 경원의 시박사가 담당하고, 남해 무역은 주로 천주와 광주의 시박사가 담당했는데, 이 또한 송대와 마찬가지였다.

원에 귀속된 해상은 보증인을 동행해 먼저 본관(本貫) 지역[26]에서 무역을 위한 출국 신청을 한다. 본관지에서 출항을 희망하는 지역의

---

26 어떤 인물이 귀속된 지역으로서 호적에 등록되어 있는 토지. 중국에서는 납세와 이동 허가 등을 본관지의 관청에서 취급했다.

시박사로 연락해서 배의 수와 탑승 인원, 뱃기구, 상품, 행선지 등을 확인받으면, 이 확인 사항과 무역 관련 법규가 기재된 출국 허가증(공빙(公憑)과 공거(公據), 공험(公驗))을 발급받았다. 귀국할 때에는 출항지와 동일한 항구로 입항하는 것이 원칙이었다. 시박사는 해상이 귀국하면 출국 전 기록에 근거해 인원과 뱃기구의 결실(缺失)을 확인하고 선내 상품도 모두 파악한 다음 징세했다. 징세 후 남은 상품은 출자자 등 권리를 가진 이들과 분배하는데, 원에서는 이 출자자의 위치에 종종 정치권력이 개입해 무역의 이익을 흡수했다. 이처럼 운영되는 무역선을 관본선(官本船)이라고 한다.

이러한 엄중한 관리 체제가 항상 원활하게 기능했던 것은 아니지만, 무기와 금은, 동전과 같은 금지 물품의 유출이나 탈세를 막고 해상의 행동을 규제하는 역할을 일정 부분 담당했다. 외국 선박의 경우에도 시박사에서 상품 확인과 징세, 출항 시의 선내 확인 등의 절차가 진행된 것으로 보인다.

일본에서는 11세기 후반 이후로 계속해서 하카타가 대외 창구의 역할을 감당했다. 헤이안 시대에는 다자이후가 하카타를 공적으로 관리했지만, 가마쿠라 시대에는 장군과 주종 관계를 맺은 무사인 고케닌(御家人) 무토씨(武藤氏)가 다자이후의 실질적인 책임자(쇼니(少貳))가 되어 슈고소(守護所)를 설치하고 하카타의 업무에도 관여했다. 13세기 말에는 하카타에 가마쿠라 막부의 기관으로 진제이 단다이가, 1336년에 무로마치 막부가 성립된 후에는 진제이 관령이 설치되었다. 이 진제이 관령이 1350년에 일본 승려를 태운 원나라 선박의 도착을 교토에 보고했다는 사실을 통해 보건대, 하카타를 출입하는 선박을 파악했던 것 같다.

이처럼 공적 기관은 어떠한 형태로든 하카타 항구를 장악하면서 외교사절이 오거나 대외 전쟁이 발발했을 때에도 대응했다. 다만 무토씨나 진제이 단다이, 진제이 관령이 무역의 전반적 관리를 했다는 명백한 증거는 없다. 적어도 9~11세기의 일본 조정이 다자이후의 일원적인 상선 관리를 전제로 무역의 허가나 불허가를 결정하면서 상품의 매수와 대가 지급을 하는 것과 같은 관무역 체제가 기능했는지는 확인할 수 없다.

1342년에 교토의 덴류지(天龍寺)[27]를 조영하기 위해 파견된 덴류지 선박처럼 막부 관계자가 무역선을 파견한 적은 있지만, 조정과 막부가 무역을 전면적으로 관리하고 독점한 것은 아니었다. 한반도 서남 연해에서 발견된 이른바 신안선[28]은 공가의 명문인 구조(九條)가나 이치조(一條)가를 배경으로 한 교토의 도후쿠지가 1323년에 하카타의 말사(末寺)[29]인 조텐지(承天寺)를 통해 중국에 파견한 무역선이었다고 볼 수 있다. 이처럼 하카타 주변에 거점을 둔 조정이나 막부의 유력자, 혹은 대사찰이 개별적으로 무역선을 파견하는 것이 실상이었을 것이다.

원이 국가별로 무역선의 파견 주체와 무역액을 제한하지 않는 이

27　교토의 임제종 5대 사찰 중 제1위 선종사원. 무로마치 막부의 초대 장군 아시카가 다카우지를 시주로 삼아 무소 소세키(夢窓疎石)가 1345년에 창건했다.

28　1976년에 대한민국 전라남도 신안군 앞바다에서 발견된 침몰선 유적. 선체와 함께 도자기와 짐 꼬리표 목간을 비롯한 대량의 적재물이 인양되었다. 조사를 통해 14세기 전반에 중국과 일본 사이의 무역에 종사했던 중국식 정크선임이 확인되었다.

29　본사의 지배하에 있는 사원.

상, 일본의 권력자 입장에서도 무역선을 파견하는 권리를 독점할 필요는 없었다. 이러한 필요가 발생한 것은 명이 국왕 외의 인물이 파견하는 선박을 인정하지 않는 제한적인 무역 체제를 취하는 1370년대 이후의 일이다.

중국에서 한반도로 향하는 해상은 주로 고려의 수도인 개경으로 향했다. 1250년 이전과 마찬가지로 개경의 외항인 예성항이 주된 창구였던 것으로 보인다. 그 구체적인 관리 방식은 알려지지 않았지만, 13세기 초에는 고려 조정의 사찰관이 무역선을 검열했던 사례가 있다. 1250~1350년에는 기존에도 활동했던, 강남에서 온 해상과 함께 원의 수도로 발전한 대도 방면에서 내항하는 상인도 등장했다. 원 치하에 있는 중국의 사회 상황을 반영한 중국어 학습서인 『노걸대(老乞大)』(14세기 후반 편찬)에 등장하는 고려 상인도 대도의 외항 직고(直沽: 현재의 톈진)에서 개경까지 선편을 이용했다. 대일(對日) 무역의 창구항으로는 13세기 중반까지 쓰시마 맞은편에 있는 김해가 이용되었는데, 원이 일본을 상대로 군사행동을 하면서 상황이 크게 변했다.

이처럼 당시에 한국과 중국, 일본의 국제무역 거점항은 경원과 광주, 천주, 하카타, 예성항 등으로 상당히 한정되어 있었다. 대규모 무역선이 거래에 참여할 경우, 정치권력은 이러한 관리무역항을 확보함으로써 무역선을 최소한도로 파악할 수 있었다.

하지만 송대의 시박사 체제하에서는 항구 외의 장소나 출항 시기와 입항 시기 외의 시간에 상선의 행동을 실질적으로 통제하는 것은 거의 불가능했다. 원대도 사정은 마찬가지였을 것이다. 원대의 시박사 규정을 보면 돌아오는 길에 입항하기 전의 상선에 의한 밀무역에 대한 벌칙이 있는데, 이는 시박사의 통제를 벗어난 기항(寄港)이 끊이지 않았다는 점을 시사한다. 나아가 14세기 후반에 동중국해에 종횡무진 출몰했던 전기 왜구[30] 등 해적 행위를 하는 집단에 대응할 때 이러한 시박사 체제는 확실히 충분하지 않았다. 왜구와 대치하게 된 명은 이윽고 해상 활동자를 관리하는 수단으로 '시대착오적'이 된, 송과 원 이래의 시박사 제도를 폐지하기로 결단하게 되었다.

한편 관리되는 무역항이 아닌 곳에서는 현지인이 상선이나 특히 표착선을 약탈하는 일이 발생했다. 특히 류큐나 제주도 등 국가의 관리가 약한 도서 지역은 식인 전설이 생길 정도로 해상들에게 두려움의 대상이 되었고, 일본에서는 표착선을 현지 주민들의 재산으로 볼 수 있다는 기선(寄船: 표류한 선박) 관행이 공공연하게 통용되었다. 한국과 중국, 일본에서는 정치권력이 지방관을 통해 이러한 사건을 단속하는 체제를 일단 갖추고 있었다. 한국과 중국에서는 정치적 조건이 허락된다면 상선을 보호했고 경우에 따라서는 송환하는 경우도 있었다. 하지만 약탈 사실이 밝혀진 단계에서 나중에 범인을 수색하는 경우도 많았기에 상선의 안전이 충분히 보장되었다고 보기는 어렵다. 1325년에 가마쿠라 막부는 가마쿠라의 겐초지(建長寺)[31]를 수리하기 위해 중국에 무역선을 파견할 때 히젠(肥前)과 사쓰마의 고케

---

30 14세기 후반을 중심으로 한국과 중국의 연안부에서 해적 행위를 했던 집단. 쓰시마와 이키, 마쓰우라를 주요 발원지로 보지만, 사회적 성격과 민족적 성격에 관해서는 여러 가지 설도 있다. 2부에서 언급되는 16세기 후기 왜구와는 구별된다.

31 가마쿠라의 임제종 5대 사찰 중 제1위 선종사원. 가마쿠라 막부의 제5대 집권인 호조 도키요리(北條時賴)를 시주로 삼아, 남송 출신의 승려 난계도륭(蘭溪道隆)이 1253년에 창건했다.

닌에게 그 경비를 명령했는데, 이와 같은 안전을 확보하는 능력은 무역선을 파견하는 자에게 요구된 중요한 조건이었다. 특히 해적의 출현이나 내란의 확산으로 인해 안전을 확보하는 능력은 그 중요성이 더욱 커지게 되었을 것이다.

이처럼 상황이 불분명한 남해의 여러 섬을 제외하면, 동아시아 해역의 각 나라는 무역항을 어느 정도는 관리하는 체제가 구축되어 있었다. 하지만 항만에 대한 국부적인 관리 이상의 통제는 이루어지지 않았다. 선박이 일단 바다로 나온 이후의 행동을 통제할 도리는 사실상 없었고, 그러한 대책을 철저하게 강구하려는 정치권력 측의 의지도 거의 보이지 않았다. 이와 같은 교역 관리 체제는 오히려 해역 교류를 진흥하는 요인으로 작용했다고 할 수 있는데, 이러한 '느슨함' 또는 '유연함'이야말로 이 시대의 특징이었다.

'외래자'의 확산

11세기에서 14세기까지 동아시아 해역의 항구들에서 허브 기능을 담당했던 것은 경원(12세기 말까지는 명주(明州)로 불렸다.)과 천주, 광주 등 중국 강남 연해부의 항구도시였다. 먼저 13세기 전반까지의 상황을 살펴보자.

송대 중국의 남중국해 연안에서는 아랍계와 페르시아계를 중심으로 하는 무슬림 해상과 인도계 해상, 화인 해상이 주축이 되어 활동했다. 특히 광주에는 당대 이래 무슬림 해상의 거류지가 존재했다. 송대에는 이를 번방으로 불렀고, 번장을 책임자로 해서 일정한 자치를 인정받았다. 동중국해 연안에서도 경원에는 페르시아인과 관계가 있을 것으로 추측되는 파사단이 있었는데, 무슬림 거류민은 천주와 광주만큼 많지는 않았다.

또한 참파와 캄보디아, 팟타룽, 브루나이, 나가파티남, 콜람 말라이 등 동남아시아 국가와 남아시아 국가들의 항구에서 무슬림 해상과 화인 해상의 거류도 광범위하게 확인된다. 이들의 존재는 훗날 그 지역에 무슬림 왕조와 중국인 사회가 성립되는 전사(前史)가 된다.

일본에는 9세기 이후 '신라'와 '당'의 해상이 내항했다. 11세기 후반에서 13세기에 걸쳐 화인 해상이 하카타를 거점으로 활동했는데, 그 중심이 되는 사람들은 하카타 강수로 불렸다. 다자이후의 무역관리 기능을 확인할 수 있는 12세기 전반까지 하카타 강수의 거류지는 하카타의 서쪽 강 입구에 있는 남쪽 기슭 일대에 한정되었는데, 이것이 하카타진의 당방(唐房 또는 唐坊)이다.(송나라 사람들이 체류하던 시설의 호칭이라는 설도 있다.) 당방은 12세기 후반에는 하카타 전역으로 퍼졌으며, 일본인들이 이곳에 함께 거주했던 것으로 보인다. 그들은 일본 내부의 사찰이나 정치권력자를 의지해 그들의 자본과 보호를 받으며 무역에 종사했고, 토지를 지급받는 등 활동의 거점을 확보했다.

하카타 동쪽의 대부분을 차지하는 쇼후쿠지(聖福寺)와 조텐지는 12세기 말에서 13세기 전반에 중국으로 돌아갔던 선승인 에이사이(榮西)[32]와 엔니(圓爾)[33]가 각각 창건한 절인데, 두 사람 모두 하카타 강

---

[32] 1141~1215년. 빗추 출신. 1168년과 1187년에 송으로 들어가서 임제종이 일본에 정착하기 위한 기초를 만들었고, 차를 마시는 송대의 풍습을 전했다. 쇼후쿠지 외에 교토의 겐닌지(建仁寺), 가마쿠라의 주후쿠지(壽福寺)를 창건했다.

[33] 1202~1280년. 스루가 출신. 1235년에 송으로 들어갔다. 귀국 후에 하카타에서 조텐지를 창

하카타의 복원도

수와 친분이 있었다. 쇼후쿠지는 후세에 '송인 백당(宋人百堂)'으로 알려진 송나라 사람들의 묘지터였던 것으로 보인다. 또한 조텐지는 엔니와 친분이 있었던 하카타 강수 사국명이 건립한 것으로, 두 사찰 모두 창건 당시에 하카타 강수가 주도적인 역할을 했던 것 같다. 아마도 하카타 강수 자신이 선종 신앙을 갖고 있다는 점이 배경이 되었을 것이다.

고려가 원에 복종하기 전의 한반도에서도 수도 개경에는 중국인의 거류가 엿보인다. 적어도 11~12세기에 개경의 도성 안에는 해상을 대상으로 한 객관이라는 시설이 있었다. 내항한 해상 가운데 몇 년에

건했고, 교토에는 도후쿠지를 창건했다.

걸쳐 체류하는 사람이나 현지에서 결혼을 하는 이들도 있었다. 13세기 중반에 고려가 몽골에 항전하기 위해 강화도로 천도한 이후의 상황은 불분명하지만, 그 이전 단계에서 한반도에 생활의 거점을 두었던 중국인 상인이 존재했던 것은 틀림없다.

11~13세기에 동중국해를 왕래했던 해상의 활동은 대부분 중국인이 중심이었다. 12세기 이후의 중국 사료에서는 '일본' 상인과 '왜'상, '왜'선, '고려' 상인, '고려'선 등을 발견할 수 있다. 이들은 '일본'이나 '고려'의 땅에서 방문한 상인과 상선을 가리키는 경우가 많지만, 민족으로 보면 일본인이나 고려인, 그리고 그들의 배를 바로 의미하는 것은 아니었다. 일본의 권문세가[34]를 통해 남송에 파견된 무역선에는 중국인 선원과 함께 적지 않은 일본인도 동승했을 것이다. 송에서는 이러한 배를 일본의 상선으로 취급했다. 앞서 '프롤로그'에서도 언급했듯, 일반적으로 당시 해상들의 민족적 구분이나 귀속지, 그들이 탄 선박의 귀속지는 반드시 서로 일치하거나 일정한 것은 아니었다. 오히려 현대적인 국적이나 선적(船籍)이라는 감각과는 사뭇 다른, 해상들의 애매한 귀속 상태야말로 이 시대에 진전된 동아시아 해역의 개방성을 특징짓는 것이다. 일본에서 활동하는 화인 해상 중에는 한쪽 부모가 일본인인 경우가 포함되어 있으므로, 상인에 대한 민족 구분 자체가 상대적인 것에 지나지 않음을 알 수 있다.

이러한 상황은 원의 일본 침공으로 변화되었던 하카타 강수를 제

34　고대 말기에서 중세까지 일본에서 사회적 특권을 가졌던, 권력을 가진 문벌과 집단. 천황가와 유력 귀족, 큰 절과 신사, 무가의 동량(棟梁) 등이 이에 해당한다.

외하면, 기본적으로는 1250~1350년에도 이어졌던 것으로 추측된다.

남중국해에서는 송대에 화인 해상을 통해 형성된 동남아시아의 초기 화인 사회가 이어졌다. 송과 원이 교체되는 시기에 캄보디아에 '신당인(新唐人)'으로 불리는 새로운 이들이 내항한 것처럼 인적 흐름은 계속되었다. 무슬림 해상의 영향력 역시 변함없이 강했는데, 13세기 말에 수마트라섬 북부의 항구도시 사무드라 파사이에서 동남아시아 최초의 무슬림 왕조가 탄생한 것은 그 결과라 할 수 있다.

천주와 광주에서 무슬림 해상의 활동은 여전히 활발했다. 천주의 무슬림 커뮤니티에 관해서는 1장에서 살펴본 바처럼 이븐 바투타가 상세한 기록을 남겨 놓았다. 또한 원 치하의 중국에서는 권력의 상층부라 할 수 있는 몽골인과 색목인(특히 상업과 관련이 있는 무슬림과 위구르인)[35]이 각지에 관리로 부임하거나 다른 형태로 이주하는 사례가 많았는데, 그들은 부임한 곳곳에서 상인과 그 상인에게 최대 고객이자 비호자이기도 한 국가 사이의 관계를 매개하는 역할을 스스로 담당했고, 때로는 상인 측의 대변자 역할을 맡기도 했다. 이러한 사실이 원 치하에서 색목인 네트워크가 중앙유라시아에서 중국 연해부에 걸쳐 형성되는 데에 일정한 역할을 했을 것이다. 남해 무역의 중심이었던 광주나 천주에는 일찍이 모스크(이슬람 사원)가 존재했는데, 항주와 경원, 송강(松江) 등 절강 지방의 무역항에서 모스크가 확인된 것은 원 시기였다.

---

35 '제색목인(諸色目人: 여러 종류의 사람들)'을 의미하는 말. 원 치하의 주민 중에서 몽골인과 한인(금 치하의 화북 주민), 남인(남송 치하의 강남 주민), 고려인을 제외한 자들을 가리킨다. 중앙아시아계와 서아시아계의 사람들이 대부분을 차지했다.

이와 관련해 이슬람교 수피 교단의 활동 네트워크가 중국 내부에서도 전개된 점이 주목된다. 각지에 설치된 그들의 수도원이 일반 여행자나 상인들에게도 개방되면서 교통의 거점이라는 성격을 갖게 되었다. 이란과 중앙아시아에서 화북에 걸쳐 쿠브라위야 교단[36]의 활동을 볼 수 있었다. 또한 1장에서도 다루었듯, 페르시아만 해안에서 강남 연해부에 걸친 항구도시에서는 카자루니 교단이 항해자의 신앙으로 숭상했던, 서아시아의 항해 수호 성자 키즈르에 대한 신앙도 확대되었다. 중국 각지에 있는 무슬림 커뮤니티의 수장이나 법관은 이처럼 수피 교단과도 관련이 있는 대상인인 경우가 많았으므로, 수피 교단의 종교와 이동의 네트워크는 상업 네트워크로서의 기능도 동시에 수행했다.

이처럼 1250~1350년의 동아시아 해역에서는 그 이전부터 계속해서 민족적·종교적으로 다양한 '외래자'들의 활동이 공간적으로, 또는 사회관계 속에서 확산되어 갔으며, 점차 현지 사회에 융화되어 갔다. 그리고 그 중심에 있던 이들은 해상이라 할 수 있다.

정치권력과 상업의 접근

정치권력과 해상의 관계는 점차 밀접해졌다. 특히 그 이전과 비교했을 때 원 시기에 상업과 관련된 이들이 국가의 무역관리 기구에 편입되는 현상, 즉 상업과 정치권력의 공생 관계와 협력 관계는 1250~1350년 시대의 두드러진 특징 가운데 하나였다.

---

36 13세기에 샤이흐 나즈묫딘 쿠브라(1145~1221년)가 창설한 수피 교단. 중앙아시아 이동의 여러 도시에 한카(수도장)를 설치하기도 했다.

원 치하에서 이루어진 무역의 특징으로 앞서 언급한 관본선이 있다. 정부의 출자를 통해 경영하고 그 수익을 정부와 해상이 나누어 취했다. 이러한 경영에 깊이 관여한 것이 오르톡(Ortogh)으로 불리는 상인이다. 오르톡의 주요 담당자는 무슬림과 위구르인으로, 그들은 원의 궁정과 왕족, 혹은 정부로부터 자본을 제공받으며 특권적인 입장에서 무역에 참여했다. 시박사의 상사(上司)였던 행천부사는 오르톡을 관리해 남해 무역에서 거둔 부를 원에 연계하면서 이러한 무역 관련 업무에 개입할 수 있었다. 또한 오르톡은 종종 이슬람교와 기독교, 불교 등 종교 세력의 상업 활동에도 깊이 관여했다. 원에서 이러한 종교 세력은 특정 관청이나 관료의 감독을 받았지만, 또 다른 한 편으로 이러한 관청과 관료는 각 종교 세력의 이해관계를 대변하는 입장에 있기도 했다. 원의 오르톡 정책은 이러한 관청과 관료, 종교 세력 간의 이해관계를 상호 조율하는 측면도 지니고 있었다.

오르톡은 원 궁정이 보화를 매입하는 과정에도 관여했다. 이러한 궁정과의 거래에서 해상은 중앙 유력자에게 헌상하는 대가로 징세를 면하는 경우가 있었다. 원래 해상은 그 이전부터 증여 등을 통해 시박사를 비롯한 관청의 관리와도 사적인 관계를 맺고, 탈세나 금지 물품의 탑재와 같은 불법행위를 할 수 있었다. 정비된 시박사 제도 속에서 형성된 중앙과 항구도시의 권력자와 무역관리자, 해상 사이의 담합이 이 시대의 중국에서 무역을 규정하는 중요한 요소였다.

원은 강남을 통치할 때 현지의 민간 유력자에게 규제를 가하면서 그들을 통치 기구의 말단에 편입시켰다. 일종의 아웃소싱(outsourcing)을 통해 통치했다고 볼 수 있다. 바다 위에서 벌인 활동으로 유명한 이들로 원대 초기에 해운을 담당했던 주청(朱淸)과 장선(張瑄)을 꼽을 수 있다. 그들은 남송 시대의 해적이나 염적(鹽賊: 소금의 전매제하에서 활동하던 소금 밀매업자)이었는데, 원은 그들을 부하로 삼아 해운을 담당하는 관직을 부여했다. 이에 그들은 수상 운송에 관한 노하우를 강남에서 대도로 세곡을 수송하는 데에 이용했다. 송대에 공적인 수상 운송을 청부받았던 '강운(綱運)' 관계자가 그러했던 것처럼, 원대의 해운 관계자는 업무에 편승해 사적으로 화물을 수송하는 등 공적 업무와 사적 영리 활동을 병행하는 경우가 많았다.

해운에는 해선과 선원을 보유하고 항해 기술을 가진 자가 임용되었기 때문에, 그중에는 정부가 지급한 선각전(船脚錢: 선대(船代))을 자본으로 삼아 해상무역에 참여하는 자도 있었다. 고려와의 무역을 담당했던 태창(太倉) 출신의 은씨(殷氏)가 이에 해당한다. 감포(澉浦) 출신인 양씨(楊氏)의 경우, 해운에 관여하면서도 때로는 시박사 임무를, 때로는 오르톡 상인으로서 인도양 무역의 임무를, 때로는 일 칸국[37]에 사신으로 가는 임무까지 담당했다. 이처럼 강남 연해부에서 활동하던 민간 유력자는 종종 무역을 관리하는 관리로 등용되는 한편, 관무역을 하청받는 해상으로서도 활약했다. 다음 장에도 등장하는 천주의 해상 포수경(蒲壽庚)[38]처럼 남송 시기의 시박사도 사실은

---

37 1261~1353년. 몽골 제국의 뭉케 칸과 쿠빌라이 칸의 형제인 훌레구가 서아시아에 건설한 몽골 국가. 이란을 중심으로 아무다리야강에서 이라크, 아나톨리아 동부까지의 지역을 지배했다. 훌레구 울루스로도 부른다. 일 칸이란 직접적으로는 그 군주를 가리키고, '부중(部衆)'의 군장'을 의미한다.

38 천주를 거점으로 해상무역에 종사했던 무슬림 상인. 남송 말기에는 제거시박(提擧市舶: 무역관리관)으로서 천주의 정치 유력자가 되었다. 강남 정복을 목표로 삼은 원과 이에 저항하는

현지의 유력자를 이용하는 기능이 있었지만, 그 경향이 더욱 두드러진 것은 원대다.

일본에서는 교토와 가마쿠라의 유력자나 대사찰이 상선을 파견하는 형태로 무역이 이루어졌다. 특히 사원의 후원자로서 조영 자재를 염출하는 명목으로 중국에 파견되는 사사 조영료 당선(寺社造營料唐船)이 있었다. 그 운항 책임자는 강사(綱司)로 불렸으며, 귀국한 후에는 파견 주체에 정액의 배당을 지급했다. 이런 무역 형태는 1250년 이전까지 형성된 구조를 이어받은 것이다. 사료에 보이는 파견 주체의 사례로 교토의 도후쿠지도 있지만, 호조 가문의 종가[39]인 도쿠소(得宗家) 가문이나 그 분가[40]인 가네사와씨(金澤氏), 무로마치 막부의 장군 가문인 아시카가씨(足利氏) 등 막부 관계자가 두드러진다. 그 배경에는 가마쿠라 막부가 몽골의 위협에 군사적으로 대비하는 차원에서 하카타 항을 장악하고 대외 교류에 대한 감시를 강화하게 된 점이 있고, 긴장이 완화된 이후에도 하카타를 통한 대외 통교에 관여할 수 있게 된 점이 있다. 특히 13세기 말에 진제이 단다이가 설치된 이후 그 직책을 호조 가문이 맡음으로써 막부와 하카타를 직접 연결하는 루트가 정착되었다.

예를 들면 무사시국 가나자와에 거점을 둔 가네사와 가문은 종종 무역에도 관여했는데, 가령 가나자와의 쇼묘지(稱名寺)[41]를 조영하기

　　남송 세력 양쪽으로부터 도움을 요청받았는데, 전자와 함께하는 길을 선택했다.

39　중세 일본의 무가에서 일족의 우두머리와 그 가계.

40　중세 일본의 무가에서 총령가(總領家) 외의 가계.

41　가네사와씨의 시조인 호조 사네토키(北條實時, 1224~1276년)가 창건한 가네사와씨의 보다

위해 파견되었다가 1306년에 귀국한 무역선이 있었다. 이 배가 하카타에 도착하면 진제이 단다이였던 가네사와 마사아키(金澤政顯)는 자신이 수배한 배에 짐을 싣고 세토 내해를 경유해 가마쿠라로 보내는 동시에 로쿠하라 단다이(六波羅探題)[42]로서 교토에 있었던 사촌형 가네사와 사다아키(金澤貞顯: 가네사와씨의 적류(嫡流))에게 그 내용을 편지로 전했다. 여기서 진제이 단다이의 한 가문이 하카타와 교토와 가마쿠라를 연결하는 원거리 네트워크를 형성하고 무역을 원활하게 하는 체제를 만들어 놓았음을 확인할 수 있다. 이러한 구조는 지인, 친척과 대관 등 다양한 연줄을 통해 다른 막부 관계자도 만들어 놓았던 것이다.

한반도의 상황을 살펴보면 11~12세기에 중국이나 일본에서 빈번하게 해상이 내항했고, 그들이 왕에게 물품을 진헌했다고 알려져 있다. 이러한 사례가 사료에서는 13세기 이후에 그 빈도가 줄어들고, 왕과 해상의 관계가 소원해졌다는 견해도 있다. 하지만 고려가 원에 복속된 후에도 해상이 왕에게 물품을 헌상하거나 왕이 해상을 위해 연회를 베푸는 등 양자의 관계가 단절된 것은 아니었다. 왕실이 중국에 무역선을 파견한 사례도 있으므로, 왕실의 주도로 해상을 조직할수 있었음을 알 수 있다. 이 시기에 고려의 왕은 바다와 육지에서 상업 활동에 적극적으로 관여했다. 당시 고려의 궁정 신하 가운데 상인

이지(菩提寺).

42 가마쿠라 막부가 교토에 두었던 기관 및 그 장관. 조정과의 교섭, 교토와 그 주변의 치안 유지 및 가가와 오와리(이후 미카와) 이서(以西: 진제이 단다이가 설립된 이후에는 규슈를 제외)의 재판을 직무로 했다.

출신자가 등장한 것도 이러한 지향성과 관련이 있을 것이다.

이처럼 당시의 해상무역에서는 권력과 연계된 어용상인과 같은 존재가 주목된다. 엄밀하게 이러한 특징이 이들 상인의 성격을 모두 말해 주는 것은 아니었고, 특정한 때마다 그들이 자본의 제공자이자 지원자의 형태로 드러나는 다양한 '얼굴' 가운데 하나라고 볼 수 있다. 다만 이전과 비교해 본다면, 상업과 정치권력 사이의 연계성이 현저해진 것이 이 시대의 특징이었다. 한편으로는 권력자의 입장에서도, 공적 또는 사적으로 상업과 무역에 적극적으로 개입하려는 경향이 고려와 중국, 일본에서 공통적으로 강화되었던 것이다.

경제권과 교통권의 확대

유라시아의 동서에 걸친 몽골의 패권은 정치 통합에 따른 지배 관계를 안정시키고 역전(驛傳: 잠치(站赤))을 비롯한 광역 교통망을 정비하는 계기가 되었다. 무슬림이나 위구르인으로 대표되는 중앙유라시아 상인의 일부는 일찍이 오르톡으로서 몽골의 궁정 및 왕족과 제휴했는데, 13세기 후반에 원의 지배가 강남에 미치자 중앙유라시아의 교통망이 중국의 남중국해까지 연결되어 육지와 바다를 잇는 유라시아 규모의 물류를 실현했다. 원은 동남아시아와 남아시아의 국가들에 적극적으로 조공을 권고하면서 때로는 군사행동을 동반한 강경한 수단을 사용했는데, 그 배경에는 남해 무역에 관한 관심이 있었나. 남중국해의 정크선의 상권과 인도양의 다우선의 상권이 만나는 결절점은 10세기에는 믈라카 해협 부근의 카라에 있었지만, 12세기 무렵부터 인도의 남해안과 서해안의 마발과 말라바르, 구자라트로 옮겨 갔고, 콜람 말라이(故臨: 오늘날의 퀼론)와 캘리컷을 중계 지점으로 페르시아만과 홍해 등 서아시아 연안 지역과도 접속했다. 앞서 소개한 마르코 폴로나 이븐 바투타 역시 이 루트를 이용했다. 원과 일칸국, 유럽 국가들도 대부분 해로를 통해 서로 교류했는데, 이때 종종 해상의 교역망과 교통 자본이 이용되었다. 15세기에 있었던 유명한 정화[43]의 원정도 이 시대의 교역을 통해 축적된 항해 지식을 이어받아 실현된 것이다.

중국만 보더라도 원이 1270년대에 화북 전역과 강남 전역을 4세기 만에 정치적으로 통합한 의미가 막대하다. 원은 정치의 중심을 북방의 대도와 상도(上都)에 두었지만, 해로 및 운하와 접속하는 것을 중시해 재정적으로는 강남에서 수송되는 세곡에 의존하는 경우가 많았다. 처음에는 운하를 통한 세곡 수송도 시도하지만, 결과적으로 해운 중심의 수송 체제를 선택해 14세기에는 이를 궤도에 올려놓았다. 이러한 점에서 운하를 이용한 곡물 운송에 중심을 두었던 북송 및 명과 차이가 있다.(명은 원 말에 발호했던 해적에 대응하기 위해 운하에 집중했던 측면도 있다.) 해운의 주된 노선은 장강 하구에 있는 태창의 유가항(劉家港)에 세곡을 집적한 후 해로를 이용해 발해 연안의 직고로 운송한 다음, 다시 운하를 통해 대도로 보내는 것이었다. 이것이 당시 중국을 남북으로 통과하는 대규모 물류 라인을 형성했다. 또한 원은 해운을 중시했기에 복건 지방에서 유래한 항해신 마조에

---

43 1371~1434. 운남의 무슬림 출신 환관으로, 1405년에서 1433년 사이에 일곱 차례에 걸쳐 남중국해와 인도양으로 원정했다. 정화의 선단은 명에 조공하라고 재촉하는 것과 더불어 교역 활동을 했고, 분견대는 아프리카 동쪽에도 도달했다.

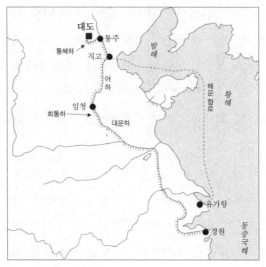

원대의 해운 항로와 대운하

게 천비라는 호칭을 하사해 국가적인 보호를 했고, 화북을 포함해 연안 각지에 마조를 기리는 사묘를 건립했다. 이것이 후에 마조 신앙이 중국 각지로 확산되고 나아가 동아시아 해역 일대로 퍼져 나가는 시초가 되었다.

해운 항로에는 산동반도에서 요동과 고려로 향하는 갈림길도 있었다. 이 루트는 원이 이 지역에 군량이나 진휼곡(賑恤穀: 흉년 등에 긴급히 원조하고자 보내진 곡물)을 공급하거나 반대로 고려에서 식량 공출을 받을 때에 이용되었던 것으로 여겨진다. 또한 일시적인 조치에 그쳤지만, 13세기 말에 원은 고려에서 물자를 반출하기 위해 한반도 서해안 일대에 바다 위의 역전[水站]을 설치했다. 이처럼 고려가 원에 정치적으로 통합되면서 원의 공적인 해상 물류나 인적 이동이 한반도 연해부로 이어졌다. 한반도의 도서부는 원의 유형지로 이용되었는데, 특히 제주도는 한때 원의 직할이 되었다가 고려로 반환된 후에도 황실 직속의 목장을 몽골인이 경영했다. 원 말기에 순제 토곤 테무르가 제주도로 피난하려는 계획이 있었다는 사실은, 그만큼 한반도 연해부와 중국 사이에 전례 없이 밀접한 관계가 전제되지 않고는 상상할 수 없는 일이다.

또한 이와 함께 사람들의 사적 왕래도 해상의 움직임과 더불어 활발해졌다. 특히 이 중에는 입양이라는 명목으로 한반도 등지로 끌려가 불법적으로 매매된 화북 지방과 강남 지방의 자녀들도 포함되어 있었다. 14세기 후반에 명군의 습격을 받은 절강 주산군도의 주민들이 먼 바다를 건너 한반도 서남 연해부에 잠복했던 것도, 그들을 받아들이는 지역의 사회 환경이 그 이전부터 있었던 교류로 이미 형성되었기 때문이다.

한편 원의 반복되는 조공 권유와 원정이 실패로 돌아가면서 원과 일본 사이에 정치적 관계가 형성되지 않았으므로, 원의 공적인 수상 운송과 인적 이동은 발생하지 않았다. 그러나 다음 장에서 살펴보듯, 정치권력 사이에서는 정치적·군사적 긴장을 내포하면서도, 중국과 일본 사이의 무역과 이를 이용한 민간 교류는 활발하게 전개되었다.

또한 고고학 조사에 따르면 류큐에서는 13세기 후반 이후에 중국제 도자기의 출토량이 증가한다. 특히 오키나와 제도와 사키시마 제도에서는 일본의 규슈 이북 지역이나 나오미 제도에서 출토 비율이 낮았던 복건산 자기가 많이 출토되었다. 이는 중국과 류큐 사이에 독자적인 물류가 존재했을 가능성을 내비치며, 다음 시대로 발전하는 중국과 류큐 간 무역의 전제가 된다는 점에서 관심이 집중된다.

4 　몽골의 충격이 가져온 것: 개방 속의 폐쇄성

이번 장에서는 1250~1350년 사이 동아시아 해역의 특색으로 '열려 있는' 양상이 대단히 두드러진 요인이었음을 살펴보는 동시에 그 가운데 '폐쇄적인 국면'을 싹틔운 요소에 관해서 살펴본다. 즉 몽골의 세력 확대에 따른 정치적·군사적 충돌과 이와 관련해 각지에서 전개된 반응을 살펴본다. 이전 장의 내용이 1250년 이전부터 연속되는 기조가 발전하고 증폭된 요소였던 것에 비해, 이번 장에서 언급하는 내용은 기존의 기조를 일부 저해하는 조건으로 출현했던 요소이자 명의 해금 정책으로 상징되는 14세기 후반에서 15세기에 나타난 동아시아 해역의 '폐쇄되었던' 측면을 준비했던 요소라고도 볼 수 있다. 대외 전쟁이나 외교에 주목하므로 자연스럽게 이번 장의 서술은 해상 등 바다 위에서 직접 활동했던 이들이 아니라 정치권력의 동향에 초점이 맞추어진다. 다만 원 중앙정부와 가마쿠라 막부처럼 광역적인 정치권력이 동아시아 해역 세계의 움직임에서 벗어난 곳에 있는 존재였던 것에 비해, 외교와 전쟁의 현장 담당자였던 연해부의 다양한 차원의 정치권력(고려, 남해의 여러 국가, 원의 지방관과 군관 등)이야말로 해역 교류의 주요 공헌자였다.

몽골의 '바닷길' 장악 구상과 군사 활동 (1): 일본 공략

몽골 제국은 제4대 대칸인 뭉케 칸[44]의 시대까지 동쪽은 화북 지방과 요동 지방, 서쪽은 이란과 러시아 평원에 이르는 광대한 판도를 손에 넣었다. 하지만 뭉케 칸이 사망한 이후 제위 계승전을 거쳐 원을 세운 쿠빌라이 칸[45]이 자신의 근거지였던 화북 방면으로 정치 중심을 옮기자, 중앙아시아와 이란, 러시아 평원의 몽골 세력은 사실상 자립적인 국가를 형성하기에 이르렀다.

이처럼 유라시아 동부를 직접적인 통치 대상으로 획득한 원은 더 나아가 동쪽과 남쪽으로 세력을 확장해 갔다. 1260~1270년대에는 고려를 복속시키고 고려에 대한 영향력을 공고히 했으며, 남송과 그 잔존 세력의 저항을 제거하며 강남 지역을 지배하에 두는 데에 성공했다. 이는 결국 몽골이 동아시아 해역의 창구까지 도달했음을 의미한다.

이때부터 원은 지속적으로 해상 진출을 시도했다. 1266년부터 고려를 통해 일본에 조공을 권하기 시작했고, 동남아시아와 남아시아의 남해 여러 나라, 즉 캄보디아와 탐브라링가, 자와, 마발, 콜람 말라이, 사무드라 파사이, 시암, 풀락, 알, 콤페이에 1281년에서 1282년 사이에 사절을 대대적으로 파견했다. 이들이 활동하는 목적을 기존에는 두 가지 측면, 즉 정치적 세력을 확대하려는 욕구와 교역과 부의 확장이라는 경제적 이유로 설명해 왔는데, 모두 '바닷길', 즉 해상 교통의 장악과 관련된 문제였다.

---

44 1209~1259년. 중국식 묘호는 헌종(憲宗, 재위 1251~1259년).
45 1215~1294년. 몽골 제국의 제5대 대칸(재위 1260~1294년)이자 원의 초대 황제. 중국식 묘호는 세조(世祖).

하지만 일본 정권은 원의 요구에 응하지 않았고, 남해 여러 나라에 대한 조공 권고는 베트남 남부에 있는 참파의 저항으로 방해를 받았다. 이 때문에 원은 먼저 일본을 시작으로 다음에는 참파, 1292년에서 1293년에는 역시 조공 권고에 응하지 않았던 자와와 전쟁을 시작하게 되었다.

이 전쟁은 과거 몽골의 대규모 대외 정복 활동과 다른 양상을 보였다. 일반적으로 몽골이 대대적인 정복 전쟁을 할 때는 후일의 전리품 분배를 염두에 두고 각지에서 분권적인 정치 단위를 형성했던 몽골 왕후 귀족 집단으로부터 병력을 공출해 군단을 편성했다. 하지만 해양으로의 진출은 몽골의 지배자 공동체가 총력을 집중했던 전쟁으로 보기는 어려웠다. 이른바 황제와 그 주변으로 비교적 좁은 범위의 관계자들이 참여한 전쟁이었고, 나아가 전진기지가 되었던 한반도나 강남 연해부의 현지 세력과 이들 지역을 경략했던 군단이 주역이 된 전쟁이었다. 정복지의 군사력을 그다음 정복 작전에 충당하는 것은 몽골의 상투적인 수단이었고, 황제와 그 주변의 관계자가 전쟁을 추진한 것도 몽골 전체로 볼 때는 어디까지나 국지전에 지나지 않았다. 하지만 동부 유라시아에서 대륙의 병력이 바다를 건너 이렇게 원격지에까지 대량으로 송출된 것은 처음 있는 일이었다.

다만 이 사실을 원 중앙정부의 의지가 말단까지 강력하게 전달되고 충실하게 실행된 것처럼 단순하게 이해해서는 곤란하다. 전쟁을 준비하고 수행하는 과정이 관련 지역과 전선(前線)에 있는 여러 세력의 자율적인 움직임으로부터 규정되곤 했다. 이는 전쟁을 촉진하는 요소와 이를 억제하거나 저해하는 요소를 모두 내포했고, 그 과정은 원 중앙에 대한 저항과 협력, 순응, 편승, 이용과 같은 복잡하고 다양한 의도가 엇갈리는 가운데 전개되었다. 즉 침략하는 쪽뿐 아니라 침략을 당하는 쪽에도 복잡한 내부 사정이 있었음을 주의할 필요가 있다. 이제 그 구체적인 양상을 살펴보자.

원의 일본 공략에 즈음해 한반도에서는 현장 담당자였던 고려에서 복잡한 움직임이 나타났다. 고려에서는 12세기 후반, 무관(무신) 출신의 권신이 실권을 장악했고, 13세기 전반에 대몽골 전쟁을 주도했다. 무신 정권은 고려가 1260년에 원에 복속된 이후에도 존속했고 반(反)몽골적 분위기를 남겨 놓았다. 이로 인해 초반에는 고려가 일본에 대한 원의 조공 권고에 비협조적으로 반응해서, 1266~1267년에 처음 사절을 파견할 즈음에 대신 이장용(李藏用)이 원의 사절 흑적(黑的)에게 항해의 위험과 대일 협상의 무익함을 설명해 결국 도항을 단념시켰다. 앞서 쿠빌라이 칸이 '풍도(風濤)의 위험'과 '일본과의 불통' 등을 이유로 사절 파견을 중단해서는 절대 안 된다고 경고했는데도 완전히 같은 이유를 들어 이를 정당화하려고 한 것이다. 또한 당시에 고려가 일본과 통교하는 창구는 김해였는데, 고려는 원의 사절을 서쪽 거제도로 유도하는 한편으로, 일본에서 온 내항자를 응접하기 위해 있던 김해의 객관을 없애고 일본과 통교한 사실을 은폐했다.

명령을 이행하지 않은 사실에 격노한 쿠빌라이 칸은 고려의 손으로 국서를 일본에 전하도록 명했다. 그 결과 1267년 말에 반부(潘阜)가 일본에 파견되었다. 하지만 일본을 방문한 반부는 다자이후의 장관(아마도 쇼니인 무토씨)에게 보낸 서장(書狀)에서 원을 일본보다 격을 낮추어 표기하고 고려가 원의 일본 공략을 방해해 온 사실을 폭로함으로써 일본 측의 선처를 구했다.

하지만 그 후 고려와 원의 관계는 악화되고, 1270년에 무신 정권은 붕괴했다. 고려는 자국의 안전보장을 위해 원과의 관계를 개선할 필요가 있었고, 그 일환으로 일본 공략에서 고려의 부담을 줄이려고 하는 등 소극적인 자세를 취하면서도 협력하는 자세로 돌아섰다.

1274년의 제1차 원정 이후 1281년의 제2차 원정 때에는 고려가 출병을 발의하는 듯한 움직임을 보이는 등 협력 자세는 좀 더 적극적인 일면을 보인다. 하지만 이는 일본과 다시 전쟁을 벌이는 것이 불가피하다고 예상되는 가운데, 고려가 작전 수행의 주도권을 잡아서 원의 요구와 간섭으로부터 자국의 이익을 지키려는 목적이 있었던 것으로 보인다.

한편 오랜 기간 몽골을 상대로 전쟁을 수행했던 고려의 정예부대 삼별초(三別抄)[46]는 무신 정권이 붕괴한 후 진도와 제주도로 들어갔고, 1273년까지 개경의 본국 정부와 원에 대한 저항을 이어 갔다. 삼별초의 저항은 원과 고려가 한반도의 남쪽 해역으로 진출하는 데에 큰 장애물이 되었고, 결과적으로 일본에 대한 공격을 지연시켰다. 마침 그때 가마쿠라 막부는 1272년 2월의 소동[47]으로 현저해진 정치적 불안을 겪고 있었는데, 이를 통해 방비를 견고하게 다지는 시간적

---

46 별초란 특별히 선발한 부대라는 의미다. 당초에 치안 부대로서 편성된 좌우 두 반의 야별초에 더해 몽골군의 포로가 된 후 탈출해 돌아온 병사 중에서 인원을 고른 신의군(神義軍)까지 총 세 부대로 구성되었다.

47 집권 호조씨 가문의 내분. 유력한 서가인 나고에씨(名越氏)의 도키아키라(時章)와 노리도키(教時) 형제 및 당시의 집권 호조 도키무네의 서형 도키스케(時輔)가 도쿠소 측에 의해 토벌되었다.

여유를 획득할 수 있었다. 또한 이때 삼별초는 일본에 사절을 파견해 원에 함께 저항하자고 제안했는데, 같은 무렵 남송에서도 일본인 유학승을 이용해 일본에 밀사를 파견한 상황이었다. 하지만 이러한 움직임에 일본 측 정권은 더디게 반응했고, 공조하려는 노력은 양측 모두 성사되지 않았다.

원의 조공 요구에 일본 조정이나 가마쿠라 막부는 강하게 반발했다. 하지만 사신 왕래의 창구가 되었던 다자이후에서는 1271년에 원의 사신 조량필(趙良弼)이 방문하자 독자적으로 사신을 파견했던 흔적도 있다. 또한 원과 고려의 사신이 연행해 데려갔던 쓰시마 사람이 1269년에 고려에서 송환되었을 때, 도민과 함께 송부되어 온 원 중서성의 서장에 대해 조정은 강경한 입장을 담은 회신의 초안을 잡았지만, 함께 받은 고려 지방 감찰관(경상도 안찰사)의 서장에 대해서는 우호적인 답변을 준비했다.(하지만 모두 보내지는 않았다.) 일찍이 고려 사신 반부가 은밀하게 보여 준 일본에 대한 '호의'가 일본 측에도 분명히 전달되었기 때문일 것이다.

다자이후의 실질적 책임자인 쇼니직을 맡은 무토씨는 12세기 말에서 13세기 초의 집권 직후부터 고려와는 왜구의 금압과 통상 문제를 두고 교섭을 진행했다. 원이 조공을 요구하기 직전인 1263년에도 무토씨와 관련이 있는, 일본과 송을 오가는 무역선이 고려에 표착했고 고려의 보호를 받았다. 이처럼 대한해협을 끼고 형성된 1250년 이전부터의 네트워크가 개전 전야까지 유지되었고, 이는 충돌을 피하기 위한 모색이었다. 1272년의 단계에서 일본의 배가 김해에 입항한 것도 13세기 전반까지 이어졌던 무역 활동의 일환으로 이해할 수 있다. 하지만 이러한 사실을 은폐하려고 한 경상도 안무사 조자일(曺子一: ?~1272년)은 원에 의해 처형을 당했고, 이로부터 정세는 긴박한 상황으로 치닫게 되었다.

두 차례에 걸쳐 일본 공격을 진행하면서 합포(현재의 창원)가 전진 기지가 되었다. 여기서 출격하는 부대의 선박은 고려에서 건조하거나 징용된 것으로 충당되었고, 선원 역시 여기서 징발되었다. 10~13세기 전반까지 고려와 일본 사이의 무역은 밝혀진 바에 따르면 일본에서 무역선이 출발하는 경우가 대부분이었고, 고려의 주민이 일본으로 가는 항해 정보를 어느 정도 숙지했었는지는 알 수 없다. 하지만 필요할 경우 외교선을 오가게 할 정도의 능력을 보유했다. 또한 일본을 공격하기에 앞서 제주도에서 진행된 삼별초에 대한 공략전은 원과 고려 양쪽 군대 모두에 외양을 넘어서는 대규모 군사행동의 예행연습이 되었고, 이를 성공시킬 만큼의 능력을 보여 주었다. 갑자기 동원된 숙련도가 낮은 노동력도 있었겠지만, 이처럼 전쟁을 준비하고 수행하는 과정을 통해 해상에서 활동하는 고려 관민의 기술과 지식이 대대적으로 동원되었다.

두 번째 일본 공격 때, 남송의 항장(降將)인 범문호(范文虎)의 지휘 아래에 남송에서 이어받은 수군력과 물건을 실어 나르는 배, 항해에 관한 기술과 지식, 노동의 관련자들이 동원되었다. 그 주요 진원지가 경원 일대임이 틀림없지만, 여러 지점에서 동시에 출발했다고 보는 견해도 있다. 고려의 부대와 비교하면 강남에서 징발된 군대는 규모 면에서 천주와 양주(揚洲) 등지에서 새로 건조된 함선이 차지하는 비율이 낮았다. 이전의 남송 군대로부터 접수했던 함선과 함께 민간선이 상당히 징발된 듯하다. 그중에는 연강선(沿江船)도 포함되어 있었다. 원래 남송 수군으로서는 동중국해를 넘어서는 군사 활동은 미지의 경험이었다. 따라서 이 항해에는 중국과 일본 사이를 왕래하는 무역선 종사자들이 동원되고 이용되었을 것이다.

몽골의 '바닷길' 장악 구상과 군사 활동 (2): 남해 공략

남해 여러 나라에 대한 공략은 일본 침공 이후 다소 늦게 시작되었다. 초기에 그 임무를 맡았던 몽골 장수 소게투와 천주를 거점으로 활동했던 아랍계 상인 또는 페르시아계 상인인 포수경과의 관련성이 주목된다.

소게투는 남송으로부터 접수한 수군을 끌어들여 항주와 그 주변 지역을 평정하는 전투에 투입한 다음, 1277년에 복건 지방의 평정 임무를 총괄하는 복건도선위사(福建道宣慰使)가 되어 남진했다가, 천주에서 원으로 귀순할 뜻을 표명한 포수경을 구원했다. 이듬해에 천주행성(泉州行省)의 간부가 된 소게투는 쿠빌라이 칸의 명을 받아 포수경과 함께 남해 여러 나라에 조공을 권고하는 업무에 착수했다. 그리고 이 업무를 실행할 때 포수경과 관련된 무슬림의 해상 네트워크를 이용했다.

이러한 활동에는 각지의 정치권력에 대한 조공 권유뿐만 아니라 상선의 초치도 포함되었다. 포수경에게 이러한 활동은 전란으로 침체되었던 복건 지방과 광동 지방, 특히 천주 지방의 대외무역 재생이라는 상업적 이해관계와 일치했다. 이 때문에 조공을 권고하는 활동을 입안하고 수행할 때 선두에 선 소게투와 포수경이 오히려 적극적으로 중앙정부를 주도할 때가 있었고, 반대로 중앙정부가 이들을 제지하는 경우도 있었다. 이 시기에 그들 외에 남해 여러 나라에 대한 조공 권고에 관여한 이 가운데 1279~1283년에 참파에 출사한 맹경원(孟慶元)과 손승부(孫勝夫), 콜람 등에 출사한 양정벽(楊庭璧) 역시 소계투와 포수경의 네트워크를 통해 기용된 인물이었다.

1281년 전후부터 원은 남해를 적극적으로 공략하는데, 이 과정에 그 실행 집단에 변화가 보인다. 그 배경으로 남해 무역의 이권을 둘러싸고 원 내부에서 경합이 벌어졌던 것 같다.

1281년에 참파 진출의 사령부로 점성행성(占城行省)이 설치되자 그 간부로 소계투와 함께 남송 정복에 활약했던 수군 지휘관 유심(劉深)과 위구르인 이그미시가 기용되고 남해 여러 나라로 출정할 준비가 진행되었다. 특히 이그미시는 당시에 원 궁정에서 교역을 관장하는 대표자 가운데 한 명이었다.

출정 준비를 하는 한편 이와 연동해 남해 여러 나라에 대한 외교적인 움직임 역시 활발해졌다. 여기서는 1280년에 말레이에 출사한 슐레이만, 1281년에 말레이와 캄보디아, 탐브라링가로 출사한 샴스 알 딘, 1282년에 마발(판디아 왕조)[48]에 출사한 압둘라처럼 무슬림으로 보이는 인물이 등장한다. 이는 상업과 관련이 있는 중앙아시아의 무슬림 세력이 중국 연해부까지 진출했던 상황을 배경으로 이루어진 것이다. 당시 복건의 몽골인 간부 망구다이가 해군력을 배경으로

---

48 12세기 말에서 14세기 중반에 인도 남단부에 존재했던 왕조. 10세기 이전에 있었던 같은 이름의 왕조와 구분해 후기 판디아 왕조로도 부른다. 마발은 그 별명 또는 지역명이다.

복건의 항만에 영향력을 행사한 것도, 오르톡 상인의 이권을 장악한 중앙아시아 출신 무슬림 관료 시하브 웃딘과 관련이 있기 때문일 것으로 추측된다.

당시 남해 여러 나라에 대한 조공 권유와 군사적 시위는 참파의 저항으로 좌절되었다. 이로 인해 원은 참파 및 참파 공략 당시 협력을 거절한 쩐 왕조의 대월과 전투를 벌였지만, 그 과정에서 소게투는 전사하고 말았다. 이 전투가 1287년에 종료되자 쿠빌라이 칸의 남해 정책은 평화적 통상으로 변화되었다. 소게투의 군단이 위구르인 관료였던 아리크카야에게 접수되자 그 관련자들은 남해 정책에서 빠지게 되었다.

한편 포수경은 적어도 1280년에서 1284년까지 천주의 최고 실력자였다. 1285년에 새로운 멤버가 복건행성으로 파견되자, 소게투 세력의 퇴각과 동시에 포수경 역시 중앙 정계와의 연결고리를 상실하게 되었다. 하지만 현지 유력자로서 포수경의 위상은 그 후에도 상당히 이어졌던 것 같다.

그 외에 원은 향신료의 집산지로서 중요한 위치를 차지했던 자와에도 군사 침공을 시도했다. 잇따른 조공 권고가 거절되자 원은 1293년에 천주에서 군대를 출발시켜 자와를 침공했다. 그런데 때마침 자와의 싱하사리 왕조를 케디리의 영주가 무너뜨리는 사건이 발생하자, 쫓겨난 부마 라덴 위자야는 당시에 침공해 온 원군을 자기 진영으로 끌어들여 사태를 수습했다. 이후 라덴 위자야는 더는 필요가 없게 된 원군을 쫓아내고 왕으로 즉위해 마자파힛 왕국을 건국했다.

바다에서 본 역사

관련 지역들의 반응

몽골의 패권 확대는 동아시아 해역을 둘러싼 각 지역에 다양한 압박 요소가 되었고, 일부 지역에서는 권력이 재편되는 계기가 되기도 했다. 원의 등장으로 말미암아 중국에서는 금 말 이후에 성장했던 재지 군벌이 해체되고 각지에 펼쳐져 있던 몽골 왕후의 권익도 규제되는 등 일정 정도 중앙집권화가 진행되었다. 해상으로 진출하는 정책도 이러한 흐름 속에 있었다고 할 수 있다. 한반도에서는 오랫동안 실권을 잡았던 무신 정권이 무너지고 몽골과의 긴밀한 관계를 배경으로 한 왕권이 부활했다. 마자파힛 왕조의 자야나가라 왕도 원과의 관계 구축을 통해 불안정한 권력 기반을 강화하려는 일환으로, 활발하게 사신을 파견하는 동시에 그 자신도 원에 직접 입조하기도 했다.(하지만 귀국 후에 살해되었다.) 원과의 정치적 관계 형성을 계속 거절해 온 일본에서는 원과 군사적인 긴장 상태가 이어지는 가운데 오히려 이를 이용해 가마쿠라 막부의 집권 가문인 호조 도쿠소가의 전제 체제가 강화되었다.

이민족의 침략과 지배는 동아시아 해역의 연안 각지 사람들에게 반몽골 의식과 새로운 자의식의 각성을 다양하게 촉구했다. 예를 들어 강남에서는 1279년에 항주에서 유행했던 참군희(參軍戲: 풍자극) 가운데 사찰의 장로가 "종신(鐘神)이라면 이렇게 쉽게 절을 해도 되는 것인가?"라고 혼을 내는 장면이 나온다. 이는 '종신(zhōng shén)'을 발음이 유사한 '충신(忠臣, zhōng chén)'에 빗대어, 원에 투항한 범문호 등의 사대부를 풍자한 것으로 보인다. 또한 원 말의 『철경록(輟耕錄)』[49]에서는 원 초에 능묘가 습격당했던 남송 황제의 유골을 다시 수집했던 당각(唐珏)과 임경희(林景曦)의 사적을 '의거'로 기록했다. 원 말에 봉기한 홍건군[50]의 지도자 중 한 사람인 한산동(韓山童) 역시 '송 휘종의 8세손'이라고 밝혔던 것처럼, 원에 멸망당한 송 황실의 이미지가 지역사회에서 어느 정도 구심력을 획득했던 것이다.

고려가 원에 복속된 후 그때까지 호국 불교 등의 형태로 전개된 몽골에 대한 대항적인 자세는 사라지게 되었다. 하지만 원의 '통제'와는 다른 자국의 '국속(國俗)'에 대한 강한 집념은 유지되었다. 특히 현존하는 한민족의 시조 설화로 불리는 단군신화가 대표적이다. 그 원형은 더 과거로 거슬러 올라가 형성된 것으로 보이지만, 현재 확인할 수 있는 가장 오래된 형태는 이승휴(李承休)의 『제왕운기(帝王韻紀)』[51]와 일연(一然)의 『삼국유사(三國遺事)』[52]처럼 모두 13세기 후반에 성립된 문헌이다. 특히 『제왕운기』는 고려 역대 군주의 계보를 원 황실을 포함한 중국 역대 제왕의 계보와 구별했고, 그 필두에 단군(檀君)을 두었다. 반몽골 정서와는 다르지만, 대륙의 민족이나 정치권력과는 구별되는 '우리 의식'이 드러났다고 할 수 있다.

일본에서는 신국(神國) 사상이 고양되었다. 이러한 사상 자체는 몽

---

49 원 말과 명 초의 문인 도종의(陶宗儀)의 필기잡록(筆記雜錄). 도종의는 절강 황암 출신이며, 책의 정식 제목은 『남촌철경록(南村輟耕錄)』이다.

50 1351~1366년에 안휘 지방과 호북 지방에서 중국 남부까지 퍼진 민중 반란. 명칭은 상징으로써 붉은 두건을 두른 것에서 유래. 백련교를 시작으로 한 민간 종교 결사를 기반으로 원의 중국 지배를 동요시켰다.

51 한국의 역대 군왕과 중국의 역대 제왕의 계보를 칭송한 역사 서사시. 저자 이승휴(1224~1300년)는 경산부(京山府) 가리현(嘉利縣) 출신으로, 호는 동안거사(動安居士)다.

52 신라사를 중심으로 한 한국 고대의 역사 기록과 불교 관계의 설화를 모은 사찬 사서. 저자 일연(1206~1289년)은 경주 장산군(章山郡) 사람으로, 선종의 고승이다.

골이 침공하기 전부터 존재했고, 특히 가마쿠라 시대에는 무가 정권의 탄생과 함께 천황을 중심으로 한 정치체제를 유지하기 위한 논리로 아마테라스 오미카미(天照大神)의 혈통적 신성성을 강조했다. 몽골의 침공은 이를 밖에서 자극하고 촉진한 것이다. 1269년에 원의 중서성에서 보낸 서장에 대한 일본 조정의 답변을 보면, 자국의 통치자가 아마테라스 오미카미의 자손이며 신의 가호를 받는다는 점을 외국에 직접 강조하고 있음이 주목된다. 그리고 이것이 이른바 '가미카제(神風)'(원군의 퇴각에 영향을 미친 악천후)의 발생을 통해 각 계층으로 확산되어 갔고, 급기야 기타바타케 지카후사(北畠親房)의 『신황정통기(神皇正統記)』[53]에 "일본은 천조(天祖)가 열리고 태양신이 다스리는, 다른 국가에서 전례를 볼 수 없는 신국이다."라는 언설이 등장하기에 이르렀다.

동남아시아의 여러 나라에서도 몽골의 충격은 자의식의 고조로 이어졌고, 주로 역사의 체계화로 결실을 맺었다. 쩐 왕조의 대월에서는 자국의 역사와 왕권, 경계, 신불의 정식화(定式化)가 한 번에 이루어졌다. 1272년에는 레반흐우(黎文休)의 『대월사기(大越史記)』가 편찬되었다. 1299년에는 전국의 주요 '산천 신지(山川神祇)'에 제사를 지냈고, 1329년에는 원군을 격퇴한 후에 봉호를 받아 국가 제사의 대상이 된 신령들의 유래를 정리한 『월전유령집(越甸幽靈集)』이 편찬되었다. '국어시(쯔놈시)'의 창작도 대몽골 전쟁을 통해 시작되었다고 할

---

53 1339년에 성립되어 1343년에 개정되었다. 일본의 신대(神代)에서 고무라카미 천황(後村上天皇)까지의 업적을 보이고, 남북조가 대립하는 상황에서 남조의 정통성을 논한다. 기타바타케 지카후사(1293~1354년)는 남조의 중추에서 활약한 공가다.

수 있다. 자와에서는 서사시 『나가라크레타가마』가 탄생했다. 대륙부의 상좌부 불교권[54]에서는 근세의 왕조 연대기나 불교 연대기의 대다수가 14세기에 그 원형이 성립되었다고 보고 있다.

동중국해의 무역 활황과 정치적 긴장

현대인의 감각에서 보면 두 번의 전쟁을 거친 일본과 원의 적대 관계가 해소되지 않는 이상 중국과 일본 사이의 무역이 이후 단절되었다는 점이 이상하게 보이지 않을 것이다. 하지만 실상은 달랐다. 분명 전쟁 당시와 그 직후에 무역이 중단된 것은 사실이지만, 그 후에는 이전과 변함없는 무역의 활성화가 전개된 것이다. 앞의 시대와 뒤의 시대보다 이 시기의 무역이 더 활발했다고 보는 견해도 나올 정도다. 이는 남해 무역에 관해서도 마찬가지였다. 그렇다면 전쟁과 상관없이 무역이 활발해졌다고 보아야 할지, 아니면 역사적으로 원래 정치권력 사이의 대립이 민간무역에 영향을 미치기 어려웠다고 보아야 할지는 현대의 국제 관계를 보는 관점에도 파문을 던지는 문제일 것이다. 무역 체제를 보면, 중국 측에서는 경원을 창구로 시박사의 관리 하에 진행된 무역이었다. 일본 측에서도 여전히 하카타가 주요 창구가 되었다.(일본군이 출격한 지역이자 전쟁의 피해를 본 지역이다!) 전반적

---

54 동남아시아에서 상좌부 불교(이른바 소승불교)가 다수파 종교가 된 태국과 미얀마, 라오스, 캄보디아 등의 지역을 가리킨다. 석가의 사후, 초기 불교 교단은 계율의 유연한 운용을 주장한 대중부와 엄격히 준수하는 것을 주장한 상좌부로 갈라져, 여기서 많은 분파로 분열해 갔다. 이 중에서 계율 준수를 주장했던 집단이 대체로 현재의 상좌부 불교에 해당한다. 상좌부 불교는 그 이후 스리랑카와 동남아시아 방면에 널리 퍼졌으므로 남전 불교로도 불린다.

하카타만의 연안에 남아 있는 석축지의 유적, ⓒ 震天動地

인 형태와 성격으로는 1250년대 이전의 상황에서 크게 변화된 것은
아니었다.

하지만 두 번의 군사적 충돌이 낳은 변화가 있었음도 당연했다. 그
것이야말로 다음 시대 동아시아 해역의 새로운 특징을 만들어 내는
전제가 되었다.

침공을 받은 일본에서는 원의 재침에 대비해 경계 태세를 갖추었
다. 적극적 공세에 나서는 '이국 정벌(異國征伐)' 계획까지 실현되지는
않았지만, 1272년부터 가마쿠라 막부의 고케닌이 돌아가면서 규슈
북부 연안의 경비를 담당하는 이국 경고 번역(異國警固番役) 제도가
시행되었다. 또한 1276년에는 하카타만의 연안에 방어벽(석축지(石築
地))의 축조를 명령했는데, 지금도 그 유적이 남아 있다. 방어 시설로
1294년에 봉화 정비도 추진되었다. 1290년대에는 진제이 단다이가

방위 체제의 중심 기구로 설치되었는데, 1333년에 가마쿠라 막부가 멸망할 때까지 이어졌다.

이러한 경비 체제가 외교나 무역선의 관리와 어떤 관련이 있는지에 관해서는 밝혀지지 않은 부분이 많다. 단 원과 고려에서 사신이 오는 등 긴장 상태가 발생할 때마다 선박의 왕래가 중단되곤 했다. 항시적인 기능이었는지는 불분명하지만, 진제이 단다이 등 권력 기구가 필요에 따라 선박 출입을 관리할 수 있는 태세를 갖추고 있었다고 추측된다.

당시에 중국과 일본 사이의 무역 역시 화인 해상이 주축을 담당했다. 일본인 승려의 도항 기록을 보면, 전쟁이나 외교적 긴장이 발생한 시기를 제외하면 선박이 매우 빈번하게 왕래했음을 알 수 있다. 하지만 화인 해상의 형태에 1250년 이전과는 다른 양상이 보인다. 그때까지 하카타 강수로 알려진, 하카타를 거점으로 한 화인 해상 커뮤니티가 잇따라 불분명해진 것이다. 하카타 강수의 자손이 완전히 일소되었다고 볼 수는 없겠지만, 14세기 전반에 하카타의 묘라쿠지(妙樂寺)[55]가 개창할 때를 보면 일찍이 쇼후쿠지나 조텐지에 등장했던 중국인의 존재를 그 배후에서 찾을 수가 없다.

그 원인 가운데 하나로 원과 전쟁을 벌인 결과 1281년에 가마쿠라 막부가 일본을 새로 방문한 외국인을 배척하는 명령을 내린 일을 꼽을 수 있다. 중국과 일본 사이에 선박이 빈번하게 왕래한 것도 일본에 새로 온 외국인 해상이 장기간 체재하기 어려웠던 사회적 상황

55　1316년에 게쓰도 소키(月堂宗規)가 하카타에 창건한 이와키안(石城庵)에서 비롯된다. 이후 묘라쿠지로 개칭했으며, 명과 조선과의 외교와 무역에도 관계를 가졌다.

이 전개되자 짧은 주기로 무역선을 타고 움직이면서 비롯된 현상일 가능성이 크다. 그리고 새로운 이주자의 보충이 끊어졌던 규슈 북부의 화인 커뮤니티는 '민족'적인 독자성을 잃어 가면서 점차 일본 사회에 동화되어 갔을 것이다. 관점을 바꾸어서 해석해 보면, 도항지에 거점을 두고 장기간 체재하는 이른바 '주번(住蕃)'형 무역 못지않게 안정적인 교통과 통상이 유지될 수 있는, 배를 만들고 선박을 운항하는 기술적 조건이나 원활한 상거래와 이윤을 보장해 주는 정치적·사회적·경제적 조건이 존재했음도 알 수 있다.

한편 무역의 개방성과 발전을 강조했던 원에서도 일본과의 무역에 관해서만은 상당한 경계 태세를 취했다. 강남을 평정한 이후 경원에는 연해만호부(沿海萬戶府)가 설치되어 산동에서 복건에 걸친 연해 방위를 담당했다. 여기에 남송 이래의 해방(海防) 체제가 군비와 인원 면에서도 계승되어 왔는데, 특히 천주의 포수경과 감포의 양씨 같은 현지의 해상 세력이 동원되었다. 일본에서 온 내항자와 접촉하는 장이 되었던 절강 지역에는 1303년에 절동도도원사부(浙東道都元師府)가 설치되었고, 1304년에는 정해천호소(定海千戶所)가 설치되는 등 주둔군이 증강되었다. 앞서 1장에서 류잔 돗켄처럼 내항한 일본인에게 도시 내부로 출입하는 것을 금지하는 조치가 취해진 것을 언급했는데, 그 외에도 일본과의 전쟁 전후나 (인종적으로 일본인이라고만 볼 수는 없는) '왜상(倭商)'의 폭동 사건 직후 등에는 일본 상선의 내항도 금지되었다. 특히 1335년에 '왜선'의 내항이 금지된 이후 1342년에 덴류지를 조영하기 위한 무역선이 파견되기까지는 당시에 대량으로 확인되었던, 무역선을 이용한 일본인 승려의 왕래 사례도 갑자기 사라졌다.

이는 말할 것도 없이 일본에 대한 조공 권고와 군사 공격이 실패로 돌아간 후 원이 일본을 잠재적 적성(敵性) 세력으로 간주했기 때문이다. 그리고 이러한 긴장 관계 속에서 오히려 '왜상'의 폭력 사건까지 발생해, 이것이 일본에 대한 경계심을 증폭시키는 악순환을 초래했다. 14세기 전반에 저술된 원각(袁桷)의 『마원사방왜기(馬元師防倭記)』에 따르면, 경원의 외항인 정해(定海)에서 '왜상'과의 거래가 삼엄한 경계 태세 속에서 이루어지는 모습이 기록되어 있다.

중국과 일본 사이의 무역은 이처럼 긴박한 상황 속에서 진행되었다. 하지만 여기서 강조하고 싶은 것은 그런데도 무역이 활성화되었다는 점이다. 1250년 이전부터 '열려 있는' 무역 형식에 이러한 제약이 가해졌는데도 무역이 계속 유지되거나 증진된 것을 통해, 오히려 해역 교류의 '열려 있는' 측면의 강점을 확인할 수 있다.

원의 군사행동 이후에도 활발한 통상이 유지된 사실은 남해 무역에서도 마찬가지였지만, 전쟁이 부정적인 영향을 준 부분은 더 적었다. 1293년의 자와 원정 전후로 남중국해로 출항이 금지된 사실이 있지만, 그 후에는 일본에 했던 것 같은 규제 조치나 경계 체제는 발동하지 않았다. 이는 참파와 쩐 왕조, 자와를 제외한 수많은 남해 국가와는 군사적 충돌을 하지 않았다는 점, 그리고 원 역시 이런 국가들로부터 직접 침범당할 가능성이 거의 없었다는 점과 관련이 있을 것이다.

이에 비해 고려와 일본 사이의 긴장 상태는 좀 더 심각했다. 고려에서는 제2차 일본 원정 때 고려 진발군의 사령부로서 정동행성(征東行省)이 편성되었고, 고려 왕이 그 장관이 되었다. 정동행성은 그 후에도 일본에 대한 출병이 입안될 때마다 설치되다가 1287년부터 상설화되어 고려 왕의 관리하에서 고려 땅을 통괄하는 원의 최고 지방 정부가 되었다. 하지만 '정동'이라는 명칭이 계속 사용된 것이 말해 주듯, 원의 동쪽 변경에서 적성 세력인 일본에 대해 군사적인 견제를 하는 기관이었음은 변함이 없었다. 1294년에 쿠빌라이 칸이 사망하고 일본 원정을 포기하고 난 뒤에는, 정동행성이 일본의 위협에 대한 방어적 역할을 감당했다.

또한 제2차 원정 후에는 합포와 전라도에 변경 수비대로서 진변만호부가 설치되었고, 1301년에는 제주도에 탐라만호부(耽羅萬戶府)도 설치되었다. 그리고 한반도 남해안 일대를 총괄하는 대일 경비망이 구축되었는데, 이 총괄자는 정동행성의 장관인 고려 왕이며, 고려인들이 그 임무를 맡게 되었다. 이러한 사실은 고려가 원의 동쪽 변경을 방어하는 책임자로 자임하면서, 그 역할의 중요성을 원에 강조함으로써 자국의 이익을 확보하려 했음을 보여 준다.

결국 일본이 원이나 고려에 대대적으로 반격하지는 않았지만, 고려가 일본에 이러한 계획(이국 정벌)이 있다는 정보는 파악했을 것이다. 적어도 '왜'의 소규모 해적 사건은 때때로 발생했고, 제2차 일본 원정 직전에 일어난 해적 사건을 '이국 정벌' 계획과 연동된 것으로 보는 견해도 있다. 그리고 1350년부터는 대규모 왜구(전기 왜구)가 발생했다. 고려에 일본의 군사적 위협은 결코 허상이 아니었다.

한편 13세기 중반까지 이어졌던 고려와 일본 사이의 무역은 일본 원정을 전후해서 단절 상태에 빠졌던 것 같다. 그 후에도 고려에 '왜인'이 표착하거나 접근한 사례는 있었다. 하지만 평화적인 통상 관계가 완전히 사라진 것처럼 보이는 것은, 원과 일본이 서로 경계하면서도 선박의 왕래를 받아들였던 사실과는 대조적이다. 다만 고려가 원의 동쪽 변경에서 대일 방위의 요충지로서 나서고, 이러한 점을 자국의 이익을 주장하는 데에 이용했다는 점을 고려하면, 고려의 관부에서 작성한 기록에 등장하는 일본이 대부분 경계 대상으로 거론된 것은 당연하다. 그리고 이는 어디까지나 고려의 입장일 뿐일 가능성이 있다. 이를 통해 볼 때 사료에 등장하는 고려로 표류한 사람이나 해적으로 묘사된 '왜인' 중에는 사실은 교역을 목적으로 온 자가 있었을 수도 있다. 사료에 명료한 흔적이 거의 없기 때문일 테지만, 그렇다고 통상이 전혀 없었다고 단정할 수는 없다. 이러한 점은 14세기 후반에 전기 왜구가 발생하는 배경을 생각하는 데에도 중요한 단서가 될 것이다.

이처럼 1250~1350년의 동아시아 해역에서는 몽골이 군사 활동을 전개하는 중에도 중국과 일본 사이의 무역과 남해 무역이 활발히 전개되었다. 군사 활동 자체가 남해 무역에서 통상 진흥책의 일환이라고 해석하는 견해도 있다. 이를 통해 유라시아의 동과 서, 그리고 육지와 바다에 걸쳐진 거대한 교류 네트워크가 형성되고, 원격지 간에 사람과 물품, 정보의 이동이 전례 없이 직접적이고 대규모로 전개되었다. 해상 교통의 관리는 1250년 이전부터 비교적 느슨하거나 유연한 구조를 유지했고, 그런 범위 내에서 1250년 이전부터 이어지는 '개방성'이라는 기조는 이 시대에 정점에 달했다고 할 수 있다.

하지만 동중국해 방면의 무역에서는 정치적·군사적 긴장 관계가 이어졌다. 특히 고려와 일본 사이에는 통교 단절처럼 보이는 국면이 형성되었다. 이는 '개방성'이라는 기조를 계승하면서도 정치적 이유로 무역선의 왕래가 방해받는 사태, 즉 정치권력이 해역의 동향에 직접 개입하는 지향과 그 구조가 싹트기 시작했다는 것을 의미한다. 그 직접적인 배경과 동기는 다소 다르지만, 이후 명 초기에 나타나는 해금 정책의 발상으로 연결되는 역사적 단계로 파악할 수 있다.

5 물품과 기술의 왕래: 저변의 확대와 쌍방향성

이번 장에서는 해역을 매개로 한 물품과 기술의 다양한 교류 상황과 그 결과로 각 지역에 파생된 새로운 문화 전통의 맹아에 관해서 살펴보고자 한다. 특히 일본을 둘러싼 상황에 관해 중점적으로 언급할 것이다. 이는 현존하는 사료와 자료에서 바다를 통한 문물 교류의 확실한 정보가 특히 일본에 관해 풍부하게 존재하기 때문이다.

분명 한반도도 이 시기에 중국과의 직접적이고 쌍방향적인 교류 기회가 늘어나, 주자학과 불교, 화약, 농서, 화폐, 달력 등 최신 중국 문화뿐 아니라 몽골의 풍속과 티베트 불교와 같은 북방과 서방의 문화까지도 활발하게 수용했다. 다만 한반도는 유라시아의 연장선상에 있는 데다가 앞서 말한 화북 및 강남과 각각 해로로 연결되어 있었다. 따라서 어떤 외래문화의 발상지가 대륙의 북방인지 남방인지, 내륙부인지 연해부인지는 말할 것도 없고, 그 이동 경로가 바다와 육지 사이에서 어딘지도 확정하기가 어렵다. 또한 양쪽 경로를 모두 경유해 이동했을 경우에도, 이동의 양이나 질의 차이가 밝혀지지 않는 상황에서는, 이동 경로가 바다인지 육지인지 논의하는 것 자체가 무의미하다. 이러한 점은 육상 루트에서도 중국과 이어진 서아시아나 동남아시아의 대륙부에 관해서도 마찬가지다.

그렇다면 오히려 이러한 지역에 관한 물품 역시 현 시점에서는 해역 교류와 관련될 가능성이 있는 것으로서 함께 살펴볼 필요가 있다. 당초에 해역 교류란 육상에서 나타난 동향과 연동된 관계를 포함한 논의이므로, 특히 연해부의 상황이라면 양쪽(육상 노선과 해상 노선)을 엄밀하게 분리해 생각할 필요는 없다.

다른 한편으로 해상 루트를 통한 동향이 확실한 사례를 상징적으로 다룸으로써, 그 시대 해역 교류의 전체적인 특징을 부각할 수도 있다. 이때 바다로 말미암아 대륙과 단절된 일본은 역외와 교류하는 경로가 필연적으로 해상 루트로 한정되기 때문에, 관련 자료의 대부분을 해상 경로의 동향으로 그대로 활용할 수 있게 된다.

그러한 의미에서 이번 장은 편의적으로 일본을 둘러싼 상황을 중심으로 두면서 다른 지역의 상황에도 주의를 기울임으로써 1250~1350년 사이에 동아시아 해역을 누빈 물품과 기술의 특징을 설명할 것이다. 여기서 강조점은 강남 연해부를 중심으로 한 중국과 주변 지역 사이의 교류에서 이전보다 특히 물품의 쌍방향적 이동이 현저해졌다는 점, 그리고 바다를 건너 왕래하는 '문화'에서 주역의 저변이 확대되었다는 사실이다.

여기에서 언급하는 물품은 망라적인 소개가 아니라 어디까지나 상징적인 본보기를 다룬다. 다음에 언급하는 것 외에 이 시기 동아시아 해역에서는 다양한 종류의 섬유제품과 약, 향신료, 금속 소재, 비금속 소재나 공예품이 무역품으로 교환되었다는 사실(<표 1> 참조)을 염두에 두고 보기 바란다.

고급품	보석과 장식품: 산호, 옥, 마노, 수정, 마가주(서방산 벽옥), 생주(生珠), 숙주(熟珠) 약재와 식재료, 향료: 빈랑, 혈갈(기린갈의 수지), 인삼, 노회(알로에), 아위, 오서(검은 코뿔소의 뿔), 정향(클로브), 백두구(빛깔이 흰 육두구), 몰약(미르라의 수지), 사인(축사의 씨), 길경(도라지), 세신(족두리의 뿌리), 오미자(오미자나무의 열매), 계화(계수나무의 꽃), 가자(가리륵의 열매), 복령, 택사(소태나물), 호초(후추), 팔각회향(붓순나무), 황기, 홍화(잇꽃), 치자화(치자나무), 송자(솔방울), 진자(개암), 육두구, 계피(시나몬), 학정(명아주), 당상(흰 설탕), 녹용(사슴의 연한 뿔), 우황(소의 쓸개 속에 병으로 생긴 덩어리), 주사(천연 진사 광석), 녹반(황산철), 웅황(황화비소광), 자황(삼황화비소광), 침향, 나곡향(롭부리산 침향), 소합유(소합향나무에서 나는 끈끈한 기름), 강진향(콩과의 식물이나 향나무에서 나는 향료), 단향(백단), 사향, 장뇌, 독누향(테레빈 나무의 향료), 유향, 용연향, 올눌제(해구신), 만안향(해남도산 향료), 교지향(베트남산 향료), 등루미향(캄보디아와 등루미(나콘시탐마랏)에서 생산된 향료), 구주향(참파산 향료) 광물 소재: 왜금(일본산 금), 왜은(일본산 은), 수은, 호박 동물 소재: 서각(코뿔소의 뿔), 상아, 대모, 사어피(상어 가죽), 적어표(부레), 황랍(밀랍), 취모(물총새의 깃털), 자광(깍지벌레에서 나오는 자색 염료) 식물 소재: 신라 칠, 길패화(무명실), 수반향(말라죽은 침향) 섬유제품: 길패포(무명포), 목면, 삼폭 포단(세 폭 이불), 번화기포(番花棋布), 모타포(낙타의 모직물?), 말포(양말 천), 혜포(신발 천), 길패사(무명의 가는 실), 애포(崖布)
일반품	보석과 장식품: 석주(청산호), 마주(磨珠) 약재와 식재료, 향료: 홍화(잇꽃), 초두구, 봉출(봉술의 뿌리줄기), 해동피(고삼의 뿌리), 곽향(파촐리), 몰석자(무환자나무의 열매), 석곡, 사군자, 상사자(홍두), 행인(살구씨), 무이인(난티나무의 열매), 야자, 백출(삽주의 덩이줄기를 말린 약재), 파고지(네덜란드 비름의 열매), 화예석(누런 빛깔의 바탕에 흰색 점이 아롱져 박힌 돌), 노감석(능아연석), 활석, 인향(향료 가루를 조합하고 성형한 것) 광물 소재: 왜철(일본산 철), 유황, 유황 흙, 확철(鑊鐵), 정철(丁鐵), 조철(가늘고 길게 생긴 철재), 동청(녹청), 연석(납과 주석), 역청(천연 아스팔트) 동물 소재: 우각(쇠뿔), 우피(쇠가죽), 우제(소 발굽), 녹피(사슴 가죽), 녹각(사슴뿔), 궤피(큰 노루 가죽), 산마각(山馬角), 나각(소라 껍데기), 각사(殼砂), 오배자(붉나무에 생긴 혹 모양의 벌레집에서 채취한 염료) 식물 소재: 소목, 야자 껍데기, 송향(소나무향), 등봉(藤棒), 적등(붉은 꽃이 피는 등나무), 백등(흰 꽃이 피는 등나무), 광칠(廣漆), 화리목(콩과의 모과나무), 오목(흑단) 섬유제품: 저마(모시풀), 초포(파초포?), 모포(털가죽), 생포(생가죽) 기타: 동전, 왜방판령(倭枋板柃), 왜로(倭櫓), 야점(야자나무로 엮은 자리?)

출처: 『至正四明志』 券 5, 土産·市舶物貨(至正 2年(1342) 序).

중국에서 전해진 물품

1250~1350년 무렵에 중국 산품에 대한 주변 지역 사람들의 욕구
는 그 이전 시대보다 강해지고 수요가 크게 확대되었다.

먼저 화폐와 관련해 이목을 끄는 것은, 몽골어로 '스케(斧)', 페르시
아어로는 '바리시(枕)'로 불리는 특징적인 형태를 띤 은정(銀錠)이 유
라시아 규모로 유통된 것이다. 이는 몽골 제국이라는, 유라시아를 넘
나드는 정치권력의 탄생으로 말미암아 중국과 중앙아시아, 서아시아
의 경제권이 예전보다 훨씬 밀접하게 연동되면서, 국제적인 기준 통
화가 필요해졌기 때문이다. 이 은정은 중앙유라시아의 육상 교역뿐만
아니라 오르톡 상인의 자본으로 남해 무역에도 이용되었고, 일부는
서방으로도 건너갔다.

이 해상 교역 루트의 중간에 있는 동남아시아에서는 현지의 정치
권력이 발행한 은화, 중국의 해상이 가져온 중국 동전, 무슬림의 디
나르(dinar) 등이 사용되었다. 얼마 뒤에는 중국 동전이나 현지의 정
치권력이 발행한 금화나 은화 등도 현지에서 위조되어 등장했다.

일본에서는 12세기 중반 이후에 화폐경제가 급속도로 진전되면서
13세기 후반에는 장원 등을 받을 때 대전납(代錢納)[56]이 일반화되었
다. 그런데 이 시기의 공가 정권(조정)과 무가 정권(가마쿠라 막부와 무
로마치 막부)은 모두 독자적인 화폐를 발행하지 않았다. 화폐경제를
지탱했던 것은 중국에서 대량으로 수입된 동전(도래전(渡來錢))이었
고, 특히 그 중심은 북송 시대에 방대한 양이 발행된 동전이었다. 일

---

56 장원과 공령(公領)에서 연공(年貢)과 그 외의 잡세, 노역 등을 동전으로 환산해서 납부하는 일.

본 각지의 중세 유적지에서 이러한 도래전이 대량으로 출토되었다. 류큐에서도 13~14세기에 발행된 중국전의 출토량이 한때 가장 많았는데, 중국과 직접적으로 교역했을 가능성을 보여 준다.

예외적인 지역이 한반도였다. 한반도에서는 10세기 말 이후로 고려가 몇 번이나 독자적인 철전이나 동전을 발행했으나 그리 오래 유통되지 않았다. 그렇다고 대량의 중국전이 수입되어 화폐경제가 발전한 것도 아니었고, 여전히 쌀과 포(布), 은 등 현물이 교환 수단으로 사용되었다. 12세기부터는 정부가 규격화된 은병(銀甁)을 발행해서 이를 국내의 대규모 거래나 중국과의 교역 등에 널리 사용하지만, 이 역시 14세기 초에는 끝났다. 또한 원이 발행한 지폐(교초(交鈔))도 중국에서의 교역과 사원에 대한 시주 등에 사용되었지만, 한반도 국내에서는 전혀 유통되지 않았다. 조세의 대전납도 시행되지 않았다.

이러한 통화 상황의 차이, 특히 중국 동전의 수용을 둘러싼 차이는 각 지역의 특성을 이해하는 단서가 된다.

중국산 도자기도 주변 지역으로 대량 유출되었다. 일본에서는 절강의 용천요(龍泉窯) 계통 청자와 강서의 경덕진요(景德鎭窯)의 청백자나 천목(天目)으로 불리는 흑유(黑釉) 찻잔과 중국 내부(복건이나 광동 등)에서 만들어진 모조품 등 대량의 중국산 도자기를 수입했다. 이는 당시 차를 마시는 문화의 확산, 신흥 무사층 사이에서 나타난 '당물(唐物)' 소비의 증대, 가마쿠라 도시의 발전 등 일본 내부의 새로운 수요 증가와 관련이 있다. 류큐에서도 이 시기에 중국 도자기 유입이 늘어났다. 그중에는 일본의 다른 지역에서는 거의 볼 수 없는, 조잡하게 만들어진 복건산 자기가 상당수 포함되어 있어, 중국과 독자적으로 교류했던 것으로 추정된다. 한편 한반도에서는 당시에 이미 고려청자를 중심으로 한 독자적인 자기 생산 기술을 확립했고, 그중 일부는 중국으로도 수출되었다.

이처럼 한반도에서는 10세기 무렵에 이미 중국의 기술을 도입해 도자기를 생산할 수 있게 되었으나, 일본의 도자기 생산은 상당히 뒤져 16세기 말에서 17세기 초에 도요토미 히데요시(豊臣秀吉)의 조선 출병[57]을 통해 조선의 기술과 기술자들이 일본으로 유입하면서 겨우 가능하게 되었다. 이 때문에 그 이전에 일본에서는 도자기에 쓰이는 유약 등을 연구해서 청자나 백자를 모방했다. 이와 같은 모방품을 만들 정도로 일본에서 중국 도자는 갈망과 수용의 대상이 되었던 것이다. 또한 동남아시아의 베트남과 태국, 미얀마 등지에서도 14세기 무렵부터 중국 도자의 모방이 시작되었고, 이어서 독자적인 도자기 생산이 발전했다. 15세기가 되자 동남아시아 도자기도 해외로 활발하게 수출되었고, 일본의 하카타 유적 등에서도 동남아시아 자기가 발견되었다.

오래전부터 일본으로 수입되던 품질 좋은 중국산 견직물과 그 원료가 되는 실은 13세기와 14세기에도 계속 수입되었다. 당시에 중국 제품의 수입은 일본 재래(在來) 견직물 기술의 향상이나 역내 생산화

---

57 16세기 말에 일본에서 통일 정권을 형성한 도요토미 히데요시가 중국 침략에 협력하는 것을 거부한 조선을 상대로 일으킨 침략 전쟁. 1592~1593년과 1597~1598년의 두 차례에 걸쳐 일어났다. 일본 각지에서 동원된 여러 다이묘의 군대와 조선의 관군과 의병, 명에서 파견된 구원군의 사이에 전투가 발발했다. 한국에서는 '임진왜란'과 '정유재란'으로, 일본에서는 '분로쿠·게이초의 역(文祿·慶長の役)'으로, 중국에서는 '만력조선지역(萬曆朝鮮之役)' 등으로 부른다.

로 직결되지는 않았다. 이러한 것이 가능할 수 있도록 상황이 크게 진전된 것은 15세기와 16세기의 일이다. 자기와 마찬가지로 중국에서 유래한 기술을 일본에서 모방해 역내에서 생산하기까지의 과정은 결코 단순하거나 쉽지 않았다. 고려의 경우에도 고급 생사(生絲)는 강남 해상이 가져오는 것에 의존했다고 하니 일본과 기술적 상황이 크게 다르지 않았음을 짐작할 수 있다. 서아시아에서는 중국 견직물을 모방했던 것 같다.

또한 기존에 그렇게 주목받지 못했던 중국의 산품으로 대당미(大唐米: 참파쌀(占城米))라는 벼의 신품종이 있다. 이 벼는 동남아시아가 원산인 인디카(indica) 타입으로, 조기 재배나 생육조건이 나쁜 저습지에 적합했다. 따라서 저습지의 새로운 밭 개발 등에 대당미를 종종 심었다. 중국에서 참파쌀은 11세기 이후에 도입되었고, 특히 강남에서 널리 퍼졌다.

일본에서 대당미는 14세기에서 15세기 무렵에 어느 정도 정착되기 시작해 츠쿠시 평야의 저습지 개발 등에 이용되었다. 이는 일본의 벼농사 역사에서 하나의 획기적인 시도라는 평가를 받는다. 사료에서는 1308년의 고문서에서 처음 발견되므로, 그 이전부터 도입되었던 것을 알 수 있다. 아마도 13세기나 그 이전에 활발했던 중국과 일본 사이의 무역이 이루어지는 가운데 해상이나 그들의 배로 왕래한 승려 등이 강남에서 볍씨를 가져왔을 가능성이 높다. 고려에서도 앞서 언급한 12세기 이후 저습지를 개발하는 와중에 동일한 품종이 사용된 것으로 보이며, 그 경로는 일본과 마찬가지로 중국 강남에서 왔을 것이다. 이처럼 대당미는 자생적으로 발전했다고 생각하기 쉬운 농업기술사에서도 해역 교류라는 시야를 염두에 두어야 할 필요성을 제기한다.

중국으로 향하는 물품

몽골 제국이 유라시아 대륙을 광범위하게 통합하게 되면서 중국에서 전해지는 물품뿐 아니라 중국으로 향하는 물품의 움직임까지도 활성화되었다. 본래 이러한 움직임은 해상이 외부로 진출했던 8~9세기 이후 서서히 진전되어 왔던 현상이다. 하지만 이 시기는 해외에서 들여온 물품이 사회의 상층부뿐만 아니라 더 광범위한 사람들의 생활과 문화에까지 영향을 미치게 되었다는 특징이 있다.

예를 들어 서아시아로부터는 이슬람 사상에 근거한 세밀화 기술과 코발트 안료가 중국으로 전래되어 두 가지를 융합한 경덕진요의 청화(靑花)자기[58]가 탄생했다. 이 청화자기는 한국이나 일본으로 전래되어 출토되기도 하지만, 주로 서방의 서아시아 등지로 수출되었다.

마찬가지로 서아시아의 조리법이 중앙유라시아의 육상 루트뿐 아니라 남방의 해상 루트로 중국에 유입되어 재래 요리와 융합하면서 『음선정요(飮膳正要)』나 『거가필용사류(居家必用事類)』 등 요리서와 생활 백과사전에 등장하는 새로운 요리 문화를 낳았다. 또한 이슬람 의학에 근거한 약재도 활발하게 중국으로 유입되어 중국 의학에 영향을 미쳤다.

---

58 백자의 유하(釉下)에 오수(吳須: 코발트를 주로 하고 망간과 철 등이 함유된 천연 광물로 만든 청색 안료)로 그림을 넣고 투명한 유약을 발라서 구운 자기. 청색과 백색으로 디자인되었으므로 중국에서는 '청화'로 불린다.

송대 이후 중국에서는 화기가 발달하는데, 중국에서는 화약의 주요 원료인 유황의 생산이 많지 않았다. 이 때문에 일본과 자와, 서아시아 등지에서 해상 루트로 대량의 유황이 운송되었다. 이렇게 유라시아 주변 바다에 형성된 '유황 길'은 이후 중국의 화약 기술과 화기 기술의 발전을 뒷받침하는 중요한 바탕이 되었다.

남송 이후 진전된 중국 동남부 지역의 사회 발전은 목재 소비의 급격한 증가를 초래했다. 이로 인해 수도가 있는 절강 지역을 중심으로 건축재나 연료재를 조달하기 위한 삼림 파괴가 급격히 진행되었다. 그 결과 목재를 조달하는 새로운 루트로 해외무역이 이용되었는데, 일본의 스오산 목재가 수입된 것은 대표적 사례다.

이처럼 1250~1350년 사이의 동아시아 해역 교류에서는 쌍방향적인 요소와 움직임이 현저하게 드러났다.

강남식 생활 문화의 확산

일본에서 1250~1350년에 중국과의 무역이 활발해지는 가운데 선율승(禪律僧)[59]을 중심으로 많은 승려가 무역선을 타고 대륙을 왕래했다. 승려 외에 어느 정도 규모의 일본인도 바다를 건넜을 것으로 추측된다. 견당사처럼 귀족이나 관료를 중심으로 한 국가적인 사절단과는 다른 신분과 계층의 사람 다수가 대륙으로 왕래하는 상황을 통해 중국, 특히 통교의 창구가 된 강남 지방의 서민적인 생활 문화

---

59   선승과 율승. 선종과 율종은 가마쿠라 시대와 무로마치 시대의 일본 불교계에서 세력을 넓혔고, 종종 선율로 병칭되었다.

가 다양한 형태로 일본으로 유입되었던 것이다.

예를 들면 승려나 상인을 끼고 정진(精進) 요리*와 딤섬 등 중국의 요리 문화가 일본으로 전래되어 이후 일본의 요리 문화에 큰 영향을 미쳤다고 생각된다. 이처럼 새로운 요리는 '가라요노젠(唐様の膳: 중국 양식의 요리)'으로 불렸고, 14세기 전반에 고다이고 천황(後醍醐天皇)[60]이 즐겨 먹었다고 한다. 면과 만두에 관해서는, 가마쿠라 시대에 가장 큰 대중(對中) 무역항이었던 하카타를 창구로 삼아 중국에 건너간 승려들이 일본으로 전래했다는 전승이 있다. 그런 의미에서 그 공적을 역사상 저명한 승려의 것으로 간주했지만, 이를 그대로 수용하기는 어렵다. 다만 당시에 중국에 건너간 일본인 승려 중 누군가가 이러한 중국의 최신 식문화를 도입했을 가능성은 크다.

식문화의 확산과 마찬가지로 차 문화도 유사하게 이해할 수 있다. 일본에서는 주로 차나무와 다기, 차를 내리는 방법이 한 세트로 구성된 강남의 차 문화를 수용해, 이후 일본만의 다도(茶道) 문화로 이어졌다. 차에 관해서는 이 시대에 서아시아의 이란에서도 차나무를 실험적으로 재배했다. 이란에 차밭이 정착한 것은 17세기에 홍차 생산이 시작되는 시기까지 거슬러 올라가지만, 이보다 상당히 이른 시기에 일본과 마찬가지로 중국의 차 문화를 수용하기 시작한 것이다.

---

* **옮긴이 주** _ 육류 등 동물성 식품을 제거하고 식물성 재료만을 사용해 만든 요리. 정진은 불교의 수행 덕목 가운데 하나로, 물들지 않은 순수한 마음으로 부지런히 도를 닦는 것을 말한다.
60　1288~1339년(재위 1318~1339년). 1333년에 가마쿠라 막부를 무너뜨리고 겐무의 신정을 추진. 이후 아시카가 다카우지와 대립해 1336년에 요시노(吉野)에서 벗어났는데, 이로 인해 남북조의 분립(~1392년)이 시작되었다.

한편 고려에서는 이 시기에 원 치하의 중국을 통해 포도주와 증류주 등 서방과 북방의 식문화가 전래되는데, 바다를 통해 전파되었다는 명확한 사료가 없다. 다만 중국과는 해상무역이 계속되었으므로, 12세기의 승려 혜소(惠素)가 송의 해상에게서 설탕 과자를 대량으로 구매했다는 것과 유사한 사례가 있었을 것이다.

다시 일본으로 눈을 돌리면 중국의 주요 무역항 중 하나인 경원에서 제작된 불화(영파 불화)가 전해져 인기를 끌었다. 이 불화는 제작지에 있는 사원이나 일반 서민의 큰 수요를 배경으로 직업 화가들이 제작한 상품이다. 이처럼 바다를 건너 전래된 불화는 이후 일본의 불화나 불상 조각에 다양한 영향을 미쳤다. 또한 최근에는 그 '불화' 중에 당시 강남 연해부까지 확산되었던 마니교[61]의 회화가 여럿 포함되어 있었다는 사실을 확인했다. 이 사실은 당시에 종교 문화의 교류가 기존에 생각했던 것 이상으로 확산되고 심화되었음을 보여 준다. 청화자기의 성립에 영향을 미친 서아시아의 세밀화에 관해서뿐 아니라, 반대로 중국의 송과 원의 회화가 서아시아의 화풍에 영향을 미쳤다는 지적이 있다.

일본에서는 중국의 최신 의학도 빠르게 전래되었다. 중국에서는 송과 금, 원을 거치면서 새로운 의학이 발전했는데, 이것이 일본에 가장 빨리 전해졌다. 그것을 처음 흡수한 주체는 조정이나 막부로 이어

---

61 사산조 페르시아의 마니를 개조(開祖)로 하는, 선악과 명암의 이원론적 세계관으로 세워진 보편적 종교. 유대교와 조로아스터교, 기독교 등의 요소를 가미했고, 동방에서는 불교 및 도교와도 섞였는데, 유라시아 대륙의 동서에 광범하게 퍼졌다. 현재는 대부분 소멸한 것으로 여겨진다.

지는 이른바 관의(官醫)들이 아니라 오히려 민의(民醫)나 승의(僧醫)였다고 생각된다. 이와 관련해 주의해야 할 점은 당시에 이용된 의서 중에는 절강 지방에서 사용된 것이 상당수 포함되었다는 사실이다. 즉 중국과 일본 사이의 해상무역에서 최대 접점이 된 절강 지방의 의학이 주요한 기술의 하나로 수입되었던 것이다. 당시 일본에서 이용된 의학서 중에는 남송 시기의 강남에서 만들어진 『희범자맥결집해(晞范子脈訣集解)』가 있다. 한편 이 의학서는 같은 시기에 서아시아의 일 칸국에도 전해졌다. 이처럼 폭넓은 중국 의학서의 유통은 당시 유라시아의 동서 교류가 얼마나 활성화되었는지를 잘 보여 주는 사례다. 또한 일본의 한방약 중에는 13세기 무렵과 14세기 무렵에 중국에서 전래되었다는 전승을 동반한 것이 있다. 진위 여부를 떠나 이러한 전승이 나온 배경은 당시의 최신 중국 의학의 전래와 관련이 있을 것이다.

다음으로 사상 문화에 관해 살펴보면, 남송 시기에 나타난 새로운 유학인 송학(주자학)이 고려와 일본, 베트남 등 주변 지역으로 확산되었다.

일본의 경우, 그 전래에 중요한 역할을 했던 것은 역시 가마쿠라 시대에 송과 원을 왕래했던 일본인 선율승과 일본을 방문했던 중국의 선승들이다. 선율승은 불전이나 불교 관련 서적과 함께 송학 관련 서적도 상당수 들여왔다. 그들은 당·송 시대에 사상의 대세였던 유불일치(儒佛一致)와 선유 융합(禪儒融合)[62]의 입장에서 송학을 다루었고,

---

62　유교와 불교, 선종과 유교가 함께 사람을 선으로 인도한다는 점에서 통하는 것으로 보아 통합

불교는 유교보다, 선종은 송학보다 뛰어나다며 선종 진흥에 도움이 되는 것으로 송학을 제창했다. 이윽고 14세기 전반에 대륙의 문물에 관심을 보인 고다이고 천황 시기에 유학서를 강의하게 되었다.

이러한 선율승의 왕래와 새로운 중국의 사상 문화가 일본에 전래되는 것과 관련해, 이 시대에 일본의 사원에서 출판 사업이 시작된 것이 주목된다. 이는 이후 등장한 고잔판(五山版)[63]의 선구로 평가받는다. 이는 간행본을 수입에 의존하는 시대에서 독자적으로 출판할 수 있는 단계로 나아가는 중요한 획기적 시기라 할 수 있다. 그 초창기의 사례로 교토 센뉴지(泉涌寺)는 창건자인 슌죠(俊芿)[64]를 비롯해 많은 입송(入宋) 승려를 배출한 사원으로, 출판문화의 도입에서 입송 승려들의 역할을 엿볼 수 있다.

고려에서는 일찍이 바닷길을 통해 송의 서적을 활발하게 수입했다. 기록에 남아 있는 것은 여전히 사절의 왕래를 통해 이루어진 것이지만, 남송대 대외무역의 양상을 기록한 『제번지(諸蕃志)』(13세기 전반)에 따르면 출판업으로 명성이 높은 복건 건안(建安)에서 만든 서적이 한반도로 수출된 물품으로 기록되어 있다. 이 사실은 해상무역을 통해 한반도로 전래된 서적의 존재를 보여 준다. 이러한 상황은 1250~1350년에도 이어졌을 것이다. 앞서 언급한 『노걸대』에는 고

적으로 파악하는 사상.

63 가마쿠라 말기에서 무로마치 말기까지 교토의 임제종 5대 사찰 등에 속한 선승들이 간행한 선적(禪籍)과 어록, 시문집, 경권(經卷) 등의 목판본.

64 1166~1227년. 히고(肥後) 출신. 율종과 천태종, 선종의 삼종을 겸학한 학승. 1199년에 송에 들어가, 천태산(天台山)과 경산(徑山), 사명산(四明山) 등에서 공부했다. 귀국한 후에는 교토 겐닌지와 하카타 소후쿠지 등에 두루 머물렀으며, 1218년에 센뉴지를 창건했다.

려 상인이 대도에서 갖고 온 상품으로 주희(朱熹)의 『사서집주(四書集註)』를 비롯한 유학서 외에 『자치통감(資治通鑑)』이나 『정관정요(貞觀政要)』와 같은 정치서나 역사서, 더 나아가 소설 『삼국지평화(三國志評話)』와 같은 여러 서적이 거론된다. 실제로 이러한 서적이 직고로부터 선편으로 고려에 건너왔음이 틀림없다.

'문명'의 수입에서 '문화'의 수입으로

지금까지 언급한 1250~1350년의 동아시아 해역의 문화나 정보의 교류 상황에 관해, 중국과 일본 사이의 사례로 보면 다음과 같은 특징이 있었다고 정리할 수 있다.

8세기와 9세기까지는 견당사와 같은 국가적인 사절단이 중심이 되어 화북의 대도시를 거점으로 전개된 '문명'을 일본에 수입하는 시대였다. 여기서 말하는 문명이란 각 지역의 문화를 기초로 하면서도 그것을 훨씬 뛰어넘은 세계성 혹은 보편성을 지닌 사상과 문물, 기술 등을 가리킨다. 율령제를 중심으로 한 통치 시스템과 불교 등이 그 좋은 예다. 그리고 일본에서는 그 '문명'을 변형해서 귀족과 관료, 고위 성직자 등 주로 사회의 상층부에 속한 사람들이 주역이 되었던 '문화'가 형성되었다.

하지만 이어지는 시대에는 일본과 중국 모두 서민 차원의 사람들까지도 포함해 민간무역이 주류를 차지하는 왕래가 활발해졌다. 그 결과 해상 교통의 중심 창구가 된 중국 강남 연해부의 항구도시와 그 주변 지역으로 전개되었던 좀 더 폭넓은 계층을 주역으로 하는 '문화'가 수입되는 시대가 되었다. 여기서 말하는 '문화'란 비교적 한정

바다에서 본 역사

된 지역의 사람들이 가진 고유의 습성이나 사고와 생활양식, 기술을 가리키며 다양한 일용품과 식문화, 민간의 습속이나 신앙까지도 포함한다. 즉 서민층까지 포함하는, 좀 더 저변이 확대된 중국의 '문화'가 수입되고, 그것이 일본에서도 좀 더 넓은 사회 계층이 수용하고 만들어 가는 '문화'로 정착하는 시대가 온 것이다.

1250~1350년의 상황은 그 연장선상에서 한층 더 발전된 양상을 띠었다. 무로마치 시대 이후에 발전해 후세 사람들이 일본의 '전통문화'로 간주하는 차와 수묵화, 노(能), 교겐(狂言)의 중심에는 당시 중국과의 해역 교류를 통해 전래된 다양한 요소가 포함되어 있다. 그리고 그것은 무역선이 오가는 강남, 특히 연해부의 절강 지방을 중심으로 전개된 '문화'였다.

이러한 '문화' 교류는 한반도와 중국 사이에도 보인다. 한반도에서는 화북 지역과의 교류도 중요한 위치를 차지했지만, 밀접한 정치적 관계 아래에서 상호 왕래가 좀 더 직접적이고 대규모로 진행되었던 만큼 '문화'의 장르에서 강남과의 관련성은 일본의 그것 이상으로 깊었는지도 모른다. 특히 불교문화의 경우 강남이라는 지역을 매개로 고려와 일본 사이에 관련성이 형성되었던 측면도 있다.

이처럼 동아시아 해역에서는 바다를 통한 문물 교류의 무게 중심이 중국 화북의 '문명'에서 강남의 '문화'로 이행했다고 할 수 있다.

2부

경합하는 바다,
1500~
1600년

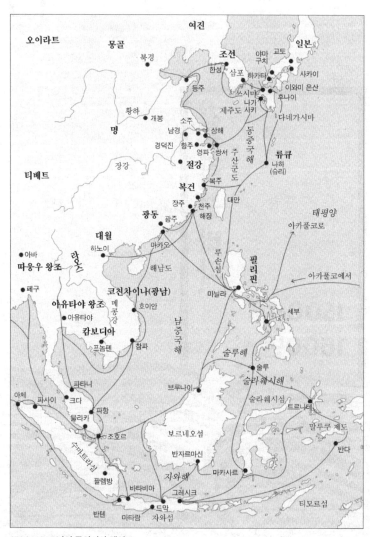

여진

오이라트

몽골

조선

일본

북경

야마
구치

교토

사카이

한성
삼포

하카타

등주

이와미 은산

쓰시마

후나이

황하

개봉

소주

나가
사키

제주도

황하

남경

상해

다네가시마

경덕진

항주

영파

쌍서

동중국해

절강

주산군도

류큐

나하
(슈리)

복주

복건

대만

장주

천주

광동

광주

해징

태평양

대월

하노이

마카오

아카풀코로

티베트

장강

명

아바

따웅우 왕조

해남도

루손
섬

필리핀

란상즈

아카풀코에서

페구

코친차이나(광남)

호이안

마닐라

아유타야 왕조

메콩강

남중국해

세부

아유타야

캄보디아

프놈펜

참파

술루해

파타니

술루

크다

브루나이

술라웨시해

파사이

아체

파항

둘리카

술라웨시섬

트르나테

조호르

말루쿠 제도

수마트라섬

보르네오섬

반다

팔렘방

반자르마신

자와해

마카사르

반텐

바타비아

그레시크

티모르섬

마타람

드막

자와섬

1500~1600년의 동아시아 해역

1   시대의 구도

피르스에서 카를레티로

1512년에 포르투갈인 토메 피르스(Tomé Pires)가 믈라카에 도달했다. 그는 본래 리스본의 약재상이었는데, 1년 전에 포르투갈이 정복했던 믈라카에 상관원으로 부임한 것이다. 피르스는 2년 반 동안 믈라카에 체재하면서 열정적으로 아시아 각지의 정보를 수집했고, 당시의 해역 아시아에 관한 가장 상세하고 체계적인 기록을 남겼다. 그 기록에는 인도양 및 남중국해와 그 주변은 물론이거니와 중국이나 류큐에 관해서도 상당히 구체적인 정보가 담겨 있다.

피르스는 화인 해상의 이야기를 듣고, 중국보다 더 멀리 있다는 '잠퐁(Jippon: 일본)섬'에 관해 다음과 같이 기록했다.

> 잠퐁섬은 레키오(Lequios: 류큐)인의 섬보다 크고 국왕은 좀 더 강대하고 위대하다. 그곳은 상품이나 천연 산물도 풍부하다. 국왕은 이교도로, 중국 황제의 신하다. 그들이 중국과 거래하는 경우가 드문 것은 멀리 떨어져 있는 데다가 정크선을 갖고 있지 않으며, 해양 국민이 아니기 때문이다.
>
> (『동방제국기(東方諸國記)』, 제4부.)

이것이 피르스가 전하는 일본에 관한 정보의 대부분이며, 그 밖의 정보는 레키오인이 일본의 상품을 믈라카로 가져갔다는 것 정도다. 20년 전에는 크리스토퍼 콜럼버스(Christopher Columbus)가 황금의 섬 '지팡구(Cipangu)'를 찾으러 아메리카 대륙에 도달했는데, 피르스

카를레티의 세계 일주

는 '잠풍섬'이 '지팡구'라고는 인식하지 못했던 것 같다.

피르스가 믈라카에 체재한 지 80년 정도 지난 후인 1597년, 피렌체 출신의 상인 프란체스코 카를레티(Francesco Carletti)가 나가사키에 상륙했다. 고향을 떠나 페루로 건너간 카를레티는 아카풀코에서 무역선을 타고 마닐라를 경유한 끝에 나가사키까지 도착한 것이다. 그는 이듬해에 나가사키에서 마카오로 향했고, 인도양을 경유함으로써 1606년에 세계를 일주해 고향으로 돌아갔다. 카를레티는 해외에서 직접 보고 들은 것을 한 권의 책으로 정리해 피렌체의 권력자 코시모 데 메디치(Cosimo de' Medici, 1389~1464년)에게 헌상했다. 그중에 일본 무역의 이익에 관해서 다음과 같이 설명했다.

일본인은 모든 수단을 동원해 큰 위험을 무릅쓰고라도 다양한 지역으로 도항한다. (……) 전 세계에서 일본은 다른 땅으로 건너가 돈을 버는 데에 가장 우수하고 최적인 지역이다. 우리 지역에서 우리 배와 뱃사람을 동원하면 그곳에 도달할 수 있다. 그러면 금방이라도 믿을 수 없을 정도로

　　　　　　　　　　　　　　　바다에서 본 역사

많은 부를 획득할 수 있을 것이다. 그곳에는 모든 종류의 수공업품에 대한 수요가 있고, 생계를 뒷받침하는 풍부한 은이 있기 때문이다.

(Carletti, My Voyage around the World, second account.)

피르스가 전해 들은 일본은 수출품도 부족하고 외양선도 없기에 류큐를 통해서만 해외와 무역을 하는 외딴 섬나라였다. 이에 비해 80년 후 카를레티는 스스로 세계를 돌며 무역을 했던 실제 체험을 바탕으로 해외 상품에 대한 수요가 많고 은 생산이 풍부해 해외와의 통상이 활발한 일본이야말로 가장 전도유망한 무역 상대국이라고 역설했다. 불과 80년 사이에 일본에 관한 기록이 크게 변화한 것이다. 그 이유는 대체 무엇일까? 이에 대한 답을 찾기 위해서 이 시기의 동아시아 해역의 정치적·경제적 상황을 상세히 살펴볼 필요가 있다.

1500년 무렵에 동중국해에서 해상무역은 대단히 제한적인 루트를 통해 시행되었다. 일본에서 출항한 선박이 도달하는 해외 항구는 중국의 영파, 조선의 삼포, 류큐의 나하(那覇) 세 곳으로 한정되어 있었다. 조선과는 거의 안정적인 통상이 지속되었지만, 명과의 조공 무역은 원칙적으로 10년에 한 번밖에 허용되지 않았으며, 류큐를 통한 중계무역이 그 부족분을 보충했다. 한편 당시에 남중국해는 이미 '교역의 시대(Age of Commerce)'*로 돌입했다. 서아시아나 인도에서 내항

---

*   **옮긴이 주** _ 동남아시아의 역사를 연구하는 학자인 앤서니 리드(Anthony Reid)가 1450년에서 1680년까지 몬순의 영향을 받는 동남아시아 도서부와 이에 인접한 남중국해의 교역이 활성화되었던 상황을 '교역의 시대'로 명명했다.

한 해상들을 통해 믈라카를 중심으로 각지의 항구도시국가를 연결하는 무역 네트워크가 형성되어, 화인 해상의 밀무역도 확대되었다. 활발하게 진행된 남중국해의 교역과 전체적으로 침체 상황이 계속되던 동중국해의 교역은 매우 대조적이었다.

하지만 1600년의 동중국해는 포르투갈인의 마카오와 나가사키를 잇는 무역이나 화인 해상의 밀무역이 번성했으며, 생사나 비단을 비롯한 대량의 중국 상품이 일본으로 수출되고 그 대가로 일본 은이 중국 시장으로 흘러들어 갔다. 그해에는 네덜란드 선박도 일본에 처음으로 발을 디뎠다. 또한 남중국해에서는 기존의 서아시아 계통 해상 및 인도 계통 해상과 더불어 화인 해상이 남중국해 전역에 무역 네트워크를 확대했고, 특히 마닐라를 통해 신대륙의 방대한 은[1]이 중국에 유입되었다. 포르투갈인이 남중국해와 인도양, 동중국해를 연결하는 아시아 역내 무역을 추진하는 가운데, 신흥 세력인 네덜란드인이 포르투갈에 도전하려 했다. 나아가 일본인 해상도 남중국해를 건너 동남아시아 각지로 도항하기 시작했다. 동중국해와 남중국해가 모두 교역의 붐으로 들끓었다.

16세기는 이른바 '대항해시대'에 해당하며, 세계사적으로도 손에 꼽을 만한 변혁기였다. 신대륙을 포함하는 광범위한 지역이 경제적으로 연결되어 세계 규모의 경제 시스템이 형성되어 갔다. 16세기가 시작하는 시기와 끝나는 시기 사이에 동아시아 해역에는 큰 변화가

---

1   에스파냐령 아메리카 대륙의 페루와 멕시코 등에서 산출한 은. 특히 1570년대부터 페루의 포토시 은산의 산출량이 급증했고, 대서양을 건너 유럽으로, 태평양을 건너 필리핀을 경유해 중국으로 운반되었다.

생겼는데, 바로 이 지역이 세계 규모로 진행된 대변혁의 최전선이 된 것이다.

2부의 서술 시기는 16세기의 100년, 즉 이러한 대변혁의 시대다. 이 시기에 동중국해와 남중국해를 연결하는 사람과 물품, 정보의 이동이 급격히 증대했고, 양측의 일원화가 유례없이 진행되었다. 화인 해상은 물론이거니와 유럽인과 일본인들도 남중국해와 동중국해를 연결하는 항해와 교역 활동에 활발하게 참여했고, 두 바다의 관련성은 더욱 불가분의 관계가 되어 갔다. 2부에서는 이처럼 동중국해와 남중국해가 연동되고 일원화되어 '동아시아 해역'을 형성해 가는 과정을 설명한다.

동중국해와 남중국해 모두에서 시대를 관통하는 기조가 되었던 경향성으로, 해역 질서의 '원심화'와 '다원화'를 들 수 있다. 여기에서는 먼저 그 이전 단계인 14세기 말 명의 '조공·해금 체제'의 성립과 15세기 이후로 전개되는 그 변용의 과정을 개관해 보고자 한다.

조공·해금 체제와 동아시아 해역

14세기 중반에 유라시아에서는 천재지변이나 기근이 연이어 발생했고 역병이 크게 유행해 인구가 급격히 줄었다. 그 결과 경제활동이 침체되어 장거리 교역이 줄었고 정치적 혼란과 전란이 이어졌다. 이러한 '14세기의 전반적인 위기' 가운데 1368년에 명의 홍무제(洪武帝)[2]는 중국을 통일했다. 몽골 지배의 해체를 전후로 일본에서는 가

---

2   1328~1398년. 명 태조(太祖: 재위 1368~1398년) 주원장(朱元璋). 회하 유역의 빈농 출신으

마쿠라 막부가 멸망하고 남북조의 동란으로 이어졌고, 한반도에서는 고려 왕조의 지배가 흔들렸으며, 베트남에서도 쩐 왕조가 쇠퇴의 길로 향했다. 이러한 불안정한 상황을 맞아 홍무제는 국내적으로 원 말의 혼란기에 원심화·유동화된 사회를 집권적인 통치 아래로 재편함으로써 극복하고자 했다. 대외적으로는 '조공'과 '해금'을 연계해 국가가 외교와 무역을 일원적으로 통제하는 체제를 만들어 갔다.

홍무제는 적극적으로 주변 국가들에 사절을 파견해 명에 대한 조공을 촉구했다. 한편으로 홍무제는 거듭 해금령을 발포해 통치를 받는 백성들의 해외 도항을 엄격하게 금지했고, 1374년에는 해외무역의 창구였던 시박사도 폐지해 버렸다. 이렇게 14세기 말에 명의 대외무역은 조공과 함께 시행되는 국가 무역으로 한정되었고, 명 정부가 외교와 무역을 독점하는 '조공·해금 체제'가 성립되었다.

15세기 전반의 영락 연간에서 선덕(宣德) 연간(1403~1435년)에는 일곱 번에 걸친 정화의 남해 원정과 내륙 아시아와의 통교를 통해, 명에 조공하는 나라는 인도양과 북아시아, 중앙아시아까지 크게 확대되었다. 당시 조공 체제의 공간적 구조를 해역 아시아와 내륙 아시아로 크게 나누어 도표로 표시한 것이 <표 2>다.

조공 무역의 중심은 조공국이 명 황제에게 헌상하는 진공품과 그에 대해 황제가 부여하는 하사품인데, 실제로는 사절이나 수행 상인이 가져오는 부대(附帶) 상품의 교역이 좀 더 중요했다. 부대 상품 가

로, 원 말에 홍건적의 난에 뛰어들면서 대두했다. 남경을 수도로 명을 세웠고, 원을 몽골고원으로 쫓아내고 중국을 통일했다.

바다에서 본 역사

	지역	조공국	조공 루트
해역 아시아	동아시아	조선 일본(무로마치 막부) 류큐 왕국	요동: 봉황성(산해관 경유) 절강: 영파 시박사 복건: 천주 시박사
	동남아시아	베트남 (일시 병합) 대륙부와 도서부의 여러 나라	광서: 진남관 광동: 광주 시박사
	인도양	인도, 서아시아, 동아프리카	광동: 광주 시박사
내륙 아시아	북아시아	몽골, 오이라트 우량카이 삼위(三衛) 여진(건주, 해서, 야인)	산서: 대동(거용관 경유) 북직예: 희봉구(喜峰口) 요동: 개원(산해관 경유)
	중앙아시아	동서튀르케스탄, 서아시아	하미(가욕관 경유)
	서남 고원	티베트, 암도(Amdo), 캄(Kham) 서남의 토사(土司)와 토관	섬서, 사천 사천, 운남, 귀주, 광서 등

출처: 中島樂章, 「14-16世紀, 東アジア貿易秩序の變容と再編」, 《社會經濟史學》 76卷 4號, 2011年.

운데 명 정부가 우선적으로 사들이고 나서 남는 경우, 정부의 관리하에 민간 상인과 교역(호시(互市))하는 것이 허용되었다. 조공·해금 정책이 시행되는 가운데 명과 주변 국가들 사이의 무역은 조공 무역으로 일원화되었고, 조공과 관계가 없는 무역은 원칙적으로 허용되지 않았다. "조공 없는 호시는 없다.(貢市一體)"라는 원칙이 관철된 것이다. 명은 1403년에 시박사를 재개하지만, 이는 민간의 해외무역을 관리하기 위함이 아니라 여전히 조공 무역을 관할하기 위한 것이었다. 그 결과 동남아시아와 인도양의 국가들은 광주 시박사, 류큐는 천주(이후에는 복주) 시박사, 일본은 영파 시박사를 통해 명과 조공 무역을 하게 되었다.

조공·해금 체제의 성립을 전후로 동아시아와 동남아시아의 국가에서도 14세기의 정치적 혼란이 점차 수습되었고, 구심적인 권력이 형성되어 갔다. 1392년에 고려를 대신해 조선[3]이 건국했고, 일본에서도 같은 해에 남북조의 분열이 종언을 고했다. 또한 1429년에는 추잔 왕국이 류큐를 통일한 뒤 동중국해와 남중국해를 연결하는 중계 무역에 뛰어들었고, 일시적으로 명의 지배하에 들어갔던 베트남에서도 1428년에 레 왕조(黎朝)[4]가 독립을 회복했다. 또한 시암에서는 아유타야 왕조[5]가 짜오프라야강의 삼각주 개발과 외국무역을 통해 세력을 확장했고, 믈라카 왕국과 자와섬의 마자파힛 왕조[6]도 명과의 조공 무역을 추진했다. 특히 믈라카는 인도와 서아시아의 무슬림 해상을 적극적으로 끌어들여 남중국해와 인도양 전역에서 상품이 모이는 동남아시아 최대의 '집산항'이 되어 갔다.

15세기 전반에는 동아시아의 기후가 일시적으로 온난해져서 농업 생산도 잇따라 안정되어 갔고 장거리 무역도 부활했다. 명에서도 농업 생산이 회복됨으로써 세수입이 증가하고 광산 개발을 통해 은 생산이 증가하면서 정화의 원정과 북경 천도 등 거대 프로젝트를 뒷받침했다. 또한 주변 국가들 역시 조공 관계를 통해 중국과의 무역을 추진하고, 때로는 명의 정치적 권위를 배경으로 각 지역에서 정치

---

3 1392~1897(1910)년. 홍건적과 왜구를 격퇴하며 활약한 이성계가 건국했다. 명에 조공함과 더불어, 무로마치 막부와 류큐 왕국과는 형식상 대등한 통교를 했다.

4 1428~1789년. 레러이(黎利)가 명군을 격퇴하고 건국했다. 중국적 관료 제도를 정비했고, 베트남 중부로도 영역을 확대했으나, 16세기에는 막씨가 왕위를 찬탈했다.

5 1351~1767년. 짜오프라야강 하류의 항구도시 아유타야를 수도로 했다. 왕실이 독점하는 무역을 추진했고, 캄보디아와 태국 북부, 말레이반도까지도 세력을 넓혔다.

6 1293년~16세기 초. 자와섬 동부의 수답 지대를 근거로 발전했다. 자와섬의 쌀과 말루쿠 제도의 향신료의 생산과 유통을 장악했고, 대외무역도 추진했다.

적 구심성을 고조시킬 수 있었다. 또한 명과의 조공 무역과도 연동되어 동아시아 국가와 동남아시아 국가 사이의 무역과 외교도 활발해졌다. 요컨대 1400년 전후에는 명의 조공·해금 체제하에서 동아시아 해역 각지에 구심적인 정치권력이 성장했고, 연해 지역의 원심성을 억제했던 것이다.

정치적 동요와 개발의 진전

하지만 15세기 중반 무렵에 이르러 명의 조공·해금 체제는 일찍이 흔들리기 시작했다. 이미 1430년대부터 거대한 국가 프로젝트의 부담으로 인해 재정난과 농촌의 피폐가 현저해졌다. 1440년 무렵부터는 유라시아 전역에 다시 한랭화가 진행되어 중국에서도 기근과 천재지변이 빈번히 일어났다. 내륙 아시아에서는 오이라트가 무슬림 상인과 연계해 조공 무역의 확대를 요구했지만, 명은 이를 억제하려고 했다. 이에 불만을 품은 오이라트는 1449년에 대거 침공해 정통제를 포로로 삼기에 이른다(토목(土木)의 변). 이로 인해 명의 대외 정책은 완전히 수세로 돌아섰고, 해역 아시아 국가들과의 조공 무역 역시 병행하되 억제하게 되었다. 이 무렵에는 인도양에서 오는 조공은 거의 끊어졌고, 동남아시아에서 오는 조공도 크게 감소했으며, 일본의 조공도 10년에 한 번꼴로 제한되었다. 이렇게 감소한 조공 무역을 보강했던 것이 명과 동남아시아, 일본을 연결하는 류큐 왕국의 중계무역이었는데, 1460년대부터는 류큐의 조공 무역마저 축소되었다.

일본에서도 15세기에는 기근과 무장봉기인 쓰치잇키(土一揆)가 잇따라 발생하고, 1467년에 시작되는 오닌(應仁)·분메이(文明)의 난으로 무로마치 막부의 구심력은 속도를 더해 저하되었다. 그 후 명과 일본 간 무역의 실권은 호소카와씨(細川氏)와 오우치씨(大內氏)라는 서일본의 양대 세력이 장악했다. 1523년에는 양자가 파견한 조공 사절이 영파에서 무력충돌을 일으켰고(영파의 난), 그 이후에는 오우치씨가 명과 일본 간 무역을 독점하게 되었다. 또한 조선과 일본 사이의 무역의 실권은 쓰시마의 소씨(宗氏)가 장악하게 되는데, 1510년에는 삼포에 거류하는 일본인이 폭동을 일으켜(삼포왜란) 조선은 쓰시마와의 무역을 엄격하게 제한했다. 이에 대해 쓰시마[7]는 일본 왕국(아시카가 장군) 등의 명의로 위장 사절을 파견해 어떻게든 무역의 규모를 유지하려 했다.

한편 15세기 말이 되면 동아시아는 기후의 한랭화라는 고비를 넘겨 경제활동은 회복 국면으로 접어들고 인구도 늘어났다. 중국의 인구는 '14세기의 위기'의 요소였던 천재지변과 전란으로 급감해, 14세기 말에 명의 총인구는 6000만 명 정도에 지나지 않았다. 특히 화북 지역의 황폐화와 인구 감소가 심각했다. 15세기 이후에는 대부분 지역에서 인구 증가가 이어지고 16세기에 총인구는 1억 명을 넘어서지만, 남북 간 인구 격차는 좀처럼 좁혀지지 않았다.

명대는 역사상 강남과 절강, 복건 등 동남 지역으로 인구와 부가 집중된 시대였다. 특히 강남 삼각주에서는 16세기까지 수전(水田) 개발이 거의 완료되었고, 농민이 부업으로 생산하는 생사와 비단, 면포

---

7   조선과 통교하는 창구이자, 전기 왜구의 근거지이기도 했다. 조선은 소씨를 비롯해 쓰시마의 해상 세력에 교역을 허가했고, 16세기 후반에는 소씨가 조선과의 교역을 대부분 독점했다.

의 생산이 급성장해 갔다. 농촌 지역에는 수많은 시진(市鎭)이 출현했고 생사와 비단, 면포의 생산과 유통에서 거점이 되었던 소주나 송강 등 대도시에서는 좀 더 고급스러운 직물이 생산되었다. 이러한 제품은 휘주(徽州) 상인[8]과 산서(山西) 상인[9] 등을 통해 중국 전역으로 유통되었고, 해외시장으로도 수출되었다. 한편 장강 중류의 충적평야에서는 이 무렵부터 수전이 본격적으로 개발되어 강남 삼각주를 대신해 최대의 곡창지대로 성장했다.

일본에서도 15세기부터 계속해서 인구가 늘어났다. 16세기에는 각지의 센고쿠 다이묘나 영주가 앞다투어 영내 개발을 추진해 충적평야의 신전 개발과 연안 지역 간척을 시작함으로써 17세기 '대개간 시대'의 막을 열었다. 이처럼 수전 개발의 첨병이 되었던 것이 중국에서는 '참파쌀', 일본에서는 '대당미'로 불린, 동남아시아에서 건너온 인디카계 신품종으로, 간척지나 저습지에서도 잘 생육되었다. 상품 유통도 확대되어 교토를 중심으로 전국적인 시장 권역과 센고쿠 다이묘가 다스리는 영지의 시장 권역이 함께 성장해 갔다. 1600년 무렵에 일본의 총인구는 적어도 1200만 명이었고, 그중 약 30퍼센트가 기나이(畿內)에 집중되었던 것으로 추정된다. 또한 한반도에서는 산간 평지의 개간과 서해안의 간척이 이루어지며 수전 개발이 진행되었다. 게다가 한반도에서는 15세기에 면포 생산이 전국적으로 보급

---

8   안휘성 남부 휘주 분지 출신의 상인 집단. 신안 상인으로도 부른다. 15세기 말에 염상으로서 대두했다. 강남 삼각주를 중심으로, 특히 장강 유역과 대운하 일대의 상품유통을 주도했다.

9   산서성 분수(汾水) 유역 출신의 상인 집단. 명 초부터 북쪽에서 군량 납입과 소금 판매로 대두했고, 북중국을 기반으로 상권을 확대했다.

되어 옷감이나 화폐로 널리 사용되었고, 일본에 수출하는 주요 품목이 되었다.

원심화와 다원화의 시대로

이처럼 16세기에 동아시아 각국은 선상지(扇狀地)나 하천이 흐르는 골짜기를 중심으로 하는 수전 개발이 완성되어 가는 동시에 삼각주 지역과 충적평야, 연안 지역의 개발이 진전되기 시작하는 전환점에 있었다. 특히 이러한 저지 개발이 가장 빠르게 진행된 중국 동남부와 일본 기나이, 한반도 남부 등 선진 지역에서는 농업 생산이 늘어나고 인구가 증가하는 동시에 자립성이 강한 소농민 가족이 집약적 농업을 영위하는 '소농 사회'가 형성되어 갔다. 이에 비해 동남아시아에서는 베트남 북부의 홍하 삼각주나 자와섬 등에서 집약적인 수전 농경이 발달한 것을 제외하고는 삼림지대의 화전이나 범람원에서 짓는 면밀하지 않은 벼농사가 주류였다. 1600년 무렵에 동남아시아의 총인구는 2300만 명 정도로 추정되는데, 특히 몇몇 수전 농경 지대에 집중되어 있었다.

16세기 동아시아에서는 선진 지역의 개발 진전 및 인구 증가와 함께 시장경제가 발전해 해외무역도 확대되기 시작했다. 이러한 경제성장과 교역 열풍을 배경으로 15세기 말에서 16세기에 걸쳐 연해 지역에서는 중앙정부로부터 벗어나려는 원심성이 점차 강화되었다. 복건에서는 남중국해 방면으로 화인 해상의 밀무역이 활발해졌다. 광동에서는 조공선 외의 외국선이 광주만에 내항해 무역(호시)을 했고, 지방 당국은 이를 묵인하고 관세를 징수했다. 일본에서는 서일본의 센고쿠 다이묘나 바다 위의 세력이 화인 해상과 결탁해 동중국해에서의 밀무역과 해적 행위에 뛰어들었다. 또한 류큐의 조공 무역은 15세기 후반부터 장기적으로 침체하는 경향을 보였지만, 이를 대신해 일본과의 무역 및 화인 해상과의 밀무역이 활발해져 갔다. 명이 조공·해금 체제로 대외 통상을 일원적으로 통제하는 것은 점차 불가능해졌다.

명을 중심으로 한 광역 질서가 흔들리는 동시에 동아시아 해역에서 원심화와 다원화의 경향이 가속화했다. 일본에서는 정치적 분열이 한층 심해졌고, 16세기 중엽에 들어서면 서일본의 해상 세력이 동중국해에서 일어나는 밀무역과 약탈에도 가담하기 시작했다. 베트남에서는 15세기 말부터 레 왕조가 쇠퇴하고 1527년에는 막씨(莫氏) 왕조가 성립하지만, 이후에도 레 왕조 잔존 세력과의 항쟁이 이어졌다. 자와 방면에서도 15세기 후반에 마자파힛 왕조가 멸망한 이후 많은 항구도시국가[10] 간에 경합이 발생했다. 그리고 1511년에는 포르투갈이 믈라카를 점령해 동남아시아 무역에 무력을 앞세워 참여하는데, 자와해에서 동진해 말루쿠(몰루카) 제도로, 남중국해에서 북상해 중국 연안으로도 진출했다. 한편 무슬림 해상은 믈라카에서 주변 항구도시로 거점을 옮겼고, 믈라카에 집중되었던 집산항 기능은 말레이반도와 인도네시아 각지의 항구도시로 다극화되었다.

해역 질서의 변동은 남중국해에서 선행되었다. 하지만 1540년 무

---

10 동남아시아 각지에서 강 하류 유역과 해협부 등의 항구도시(무역항)를 거점으로 성립한 국가. 강 하류 유역의 항구도시에서 이루어진 상류 유역과 중류 유역의 배후지 상품과 외래 상인이 가져온 상품의 교역이 왕권의 기반이 되었다.

렵이 되면 화인 해상이 포르투갈인을 주산군도의 쌍서(雙嶼)항으로 유인하고 일본인도 끌어들인 밀무역이 전개됨에 따라, 동중국해에서 '대왜구 시대'가 시작되었다. 그 결과 16세기 중반이 되면 동남 연안에서는 중국인과 일본인이 일원화된 후기 왜구가, 북변에서는 도망한 한인까지 수용한 몽골 세력이 중국으로 침입해 약탈을 일삼았다. 1560년대 말이 되면 명은 기존의 조공·해금 체제에서 크게 선회해 화인 해상이 복건에서 동남아시아 각지로 항해하는 것을 허용했고, 북방의 변경에서도 몽골과 화의를 맺어 조공 무역과 국경 지대에서의 '호시'를 인정하게 되었다.

세 가지 '갈등'

13세기와 14세기의 '열려 있는 바다' 시대에는 무슬림 해상과 화인 해상 등의 교역 네트워크가 해역 아시아의 전역으로 확대되었지만, 14세기 말에는 명의 조공·해금 체제하에서 동아시아 해역의 교역은 국가 무역으로 일원화되었다. 명의 조공 무역권은 15세기 초 정화의 원정으로 동중국해와 남중국해에서 인도양까지 확대되었다. 하지만 조공 무역 체제는 15세기 중기부터 장기적으로 침체하는 경향을 보였고, 16세기에 들어서자 해체되기에 이르렀다. 그러자 다시 해상들이 해상무역의 주역으로 떠올랐다. 13세기에서 16세기에 걸쳐 동아시아 해역의 해상무역은 개방에서 통제로, 다시 통제에서 개방으로 순환하는 것과 같은 큰 주기를 보였던 것이다.

16세기에는 먼저 남중국해가 '교역의 시대'의 전성기로 돌입했고, 이와 함께 동중국해에도 교역의 열풍이 확대되었다. 즉 남중국해와

바다에서 본 역사

<표 3> 명대 주요 조공국의 입공 횟수(1368~1566)

조공국		I 1368~1402	II 1403~1435	III 1436~1464	IV 1465~1509	V 1510~1539	VI 1540~1566	총계
동아시아	조선	60	158	87+a	135+a	90+a	81+a	611+a
	류큐	47	105	63	37	20	16	288
	일본	11	9	1	4	3	1	29
동남아시아	베트남	25	6	27	23	4	4	89
	시암	39	26	11	10	1	4	91
	참파	23	31	22	10	3	1	90
	캄보디아	12	7	0	0	0	0	19
	믈라카	0	20	7	5	2	0	34
	수마트라	0	16	0	0	0	0	16
	팔렘방	6	4	0	0	0	0	10
	자와	11	34	18	3	0	0	66
	브루나이	1	9	0	0	0	0	10

출처: 中島樂章, 「14-16世紀, 東アジア貿易秩序の變容と再編」.

동중국해가 중국인과 포르투갈인, 일본인 등 해상을 통해 연결되고 일체화되었다. 2부에서는 이 해역에서 활동했던 다양한 사람들의 '갈등' 양상을 상품과 화폐, 문화, 기술 등 경계를 넘나드는 이동에 주목해 설명하기로 한다. 여기서 말하는 '갈등'은 크게 다음과 같은 세 가지 국면으로 나눌 수 있다.

첫 번째는 외교와 무역의 일원적 통제를 유지하려는 명과 이러한 통제를 깨고 좀 더 자유로운 해상무역을 전개하려는 화인 해상 및 해외 국가들 사이의 '갈등'이다. 이 '갈등'은 화인 해상의 밀무역과 광주 근해에서 이루어진 외국 선박과의 '호시'라는 형태로 15세기 말부터 남중국해에서 시작되었고, 16세기 중기에는 동중국해에서도 '왜구' 세력을 통한 밀무역과 약탈로 심화되었다. 다만 이러한 '갈등'은

1560년대 말에 명이 해금을 완화하고 화인 해상들에게 남중국해 무역을 허용함으로써 점차 진정되었다.

두 번째는 해역 아시아에 등장한 포르투갈 세력과 에스파냐 세력을 둘러싼 '갈등'이다. 포르투갈인은 호르무즈와 고아, 믈라카 등 해역 아시아의 무역 거점을 장악하고 해상무역의 주요 경로를 장악하려고 했으나, 무슬림 해상은 이에 대항해 새로운 무역 거점과 항로를 개척했다. 또한 포르투갈과 에스파냐도 말루쿠 제도의 향료 무역을 둘러싸고 대항하는 관계에 있었다. 나아가 동중국해에서는 조공·해금 정책과 관련된 첫 번째 '갈등'과도 연동해, 중국 무역에 참여하려는 포르투갈과 이를 배제하려는 명 사이의 분쟁이 16세기 중기까지 이어졌다.

세 번째로는 동아시아 국가와 동남아시아 국가들 사이의 '갈등' 심화를 들 수 있다. 16세기의 동중국해와 남중국해에서는 교역의 열풍 속에서 신흥 세력이 성장해 해상무역이 가져다주는 이익을 장악하려고 했다. 16세기에는 해상무역의 이익을 통한 경제력과 유럽식 화기를 중심으로 한 군사력을 결합한 정치권력이 치열하게 경합을 벌였다. 동남아시아에서는 16세기 후반에 이어진 버마의 따웅우 왕조[11]와 시암의 아유타야 왕조 사이의 항쟁이 대표적이다. 그리고 일본에서는 도요토미 정권이 정치적 분열에 종지부를 찍고 구심적인 지배 체제를 형성하는 동시에 신식 화기를 구비한 대군을 동원해 조선 침

---

11   1486~1752년. 15세기 말부터 버마 남부에 세력을 확대했다. 16세기 후반에는 바인나웅 왕이 버마 북부를 정복하고 아유타야 왕조도 복속시켰다. 벵골만의 항구도시 페구를 도읍으로 삼고, 해외무역도 추진했다.

략을 시작했는데, 여기에 명도 개입되어 16세기 세계 최대 규모의 전란을 일으켰다.

2부에서는 이러한 세 가지 '갈등'의 연동을 검토하면서 16세기 동아시아 해역을 전망해 보고자 한다. 단 앞서 소개한 피르스와 카를레티의 증언이 보여 주듯, 16세기는 동아시아 해역에서도 손꼽히는 격동기이자 전환기였다. 이 때문에 이 100년의 시간을 하나의 시기로 개괄하기보다는 크게 두 시기로 나누어 서술하고자 한다. 이로 인해 2부는 1부나 3부와는 다르게 구성된다.

먼저 2장에서는 16세기 전반기에 조공·해금 체제가 동요하고 포르투갈 세력이 등장하면서 남중국해에서 '갈등'이 심화하는 과정을, 그리고 16세기 중기에 이러한 갈등이 동중국해로 확대됨으로써 '대왜구 시대'를 맞이하는 과정을 밝히겠다. 이어서 3장에서는 동아시아 해역에서 진행된 '교역의 시대'로 불리는 전체 상황을 전망하겠다. 1560년대 말에 해금 정책이 완화되고 해상들의 활동으로 사람과 사물의 이동이 활발해짐에 따라 동아시아 해역이 세계 규모의 시장과 연결되는 동시에 그 하나의 중심이 되어 갔다. 그리고 4장에서는 이처럼 세계 규모로 진행되는 사람과 물품의 이동과 함께 동아시아 해역 내부에서, 그리고 그 외부 세계와의 사이에서 문화와 지식의 교류와 상호작용이 진전된 것을 검토하되, 종교와 미술, 공예, 출판, 정보, 군사기술 등을 주제로 설명하겠다.

2   대왜구 시대: 동아시아 무역 질서의 변동

왜구

명의 가정 8년(1559년) 12월 25일에 항주 성문 밖에서 죄수 한 명이 처형되었다. 죄상은 국가에 대한 반역죄. 남자의 목은 영파 해변의 정해관(定海關)에 버려졌고 그 처와 자식들은 노예가 되어 공신(功臣)에게 보내졌다. 이 남자는 체포되기 전부터 일관되게 무죄를 주장했고, 일찍이 황제에게 해명을 시도하는 상주문까지 올린 바 있었다. 이러한 종류의 문서로서는 대단히 이례적이지만, 그 내용은 목판에 각인되어 현재까지 전해진다. 이 남자의 명분을 정리하면 다음과 같았다.

소인은 휘주부 출신의 상인입니다. 절강이나 복건의 바다 위에서 장사를 했고 동업자들과 이익을 나누어 국가를 위해 바다를 지키는 데에 앞장섰습니다. 왜적(倭賊)이 중국과 류큐, 조선을 공격했을 때에도 소인은 폐하에 대한 진심을 담아 평화의 사자로서 일본으로 건너가 침략 행위를 중단할 것을 각지로 돌아다니며 역설했습니다. 만약 폐하께서 소인을 믿어 주신다면 일본과 무역하는 것을 허락해 주십시오. 일본 각지의 영주들은 소인이 충분히 설득해 두 번 다시 이러한 일이 일어나지 않게 하겠습니다. 그렇게 되면 싸우지 않고도 적의 군세를 복종시킬 수 있을 것입니다. (……)

이 남자의 이름은 왕직(王直)[12]으로, '가정 대왜구'로 불리는 동란의 장본인으로 지목되는 인물이다. 당시 중국 연해 각지에서는 '왜적'

의 침입이 큰 문제로 대두되었다. 또한 일본과 중국 사이에 사적인 왕래는 금지되어 있었는데, 왕직을 비롯한 많은 중국인이 몰래 일본으로 도항했다. 왕직의 사적에 관해서는 이번 장의 후반에서 다시 언급하기로 하고, 여기에서는 먼저 '왜구'란 무엇인지 그 기본적인 정의부터 생각해 보고자 한다.

왜구란 통상적으로 무역과 침략을 목적으로 일본에서 중국과 조선으로 건너간 해적이라고 설명할 수 있다. '왜구'라는 말을 문자 그대로 해석하면 일본인의 만행 또는 일본에서 온 침략자라는 의미가 된다. 물론 이 용어는 당시의 일본어 화자가 스스로 칭한 것은 아니다. 고려 왕조 말기의 사료에 "왜(倭)가 (어느 지방을) 약탈(寇)하다."라는 형태로 등장한 것이 이윽고 '왜구'라는 용어가 되어 조선이나 명대의 중국에서 사람들의 입에 널리 오르내리게 된 것이다. 여기서 다루는 16세기의 '왜구'란 1500년대 이후 강남 삼각주에서 광동에 걸쳐 보고된 '왜적'의 소요를 가리키는데, 많은 중국 사료를 통해 이 '왜적'은 절강과 복건, 광동 등 중국 연해 지방 출신자가 대다수를 차지했고, 오히려 일본 출신자는 소수였음을 알 수 있다.

중국의 동남 연해 지역에서 활동하는 다양한 반정부 세력 중에는 일본에서 태어나 일본어를 모국어로 쓰면서 해외로 돈벌이를 구하러 다니는 사람들이 분명 포함되어 있었다. 또한 '왜구'라는 호칭이 일

---

12 ?~1559년. 주산군도를 거점으로 밀무역을 통해 부를 쌓았고, 휘하에 많은 일본인을 거느렸지만, 관군의 공격으로 고토와 히라도로 거점을 옮겼다. 총독 호종헌의 귀순 권고에 응해 관군에 투항했고, '왜구'의 원흉으로 간주되어 처형되었다. 중국의 사서에는 해적으로 여겨지지만, 오늘날에는 중국과 일본 사이의 무역을 이끌어 간 자로서 긍정적으로 평가하는 견해도 있다.

반화된 배경을 그들이 민가를 침략하거나 관군과 전투를 벌일 때 자주 일본도를 휘둘렀다는 것에서도 찾을 수 있다. 하지만 동시대와 후세의 서술자들이 확대해석한 '왜구'라는 개념에는 중국 상인은 물론이거니와 사료를 해석하는 방식에 따라 포르투갈인도 포함되어 있었다. 그들은 결코 조직적으로 잘 단결된 존재가 아니라, 다양한 민족과 집단이 종종 경합하는 이해관계 속에서 서로 투쟁하는 상황에 있었다. 그 실상을 이해하기 위해서 조선과 중국, 일본의 상인과 해적, 군대, 어민의 동향을 두루 살필 필요가 있다. 또한 그 주변 상황을 이해하기 위해서도 포르투갈인을 중심으로 한 상업 세력과 군사 세력의 동향도 주시해야 한다. 이번 장 '대왜구 시대'에서는 이 '왜구'가 맹위를 떨치게 된 16세기 전기에서 중기의 동아시아 해역을 그려 보고자 한다. 이를 통해 다양한 민족과 계층, 생업 집단 등을 살펴볼 수 있는데, 여기에서는 특히 그 상징적인 존재인 '왜구' 혹은 넓은 의미의 해적과 수군에 초점을 맞추기로 한다.

해적과 수군

16세기 중국 연안부에서 '왜구'의 피해가 가장 심각했던 곳은 강남 삼각주 지역이다. 송강부의 자림진(柘林鎭), 숭명현(崇明縣)의 남사(南沙) 등 소송(蘇松) 지방의 여러 항구도시가 일시적으로 '왜적'[13]에게 점거당해 많은 시진이 전쟁터가 되었다. 부자들은 성벽을 갖춘 부

---

13 글자의 뜻으로는 '왜의 적', 즉 일본인이자 관헌에서 토벌 대상으로 간주되는 자를 가리킨다. 다만 당시에는 화인과 비교적 소수의 일본인이 합동으로 형성한 무장 집단을 집합적으로 '왜적'과 '왜구' 등으로 칭하는 것도 일반적이었다.

나 현급 대도시로 도망갔지만, 소농이나 전호(佃戶),[14] 사민(沙民)[15] 등 영세한 백성들은 관군의 정보를 적군 측에 알려 주고 생계를 이어 갔다. 불행하게도 관군은 신뢰할 수 있는 사람들이 아니었다. 장강 이북과 호남, 광서 등지로부터 징발되어 온 병사 대부분이 '왜구' 이상으로 쓸모없는 난봉꾼으로 간주되었기 때문이다. 이러한 관군이 현지 주민들에게 지지를 받기는 어려웠고, 전호 중에는 적극적으로 '왜구' 측에 붙어 관군을 적대하는 사람들도 있었다. 강남 지방이 '왜구'에게 입은 피해 중에는 실제 이러한 이차적인 동란이 상당한 비율을 차지했던 것이다.

절강 연안과 복건 연안의 부와 주, 현도 매년 '왜구'에게 침입을 당했다. 이 지역에서도 중국인이 유인해 '왜'가 마을을 습격하는 일은 분명했는데, 절강에서는 그 원흉을 복건인으로 보았고, 반대로 복건에서는 절강인의 소행으로 탓하면서 서로 책임을 떠넘겼다. 게다가 관이 소유한 군선은 조악해 큰 도움이 되지 않았고, 현지 민선(民船)은 병역을 기피해 도망하는 경우가 허다했으며, 타지에서 고용한 군선은 걸핏하면 고향이 같은 관계의 해적과 내통했으므로 오히려 기밀 정보가 빠져나갔다. 이처럼 한마디로 관헌 대 '왜구', 관군 대 적군

---

14 지주에게서 토지를 빌려 경작한 소작인. 다만 빌린 땅에서의 농장 경영, 제삼자의 전대(轉貸), 소유지에 부과한 노역을 면하기 위해 실제 형태가 없는 명의로 바꾸는 등의 일이 자주 일어났기 때문에, 법제상의 전호 신분이 내포한 사회층은 다양했다.

15 명·청 시대에 장강 하류 숭명도 일대의 모래섬을 거주지로 한 사람들. 대부분은 다른 곳에서 이주해 온 자로서, 얕은 여울의 항행에 적합한 평저선(사선)에 승선해 어업과 상업, 운송업에 종사했다. 그중에는 금제품의 밀매와 절도, 약탈을 생업으로 한 자도 있었는데, 관헌에서는 도적의 온상으로 간주했다.

이라 해도, 그 경계는 매우 유동적이었다.

이러한 경향은 중국 외의 장소, 예를 들면 일본에서도 크게 다르지 않았다. 일반적으로 해적은 해상 평화를 위협하는 존재이므로 금압의 대상으로 사료에 등장하지만, 한편으로는 현실적으로 항행하는 배를 외적에게서 지키는 역할도 했다. 중세 일본에서 배가 항로를 정확하게 유지하면서 해적을 피하기 위해서는 해적들의 '경고(警固)'가가 필요했다. 따라서 관전(關錢)이나 예전(禮錢) 등 대가가 충분히 지급되지 않으면 경비를 서던 해적이 종종 약탈자로 돌변하기도 했다. 서일본의 대동맥인 세토 내해에서 커다란 세력을 떨쳤던 무라카미씨(村上氏)[16] 등이 실제로 이러한 해적이자 경비의 역할을 하던 대표적인 예다. 특히 노시마(能島)의 무라카미씨가 '왜구'의 한 축이었다는 소문이 있지만, 동시대에 이를 뒷받침할 만한 사료는 없다. 또한 14세기에는 왜구의 소굴이었던 쓰시마가 16세기에는 오히려 이키의 해적과 '상적선(上賊船)'(세토 내해 지역의 해적이었을 것이다.)에 습격을 당했다.

그리고 해적이라 해도 그들이 해적 활동을 전업으로 하는 집단은 아니었다. 실제로는 가이센을 운영하거나 교역업과 어업 등 다양한 경영에 종사하는 경우가 많았다. 게다가 그들의 기층 부분에는 '바다의 잡병'이라 할 만한 잡다한 하층민이 많이 포함되어 있었다. 기근

---

16 게이요(藝豫) 제도의 노시마와 구루시마, 인노시마(因島)를 근거지로 한 삼도(三島) 무라카미씨. 세토 내해에서 활약한 해상 무장 세력. 무로마치 막부와 유력 슈고(守護) 고노씨(河野氏) 등으로부터 해상 경고로 임명되었다. 도요토미 정권이 해적 정지령을 내린 후 인노시마 무라카미씨와 구루시마 무라카미씨는 모리씨의 지배하에 들어갔다.

바다에서 본 역사

이나 흉작, 전란이 상시적으로 발생하던 중세 일본 사회에서 전쟁터는 하나의 중요한 돈벌이 장소였다. 당연히 이러한 '바다의 잡병'들에게는 중국의 '왜구'도 돈벌이를 할 좋은 기회로 여겨졌을 것이다. 중국에서도 규슈 지방의 대부분과 세토 내해 연안의 지방들을 '왜구'의 출신지로 간주했다. 아마도 16세기에 중국 동남 연해부의 '왜구'에 가담했던 일본인 해적은 영주 권력을 통해 고도로 조직화된 해적 세력과 수군 세력이 아니라, 규슈 북부에서 세토 내해 서부에 걸쳐 존재했던 '바다의 잡병'들이 주류가 아니었을까?

16세기 중반이 되면 류큐에서도 '왜구' 사건이 확인되기 시작한다. 1556년에는 중국 연안을 습격하고 도망간 '왜구' 일파의 소행으로 보이는 나하항 습격 사건이 발생했다. 슈리(首里) 왕부는 이러한 '왜구'에 대항하기 위해 군사 도로를 신설하고 중국식 화포를 갖춘 성곽을 짓는 등 나하항 군사 방위선을 확충했다. 나하항을 습격한 왜구는 중국에서 온 하나의 단체가 아니었다. 16세기 후반에 일본에서 류큐로 교역을 했던 상인들은 무장 집단적 성격을 지니고 있었고, 류큐에서도 '왜구'로 불리며 공포의 대상이 되었다. 사료에서 이 '왜구'의 특성은 잘 밝혀지지 않으나, 지리적인 환경을 고려하면 시치토나다(七島灘) 수역의 도선사(導船士)로서, 이 무렵에 사쓰마와 류큐 사이에서 교역 활동에 나섰던 시치토 무리가 주체였을 가능성이 높다. 난세이 제도에서 구로시오 해류가 지나가는 시치토나다(도카라 열도) 부근은 항해하기 어려운 코스이기에 수준 높은 항해 기술이 필요했다. 어떻게든 해적이 나타날 것 같은 장소였다.

한편 과거 14세기에 왜구에게 막대한 피해를 보았던 한반도의 상황은 어떠했을까? 조선의 수군은 고려 말에 왜구 대책으로 정비되어 조선이 성립한 후에 확립되었다. 하지만 15세기 중반에 조선의 회유책으로 왜구가 진정됨에 따라 해방 체제도 잇따라 공동화(空洞化)되어 갔다. 그리고 15세기 후반이 되자 조선인 해적의 활동이 보고되기 시작했다. '수적(水賊)'이라는 표현이 처음 등장한 것은 1474년이다. 성종(成宗)[17]대(1469~1494년)의 '수적'은 제주도민을 포함한 것으로 보이지만, 그중에는 전라도 출신자도 있었다고 한다. 중종(中宗)[18]대(1506~1544년) 이후에는 해랑도(海浪島)를 거점으로 한 수적과 강화도와 황해도의 수적도 등장했다. 『조선왕조실록』에는 이 지역 사람들이 종종 왜구로 분장하고 내지 마을들을 습격하고는 왜의 소행으로 칭했던 양태가 묘사되어 있다. 조선인 '수적'과 일본인 '왜구'를 분별하는 것은 당시에도 어려웠던 것이다. 16세기에 들어와 삼포 왜인의 폭동과 '왜적'의 습격, 중국인 밀무역선의 표류 등이 잇따라 발생하자, 조선에서는 다시 연안을 방비할 필요성이 대두했다. 1510년에 특설된 군사행정기관 비변사(備邊司)가 1554년 이후에는 상설이 되는 등, 해방 체제는 충실해지고 강화되어 갔다.

조선 초기의 수군(선군(船軍))에는 연안이나 도서 지역에서 생업에 종사하는 연해민들이 동원되었다. 그들은 문자 그대로 "배를 집으로

---

17 1457~1494년. 조선의 제9대 왕 이혈(李娎). 유교 사상에 의거해 문화와 의례를 중시했다. 성종의 치세하에 『경국대전(經國大典)』과 『동국통감(東國通鑑)』, 『동국여지승람(東國輿地勝覽)』, 『동문선(東文選)』, 『해동제국기』 등 왕조를 대표하는 기록물이 저술되었다.

18 1488~1544년. 조선의 제11대 왕 이역(李懌). 반정으로 선대 왕 연산군을 폐하고 왕권을 찬탈했다. 정국의 혼란은 끊이지 않았고, 외교 면과 군사 면에서도 1510년의 삼포왜란과 북방 여진족의 침입이 잇따랐다.

삼는[以船爲家]" 사람들이 주요 구성원이었다. 하지만 16세기가 되자 수군으로 징발하는 인원이 증가하면서 연해민 출신자들이 도망하는 일이 이어지자 그 대신 산군(山郡) 출신자가 많이 충당되었다. 그 도망 문제에 깊이 관여했던 것이 전복 채취를 생업으로 했던 포작인(鮑作人)이라는 사람들이다. 예를 들면 임진왜란[19] 당시 수군의 수장인 이순신(李舜臣)의 지휘 아래에 있던 수군에 포작인이 동원되었다. 그들은 도선사로서 수군의 군사 활동에 기여하는 한편으로, 도망병을 안내하는 역할도 하는 등 다양한 일탈 행위를 자행했다.

따라서 이 포작인도 조선 수군과 '왜구' 세력의 중간에 있는 존재였다고 할 수 있다. 포작인이 해로의 왕래가 어려운 곳에 해박했다는 점도 중요했다. '왜인'들이 포작인들을 흑산도나 추자도에서 포박해 본거지로 데리고 돌아가 우대한 뒤, 다시 조선에서 해적 활동을 할 때 선도자로 삼았다는 사례는 널리 알려져 있다.

'왜인'의 앞잡이가 된 포작인의 대표자로 사화동(沙火同)[20]이라는 진도 출신의 포작인이 있다. 그는 '왜인'에게 잡혀 고토로 끌려간 후 1587년에 발생한 손죽도(損竹島) 왜구 사건 당시에 안내역을 맡았다. 그리고 납치된 조선 관인을 향해서 "고토는 정말 살기 좋다. 조선은

---

19 도요토미 정권의 조선 침략 전쟁을 가리키는 조선 측 명칭. 제1차 전쟁과 제2차 전쟁을 각각 '임진(1592년)왜란'과 '정유(1597년)재란'으로도 부른다. 일본에서는 '가라이리(唐入り)'와 '고려진(高麗陣)' 등으로 부르기도 했다.

20 전라도 진도 출신으로 전해진다. 1587년에 전라도 앞바다에서 왜구 사건을 유도했다. 도요토미 히데요시가 통신사를 파견하라고 요구하자 조선 측은 당시 고토에 있던 사화동을 넘겨 달라고 요구했다. 히라도의 마쓰라씨가 협력해 1590년 2월에 사화동은 조선에 넘겨졌고, 통신사의 파견이 실현되었다.

세금이 무겁고 잡은 전복을 전부 가져가 버린다."라고 말했다고 한다. 16세기 후반이 되면 한반도 남해안 다도해의 해민들이 때로는 수군의 구성원으로, 때로는 '왜구'의 구성원으로 편입되었던 것이다.

포르투갈 세력의 등장

동아시아 해역의 교역 네트워크에서 동쪽의 나하(류큐 왕국)와 서쪽의 믈라카는 중요한 허브 항구였다. 그 믈라카 왕국을 멸망시킨 것이 바로 포르투갈 세력이다. 이 일대 사건은 동남아시아 해역, 나아가 동아시아 해역의 정치 세력 구도에 커다란 전환을 가져왔다.

1부 '열려 있는 바다'의 시대에 믈라카 해협은 많은 항구도시국가를 지키는 바다의 요충지였는데, 이 지역은 자와나 시암 등의 세력들이 서로 투쟁하며 오랫동안 정치적 안정을 찾지 못했다. 그곳에 15세기 초기에 믈라카 왕국[21]이 발흥했다. 15세기 전반에 정화의 남해 원정의 기지로 급성장했고, 15세기 중반부터 명의 해외무역이 한풀 꺾이자 오히려 인도양 방면과의 교역에 역점을 두게 되면서 왕족은 본격적으로 이슬람을 수용했다. 그 후 믈라카 해협의 동서 양쪽 해안의 도시들을 장악했고, 그 지역의 이슬람화를 추진했다. 자와해 연안의 항구도시로부터 나아가 동쪽의 말루쿠 제도 등에도 이슬람이 퍼져 나갔다. 이처럼 동남아시아의 전형적인 집산항(emporium)으로 성

---

21 1402?~1512년. 말라카라고도 한다. 믈라카시를 맹주로 삼은 여러 항구도시로 구성되었고, 내항하는 상선이 가져오는 물품과 강력한 해군의 도움으로 번영을 유지했다. 건국자는 말레이계 힌두교도였으나, 왕족은 곧 이슬람으로 개종했다. 믈라카 주변의 언어는 말레이 세계에서 상거래에 사용되는 공통어였으며, 이후 말레이시아어와 인도네시아어의 모체가 되었다.

장했던 믈라카가 1511년에 포르투갈 함대의 공격을 받아 함락된 것이다.

이후 포르투갈 함대는 더욱 세력을 확장했다. 1513년에는 말루쿠 제도로 진출해 트르나테섬에 상관을 설치했고, 1515년에는 페르시아만의 호르무즈를 제압했다. 포르투갈은 이러한 여러 교역 거점을 장악하고 요새화해, 포르투갈 본국에서 동아시아로 이어지는 바닷길을 확보하려고 한 것이다. 말루쿠 제도는 정향(클로브(clove))과 육두구(nutmeg), 메이스(mace)의 생산지로, 당시 향료 무역에서 당연히 선망의 대상이었다.

동아시아 해역에서 패권을 다투는 정치권력의 입장에서 볼 때에도 포르투갈 등 유럽 세력은 전투력 측면에서 이용 가치가 높았다. 그들이 다루는 신식 화기는 세력을 확장하는 수단으로 매우 유효했기 때문이다. 포르투갈인들은 그 대가로 현지의 정치권력으로부터 상관을 건설할 수 있는 허가를 얻어 냈다. 기독교를 믿는 다이묘인 오무라 스미타다(大村純忠)[22]가 나가사키에 예수회의 기항을 허락한 것은 그 전형적인 사례라 할 수 있다. 게다가 유럽 세력 외에도 중국인과 페르시아인, 일본인 등 다양한 출신의 사람들이 동남아시아의 현지 세력에 관리나 군인으로 고용되었다. 다만 16세기 단계에서는 믈라카나 필리핀 등을 제외하면 정치적인 주도권이 오히려 현지의 정치권력

22　1533~1587년. 히젠의 센고쿠 다이묘. 최초의 기독교 다이묘가 되었고, 영민들에게도 기독교로 개종하라고 강요했다. 남만 무역의 거점을 영내의 요코세우라(橫瀬浦)에 유치했고, 나아가 나가사키로 옮겼다. 주변 영주의 공격을 받아 위험해지자, 나가사키와 그 주변을 예수회에 기부했다.

쪽에 있는 경우가 많았다. 유럽인들은 항구도시들의 지배자와 협상을 통해 상관을 건설하는 특권을 획득했을 뿐이다. 이 지역에서 '유럽의 아시아 침략과 식민지화'라는 구도가 일반화된 것은 아직 먼 훗날의 이야기다.

이 사실을 뒷받침하듯 포르투갈은 믈라카 해협을 제압했는데도 도서부 동남아시아의 교역망을 독점할 수 없었다. 포르투갈이 믈라카를 점령한 후, 말레이계 사람들이 담당했던 교역 루트는 수마트라의 아체나 자와의 반텐, 술라웨시(셀레베스)의 마카사르 등 항구도시로 다극화되어 생명력을 유지했기 때문이다. 또한 중국인 무슬림 상인도 대중 무역에 국한되지 않고 광범위하게 활동했다. 자와섬에서는 "색이 검은 중국인은 선조(先祖) 시대에 도래했던 사람들이고, 하얀 중국인은 최근에 온 사람들"이라는 말이 있을 정도로, 신구(新舊) 중국인 공동체가 중층적으로 존재했던 모습을 엿볼 수 있다.

동남아시아 방면에서 활동했던 포르투갈인 해상이 꼭 포르투갈 왕실과 직접적으로 관련이 있던 것이 아니었음에 주의할 필요가 있다. 군사적 공적 등으로 포르투갈 국왕에게 부여받은 항해권을 바탕으로 한 카피탕-모르(Capitão-mor: 총독) 제도[23]가 있었으나, 이는 믈라카 동쪽으로 중국이나 일본으로 향하는 주된 노선에 한정되어 있었다. 오히려 이 부근 지역에서 활약했던 것은 중국 관헌에게 '불랑기

---

23 고아에서 중국과 일본에 이르는 항해를 왕실이 독점하기 위해, 매년 바뀌는 카피탕-모르를 임명했던 일종의 특허제도를 가리킨다. 이 지위는 당초에는 왕실에 공로가 있던 인물을 고아 부왕(副王)이 선정하는 과정을 거쳐 임명되었지만, 곧 항해 특권은 경매의 대상이 되었고 부유한 상인 사이에 전매되기도 했다.

(佛郞機)'로 불리며 해적 일당으로 간주되었던 포르투갈인이었다. 그리고 포르투갈인들의 사상선(私商船)은 정크선만 빌리는 것이 아니라 승조원의 대부분을 아프리카와 남인도, 동남아시아, 중국 등에서 고용된 선원이나 노예로 구성하는 경우가 드물지 않았다. 이 시대 포르투갈인의 활동은 실로 동아시아 해역의 초국가적 양상을 구현했던 것이다.

새롭게 진입한 포르투갈인들은 믈라카를 공략한 후 얼마 동안 중국인 정크선을 빌려 믈라카와 중국 사이의 후추 거래를 일상적으로 진행했다. 하지만 믈라카 동쪽의 동아시아 바다에서는 계속해서 포르투갈인 무역 상인의 대부분이 자비로 정크선을 구매하고 중국인 뱃사람을 확보해 교역을 하게 되었다. 그리고 16세기 중반부터 카라카(carraca)선과 나우(nau)선 같은 포르투갈의 배를 이용해 일본에도 찾아오게 된 것이다.

포르투갈인의 조선 기술은 인도양 진출 전후로 큰 변화가 있었다. 15세기에 아프리카 서해안에서 희망봉에 이르기까지의 항해에서는 카라벨라(caravela)선으로 불리는, 선체와 돛대의 높이가 모두 30미터를 넘지 않는 비교적 소형인 선박이 이용되었다. 카라벨라선의 특징은 삼각돛에 있었는데, 노도 배에 장착되어 있었다. 한편 희망봉을 우회한 다음에는 이슬람 조선 기술에 영향을 받아, 둥근 형태의 선저에 서너 개의 돛대, 정사각형 돛을 특징으로 하는 평균 적재량 약 400톤 규모의 대형선을 건조하기 시작했다. 이런 배를 포르투갈어나 에스파냐어로 카라카, 영어로는 캐럭(carrack)으로 불렀다. 특히 포르투갈어로는 선박을 전체적으로 의미하는 '나우'가 대명사가 되었

포르투갈 선박을 묘사한 그림(왼쪽 위: 나우 두 척, 오른쪽 위: 갤리언,
왼쪽 아래: 갤리 두 척, 오른쪽 아래: 카라벨라)

다. 나우와 카라카는 거의 같은 형태를 띠었으므로 같은 의미로 사
용되는 경우가 많다. 굳이 나누어 보면 카라카는 선체의 보강에 철
제 늑골이 사용된 것을 가리킨다. 남만 병풍(4장 참조)에서 볼 수 있
는 마카오 선박은 대부분 이 카라카-나우 계통의 대형선이다. 16세
기 중반 이후에 카라카선을 개량한 갤리언선이 등장했고, 3부에서
자세히 다루는 마닐라와 신대륙 사이의 무역은 대형 갤리언선(가장
큰 배는 적재량이 약 1500톤)으로 운영되었다. 갤리언선은 카라카선보
다도 선체가 길고 홀수가 얕아 전투 기능이 강화된 점이 최대 특징이
다. 17세기에 들어서면 영국과 네덜란드 같은 새로운 유럽 세력이 아
시아에 진출하면서 생긴 분쟁 때문에 인도양에서 중국해에 걸쳐서

바다에서 본 역사

는 배의 속도가 빠른 갈레오타(galeota)선이 사용되었다. 다만 이 갈레오타선은 16세기 초두에 인도양에서 진화한 카라카-나우 계통이 아니라, 소형으로 삼각돛을 지닌 카라벨라선 계통의 노 젓는 배[櫂走船]로 역행한 형태였다.

쌍서의 번영과 파멸

16세기의 동아시아 해역을 대표하는 밀무역항으로 중국 절강성 영파 해안에 있는 쌍서를 첫 번째로 꼽는 데에 이견이 없을 것이다. 이 항구는 포르투갈인에게 닝보라는 발음에서 온 '리암포(Liampó)'라는 이름으로 알려졌고, 중국 근해에 있는 포르투갈인의 비밀 거류지이기도 했다. 또한 광동 및 복건과 절강 및 강남을 연결하는 중국 강남과 화남(華南) 연안 항로상의 요충지인 동시에 강남과 영파에서 일본으로 건너가는 항로의 기점이기도 했다. 포르투갈인 상인이 이 항구를 거점으로 추진했던 밀무역을 통해 중국 연해 지역과 서일본이 긴밀하게 연결되었고, 남중국해와 동중국해는 하나의 연결된 바다로서 그들의 활동 무대가 되었다. 이 때문에 일찍이 두 바다를 연결하는 역할을 했던 류큐 왕국의 쇠락은 이제 거스를 수 없는 사실이 되어 버렸다.

무명의 섬에 지나지 않았던 쌍서가 갑자기 국제무역항으로 떠오른 계기는 등모(鄧某)라고 불리던 복건인이 남해 여러 나라의 사람을 이 섬으로 유인해 밀무역 거점으로 삼으면서 시작되었다. 이는 포르투갈인들이 광주 근해에서 쫓겨나 복건의 장주(漳州)와 천주, 그리고 더 위로 절강의 영파 주변으로 북상해 가는 시기에 해당한다. 아마도 포르투갈의 진출과 활동이 쌍서항의 발전에 결정적인 계기가 되었던 듯하다. 그 후 믈라카 방면으로도 진출했던 허씨 4형제(허송(許松)과 허동(許棟), 허남(許楠), 허재(許梓))가 포르투갈인과 손을 잡고 두각을 나타냈다. 이 허씨 4형제는 휘주부 흡현(歙縣) 출신으로, 이른바 신안(新安) 상인의 일파였다.

포르투갈인 상인에게 쌍서는 강남의 물산을 구하는 데에 최적의 교역지였다. 해역 아시아 각지를 무대로 규모가 큰 자전적 모험담인 『편력기(*Peregrinação*)』를 저술한 페르낭 멘드스 핀투(Fernão Mendes Pinto)도 이러한 상인 가운데 한 사람이었다. 핀투의 서술에는 수치를 과장하거나 다양하게 각색한 부분도 많지만, 이야기의 배경이 되는 무대는 자신이 체험한 동아시아 해역의 상황을 반영했다고 할 수 있다. 쌍서가 다민족이 서로 섞여 이루어진 무역 거점이라는 사실은 명의 문헌 사료로도 뒷받침된다.

1540년대에는 일본 상인들도 은을 밑천으로 국제 교역의 장에 적극적으로 진출했다. 1548년에 일본의 유력한 다이묘 오우치씨가 경영하는 마지막 공식 감합 무역[24]선(勘合貿易船: 견명선)이 영파에 입항하는 것을 허가받았지만, 그 전후로 입공을 거절당했다. 다른 다이묘 오토모씨(大友氏)나 사가라씨(相良氏), 오우치씨(또는 모리씨(毛利氏), 다

---

24 위사(偽使: 위장 사절)를 배제하기 위해 감합을 이용해 증명을 행하는 무역. 명이 시암과 참파, 베트남, 일본 등을 상대로 행했다. 감합은 서로 관련된 것임을 증명하기 위해 '예부지인(禮部之印)' 등의 도장을 두 장의 서류에 걸쳐 찍었던 용지이고, 그 종이에는 사절의 이름과 조공품, 그 외의 적재품을 모두 망라해 쓰는 것이 원칙적으로 의무화되어 있었다. 한편 조선과 류큐에는 감합 제도가 적용되지 않았다.

만 모두 대외적으로는 요시미씨(吉見氏)로 칭했다.)가 잇따라 감합선을 파견했다. 또한 1540년대 이후로 화인 해상들도 모두 규슈 방면으로 교역에 나섰다. 당초 일본에 직접 내항하는 포르투갈 선박이 적었기 때문에, 선교사 프란치스코 하비에르(Francisco Javier)[25]는 중국 선박을 타고 일본에 올 정도였다. 하지만 하비에르의 선교 활동을 계기로 일본에 관한 포르투갈인의 관심이 커졌고, 중국과 일본 사이의 항로에도 포르투갈 선박이 직접 참여하게 되었다. 남만 병풍에 그려진 '흑선(黑船)'을 규슈 사람들이 직접 보게 된 것도 이 무렵부터다.

절강 지역과 복건 지역을 중심으로 한 밀무역 네트워크는 류큐 왕국에까지 이르렀다. 그리고 그 영향은 상당히 심각했다. 밀무역의 확대는 명의 조공 체제에 의존하던 류큐 왕국의 존립 기반을 불가항력적으로 무너뜨리는 것이나 다름없었기 때문이다. 그런데 1542년에는 복건과 광동의 밀무역선이 류큐의 관리까지 끌어들여 다투는 사건이 발생했고, 이를 계기로 류큐의 왕부가 화인 해상의 밀항을 허가했던 사실이 명에 알려졌다. 이를 통해 밀무역에 종사하는 화인 해상과 교류하지 않으면 류큐 왕국도 성립되지 않는 지경에까지 이르렀다는 사실을 엿볼 수 있다. 조공 체제가 약화되고 유명무실화하면서 류큐 왕국에서 대일 무역이 차지하는 비중은 계속해서 커졌다. 주요 통상 상대도 15세기 후반에는 무로마치 막부에서 호소카와씨로, 16세

---

25 1506~1552년. 에스파냐의 선교사이자 성인. 예수회 창립에 참가했고 1541년 이후 인도의 고아를 중심으로 포교했다. 1549년에 가고시마에 상륙한 후, 히라도와 하카타, 야마구치, 교토, 분고, 시마바라, 오무라 등에서 전도 활동을 전개했다. 다시 중국에 포교하기 위해 가던 중에 광주 앞바다의 상천도에서 병사했다.

기 전반에는 오우치씨로 옮겨 갔다. 16세기 후반에는 시마즈씨(島津氏)와 다네가시마씨(種子島氏) 등이 류큐와의 교류에서 전면에 나서게 되었다.

그런데 절강 지역과 복건 지역에서 최대의 밀무역 거점이었던 쌍서의 번영은 중국 관헌의 대규모 밀무역 단속을 통해 종말을 맞이하게 되었다. 포르투갈인 해상들은 일단 장주 앞바다의 오서(浯嶼)로 거점을 옮기고, 다시 광주 근해의 상천도(上川島)[26]와 낭백오(浪白澳, 1554~1555년 사이)[27]로 거점을 옮겨 다니다가 최종적으로 마카오(1557년)에 정착하게 되었다. 마카오에 거류했던 포르투갈인 공동체는 광동 당국에 그 대가로 토지의 조차료와 정박세를 지급했다. 포르투갈 국왕에게서 일본과 중국에 대한 무역 항해권을 부여받은 총독 '카피탕-모르'가 마카오 공동체의 명목상 지도자로서, 동중국해역에 거주하는 포르투갈인의 활동을 보호하고 감독하는 '왕의 관리'와도 같은 역할을 수행했다. 민의에 따라 별도의 '토지 카피탕(총독)'이 선출되는 경우도 있었다. 하지만 이때부터 포르투갈이 마카오를 식민지처럼 지배한 것으로 해석하는 것은 옳지 않다. 포르투갈인들은 마카오에 '기거(寄居)'하는 것에 지나지 않았다. 이러한 상황이 당시 동

---

26 광주의 서남, 현재의 타이산시(台山市) 남방 해상에 있는 섬. 명군에 의해 절강 방면에서 쫓겨난 포르투갈인이 1550년을 전후해 일시적으로 거점으로 삼았다. 포르투갈인들은 이곳을 중국어 발음과 유사한 성(聖) 주앙(São João)의 섬으로도 불렀고, 하비에르는 그 땅에서 병사했다.

27 마카오의 서방, 현재의 주하이시(珠海市) 난수이진(南水鎮)에 비정되는 항구. 명대에는 크고 작은 모래섬이 산재한 얕은 바다에 있었고, 여러 외국의 상선이 내항해 밀무역이 성행했다. 포르투갈인은 마카오에 정주하기 이전인 1554년에 광동 당국으로부터 이 항구에서 무역하는 것을 인정받았다.

아시아 해역에서 유럽 세력의 특징과 한계를 잘 보여 준다.

그런데 연해 주민과 밀무역 해상의 해상 활동을 고찰할 때 잊지 말아야 할 점이 있는데, 바로 신사(紳士)[28]와 지방 관부의 비호가 있었다는 사실이다. 상인들은 자신들이 의지하는 신사나 지방 관부로부터 아주 큰 배나 자금을 받아 그것을 바탕으로 밀무역에 종사했다. 상인은 신사의 위신에 의존해 안전을 보장받고, 신사는 상인의 재력을 재원으로 삼는, 일종의 호혜 관계가 형성되었던 것이다. 또한 밀무역과 해적을 단속하는 관헌은 자신들의 뜻에 따르지 않는 해적 집단을 소탕하기 위해서 그들과 대적하는 해적 세력을 '민선'으로 칭하며 관군의 말단에 편입시켰다. 물론 해상 무장 세력의 입장에서도 관부로부터 받는 신분 보장이 큰 이득이었다.

명대 중기 이후로 정규 군인의 공급원인 위소제(衛所制)가 제도적으로 만성화되면서 용병이 점차 널리 행해지게 되었다. 중국 근해의 군사력 주체도 관이 소유한 군선에서 민간 상선의 동원과 같은 형태로 변화되면서, 실질적인 주체가 민간을 바탕으로 재편성되었다. 군사 기구와 경찰 기구의 '민영화'라 해도 좋을 만한 경향이 현저하게 드러나기 시작한 것이다.

이러한 상황에서 수완을 발휘해 밀무역항 쌍서의 번영에 종지부를 찍은 인물이 절강의 행정 장관과 복건 연해 각 부의 군사령관을 겸하

---

28 명·청 시대에 지방 사회에서 세력을 가졌던, 관료가 될 자격을 지니거나 관료 경력을 지닌 자.
    질병에 걸리거나 상(喪)을 치르느라 휴직 중인 관료와 이전에 퇴직한 관료도 포함한다. 노역
    의 면제 등 각종 특권이 인정되었고, 현지에서는 현직에 있는 관리에게도 예우를 받았는데,
    특히 명대 후기에는 신사들의 개인적인 위신과 명망이 종종 현지 관부를 능가했다.

던 주환(朱紈)[29]이다. 주환은 해상에서 이루어지는 활동을 숙청하기 시작하고 복건성 연안의 민간 대형선과 승조원 모두를 관군에 편제했다. 이렇게 모은 군선으로 주환은 1548년 5월에 쌍서항을 공격해 철저히 파괴했다. 이듬해 초봄에도 수차례에 걸쳐 몇몇 밀무역항이 관군의 공격으로 궤멸되었다. 그런데 주환의 강압적인 정책은 화려한 성과를 거두었는데도 현지 여론의 격심한 반발을 초래해 정작 그 자신은 실각한 끝에 음독자살을 하게 된다.

실제로는 주환이 통솔하는 해군 내부에서도 밀무역이 행해졌다. 당시에 동원된 군선이 원래 정규 군대에 소속된 선박이 아니라 일찍이 밀무역에 사용된 민선이었기 때문이다. 요컨대 주환 아래에 있던 사람들은 대부분 교묘하게 관부의 체제로 흘러들어 간 존재일 뿐이었다. 주환이 주도했던 강력한 억압으로도 이미 해외무역을 금지하고 제압할 수는 없었던 것이다.

왕직의 '가능성'

쌍서가 함락된 이후 밀무역 네트워크의 패권을 장악한 인물이 이번 장의 첫머리에 등장했던 왕직이다. 왕직은 광동에서 큰 배를 건조해 일본이나 동남아시아의 항구에서 무역을 하며 큰 부를 축적했던 것으로 보인다. 1543년에 포르투갈인을 태운 정크선이 다네가시마에 도착해 화승총을 전달한 것은 유명한 일인데, 그 배의 소유자가

---

29 1494~1549년. 소주 출신의 관료. 절강 근해와 복건 근해의 해적에 대한 대책으로 파견되었고, 복건선을 절강에 동원해 각지의 밀무역항을 소탕했다. 이 정책은 군사적으로는 성공했으나, 관계(官界)에서는 찬반 논쟁을 불러, 사임한 후에 다시 탄핵을 받아 자살했다.

왕직이었다. 게다가 쌍서의 밀무역 네트워크에 처음 일본인을 개입시킨 이도 왕직이라는 소문이 있다. 왕직은 포르투갈인이나 일본인과의 교역을 통해 기반을 다졌고, 동업자와 격렬한 항쟁을 벌인 뒤 "바다에 두 적(賊)은 없다."라는 이야기를 듣는 지위에 오르게 되었다.

해상에서의 패권을 확립하는 과정에서 왕직은 절강해도부사(浙江海道副使)[30]와 영파지부(寧波知府)[31] 등에게서 종종 원조를 받았다. 또한 왕직의 수병(手兵) 중에는 일본인이 상당수 포함되어 있었다. 그는 '왜구'라는 문자 그대로의 왜를 이끌고 치안 활동에 종사한 것이다. 관부의 지시를 받고 왕직이 일부 '왜'를 숙청한 사례도 알려져 있다. 왕직은 관군과의 '협조 관계' 속에서 자신의 패권을 구축해 갔다.

이러한 가운데 명장으로 이름 높았던 유대유(兪大猷)는 가장 강경하게 왕직을 토벌하자고 주장했다. 유대유는 영파의 북쪽 반대편에 있는 금당도(金塘島)의 열항(烈港)에 정박하던 왕직을 급습해, 동쪽 해상으로 쫓아냈다. 때마침 태주부 황암현(黃巖縣)에서 보고된 대규모 '왜구'의 책임을 왕직에게 돌린 것이다. 그 후 '가정 대왜구'로 불리는 '왜적'의 잇따른 침입이 기록되었다. 이는 왕직이 없어져서 해적들이 통제가 되지 않아서라고 할 수도 있지만, 관군이 공격을 가했기 때문에 오히려 왜구가 활발해진 측면도 있다. 즉 해금 체제가 지닌

30　명·청 시대의 관직명. 해도란 분순해도(分巡海道) 또는 순시해도(巡視海道)의 약칭으로, 각 성의 연해 지역의 치안 경찰을 주관하는 임무를 맡았다. 각 성의 재판과 감찰을 담당하는 안찰사사(按察使司)의 부관이 이를 담당했다.

31　영파부의 장관. 중국 역대 왕조를 통틀어 황제의 임명을 받은 관료가 부임한 기본 행정단위는 현으로 불렸다. 현 이상의 명칭은 시대에 따라 다르나, 명·청 시대에는 통상적으로 각 성이 부로 불리는 행정단위로 나뉘고 각 부가 복수의 현을 관할했다.

고유의 딜레마를 방증하는 것이기도 했다.

고국에서 쫓겨난 후 몇 년 동안 왕직은 다시 일본에 머물렀다. 그 거점은 고토 후쿠에(福江)의 도진마치(唐人町: 화인 거류지)와 히라도였다. 당시 히라도나 고토에 자리를 잡은 화인은 약 2000명으로, 그 대부분은 왕직이 이끌었던 사람들로 보아도 무방하다. 그는 거대한 함선에 승선해 300여 명의 부하를 이끌고, 평소에도 단자(緞子) 의복을 즐겨 입었다고 한다. 또한 머리를 틀어 올려 일본인처럼 꾸미고, 옷감이나 갑옷에 꽂는 깃발은 왕후의 기품을 띠었다고 전해진다.

이후 왜구 문제를 해결하기 위해 다시 왕직을 이용하기로 계획한 것은 강남과 절강의 군무 총독의 직에 있던 호종헌(胡宗憲)[32]이라는 인물이다. 당시 연해 지방의 사대부들 사이에서는 연해의 치안 상황을 회복하기 위해서 일본의 실력자와 협상하는 것이 지름길이라는 인식이 있었다. 하지만 명이 공식적으로 '일본 국왕'으로 인정한 무로마치 장군가에 그러한 능력이 없다는 것 또한 분명했다. 따라서 규슈의 유력 다이묘인 오토모씨 등에 접근하는 방법을 선택한 것이다. 총독 호종헌은 영파 출신으로 왜구와 공모했다고 의심받은 적이 있는 장주(蔣洲)[33]와 진가원(陳可願)을 사자로 선발해 일본 규슈로 보냈다. 그들은 1555년

---

32 1512~1565년. 중앙정부에서 권력의 중심에 있었던 엄숭(嚴嵩)과 결탁해, 강남과 절강의 총독의 지위에 올랐다. 권모술책에 능해 금전에 관한 의혹이 끊이지 않았으나, 그 수하에는 실용적인 기능을 지닌 여러 인재가 모였고, '왜구' 평정에 공적을 남겼다. 엄숭이 실각한 후, 그 관계를 추궁당해 옥사했다.

33 ?~1572년. 1555년에 히젠 고토에 건너가 왜구의 두목이었던 왕직을 설득했다. 나아가 분고 오토모씨 아래로 들어갔고, 오우치씨와 쓰시마의 소씨에게도 왜구 금압에 협력하라고 요구했으며, 1557년에 왕직과 함께 귀국했다. 그의 일본 견문의 지식은 정약증의 『일본도찬』과 『주해도편』의 자료로 채용되어 중국인의 일본 인식에 큰 영향을 주었다.

에 왕직에게 귀순을 촉구하는 호종헌의 설득과 왕직 가족의 편지를 지참하고 바다를 건넜다. 그리고 그로부터 2년 후 장주는 실제로 왕직을 데리고 영파 건너편에 있는 주산도의 잠항(岑港)으로 귀항했다.

"귀국하면 죄를 묻지 않고 해금을 완화해 시장을 여는 것을 허락하겠다."라는 감언이설로 무장해제와 투항을 요구하는 호종헌의 제안에 왕직은 결국 응하게 되었다. 한 지방관으로서 당초에 호종헌은 왕직의 죄를 면해 주는 것을 진지하게 고려했던 것 같다. 하지만 "호종헌이 왕직에게 뇌물을 받고 죄를 탕감해 주려고 한다."라는 소문이 조야에 나돌자, 호종헌은 당황해 왕직의 면죄와 기용을 요구하는 상주문을 철회하고 대신 엄벌에 처할 것을 요구하는 상주문을 새롭게 만들어 제출했다. 그 결과 1559년 말에 왕직은 참수형에 처해졌다.

이번 장의 첫머리에 나온 왕직의 변명은 사실 그대로 보기에는 일면적인 것에 지나지 않는 측면이 없지 않다. 하지만 "일본과 무역하는 것을 허락해 주십시오. 일본 각지의 영주들은 소인이 충분히 설득해 두 번 다시 이러한 일이 일어나지 않게 하겠습니다."라고 한 부분은 단지 망언으로만 보기는 어렵다. 왕직이 명을 위해 공헌할 수 있다면, 이러한 '개시(開市)' 정책을 전제로 할 수밖에 없기 때문이다. 게다가 호종헌의 구상 자체도 원래는 이와 같은 발상에서 나온 것이었다. 중국의 정치적 영향력이 동중국해 너머로 전개된다면, 당시에 떠올릴 수 있는 시나리오는 이것 이외에는 없었다. 중국이 과거처럼 일본과의 협상을 적극적으로 모색하고 공식적인 통상을 인정함으로써 해역 질서를 재건한다는 선택을 할 수 있었지만, 왕직이라는 중개인을 포기함으로써 그 가능성을 완전히 상실해 버린 것이다.

동아시아 해역의 경제와 일본 은

16세기의 중국 연해부에서는 면화와 마(麻) 등 상품작물이나 생사와 비단 같은 수공업 제품의 생산이 두드러지게 성장했고, 도시를 중심으로 한 상업 경제도 현저하게 발전했다. 농업을 버리고 그 외의 생업에 종사하는 사람들의 비율이 그 이전보다 현격하게 증가했는데, 그중 적지 않은 사람이 바다에서 상업이나 어업에 종사하게 되었다. 하지만 빈부 격차는 날로 벌어졌다. 도시나 시장이 농촌 인구를 흡수하는 한편으로, 농촌에서는 세역을 부담하는 문제를 두고 다툼이 끊이지 않아 토지를 버리고 바다로 진출하는 사람들이 이어졌던 것이다.

해상에 흩어져 있는 섬들에는 다양한 사람들이 도망쳐 숨어 지냈다. 조세나 노역의 부담을 피해 내지에서 이주한 사람들, 특정 계절에만 어선을 타는 조직을 갖춘 고용 수부(水夫), 학문에서 뜻을 이루지 못하고 출세를 포기한 채 실의에 빠진 문인들, 죄를 저지르고 도피 생활을 하는 도망자, 밀항이나 밀무역으로 먹고사는 무장 상인, 지나가는 배를 약탈해 생계를 꾸리는 해적 등등. 여기에 바다를 건너온 포르투갈인과 일본인들까지 더해졌다. 이러한 무정부 상태에서 사람들은 거래상의 문제에 무력행사를 마다 않고, 궁핍해지면 육지로 들어가 약탈 행위를 일삼았다. 그중에는 해상에서 만난 관군의 순시선을 나포해 몸값을 얻어 냈다는 이야기도 전해진다.

이러한 무장 세력이 성장해 1550년대에는 정점을 맞이했고, 바다를 넘어선 상업 네트워크가 형성되었다. 여기에 촉매 역할을 했던 것이 일본 은이다. 일본 은을 생산했던 곳이 2007년에 세계문화 유산

에도 등재된 이와미 은산(石見銀山)[34]이었다.

이와미 은산은 1526년에 하카타 상인 가미야 주테이(神屋壽禎)[35]가 발견했다고 전해진다. 1533년에 가미야 주테이가 하카타에서 조선인 기술자를 데려와 회취법(灰吹法)[36]으로 불리는, 조선에서 전래된 은 정련법을 도입했다. 그 결과 은의 폭발적인 생산 증가에 성공했고, 동아시아 해역의 교역권에서 은은 중요한 위치를 차지하게 되었다. 일본 국내의 수요는 얼마 안 되었으나, 생산된 은은 대부분 수입품에 대한 결제나 수출품으로 해외로 유출되었다. 예를 들면 조선과 일본 사이의 무역에서는 1538년 이후 그때까지 유통되던 동의 수출을 대신해 은이 대량으로 조선에 반입되었다. 1542년에는 쓰시마에서 파견한 가짜 일본 국왕의 사절이 8만 냥이나 되는 은을 조선에 반입해 조선 조정을 당황케 한 적도 있었다. 관무역의 대가로 지급해야할 목면의 국고 비축분이 바닥날 수 있는 분량이었기 때문이다. 이렇게 대량의 은이 한반도로 유입되었고, 더 나아가 은 수요가 많은 중국, 특히 요동 등 동북 변경 지역으로 흘러들어 갔다.

그런데 1541년이 되자 이번에는 일본인이 조선에서 은을 사들이

---

34 시마네현(島根縣) 오다시(大田市) 오모리(大森)에 있었던 은산. 16세기 전반에 본격적으로 개발되어, 당시 세계 은 생산의 15분의 1을 차지했다고 한다. 오우치씨와 아마고씨(尼子氏), 모리씨의 쟁탈전 대상이 되어 최후에는 모리씨가 승리했으나, 도요토미 정권 이후에는 통일 권력의 지배를 받게 되어 17세기 전반에 최성기를 맞이했다.

35 하카타의 유력 상인인 가미야씨의 일족. 이와미 은산 및 하카타 쇼후쿠지와 관계가 깊다. 종래에는 가미야 가즈에 운안(神屋主計運安)이 부친이라고 일컬어져 왔으나, 동시대 사료에 의해 다른 집안의 사람인 것으로 판명되었다.

36 은을 정련하는 기법의 하나. 은광석에 납을 더해 용해시켜 빼낸, 은을 함유한 납을 가열해 녹는점이 낮은 납을 회취상(灰吹床)의 재에 물들게 넣고 은을 분리한다.

는 움직임이 나타났다. 중국 강남 지역으로 직접 은을 내다 팔기 위해서였다. 중국으로의 수출 담당은 일본인 해상과 화인 해상들이 맡았다. 서일본으로 향하는 화인 해상의 선박이 바람을 타고 한반도에 표착하는 일도 16세기 중반에는 종종 발생했다.

그렇다면 일본인과 중국인들이 일본 은과 맞바꾸어 중국에서 가져온 물품은 무엇이었을까? 사실 그 이전과 비교해 그 이후 시기에 교역품에 큰 변화가 생기지는 않았고, 생사와 비단, 동전, 중국 칠기, 약재 등이 여전히 주요한 교역품 자리를 차지했다. 다만 절강이나 복건 등지에서 만들어진 저렴한 사주전(私鑄錢)[37]이 대량으로 일본과 동남아시아로 흘러들어 간 것은 이 시기의 특색이라고 할 수 있다.

앞서 언급했듯이 16세기에 들어서자 포르투갈 세력과 에스파냐 세력이 선두 주자로 아시아 해역의 교역에 참여했다. 동방 무역의 중심지였던 콘스탄티노폴리스를 오스만 제국[38]이 점령하자, 흑해 주변에 거점을 둔 제노바 등 이탈리아 도시국가의 자본이 이베리아반도로 흘러들어 간 것이 그 배경이라 할 수 있다. 아시아 해역에 등장한 그들이 중시한 것은 유럽과 중국에서 애용하는 육두구나 정향, 후추

---

37 국가의 허가 없이 민간에서 주조하고 유통했던 화폐. 사사로이 화폐를 주조하는 것은 대체로 사형에 해당하는 중죄였다. 일본에서 만든 사주전 같은 경우에는 특히 '모주전(模鑄錢)'으로 부르기도 한다.

38 1299~1923년. 13세기 말에 아나톨리아에서 일어나 최성기에는 서아시아와 북아프리카 중동부, 유럽 남동부를 지배하에 두었던 다민족국가. 왕조는 튀르크계 족장인 오스만의 계통을 이어받았다. 17세기 이후에 서유럽의 발전에 밀려 서서히 쇠퇴해, 제1차 세계대전 후 현재의 터키 공화국에 해당하는 영역을 남기고 해체되었다.

와 그 밖의 향신료였다. 후추가 유럽에 활발하게 반입된 것은 잘 알려져 있지만, 중국의 수요도 컸다. 자와나 수마트라에서 생산된 후추가 특히 인기가 있었다. 예를 들어 믈라카에서 만들어진 후추를 중국에 가져가면 거의 네 배의 가격에 팔렸다고 한다. 육두구나 정향 외에도 말루쿠산 향신료는 중국이나 유럽 모두에서 수요가 있었다. 화인 해상들은 믈라카에서 귀국할 때 후추와 정향, 캄바야 직물, 사프란, 산호, 면포, 연단(鉛丹), 수은, 아편 외에도 향약과 철, 초석(硝石), 면연사(綿撚糸) 등을 싣고 갔다고 한다. 이러한 물건의 교역에 포르투갈인이 참여했고, 아시아의 지역 간 교역에서 일부분을 점하는 데에 성공했던 것이다.

호시를 공인받으려는 시도

16세기 초까지는 명의 조공 체제가 그 주변 지역에서 국제 관계의 공통적인 제도적 체제로서 그 나름의 기능을 수행했다. 그리고 조공의 직접적 주체는 해외에 산재한 중국인인 경우가 적지 않았다. 조공의 의미나 구조를 숙지한 그들을 통해 이 독특한 제도가 어느 정도 원활하게 운용되었던 것이다. 명 치하의 중국에서는 원칙적으로 사람들이 사적으로 해외에 도항하는 것과 외국인과 접촉하는 것은 금지되어 있었지만, 해외에 밀항한 후 통역인으로 재입국한 재외 중국인은 외국 사절의 일원으로서 중요하게 취급되었다.

광동과 복건, 절강 등 연해 지방에서는 해외에서의 성공을 꿈꾸며 몰래 출국하는 사람이 끊이지 않았다. 당국 역시 이를 묵인하는 것이 일상화되었다. 이러한 밀항자는 해외 상선을 중국 근해로 불러들이는 역할을 했다. 16세기 초의 명 조정이 해외 국가들에 대한 배타성을 강화한 것과는 대조적으로 민간 활동은 오히려 적극적으로 바다를 넘어 움직이기 시작한 것이다.

조공선 외의 선박으로 중국의 동남 연안 지역에 내항한 외국인들은 관헌의 간섭과 통제를 피하기 위해 연안의 섬에 기항했다. 그들에게 물과 식량을 제공한 것은 원래 어업이나 수상 운송업으로 생계를 꾸리던 주민들이었다. 광동의 단민(蜑民)[39]과 강남의 사민(沙民) 등이 수상생활자로서 널리 알려져 있다. 상업 경제가 현저한 발전을 이룬 16세기에는 연안 수역이 유통의 중요한 루트가 되었고, 근처에 사는 사람의 다수가 어떠한 형태로든 이러한 유통에 관여했던 것이다.

교역이 활발해짐에 따라 외국인과 사적으로 교류하는 것을 금지했던 중국에서도 변화된 상황에 적극적으로 대응해 부를 취하려는 논의가 각지에서 일어났다. 정규적인 조공 무역의 구조 외곽으로 연해 지역의 '호시'가 잇따라 확대된 것이다. 앞 장에서 언급했듯 조공·해금 체제하에서는 조공 사절을 수행하는 상인만이 중국 상인과의 교역, 즉 '호시'를 허락받았다. 하지만 명대 중기부터 남중국해 무역의 오랜 창구였던 광동에서는 점차 조공과는 관련이 없는 외국 선박의 '호시' 루트가 열렸다.

---

39 예전부터 광동 연안에서 가족 단위로 배를 주거지로 삼아 생활한 사람들을 가리키는 호칭. 대부분은 어업과 수상 운송업에 종사했으며, 일반 민호와는 통혼하지 않고 별개의 행정조직에 속해 있었다고 여겨진다. 역사적으로 한인에게는 이민족으로 간주되었으나, 민국기(民國期) 이후에는 언어적·형태적으로 한족과 차이가 없다고 판단되어, 정책적으로도 내지로의 정주화가 권장되면서 오늘날에 이르고 있다.

명대에 남방에서 해로를 통해 중국에 내항한 외국 선박은 대부분 광동으로 입항했다. 규정상 시박사의 접대를 받을 수 있었던 것은 조공 사절뿐이지만, 실제로 광동에 내항하는 외국선에는 조공으로 분명하게 인정할 수 없는 경우가 많았다. 그래서 당국은 그러한 규정 외의 내항자를 재량으로 받아들여 일정한 무역을 허가하기로 했다. 그 경우 무역이 이루어질 때 추분(抽分)[40]으로 불리는 과세가 시행되었고, 그 세수입은 지방의 군비로 충당되었다. 사실대로 말하면, 호시의 인정은 재정적인 이유에서 도출된 당국자의 편의적 운용 조치였던 것이다.

어쨌든 이러한 호시 무역의 공인을 통해 명의 조공·해금 체제에는 '개미구멍'이 뚫리게 되었다. 그리고 이 작은 '구멍'은 다음 장에서 다루는 것처럼 1570년대 이후 크게 확장되었다.

3 해상들의 시대

1591년의 대중 무역 마찰

1591년 4월에 에스파냐령 필리핀[41] 총독 고메스 페레스 다스마리

---

40 중국에서 부과되었던 상세(商稅)의 한 형태. 각종 단체와 개인이 특정 시장에서 교역하는 상품에 대해 총량부터 일정 비율을 공제해서 현물 또는 시장가격으로 환산한 동전과 은량을 징수한 방식. 남송 이후 연해부의 무역항과 이민족과의 경계 등에 두었던 관영 시장에서 과세되었다.

41 에스파냐는 16세기 중엽에 필리핀 제도의 정복을 진행해 1571년에는 마닐라를 중심으로 하는 에스파냐령 필리핀이 성립했다. 필리핀 총독은 국왕의 대리로서 행정과 재정, 군사를 총괄했다.

냐스(Gómez Pérez Dasmariñas)[42]는 선주민이 중국제 의복을 착용하는 것을 금하는 정령을 발포했다. 이에 동반해 행한 현황 조사에서 루손섬 중부의 어느 촌장은 다음과 같이 증언했다.

에스파냐 사람이 필리핀 제도를 영유하고부터, 훨씬 많은 화인이 오게 되었습니다. 매년 적어도 여덟 척, 어떤 해에는 스무 척에서 서른 척이나 되는 중국 배가 내항했고, 모두 면포와 비단과 같은 옷감을 가득 싣고 있었습니다. 여러 섬과 해당 지역의 선주민은 화인이 운반해 오는 면포 때문에 스스로 기계 방직을 하지 않게 되거나, 얼마 안 되는 노동을 꺼리고 중국제 의복을 입게 되었으며, 손으로 방직한 포를 입지 않게 되어 버렸습니다. 지금은 수령이든 자유민이든, 혹은 자유민이든 노예이든 불문하고 중국제 의복을 두르고 있습니다.

이듬해인 1592년 7월에 페레스 다스마리냐스는 에스파냐 국왕 펠리페 2세(Felipe II)[43]에게 이 중국 의복 착용 금지령에 관해 다음과 같이 보고했다.

유감스럽게도 화인과의 무역은 유해합니다. 그들은 이 제도에서 대량의 은을 해외로 반출해 버리기 때문에 그것은 금지해야 합니다. 주요한 무

---

42 1519~1593년. 총독으로 재임한 기간은 1590~1593년. 1591년에 도요토미 히데요시가 필리핀에 복속을 요구했을 때 대처했던 인물이다. 말루쿠 원정 도중에 화인 노잡이의 반란으로 살해되었다.

43 1527~1598년. 재위 기간은 1556~1598년. 부왕 카를로스 1세에 이어 즉위했으며, 1580년에는 포르투갈 왕위도 계승해 아메리카와 아프리카, 아시아에 걸친 광대한 식민지를 통치했다.

바다에서 본 역사

역품은 면포입니다만, 화인은 현지에서 원료인 면화를 수입한 후 그것을 짜서 수출하고 있습니다. (……) 그 외에 화인이 들여오는 것은 극히 조악한 싸구려 면입니다만, 생사와 방적(紡績)한 실도 운반해 옵니다. 우려스러운 것은 후자는 에스파냐 본국에서 수입하는 양을 넘어서고 있기 때문에 그라나다와 무르시아, 발렌시아(의 견직물업자)로부터 오는 왕실의 세수입에 손실을 입힐 것입니다.

(Blair and Robertson, *The Philippine Islands, 1493-1803*, vol. 8.)

이러한 금령이 내려졌는데도 그 후에도 필리핀에서 중국으로 대량의 은이 계속해서 유출되었으며, 중국 상품의 홍수 앞에 페레스 다스마리냐스의 노력도 헛수고에 그치고 말았던 것 같다. 싼값의 중국산 물품이 대량으로 유입됨에 따라 현지 산업이 쇠퇴한다는, 오늘날 세계 각지에서 일어나는 현상이 400년 이상이나 앞서 필리핀에서도 발생했던 것이다. 이미 13~14세기의 '열려 있는 바다'의 시대에 생사와 견, 도자기 등의 중국 상품은 동중국해와 남중국해는 물론이고 인도양 방면에도 널리 출하되었다. 그러나 16세기가 되자 중국은 태평양과 대서양까지 포함하는 세계 규모의 경제로 연결되어 갔다. 중국의 농민이 부업으로 생산한 싼값의 생사가 필리핀으로 유출되고, 그것이 지구 뒤편인 그라나다[44]의 견직물업자의 시장을 빼앗았던 것같이 16세기 말에는 이미 지구 규모의 경제 시스템이 출현하기 시작했고,

---

44 이베리아반도 최후의 이슬람 왕조였던 나스르 왕조의 수도. 알함브라 궁전으로도 유명하다. 나스르 왕조가 멸망한 후에도 무슬림 직물업자가 많았으며, 에스파냐 비단 생산의 중심지였다.

동아시아 해역도 그에 편입되어 가고 있었던 것이다.

중국에서 필리핀으로 수출된 면포는 일부 특권계급이 사용하는 사치품이 아니라, 일반 농민에서 노예까지도 착용하는 일용품이었다. '열려 있는 바다'의 시대에는 배의 바닥짐(밸러스트(ballast))으로 싼값에 부피가 큰 상품도 운반되었지만, 무역상품의 주역은 어디까지나 고가의 사치품이었다. 그러나 16세기가 되자 면포와 식량 등 좀 더 일용적인 대량 소비 물자가 무역품 중에서 중요성을 더해 갔던 것이다.

동아시아 무역 시스템의 재편

동아시아 해역의 '대왜구 시대'는 1540년대에 쌍서 밀무역으로 막을 열고, 1550년대에 절정에 달했지만, 1560년대에는 점차 진정되어 갔다. 한편 1550년대에는 포르투갈 등의 외국선이 광동에서 당국의 관리하에 교역(호시)하는 것을 인정받았고, 나아가 1557년에는 포르투갈 사람이 마카오에 무역 거점을 확보했다. 이렇게 광동에서 조공 무역 외의 통상 루트가 공공연히 열리게 되자, 이제 예전의 조공·해금 시스템으로 역행할 수는 없게 되었다.

16세기 조공 무역의 공동화는 해역 아시아뿐만 아니라 내륙 아시아에서도 진행되었다. 16세기 초부터 몽골은 무역의 확대를 요구하며 자주 화북을 침공했으며, 1550년에는 북경을 포위하기에 이르렀다. 북변에서는 많은 한인이 몽골 쪽으로 도망해, 농업과 밀무역에 종사하게 되었다. 이러한 파국적 상황에 대해 명 조정도 마침내 1560년대 말에서 1570년대 초에 걸쳐 명 초 이래의 조공·해금 정책을 대폭으로 완화하고, 해역과 내륙 쌍방에서 민간무역을 합법적으로 행하는 길을 열었으며, 대외무역 시스템을 재편하게 되었던 것이다.

우선 1560년대 말에 종래의 해금 정책이 크게 완화되어 화인 해상이 복건 남부의 장주부 해징항(海澄港)[45]에서 동남아시아 각지로 도항하는 것이 허락되었다. 이에 따라 화인 해상은 복건 당국으로부터 도항 허가증[文引]을 수령하고, 소정의 관세를 납부하면 동남아시아 각지에 합법적으로 도항할 수 있게 되었다. 이처럼 화인 해상이 동남아시아로 도항해 행하는 무역은 광동으로 내항하는 외국선과의 '호시'와 대비해 '왕시(往市)'로도 불렸다. 다만 이 완화 정책은 대일 무역에는 적용되지 않았고, 그 후로도 일본으로 도항하는 것은 엄격히 금지되었다. 그러나 실제로는 일본 은을 구하러 규슈로 밀항하는 화인 해상도 많아졌다. 또한 류큐의 중계무역은 이미 15세기 말부터 남중국해와 동중국해의 밀무역이 확대되면서 장기적으로 침체하는 경향을 보였지만, 해금이 완화되면서 화인 해상의 남중국해 무역이 공인되자 결정적인 타격을 받게 되었다. 류큐와 동남아시아 여러 나라 사이의 국가 무역은 1570년을 끝으로 중단되고, 류큐 왕국은 일본과의 무역에 갈수록 의존하게 되었다.

그리고 1571년에는 마닐라[46]시가 건설되었고, 이어서 멕시코와 마

---

45 복건 남부 장주만 남안의 항구도시. 본래 월항(月港)으로 불리던 밀무역항이었으며, 16세기 중엽에는 왜구 세력의 근거지이기도 했다.
46 루손섬 남부에 있는 무슬림 수장의 교역 거점이었지만, 1571년에 초대 필리핀 총독 레가스피가 식민지의 수도로 삼았다. 그 후에는 갤리언선이 태평양을 횡단하면서 에스파냐령 멕시코의 아카풀코와 마닐라를 왕복했다.

닐라를 잇는 태평양 항로가 열렸다. 마침 이 무렵에 에스파냐령 아메리카에서는 포토시 은산 등에서 은 생산량이 급증했다. 에스파냐 갤리언선은 멕시코에서 마닐라로 매년 대량의 신대륙 은을 운반했고, 복건 해상이 들여오는 중국 상품을 구매해 아메리카로 가지고 돌아갔다. 더욱이 이 해에는 포르투갈 배가 처음으로 마카오에서 나가사키로 입항했다. 그 후에는 국왕에게서 항해권을 부여받은 포르투갈의 정항선(定航船)이 고아와 믈라카, 마카오, 나가사키를 왕복하게 되었으며, 인도양과 남중국해, 동중국해가 직접적으로 연결되어 방대한 일본 은이 마카오에서 중국 시장으로 흘러들어 가게 되었다.

또한 1571년은 명과 몽골이 '융경 화의'를 맺은 해이기도 했다. 이 화의로 인해 명은 몽골과의 조공 무역을 재개하는 동시에 만리장성을 따라 몇 개의 교역장(마시(馬市))을 개설하고, 몽골인이 명 조정과 중국 상인을 상대로 교역(호시)하는 것을 허락했던 것이다. 그리고 이 해에는 동북부의 요동 지역에서도 여진인과 몽골인의 교역장이 증설되었다. 16세기 말에는 누르하치[47]가 여러 여진 부족의 통합을 진행했고, 조선 인삼과 담비 털가죽 등의 무역을 독점하며 세력을 확대해 갔다.

이렇게 1570년을 전후로 해역 아시아와 내륙 아시아의 쌍방에서 조공 체제를 대신하는 새로운 무역 시스템이 구축되고, 명과 무역 상대국 사이의 관계에 따라 다양한 무역 루트가 병존하게 되었다. 이

---

47 1559~1626년. 재위 기간은 1616~1626년. 명에서 건주 여진으로 불렸던 부족 출신으로 1583년부터 모든 여진 부족의 통합을 진전시켰다. 1616년에 청의 전신인 후금을 세웠다.

<표 4> '1570년 시스템'의 공간적 구조(괄호 안은 조공과 호시, 왕시 외의 무역)

		국가·지역	조공 무역의 창구	무역의 장소와 형식
해역 아시아	동아시아	조선 일본	요동: 봉황성(산해관 경유) (1550년부터 조공 무역 두절)	요동에서 행하는 호시 (포르투갈인의 마카오-나가 사키 무역) (화인 상인의 밀무역)
		류큐 왕국	복건: 복주 시박사	(화인 상인의 밀무역)
	동남아시아	베트남 시암 그 외의 동남 아시아 국가들	광서: 진남관 광동: 광주 시박사 (1543년 이후 조공 무역의 기록이 두절)	(화인 상인의 밀무역) 광동에서의 호시(15세기 말~) 해징에서 동남아시아로 가 는 왕시(1560년대 말~)
	유럽 세력	포르투갈 에스파냐	(국가 간 무역 교섭은 실패)	광주에서의 호시(1557년~) 해징과 마닐라 사이의 왕시 (1571년~)
내륙 아시아	북아시아	몽골	산서: 대동(거용관 경유)	장성선(長城線)의 호시장 (1571년~)
		우량카이 여진	북직예: 희봉구 요동: 개원(산해관 경유)	요동의 마시 요동의 마시와 목시, 호시장
	중앙아시아	서역의 여러 나라	하미(가욕관 경유)	섬서의 차마사(茶馬司) 숙주에서의 호시(15세기~)
	서남 고원	티베트 서남 토사	섬서, 사천 사천, 운남, 귀주, 광서 등	섬서와 사천의 차마사 화인 상인과의 교역

출처: 中島樂章, 「14-16世紀, 東アジア貿易秩序の變容と再編」.

새로운 무역 시스템을 여기에서는 단적으로 '1570년 시스템'으로 부르고자 한다. '조공 체제'가 '공시 일체(貢市一體)'의 원칙에 바탕했던 데에 비해, '1570년 시스템'은 상황에 따라 '공(貢: 조공 무역)'과 '시(市: 호시와 왕시)'가 현실적으로 인정되는 '공시 병존'을 특징으로 했다. <표 4>는 이 시스템의 공간적 구조의 개요를 보여 준다.

이 표에서는 명의 주변에 있는 여러 나라가 조공과 호시, 왕시 가운데 하나 또는 둘, 나아가서는 베트남과 시암처럼 세 가지 모두를 통해 명과의 무역을 인정받았음을 알 수 있다. 다만 유일한 예외로서 왜구의 근거지로서 강하게 경계되던 일본만은 어떠한 무역 루트도 공인받지 못했고, '공시 체제'에서 배제되었다. 일본 은과 중국 상품의 교역은 당시의 아시아 해역에서도 가장 이윤이 큰 역내 교역이었지만, 그 이익은 포르투갈인의 마카오-나가사키 무역과 화인 상인의 밀무역으로 돌아가게 되었던 것이다.

화인 상인과 그 교역권

1570년대 이후 중국과 주변 여러 나라 사이에서는 해역과 내륙 쌍방에서 민간 상인에 의한 호시 및 왕시(그리고 밀무역)와 국가에 의한 조공 무역이 병존하게 되었다. 그러나 동아시아와 동남아시아의 해상 무역에 관해서 보면, 조공 사절과 그에 수행하는 상인의 중요성은 저하하고, 해징과 광주, 나가사키, 마카오, 마닐라 등의 허브 항구로 교역 네크워크를 넓히는 해상들이 주역의 자리를 차지하게 되었다.

이러한 상황은 일찍이 존재했던 '열려 있는 바다'의 상황이 재현된 것이라고도 말할 수 있으나, 16세기 말에는 해상들의 출신지가 좀 더 다양했으며, 그들의 무역권은 동아시아 해역을 넘어 세계 규모의 경제로 연결되어 있었다. 그중에서도 당시 동아시아 해역의 무역을 주도했던 것은 화인과 포르투갈인 등의 해상들, 특히 항해와 무역의 통솔자인 선주와 선장이었다. 그중에서 복건 남부의 장주 출신 해상과 천주 출신 해상들은 해징을 허브 항구로 삼아 동중국해와 남중국해 전역에 무역 네트워크를 확장하고 '교역의 시대'에서 압도적인 주역이 되어 갔다.

　화인 상선의 선장을 '선주'(박주(舶主))로 칭한다. 선주는 송·원 시대의 '강수'에 상당하고, 항해와 무역의 총책임자다. 선주는 선박의 소유자이기도 하지만, 소유자의 대리인인 경우도 있으며, 몇 사람의 공동 경영자를 대표하는 자가 선주가 되는 경우도 있었다. 이에 대해 선주의 통솔하에서 선박에 동승하는 상인들을 '객상'(산상(散商))으로 부른다. 객상은 선주에게 승선료를 지급하고 선창의 일부분을 부여받아 각자의 상품을 적재했다. 화인 상선이 귀항하면 '포상(鋪商)'으로 불리는 정부 공인의 중개상인이 화물을 매입했다. '포상'은 수입 상품의 거래를 독점하는 동시에 정부에 대한 관세 납입을 청부했고, '선주'와 '산상'들에게 투자하는 자본가인 경우도 많았다.

　화인 상선의 무역 루트는 크게 '동양'과 '서양'으로 나누어진다. '동양'이란 복건에서 필리핀 제도를 거쳐 브루나이와 술루,[48] 말루쿠 방면으로 남하하는 항로이지만, 대부분의 배는 필리핀 제도, 특히 마닐라로 도항한 듯하다. 그들은 생사와 견, 면포 등의 중국 상품을 마닐라에 수출하고 에스파냐 배가 들어오는 신대륙 은을 복건에 공급했다. 한편 '서양'이란 복건과 광동에서 인도차이나반도와 말레이반도의 동안을 남하해 수마트라와 자와에 이르는 항로다. 서양 항로에서는 화인 해상이 중국 상품을 수출하고 후추와 향신료, 약재, 금속 등 동남아시아 산품을 수입했다.

48　민다나오섬과 보르네오(칼리만탄)섬 사이의 해역에 흩어져 있는 군도다. 이슬람 왕국이 성립해 17세기 이후 중국과 마닐라 사이의 해상무역을 통해 번영했다.

또한 일본으로 도항하는 것은 엄금되었지만, 실제로는 복건에서 동중국해를 횡단해 규슈로 밀항하는 화인 해상도 끊이지 않았으며, 더욱이 '동양' 항로로 필리핀 제도 등으로 도항한 후 그곳에서 북상해 규슈로 밀항하는 해상도 많았던 것 같다. 예를 들어 1596년에 일본 주자학의 개조로 불리는 후지와라 세이카(藤原惺窩)[49]는 루손에서 내항한 화인 상인의 선주와 오스미반도의 우치노우라(內之浦) 항구에서 필담을 나누었다. 이 상선에는 60명의 화인이 타고 있었으며, 선주의 아들은 루손의 화인 커뮤니티 지도자였다고 한다.

해상들의 군상

16세기 말에는 화인 해상이 동아시아 해역 전체에 중국 상품을 공급하고 신대륙 은과 동남아시아 산품을 수입했지만, 포르투갈 해상 또한 일본 은과 동남아시아 산품을 중국 시장에 공급하고 중국 상품을 일본과 동남아시아, 인도양 방면으로 수출했다. 아시아 해역에서 포르투갈 배가 펼친 무역 활동은 다음의 세 가지 범주로 나눌 수 있다. 첫 번째는 포르투갈 왕실로부터 어느 해에 특정한 항로에서 독점적으로 무역을 할 수 있는 특권을 부여받은, 이른바 '카피탕-모르'의 배에 의한 무역으로, 고아와 믈라카, 마카오, 나가사키를 왕복하는 정기선이 그 대표적인 예다. 두 번째로는 믈라카 장관에 의한, 예전의 믈라카 왕국의 교역 루트를 망라하는 특권 무역이 있었으며, 이 항

---

49 1561~1619년. 명으로 건너가 유학을 배우기 위해 1596년에 오스미와 사쓰마로 향했으나 도항하지 못하고 귀경했다. 그 후 교토에서 주자학을 가르쳤으며 하야시 라잔(林羅山) 등의 문인을 배출했다.

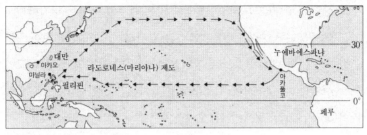
마닐라와 아카풀코 사이의 항로

해권도 빈번히 현지의 해상에게 매각되었다. 그리고 세 번째로 완전한 사무역(私貿易)이 있다. 각지의 상관이나 요새에 근무하는 포르투갈인은 취임한 후에 자주 현지에 정주해 자유로운 무역 활동을 했다. 그들은 현지 여성과 결혼하는 일도 많았고, 그러한 관계에서 태어난 혼혈아(메스티소(mestizo))[50]도 해상과 용병으로서 활약했던 것이다.

포르투갈인이 인도양과 남중국해, 동중국해를 잇는 무역을 전개한 데에 반해서 에스파냐인들은 오로지 아메리카와 아시아를 잇는 태평양 무역을 추진했다. 에스파냐의 갤리언선은 매년 멕시코의 아카풀코에서 태평양을 건너 마닐라에 내항했고, 신대륙 은을 수출하고 중국 상품을 가득 실어 아카풀코에 귀항했다. 마닐라를 오가는 이 갤리언 무역은 에스파냐령 필리핀의 경제적 생명선이었으며, 본래는 필리핀에 주재한 에스파냐인만이 갤리언선에 아메리카용 상품을 적재하는 것을 허가받았다. 다만 실제로는 에스파냐 본국과 멕시코, 페

---

50   포르투갈과 에스파냐의 식민지에서 백인과 현지 주민 사이에 태어난 자손의 총칭. 단 에스파냐령 필리핀에서는 화인 부친을 둔 혼혈아도 메스티소로 불렸다.

루의 상인도 마닐라의 갤리언 무역에 많은 액수의 자본을 투자했다.

그 외에도 동남아시아 바다에서는 각지의 항구도시를 종횡으로 연결하는 무역 네트워크가 형성되었고, 다양한 출신의 해상이 교역에 종사했다. 동남아시아 도서부에서는 이러한 상인 엘리트를 '오랑까야(orang kaya)'*로 칭한다. 오랑까야에는 교역의 기회를 찾아서 각지의 항구도시로 왕래하는 외국 상인, 항구도시국가의 궁정과 무역 상인을 중개하는 외국인과 그 자손, 무역에 관여하는 현지 유력자 등 세 가지 유형이 있었다. 첫 번째 유형인 외국 상인으로는 16세기 초에는 특히 남인도의 타미르인과 서북인도의 구자라트인이 유력했으나, 그 후에 타미르인 대신에 화인과 포르투갈인, 페르시아인, 아랍인이 세력을 확대해 갔다. 두 번째 유형은 항구도시의 지배자가 항무장관((샤반다르(shahbandar))[51]으로 임명한 외국 상인이다. 주요 항구도시에는 복수의 샤반다르를 두어 각각의 출신지에서 내항한 무역선의 관리와 징세 및 지배자와의 중개를 담당하게 했다.

또한 16세기 말이 되면 일본인이 남중국해역으로 도항하기 시작한 일도 주목된다. 15세기까지 일본인의 도항지는 거의 영파와 삼포, 나하 등 세 곳으로 한정되어 있었다. 그러나 1570년대부터 동중국해와 남중국해의 무역권이 일체화하고, 규슈가 그 북단에 편입되는 동시에 규슈의 센고쿠 다이묘는 특히 군자금과 군수품을 입수하기 위

---

* **옮긴이 주** _ 인도네시아어로 '부유한 자'라는 뜻이다.

51 페르시아어로 항구(반다르(bandar))의 지배자(샤(shah))를 의미한다. 인도양 자와해 방면의 항구도시에 널리 존재하며, 믈라카에서는 구자라트와 인도양, 자와해, 남중국해를 관할하는 네 명의 샤반다르를 두었다.

해 외국선을 영내로 유치해 무역을 하게 되었다. 게다가 일본인 해상도 마닐라를 비롯한 동남아시아의 여러 항구도시에 도항하기 시작했고, 화인 해상이 들여오는 생사 등의 상품과 금, 향료 등 남방에서 온 산품을 수입하게 되었다. 17세기 초부터 활발해진 주인선에 의한 동남아시아 무역은 이미 이 시기에 태동했던 것이다.

항구도시와 거류지의 경관

이처럼 16세기 말의 동아시아 해역에서는 화인과 포르투갈인, 에스파냐인, 일본인 등의 해상이 활발한 항해를 확대했지만, 그들의 무역 네트워크의 결절점이 된 것은 연안의 주요 항구도시였다. 16세기의 남중국에서는 많은 무역 항로가 종횡으로 뻗어 나가, 그들의 결절점에 집산항이 발달했고 여러 지역에서 해상이 모였다. 다른 한편으로 포르투갈인에 의한 마카오와 나가사키 간 항로와 화인 밀무역자에 의한 복건과 규슈 간 항로가 기간(基幹) 루트가 되었으며, 보조적인 루트로서 규슈와 루손 간 항로도 성장해 갔다.

항구도시와 그 배후지의 관계는 동남아시아와 동아시아에서 상당히 달랐다. 동남아시아 도서부에서는 주요 하천의 하류부에 자주 '항구도시국가'가 성립했다. 이러한 항구도시국가는 하천의 중류 지역과 상류 지역을 배후지로 삼았으며, 배후지에서 생산된 향신료와 쌀, 삼림 산품, 금 등의 상품을 외국 상인에게 수출했고, 외국 상인이 들여오는 수입품을 배후지에 공급했다. 이와 같은 항구도시국가에서는 항구도시를 거점으로 하는 왕권이 배후지를 정치적·경제적으로 지배했던 것이다. 이에 대해 동아시아에서는 농업 생산에서 얻은 수

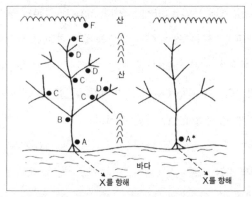

항구도시의 배후지(A=항구도시, B~D: 부차적 교역 거점, E·F=생산자, X=해외시장)

입에 기반을 둔 육상의 정치권력이 항구도시를 지배했으며, 지방관과 대관을 파견하고 무역이 가져오는 이익을 획득하고자 했다. 16세기의 사카이(堺)처럼 자치성이 강한 항구도시도 있었지만, 항구도시 자체가 배후지를 지배하는 정치권력의 거점이 되는 일은 드물었다.

다양한 지역에서 사람들이 내항한 항구도시에서는 종종 외국인 거류지가 형성되었다. 예를 들면 동남아시아의 항구도시국가에서는 왕궁이 있는 항구도시 중심부의 주변에 외국인 거류지가 출신지별로 나누어져 있는 일이 많았다. 각각의 거류지에는 두령이 임명되었고, 출신지의 종교와 관습에 따라 생활하는 것이 용인되었다. 유력한 외국 상인은 상인 엘리트(오랑까야)로서 샤반다르나 궁정의 통역에 임명됨으로써 왕실과 연결되어 항구도시의 무역을 주도했다. 마찬가지 현상은 류큐 왕국에서도 볼 수 있다. 여기에서는 화인계 주민이 15세기부터 구메무라(久米村)에 정주하며 왕국의 외교 업무와 무역 업무를 담당했다. 그러나 16세기가 되어 대일 무역의 중요성이 높아지자

17세기 아유타야의 외국인 거류지

이번에는 많은 일본인이 나하에 거류하게 되었으며, 구메무라의 화인계 커뮤니티는 점차 쇠퇴해 갔다.

명은 1570년 말에 해금을 완화하고 나서도 마카오 외의 항구도시에 외국인이 정주하는 것을 허락하지 않았다. 해징에서는 화인 해상의 출항과 입항만을 인정했으며, 외국선의 입항 자체를 허락하지 않았다. 또한 외국인과 교역하는 것이 허가된 광주에서도 외국인 거주는 용인되지 않았다. 광주에서는 봄에는 일본으로 가는, 가을에는 남해 방면으로 가는 중국 상품의 시장이 열렸다. 외국인 상인은 이 시기에 광주를 방문했지만 시내에 거주할 수 없었고, 배 안에 체재하면서 상품을 사들일 때에만 상륙했던 것 같다.

현지 지배자 아래에서 외국 상인이 무역을 하는 일반적인 항구도시와는 별개로, 16세기에는 유럽인이 아시아 무역의 거점으로 건설

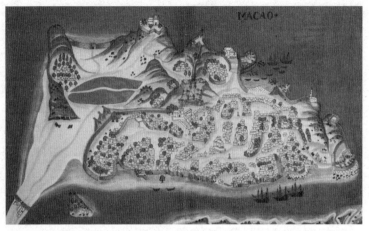

17세기 초의 마카오

한 항구도시가 새롭게 출현한다. 그 대표적인 예는 포르투갈의 중국 무역 거점이었던 마카오와 에스파냐령 필리핀의 수도였던 마닐라이지만, 양자의 성격은 매우 달랐다. 마닐라의 중심은 요새와 총독부, 교회를 중심으로 에스파냐 사람이 모여 거주하는 성벽 도시((인트라무로스(intramuros))였고, 주변의 하천에 접한 습지대에 화인 거류지(파리안(parian))와 일본인 거류지가 형성되어 있었다. 한편 16세기에 마카오에는 아직 요새도 없어서, 포르투갈 사람은 광동 당국에 토지의 조차료와 정박세를 지급했고, 광동 당국은 그것을 조건으로 포르투갈 사람의 거주를 묵인했다.

또한 나가사키에는 1571년부터 포르투갈 배가 내항하기 시작했는데, 1580년에 영주인 오무라 스미타다가 예수회에 이 도시를 기증했다. 이로써 나가사키는 마카오에 뒤이은 포르투갈의 동아시아 무역 거점이자 예수회에 의한 일본 포교의 중심지가 되었다. 7년 후인

1587년에 도요토미 히데요시는 나가사키를 직할령으로 삼았지만, 그 후에도 예수회 선교사는 이 도시에 거주하는 것이 묵인되어 포르투갈 배와의 무역을 주도했다. 1592년대에는 나가사키의 인구가 5000명에 달해 일본인과 포르투갈인 외에 화인과 조선인 및 그들의 혼혈아가 잡거(雜居)하는 국제 항구가 되어 갔다. 나아가 16세기 말에서 17세기 초에 걸쳐 규슈 각지의 항구도시에는 '도진마치'가 출현한다. 이러한 도진마치는 선착장에 가까이 있는 경우가 많았고, 화인 해상이 상품을 배에 실은 후 출항할 때까지 거류하면서 영주의 관리하에서 일본인 상인과 교역하는 장이었다.

해역 아시아를 둘러싼 상품

13~14세기의 '열려 있는 바다'의 시대에도 인도양 무역과 내륙 아시아의 카라반(대상(隊商)) 무역을 통해 유라시아 대륙과 아프리카 대륙이 이어졌다. 나아가 15세기 말에는 유럽인이 아메리카 대륙에 도달하면서 새로이 지구상의 3분의 1(아메리카 대륙과 대서양)이 구대륙과 연결되었다. 그리고 1571년에 에스파냐 사람이 마닐라시를 건설했고, 이어서 멕시코와 필리핀을 잇는 태평양 항로가 열림으로써 지구상의 마지막 3분의 1(태평양)이 세계경제의 네트워크에 편입되어 갔던 것이다. 이 때문에 1571년이야말로 세계화[52]의 출발점이었다고도 논해진다.

---

52 상품과 자본, 서비스, 노동력, 정보, 기술 등이 국가나 지역을 넘어 세계 규모로 움직이는 상황. 그 기원에 관해서는 세계 전체를 잇는 교역 루트가 출현한 16세기 후반으로 보는 견해, 산업혁명 이후인 19세기 전반으로 보는 견해가 있다.

16세기에 들어서면서 동아시아 해역에서는 대량 소비 물자가 주요한 무역품이 되었고 종래에는 사치품이었던 생사와 견, 도자기, 후추 등도 좀 더 넓은 계층이 일상적으로 사용하는 상품이 되어 갔다. 이미 2장에서 서술한 바처럼 16세기 전반부터 동남아시아산 후추와 인도산 후추, 향신료, 약재, 광산물, 직물 등은 화인 밀무역업자와 포르투갈인이 동아시아 해역으로 활발하게 반입했는데, 16세기 후반이 되면서 화인 해상의 동남아시아 도항 금지가 해제되고, 포르투갈과 에스파냐가 중국 및 일본과의 교역 거점을 확보하게 되면서 무역품의 다양성과 그 총량도 한층 증대했다. 이와 같은 무역권의 확대와 무역품의 일용 상품화가 무역을 담당하는 사람들의 다양화와 함께 동아시아 해역에서 '교역의 시대'의 최성기를 가져온 것이다.

동아시아 해역의 무역품 중에서도 가장 인기 있는 상품이 이번 장의 첫머리에서도 소개한, 중국에서 생산한 생사와 견, 면포였다. 생사와 견의 주산지는 강남 삼각주 중심부의 수전 지역이며, 면포의 주산지는 삼각주 동부의 해안에 면한, 주변보다 약간 높은 곳이다. 특히 호주(湖州)의 생사, 소주 및 항주의 고급 견직물, 송강의 고급 면직물 등은 전 세계에 통용되는 브랜드 상품이었다. 예를 들면 16세기 말에는 마카오에서 나가사키와 인도로 각각 연간 60톤 정도의 생사가 운반되었으며, 해징에서 마닐라로도 생사와 견, 면포 등이 대량으로 수출되었다.

16세기 말에 마카오의 포르투갈인이 거래한 수출품과 수입품의 목록에 의하면, 중국(마카오)에서 일본(나가사키)으로는 생사와 견을 비롯해 금과 수은, 도자기 등이 수출되었고, 중국에서 인도(고아)로는 생사와 견, 금, 사탕, 생약 등이 운반되었으며, 그 대가로 일본과 인도

바다에서 본 역사

에서 대량의 은이 유입되었다. 또한 인도산 면포도 동남아시아 최대의 무역상품으로, 인도와 포르투갈의 해상이 동남아시아 각지의 항구도시로 공급했으며, 일부는 동아시아로도 운반되었다.

게다가 동아시아 해역에서 중국의 중요한 수출품으로 동전을 들 수 있다. 특히 복건 남부의 장주는 저질의 모조 동전을 생산하는 중심지가 되었고, 16세기 중기에는 왜구 세력이 모조전을 일본에 대량으로 밀수했다. 해금이 완화된 16세기 말에는 화인 해상이 동남아시아 각지로도 동전을 수출해, 그 어느 지역에서도 화폐경제가 확대되는 데에 커다란 역할을 수행했다. 또한 16세기 말에는 화약과 탄환의 원료가 되는 유황과 초석, 납 등의 군수품 무역도 급증했다. 일본산 유황이 해외로 수출되는 한편, 중국산 초석[53]과 납은 마카오와 복건에서 일본으로 밀수되었으며, 동남아시아에서 채굴한 초석과 납도 마카오와 마닐라를 경유해 일본으로 운반되었다. 그 외에 곡물과 가공식품도 주요한 무역품이었다. 시암과 버마, 자와 등 곡창지대의 쌀은 경작지가 부족한 각지의 항구도시로 수출되었고, 규슈에서 마닐라로는 에스파냐인의 주식인 밀과 항해식인 비스킷이 운반되었던 것이다.

동아시아 해역에서의 '은의 시대'

중국에서 생산한 생사와 견, 면포, 도자기 등은 동아시아 해역은 물론 세계시장에서도 특히 수요가 큰 인기 상품이었다. 이들 상품의

---

53   화승총이나 대포에 이용하는 흑색화약은 유황과 초석, 목탄 가루를 혼합해 만들어진다. 일본에서는 천연 초석이 산출되지 않아 중국산 초석과 동남아시아산 초석을 수입했으나, 16세기 말부터는 인공 초석이 제조되어 보급되었다.

대가로서 중국 시장에는 해외에서 막대한 은이 유입되었다. 16세기 말에 유럽에서는 금과 은을 비교한 값이 1 대 12, 일본에서는 1 대 10 전후였던 데에 비해 중국에서는 1 대 7 전후였으며, 막대한 외국 은이 유입되었는데도 은의 가치가 상당히 높은 편이었다. 이 때문에 은의 구매력이 큰 중국으로 일본 은과 신대륙 은을 나르고, 그 대신 에 중국 상품을 해외시장으로 수출하면 그 이익률은 한층 높아졌던 것이다.

16세기에 외국 은이 중국으로 유입되는 데에는 다음의 세 가지 경로가 있었다. 첫 번째, 이와미 은산 등의 일본 은이 포르투갈인의 나가사키-마카오 무역과 화인 해상의 밀무역을 통해 유입되었다. 두 번째, 포토시 은산 등에서 나온 신대륙 은이 에스파냐의 갤리언 무역으로 멕시코에서 마닐라로 운반되었고, 그곳에서 복건 해상이 중국 시장에 공급했다. 세 번째, 멕시코에서 유럽으로 운반된 신대륙 은의 일부는 포르투갈의 아시아 무역에 투자되었고, 구대륙에서 나온 은과 함께 인도양을 경유해 고아에서 마카오로 옮겨졌다. 1600년 전후로는 1년간 50톤에서 80톤의 일본 은이 중국으로 유입되었고, 25톤에서 50톤의 신대륙 은이 마닐라를 경유해 중국에 유입되었을 것으로 추산되며, 인도양을 경유해 마카오로 운반된 은을 포함하면 1년간 중국으로 흘러들어 간 외국 은의 총량은 100톤에서 150톤에 달했을 것이다.

마침 1570년대에는 명에서 일조편법(一條鞭法)[54]이 전국으로 보급

54　조세 및 노역의 과세와 납부를 간소화하고 합리화한 세제 개혁. 이에 따라 대부분의 조세 및

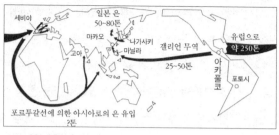

1600년을 전후한 은의 이동

되었고, 조세와 노역 부담이 대부분 은납화되어 갔는데, 그것이 외국 은의 유입과 연동되었음은 틀림없다. 동남 연해 지역에서 유입된 외국 은은 수출 상품의 대가로서 장강 하류를 중심으로 하는 국내 시장에 흡수되어 갔다. 이렇게 전국으로 확산한 은의 상당 부분은 조세로서 명 조정에 징수되었고, 나아가 그 대부분이 북방의 군수비 및 몽골과 여진을 상대로 한 국경무역(호시)의 대가로서 만리장성에 접한 북방 변경으로 보내진 것이다. 1600년 전후로 명 조정은 북방 변경의 군사비와 호시에 드는 경비로서 1년간 150톤 정도의 은을 지출했는데, 이것은 해외에서 유입되는 은의 양에 거의 필적한다. 그리고 북방 변경에 보내진 은은 대부분 군수품과 중국 상품의 대가로서 다시 중국 내지로 환류해 갔다.

16세기 말에는 외국 은이 중국으로 유입되고 환류한 결과, 명의 주변부에 은이 집중하는 세 곳의 호황 지대가 형성되어 갔다. 첫 번

노역은 토지 소유를 기준으로 은으로 납부하게 되었다. 1560년대에 동남 연해부에서 시작해 점차 전국으로 보급되었다.

째는 은의 생산지인 서일본이며, 두 번째는 일본 은과 신대륙 은이 유입되는 복건과 광동 등의 동남 연안이고, 세 번째는 조세로 징수된 은이 군사비 및 호시의 경비로 투입된 북방 변경이다. 그 결과로서 명대 후기에는 수출 상품 생산의 중심지인 강남 삼각주에서 특히 도시부의 대상인이 거품 호경기를 누리는 동시에 서일본과 중국 동남 연해, 북방 변경도 은의 산출과 유입에 의한 교역 붐으로 들끓게 된 것이다.

'경합하는 바다'와 신흥 세력의 대두

16세기의 동아시아와 동남아시아에서는 다양한 세력이 무역이 가져오는 이윤을 쟁탈하고, 나아가 무역의 이윤으로 군사력을 강화하며 통합했는데, 이러한 여러 세력의 '상호 투쟁' 속에서 점차 무역에 의한 이익과 군사력을 결합한 신흥 세력이 성장해 갔다. 한 가지 전형적인 사례가 버마의 따웅우 왕조다. 따웅우 왕조는 16세기 전반에 이라와지강의 중부 평원 지대에 진출했고, 나아가 벵골만의 해상무역 거점이었던 페구를 공략해 그곳으로 천도했으며, 버마 전역을 통일했다. 게다가 따웅우 왕조는 해상무역으로 서양식 화기를 대량으로 입수해 포르투갈인 용병으로 구성된 화기 부대를 편성하고, 주변 지역에 대한 군사적 확대를 진행했다. 1564년에는 마침내 아유타야를 공략해 시암을 정복하고 인도차이나반도에 강대한 제국을 건설했던 것이다.

따웅우 왕조가 아유타야를 공략한 4년 후, 일본에서는 오다 노부나가(織田信長)가 교토에 진출해, 열도의 중심부를 세력하에 넣었다. 따웅우 왕조가 페구를 중심으로 하는 해상무역을 장악하고 강력한 화기 부대를 편성해 세력을 확대한 것처럼, 오다 노부나가는 혼슈 최대의 교역항이면서 규슈를 거쳐 동아시아 해역으로도 이어지는 사카이를 장악하고, 나아가 세키쇼의 폐지와 조카마치(城下町)의 상업 진흥, 화폐가치의 공정화 등을 진행해 유통경제의 촉진을 도모했다. 그리고 대규모 화승총 부대를 편성해 일본열도의 통일로 진전해 나간 것이다.

게다가 오다 노부나가를 계승한 도요토미 히데요시는 규슈를 제압하고 나가사키와 하카타를 직할령으로 삼았으며, 해외무역을 장악하려고 시도하는 동시에 전국적인 토지조사(태합검지(太閤檢地)), 농민의 무장해제와 병농 분리(무기 몰수(刀狩令)), 사적인 무력 발동과 전투의 금지(總無事), 국내외에서의 해적 행위 금압(해적 정지) 등 일련의 정책을 통해 원심적이고 다원적인 여러 세력이 '서로 다투는' 상황을 좀 더 구심적이고 일원적인 질서 아래로 통합하고자 했다.

한편으로 도요토미 정권은 명을 상대로 국가 무역을 전개하고자 했지만 실패로 끝나 그 대외 정책은 과대망상적인 팽창주의로 향하게 되었고, 마침내는 두 차례에 걸친 조선 침략으로 폭발하게 되었다. 도요토미 정권은 그 구심적 권력을 최대한 발동해 서일본의 다이묘를 총동원해서 최신 화승총을 장비한 연인원 30만 명이나 되는 군대를 조선에 파견했다. 이 침략 전쟁은 조선 측의 저항과 명의 대규모 원군에 의해 완전한 실패로 끝났고, 도요토미 정권의 자멸을 가져오게 되었다. 그러나 이 16세기 세계에서도 최대 규모의 군사행동에 의해 명을 중심으로 하는 국제 질서는 대단히 큰 원심적 작용을 받게 되었다.

16세기의 교역 붐 중에 세 개의 호황 지대 각지에서 교역 활동을 장악하고 이익을 추출해 화기와 수군 등의 군사력을 강화한 신흥 상업 세력과 군사 세력이 성장해 '서로 다투게' 되었다. 그들의 움직임은 각각의 지역에서 경합하는 여러 세력을 통합하고 구심적인 방향으로 향했으나, 다른 한편으로는 상업 이윤과 군사적 확대의 상승작용에 의해 명을 중심으로 하는 동아시아 국제 질서에서 원심적인 방향성을 가졌다. 그 선구가 된 것이 일본의 도요토미 정권이었다고 할 수 있다.

17세기에 들어 명의 동남 해안과 동북 변경의 호황 지대에서도 다양한 상업 세력과 군사 세력의 '경합' 속에서 특히 유력한 신흥 세력이 살아남았고, 각각의 지역에서 구심적인 지배를 확립해 가는 동시에 명으로부터의 원심성을 강화해 갔다. 그 대표가 동북 변경의 누르하치와 홍타이지[55] 부자이며, 동남 연안의 정지룡[56]과 정성공[57] 부자였다.

세계 규모의 물품과 사람의 이동

동아시아 해역의 무역 질서가 새로운 시스템으로 재편되어 '교역

---

55 1592~1643년. 누르하치의 여덟 번째 아들로 후금의 제2대 칸에 선출되었고, 1636년에 국호를 대청으로 고치고 황제가 되었다. 내몽골과 조선을 복속했으며 지배 체제의 정비를 시행했다.

56 1604~1661년. 복건 천주 출신. 무장 해상 집단을 통솔해 복건 연안의 해상무역을 장악했다. 명이 멸망한 후 1646년에 청에 투항했으나, 아들인 정성공이 저항을 계속했기 때문에 처형되었다.

57 1624~1662년. 히라도에서 정지룡과 일본 여성인 어머니 사이에서 태어났다. 정지룡이 투항한 후에도, 하문을 거점으로 청에 대해 계속 저항했다. 1661년에는 대만의 네덜란드인을 몰아내고 대만으로 본거지를 옮겼으나, 이듬해 병사했다.

바다에서 본 역사

의 시대'가 최성기를 맞이한 16세기 말은 동시에 세계 규모의 경제가
출현한 시기이기도 했다. 동아시아 해역도 세계시장과 이어짐에 따라
특히 중국 상품이 신대륙과 구대륙의 각지로 운반되어 갔다. 인도양
해역에서는 15세기 이전부터 주로 무슬림 해상이 중국 상품을 대량
으로 수출했지만, 16세기에는 포르투갈인 등이 직접 유럽까지 중국
상품을 공급하게 되었다. 16세기 말에는 리스본의 한 거리만 해도 적
어도 여섯 개의 중국 도자기 전문점이 줄지어 있었고, 고아의 병원에
서는 늘 중국제 접시로 식사가 제공되었다고 한다. 1603년에 네덜란
드 배가 나포한 리스본행 포르투갈 상선에는 1200상자의 중국 생사
와 20만 개의 중국 도자가 적재되어 있었다.

또한 이번 장의 첫머리에서도 소개한 것처럼 중국에서 생산한 생
사와 견, 면포, 도자기 등은 복건 해상이 필리핀에도 대량으로 수출
했고, 나아가 에스파냐의 갤리언 무역에 의해 마닐라에서 멕시코의
아카풀코로 운반되어 갔다. 싸고 좋은 중국산 견은 에스파냐 본국의
견직물업자에게서 금세 멕시코 시장을 빼앗아 버렸다. 게다가 중국
생사가 유입되면서 멕시코에서는 현지의 생사 생산이 쇠퇴 일변도였
던 한편으로, 중국 생사를 이용한 견직물업이 발달해 갔다.

중국 상품은 멕시코에서 포토시 은산의 소재지인 페루로 운반되
어 갔다. 16세기 말의 페루에서는 남편이 부인의 옷을 짓는 데에 에
스파냐산 견을 사용하면 200페소 이상이 들었지만, 중국산 견을 사
용하면 25페소로 충분했다고 한다. 페루의 수도 리마의 시민은 모
두 질 좋고 고가인 견을 둘렀고, 리마의 부인이 입은 견 드레스는 세
계 그 어느 곳보다도 고급스러웠다고 한다. 에스파냐 왕 펠리페 2세

는 포토시 등의 페루산 은과 멕시코산 은의 유출을 막기 위해 때때로 중국 상품의 수입 제한령을 발했으나 조금도 효과가 없었던 것 같다. 게다가 중국 상품은 피정복자인 인디오의 유력자에게까지 수용되어 갔다. 1602년에 어떤 인디오의 수장 부인이 남긴 유산 목록에는 '중국제 새틴(satin, 繻子) 태피스트리(tapestry)'가 포함되어 있었고, 그 무렵 쿠스코의 잉카족 사람들이 에스파냐에 있는 동포에게 보낸 잉카 역대 왕[58]의 초상화도 '중국제 태피터(taffeta, 琥珀緞)로 짠 백포(白布)'에 그려져 있었다고 한다.

이러한 세계적 규모의 물품 유통을 담당한 것은 주로 유럽인이며, 동아시아 여러 나라의 사람들이 자기의 의지로 태평양과 인도양을 넘어 이동할 기회는 한정되어 있었다. 그래도 16세기 말에서 17세기 전반에 걸쳐서는 유럽으로 간 덴쇼(天正) 사절단과 게이초(慶長) 사절단 같은 저명한 사례 외에도 동아시아에서 외부 세계로 이주한 사람들이 있었음을 확인할 수 있다. 16세기 말에 마닐라에는 1만 명의 화인과 1000명의 일본인이 거류했으며, 그중에는 갤리언선으로 아메리카 대륙으로 건너간 사람도 드물지 않았던 듯하다. 1613년에 페루의 리마에서 행해진 인구 조사에 의하면 시내에는 서른여덟 명의 화인, 스무 명의 일본인이 거주했다고 한다. 그들 대부분은 하층의 직인이나 에스파냐인의 노예였으며, 어쩌면 인신매매나 채무 등에 의해 아메리카로 건너간 것일 수도 있다. 또한 1630년대에는 멕시코시 당국

---

58 13세기부터 페루를 중심으로 안데스산맥 일대를 지배한 잉카 제국의 제왕. 쿠스코를 수도로 삼아 광대한 영역을 통치했다. 1533년에 에스파냐인 에르난 코르테스(Hernán Cortés)에게 정복당했지만, 그 자손은 40년에 걸쳐 에스파냐에 계속 저항했다.

이 에스파냐인 이발사를 보호하기 위해 화인 이발사의 수를 열두 명으로 제한하도록 명했는데, 멕시코시에 화인 커뮤니티가 출현하고 있었던 듯하다.

16세기 이후 세계의 해상무역에서 노예는 가장 중요한 상품 가운데 하나였다. 이것은 물론 동아시아 해역에서도 예외는 아니었다. 특히 조선 침략에 동원된 다이묘는 현지에서 매우 많은 사람을 납치해 영내로 연행했으며, 나가사키 등에서 외국 상인에게도 매각했다. 카를레티도 그 무렵 나가사키에서 조선인 노예 다섯 명을 사들였다. 카를레티는 그들을 기독교로 개종시켰고 그중 네 명을 고아에서 해방해 안토니오라는 조선인 한 명과 일본인 한 명을 데리고 유럽으로 귀항하는 길에 올랐다. 그들은 대서양에서 네덜란드 배에 습격당해 일본인은 그때 사망했고 카를레티와 안토니오는 네덜란드로 연행되었으나 후에 피렌체로 돌아왔고, 안토니오는 그곳에서 로마로 이동했다고 한다.

사료에는 거의 남아 있지 않지만, 실제로는 좀 더 많은 사람이 인신매매 등으로 말미암아 동아시아 각지에서 아메리카와 유럽으로 건너갔을 것이다. 플랑드르 회화의 거장인 페테르 파울 루벤스(Peter Paul Rubens)는 1617년에 안트베르펜(Antwerpen)에서 중국에 갔다가 돌아온 예수회 수도사 니콜라 트리고(Nicolas Trigault)와 회견해 중국옷을 입은 트리고의 초상을 남겼는데, 그와 함께 조선의 관복을 입은 동양인 남성의 초상도 그렸다. 일본군에 피랍되어 포르투갈인에게 팔린 조선인은 나가사키와 마카오 등에서 기독교로 개종당하는 일이 많았다. 이 남성도 기독교로 개종해 트리고가 그를 유럽으로

루벤스가 그린 조선인 남성상

데리고 돌아갔을 것이다.

16세기, 특히 그 후반에는 세계적 규모로 일어난 물품과 사람의 이동에 수반해 다양한 문화와 신앙, 공예, 기술 등이 전파되고 융합하거나 경합했다. 4장에서는 이러한 문화 교류의 여러 모습을, 특히 동아시아 해역과 외부 세계 사이의 상호작용에 주목해 그려 내고자 한다.

4   다양하고 뒤섞인 문화의 전개

항구도시에서 동아시아 해역을 보다

16세기 동아시아 해역의 문화적 양상을 구체적으로 이야기하는 실례로서 해역 교류의 교차점이었던 항구도시에 묻힌 유적만큼 웅변하는 것은 없다. 여기에서는 근년에 발굴 사례가 집약적이고 충실하며, 풍부한 문헌 사료와의 비교와 대조도 진전되고 있는 일본 규슈의 분고(豐後) 후나이(府內: 오이타시(大分市))의 사례를 보려고 한다.

후나이는 오이타강이 벳푸만(別府灣: 세토 내해)에 흘러들어 가는 하구에 만들어진 항구도시로 고대 이래 해당 지역의 정치적 중심지였으며, 16세기에는 광범한 무역 활동을 했던 영주 권력인 오토모씨의 본거지가 되었다. 5000채의 건물이 있는 서일본 유수의 도시는 오토모관(영주 권력의 정치적 거점)을 중핵으로 고쇼코지마치(御所小路町)와 가미이치마치(上市町), 고오자마치(工座町), 도진마치(화인 거류지) 등 마흔다섯 개의 마을이 있었다고 한다. 우선 오토모관으로 추정되는 부지와 그 주변에서는 금박 하지키(土師器) 접시와 금제 장식 금속 부품 등 금박 제품과 천목 다완(天目茶碗) 등의 차 도구 외에, 유리 제품과 연옥(鉛玉: 철포탄), 화남산 유물, 태국(시암)산 유물이 출토되고 있다. 마치야(町屋) 유구(遺構)에서 나온 특징적인 출토 유물로는 중국의 경덕진요 계통과 장주요 계통의 청화자기[59]가 많이 보인

---

59   백자의 유하에 오수(코발트를 주로 하고 망간과 철 등이 함유된 천연 광물로 만든 청색 안료)로 그림을 넣고 투명한 유약을 발라서 구운 자기. 청색과 백색으로 디자인되었으므로 중국에서는 '청화'로 불린다.

다. 그중에는 유통하는 상품이 아니라 중국과의 무역에 종사하는 자 혹은 도래 화인이 일상생활용품으로 사용했을 것으로 추정되는 물품도 있다. 조선산과 태국산, 베트남산의 유물에 더해 일본 국내에서는 몇 점밖에 출토 사례가 없는 미얀마(버마)산의 물품도 확인할 수 있다. 유적의 일부에서는 유물의 6할 이상을 무역 자기가 점하는 유구도 있다. 마치야 유구에서는 기리시탄(기독교인) 유물도 발견되었다. 1551년에 프란치스코 하비에르가 포교 활동을 한 이후 예수회 선교사의 중요 활동 거점으로서 기능한 후나이에는 기독교 교회와 콜레지오(Collegio),[60] 서양 의료를 행하는 병원 등이 열렸고, 교회 묘지에서는 일본인 기리시탄의 매장 인골도 출토되고 있다.

후나이에서 출토되는 유물의 다양함은 명의 해금 체제가 이완되는 것에 동반해 활발한 교역 활동을 재시동한 화인 해상에 더해서, 유럽 세력도 새롭게 등장하게 된 동아시아 해역의 특징을 단적으로 보여 준다. '화인이 외이(外夷)에 들어가는' 시대가 된 16세기에는 동아시아 각지에 화인 거류지가 형성되어 그들의 문화가 주변 지역에 직접 유입되었다. 이러한 화인 해상이 거류지에서 한 행동을 후나이의 사례로 보면, 그들은 해당 지역에서 소수집단으로 몰락하는 일 없이, 일본인과 잡거하는 형태를 취하는 느슨한 화교(華僑) 사회를 만들었다. 그리고 고도의 전문적 능력을 살려 현지 사회에서의 역할을 수행하며, 선진적 기술 전도자로서 사회적 지위도 확립했다. 일본

---

60 성직자를 양성하고 일본인에게 서양 문화를 가르칠 목적으로 설치된 기리시탄의 학교로 분고 후나이에는 1580년에 창설되었다.

의 종교 시설에 참배하고 기증 행위를 하며 종교의식에도 참가하는 화인의 모습은 다른 문화, 종교, 신앙의 혼합을 보여 준다.

이러한 화인 해상의 네트워크를 좇아 동아시아 해역으로 새로이 진출해 온 유럽 세력도 무역 활동과 연동해 자신들의 신앙과 문화, 신기술을 직접적으로 들여왔다. 후나이에서 출토되는 기리시탄 관계 유물의 다양함은 그 상징이라고도 할 수 있다. 한편 이국인과 접촉한 일본인 측에도 다른 물품을 받아들이려고 하는 개방성이 있었으며, 화인 문화뿐만 아니라 유럽에서 도래한 기독교를 포용하는 관용도 있었다. 이와 같은 후나이의 개방성은 다른 문화와 교류하는 창구라고도 할 수 있는 항구도시라는 공간의 문화를 혼합하고 융합할 잠재적 가능성을 보여 준다. 16세기의 동아시아 해역에서는 다양한 문화가 병존하고 침투할 뿐 아니라 때로는 반발하거나 경우에 따라 융합하기도 했다. 다른 문화와 접촉하는 최전선인 각지의 항구도시에서는 다원적 문화의 경쟁이라는 드라마가 늘 펼쳐졌던 것이다.

이번 장에서는 이와 같은 16세기의 다양한 문화적 모습 중에서 복합적인 해역 교류가 문화 면에 초래한 상징적인 사례로서 신앙(항해신과 기독교)과 공예(도자기, 병풍, 남만 칠기), 기술(화기와 출판), 정보에 초점을 맞추어 서술하려고 한다.

확대되는 교역권과 항해신

16세기 동아시아 해역의 항구도시를 왕래한 사람들은 배 여행의 안전을 자신이 믿는 항해신에게 강하게 기원했다. 16세기가 되자 화인 해상의 활발한 활동으로 마조(천비)와 용왕,[61] 관세음보살[62]과 같은 항해신의 신앙이 광역화했고, 향토의 신들을 믿던 각지의 연안 사람들에게 점차 강한 영향을 주었다. 특히 화인 해상의 활동과 함께 동아시아 해역으로 광범위하게 전파된 것이 마조 신앙이다. 복건성 미주도를 본산으로 하는 마조 신앙은 복건 배의 해외 진출과 겹쳐서 중국 남부 연안에서 류큐와 남서일본, 동남아시아 각지로 퍼졌다.

마조 신앙은 예를 들면 용왕 신앙이 강한 절강성 연안에서는 마조가 용왕의 딸(용녀(龍女))이라는 형태로 수용되었다. 또한 주산군도에서 발신되는 항해 수호불로서의 보타산의 관세음보살은 이미 1부의 시대에 중국 중부 연안에서 한반도 연안과 서일본에 걸쳐 확산되었는데, 마조도 관세음보살의 화신이라는 새로운 의미가 부여되어, 보살이라는 통칭이 류큐와 규슈에서는 일반화했다. 용왕 신앙은 산동 연안과 한반도 연안에서도 융성했다. 산동의 용왕 신앙은 국가신(동해신)과 연결되어 동해 용왕이 되었는데, 연안 사람들 사이에서는 여성화한 용녀신(해신낭랑(海神娘娘)) 쪽이 인기가 있었다. 1부의 시대에 해운(조운)의 수호신으로서 국가신으로 승격한 마조는 명대에도 정화 등의 해외 원정과 연안 각지의 해안 방어소의 수호신으로서 국가신이라는 위광을 더했다. 다만 홍무제가 평랑후(平浪侯)에게 봉한 안공(晏公) 등의 신흥 국가신도 등장했기 때문에 지역에 따라서는 부침

---

61 용족(龍族)의 왕을 가리킨다. 불교에서는 '8대 용왕'을 지칭하며, 항해신 가운데 하나로 여겨졌다.

62 관세음보살을 항해의 수호신으로 삼는 신앙으로, 인도에서 발생해 관음 신앙의 전파와 함께 아시아 각지로 확산되었다.

바다에서 본 역사

이 심했다. 산동과 요동 사이에 있는 묘도(廟島)에 설치된 천비궁은 한편으로는 '용녀묘'로 불렸고, 계층에 따라서 신앙하는 신격이 변화했던 것이다.

일본열도에는 규슈의 화인 거류지를 중심으로 마조 신앙이 전래되었지만, 한편으로 현지에서는 오래전부터 믿어 온 독자적인 항해신도 확인할 수 있다. 예를 들면 세토 내해의 해적단은 이쓰쿠시마(嚴島) 신,[63] 난카이(南海: 기이반도에서 시코쿠까지)에서 규슈 남부까지는 구마노 계통의 12소(所) 권현(權現) 등 지역과 밀접한 신들도 계속해서 신앙되었다. 그 후 '동란의 시대'였던 16세기의 시대 상황과도 겹쳐서 군신이기도 한 하치만 신의 인기가 고조되었으며, 이윽고 하치만 신이 해상 무장 세력(왜구)의 우두머리가 되기도 했다. 다만 지역에 따라서는 무나카타(宗像) 3신[64]이나 이쓰쿠시마 신의 인기도 대단했다.

한편 이 무렵 일본에서 명으로 향한 외교사절(견명사)은 14세기 말이래로 선종 승려가 임명되었는데, 그들은 시카노시마(志賀島) 문수보살과 히라도섬의 칠랑권현(七郎權現) 등 중국과 일본 사이의 항로상에 있는 향토의 신들을 항해신으로 신앙했다. 특히 칠랑권현은 본

---

63 히로시마현 미야지마쵸에 있는 이쓰쿠시마 신사의 여러 신으로, 이치키시마히메노미코토(市杵島姬命)와 다고리히메노미코토(田心姬命), 다기쓰히메노미코토(湍津姬命) 등을 가리킨다. 다이라노 기요모리(平淸盛)를 비롯한 다이라 가문이 깊이 존숭했을 뿐만 아니라 세토 내해를 비롯한 곳의 연해민들에게 지지를 받았다.

64 해신인 다고리히메노미코토와 다기쓰히메노미코토, 이치키시마히메노미코토 등 세 여신을 말한다. 후쿠오카현의 무나가타 신사 3궁(오쿠쓰미야(奧津宮)와 나카쓰미야(中津宮), 헤쓰미야(邊津宮))에 모셔지고 있다. 무나카타 신은 해인 집단 외에도 항해의 수호신으로서 국가에서 제사를 지내 모시는 신이었다.

래 용신이자 해신 또는 사원의 가람신으로서 송에서 명에 걸친 중국에서 확산된 신(초보칠랑신)인데, 송과 일본 사이의 활발한 교류로 인해 일본에 전래되어 정착한 것이다. 그 후 16세기 대륙 사회에서는 위타천(韋馱天)이나 관제(關帝)가 가람신으로서 세력을 확대했고, 마조가 항해신으로서 침투했기 때문에 초보칠랑은 쇠퇴해 잊히고 말았다. 그러나 일본에서는 송나라 불교를 도입한 선율 사원의 가람신으로서 존속하게 되었고, 히라도의 칠랑권현처럼 항해신으로서 계속해서 귀의의 대상이 되었던 것이다. 여기서 신들도 그 존재를 두고 서로 경쟁했음을 알 수 있다.

기독교의 포교와 상극

16세기는 동아시아의 신들이 신앙되는 공간에 기독교라는 서양의 이교(異教)가 유럽 세력의 무역 활동과 일체화해 들어오는 시대였다. 인도의 고아를 거점으로 남아시아와 동남아시아에서 기독교의 포교 기반을 정비하는 데에 종사한 예수회[65]의 하비에르는 1547년에 포르투갈인 사무역 해상들의 배로 믈라카에 와 있던 가고시마 출신의 야지로(彌次郞)와 만나, 일본에 포교하겠다고 결심했다. 하비에르는 믈라카에서 일본으로 도항하는 포르투갈인 해상의 배를 찾을 수 없어서, 화인 해상 아반[66]의 배로 가고시마에 상륙했다. 하비에르는 아

---

65   16세기에 이그나티우스 데 로욜라(Ignatius de Loyola)를 중심으로 프란치스코 하비에르 등 동지 7인으로 창립된 사제 수도회. 가톨릭 부흥 운동을 관철하는 최전선에 섰으며, 일본에는 1549년에 하비에르가 전했다. '야소회(耶蘇會)'라고도 한다.
66   믈라카에서 결혼한 후에 활약한 화인 해상으로, '라드랑(Ladrão: 해적)'이라는 이름을 가졌

반이 선상에서 우상을 섬기고, 항해 중에 빈번하게 주사위를 던져 점을 쳤다고 보고하는데, 이것은 마조와 같은 항해신을 가리키는 것으로 생각된다.

야지로는 기독교로 개종하고 하비에르의 일본 포교 활동을 도왔으나 하비에르가 일본을 떠난 후에는 예수회를 이탈해 해상 무장 세력에 가담했다. 믈라카의 예수회 사제 프란시스코 페레스(Francisco Pérez)에에 따르면, 일본에 도착한 지 얼마 지나지 않은 하비에르 일행이 발신한 서간 몇 통이 화인의 정크선으로 믈라카에 도착했는데, 그 배에는 네 명의 일본인이 승선했으며 믈라카에서 기독교인인 화인의 집에 투숙하는 사이에 기독교로 개종했다고 한다. 일본에서 기독교는 규슈와 기나이를 중심으로 1590년대까지 예수회가 독점으로 포교했으나, 16세기 말에는 에스파냐계 탁발 수도회[67]가 일본으로 도항해 혼슈를 중심으로 활동 범위를 넓혀 나갔다.

초기의 포교는 포르투갈인의 무역선 유치를 조건으로 외국선과 교역하기를 바라는 영주 권력 등의 지배자층을 우선 기독교로 개종시키고, 다음으로 가신단과 영민으로 확대해 가는 전략을 취했다. 하지만 수용하는 측인 영주 권력도 단순하게 기독교로 옮겨 갔던 것은 아니었다. 예를 들면 히젠 오무라씨의 영지에서는 기독교의 침투로

다. 하비에르의 서간에 따르면 중국 장주에서 사망한 것으로 되어 있다.
67　프란치스코회와 도미니코회, 아우구스티노회를 가리킨다. 기원은 십자군 운동으로 피폐해진 13세기 유럽에서 청빈과 무소유를 원칙으로 하며 예수를 본받아 생활하고자 마음먹은 수도자 집단. 예수회가 일본으로 도항하는 거점을 마카오에 둔 것에 비해, 에스파냐령 마닐라를 아시아에서의 활동 거점으로 삼았다.

인해 오래된 이세(伊勢) 신궁의 신자가 감소했고, 오하라이(御祓) 다이
마(大麻: 기도찰(祈禱札))를 받는 사람의 수가 줄어들었다. 그러나 한
꺼번에 지배자층이 개종해 버리는 것은 '이교도'인 향토 세력과 마찰
을 불러일으키기 십상이다. 그 때문에 오무라씨의 당주(當主)는 집안
사람들부터 순서대로 4인 혹은 6인씩 소수로 개종시켰고, 기독교가
지배자층 속으로 서서히 퍼지게 했다. 그리고 당주 자신은 이세 다이
마를 계속 받았으며, 사실상 기독교 신앙과 이세 신앙(물론 신불 습합
의 상태였다.)을 병존시키고 있었다. '기리시탄 다이묘'[68]의 전략적 판
단이라고는 해도, 실제로는 신앙이 상호 경쟁하면서 중층적으로 존
재했다는 점도 이 시기의 특징이라 할 수 있다.

　포교 수단에는 영주 권력 아래에 교회와 병원, 빈민 구제 시설과
고아원을 만들어 풀뿌리처럼 민중을 교화해 가는 방법도 있었다. 병
원과 고아원은 일본에서 예수회에 입회한 포르투갈인 무역 해상인
루이스 드 알메이다(Luís de Almeida)의 희사로 설립되었다. 알메이
다는 예수회에 입회한 후 자기 재산을 운용해 예수회의 포교 자금을
획득하는 수단으로서 무역을 시작했다. 이후 일본과 중국에서 예수
회의 포교는 오로지 그들이 행하는 무역 수익에 의지하게 되었고, 재
무를 담당하는 회계 책임 사제의 자리가 중요해졌다. 예수회에 기부
된 나가사키가 마카오에서 온 정기 항선의 입항으로 인해 일본 국내
에서 가장 풍요로운 항구도시가 되자, 전국에서 모인 조닌(町人)들은
모조리 기독교에 귀의했다. 16세기 말에 일본 전국의 기리시탄 인구

68　전국시대에서 에도 시대 초기에 걸쳐 가톨릭에 귀의한 다이묘를 가리킨다.

는 30만 명으로 추산된다.

한편 1557년 이후에 포르투갈인들이 광주에서의 호시를 위해 상주하게 되었던 중국의 마카오에서는 성 바오로 신학교라는 예수회 사제를 양성하는 기관을 중심으로 선교사들이 활동했고, 서양의 과학기술을 전수한다는 명목으로 명의 궁궐에 초빙되는 사람도 있었다. 특히 마테오 리치(Matteo Ricci)[69]는 16세기 말에 중국으로 들어가, 현지에서 사대부[70]층과 교류하는 가운데 서양 문명을 소개하면서 서서히 교화를 도모하고자 했다. 이러한 활동으로 인해 17세기가 되면 기독교는 지식인 사회와 궁정에서 일정한 지분을 얻게 되었으며, 그것을 통해 서구의 과학과 학문 및 예술이 전해져 갔다.

이처럼 동아시아 해역에서 기독교는 일본에서 16세기 후반에 열도 서부를 중심으로 상당한 신자를 획득했지만, 중국에서는 17세기가 되어서야 포교가 궤도에 오르기 시작했으며, 각국마다 포교가 진전되는 데에는 시간 차가 있었다. 그러나 일본 사회에 서서히 침투하던 기독교는 16세기 말에 도요토미 정권이 기독교 금지령을 발포한 이후 금지와 탄압이 격화했다. 중국에서도 17세기 후기에는 청이 기독교에 대한 금령을 강화해 갔다. 동아시아 해역은 점차 기독교 신앙이 금지되는 시대를 향해 갔던 것이다.

---

69 1552~1610년. 이탈리아의 예수회 선교사. 중국 이름은 리마두(利瑪竇). 북경 정주를 허락받고 중국에 가톨릭을 포교하는 기반을 마련했다. 서양 학술을 소개하기도 했다.
70 중국의 지식계급과 과거에 합격해 관직에 있는 자를 가리킨다.

해역 아시아를 이어 주는 도자의 길

분고 후나이에서 대량으로 출토되는 도자기는 중국을 중심으로 생산되어, 아시아 역내뿐 아니라 세계 각지로 반출되는 가장 중요한 공예품이었다. 15~16세기의 중국 자기는 그동안 주류를 점하던 청자와 백자를 대신해 청화자기(일본에서는 '소메츠케(染付)'로 불렀다.)가 대량으로 생산되었다. 명에서는 경덕진에 관요(官窯)를 설치했고, 힘찬 무늬를 강조하는 원대의 작풍과 달리 우아하고 아름다우면서 공간을 강조한 작품인 청화가 창출되었다. 명대에 양질의 코발트 안료는 서아시아에서의 수입에 의지했기 때문에 각 연대의 발색은 그 시대의 무역 상황을 반영한다. 예를 들면 만력(萬曆) 연간에는 중국 국내에서 생산되는 절청(浙靑)[71]이 주로 사용되어 색의 배합이 약간 거무스름하게 되었는데, 이는 이 무렵에 코발트 안료의 수입이 곤란해졌기 때문으로 생각된다.

한편 주로 궁정과 일부 부유층을 대상으로 한 청화는 민요(民窯)[72]에서 생산하는 제품이 15세기 이후에 증가하기 시작해 16세기에는 현저하게 발전했으며, 기술 수준에서도 관요에 버금갈 정도가 되어 관요에서도 구워 만드는 일을 민요에 위탁하게 되었다. 또한 민요의 제품은 경덕진 외에 복건 남부의 장주요 등에서도 생산되었고, 경덕진의 복제 상품 등 조잡하게 만든 수출용 도기가 생산되어 동남아시

---

71   서방에서 수입되는 회청(回靑)과 중국 강서 지방에 나오는 평등청(平等靑) 및 석자청(石子靑)과 달리 절강 지방에서 산출된 오수(유약)를 가리킨다.

72   궁정용과 관아용으로 도자기를 굽는 '관요'의 대척점에 있는, 민간용으로 도자기를 굽는 요(가마)를 가리킨다. 단 관용품의 생산이 민요에 위탁되는 경우도 있었다.

아에서 유럽 여러 나라에 걸쳐 널리 수출되었다. 후세에 이들 해외용 수출 제품을 유럽에서는 '스와토 웨어(Swatow ware)'*로 불렸고 일본에서는 '고스데(吳州手)'로 부르며 애용했다. 그 문양 구성에서 '후요데(芙蓉手)'로 불리는 제품도 16세기 후반부터 만들어지기 시작해 비로소 일본과 서아시아, 유럽에서 그 모방품이 생산되는 등 세계적으로 일대 붐을 일으켰다.

중국에서 청화의 관요가 주류였던 시대, 즉 14세기 후반에서 16세기에 걸쳐 베트남과 태국, 미얀마에서는 중국의 청자와 청화 등을 모방한 도자기가 생산되어 활발하게 해외로 수출되었다. 특히 서아시아의 이슬람권에서는 14세기 중엽 이후 태국산 도자기와 미얀마산 도자기가 중국 도자기에 필적하는 비율로 출토되고 있다. 또한 남중국해의 해상무역이 침체한 15세기 중기에는 동남아시아에서 중국 도자기의 유통량이 감소하고, 이를 대신해 태국과 베트남에서 도자기 생산이 발전했다. 그러나 16세기 말에 동남아시아 도자기의 생산 체제는 국내용으로 전환되어 축소해 갔다. 그 배경에는 명이 해금 정책을 완화하면서 동남아시아 방면으로 수출되는 중국 도자기가 급증했다는 시대 상황이 있었다. 해금 완화는 중국 민요의 발전을 촉진해 중국 민요 제품이 동남아시아 시장을 석권하면서 동남아시아 도자기는 상대적으로 시장을 빼앗기고 말았다. 해금 체제의 이완은 동중국해와 남중국해의 도자기 무역구조에도 커다란 변용을 가지고 온 것이다.

---

* **옮긴이 주** _ 중국 광둥성 북부 산터우(汕頭)에서 적출되었다고 여겨져서 붙여진 호칭.

시대를 비추는 병풍

1582년에 유럽으로 간 덴쇼 사절단은 예수회 일본 순찰사 알레산드로 발리냐노(Alessandro Valignano)[73]와 함께 포르투갈 배로 나가사키에서 출발했다. 이때 발리냐노는 오다 노부나가에게 받은 「아즈치 성 그림 병풍(安土城圖屛風)」을 휴대했다. 이 병풍은 오다 노부나가가 가노 에이토쿠(狩野永德)에게 명해 7층의 천수각이 있는 아즈치 성과 아즈치의 마을을 그리게 한 것이었다. 가노 에이토쿠는 16세기 초두에 확립한 명쾌하고 단정한 가노파 화풍을 일변해, 힘차고 호화로우며 규모감이 있는 새로운 양식을 개척한 모모야마 미술을 대표하는 화가로, 오다 노부나가와 도요토미 히데요시 같은 당시 권력자들의 기호에 계속해 부응한 시대의 총아다. 가노 에이토쿠가 제작한 「아즈치 성 그림 병풍」은 로마 교황에게 헌상되었고 이후에는 바티칸 궁전의 지지랑(地誌廊)에 전시되었다. 유감스럽게도 현재 이 병풍의 존재는 확인할 수 없기 때문에 '환상의 병풍'으로도 불리고 있다.

일본제 병풍은 가노 에이토쿠의 병풍이 보내지기 전부터 일본과 동아시아 여러 나라 간의 외교 무대에서 답례품으로서 전통적으로 이용되어 온 미술공예품이다. 특히 '금병풍'으로 불리는, 금빛과 푸른빛이 많이 사용되고 부귀함과 길하고 상서로운 특징을 갖춘 화조화(花鳥畵)가 그려진 호화로운 병풍 여러 개가 바다를 건넜다. 병풍은 평소에 사용하는 물품이면서 회화 작품이기도 해서 그 풍부한 장

---

73   1539~1606년. 이탈리아의 예수회 선교사로 순찰사로서 세 차례 일본을 방문했다. 『일본 순찰기』를 저술했다. 일본인 성직자를 양성하는 학교를 설립하고 덴쇼 소년 사절단의 파견과 기리시탄판의 출판 등에도 종사했다.

식성은 생활미술로서 빼어났다. 16세기 중엽 이후에 예수회 선교사로서 일본을 방문한 사람들은 이러한 일본의 병풍을 접하고 큰 호기심과 홍미를 가졌던 것이다. 그 결과 루이스 프로이스(Luís Fróis)[74]가 "병풍 가운데 몇 개는 이미 포르투갈과 로마에 보내졌고 매년 인도로 가는 배에 다량으로 실려서 나간다."(『일본사(*Historia de Japam*)』)라고 말하듯 병풍은 끊임없이 유럽으로 수출되었으며, 병풍이라는 말은 그대로 포르투갈어와 에스파냐어에 쓰여 'biombo(비옴보)'가 되었다. 가노 에이토쿠의 「아즈치 성 그림 병풍」이 바티칸에 장식된 사실은 일본의 병풍이 유럽에 당도한 시대를 상징하는 기념비적인 사건이었다고 할 수 있다.

이 무렵 일본에서는 남만 병풍[75]으로 불리는 병풍이 대량으로 등장했다. 이것은 16세기 후반에 내항한 남만인과 남만선 등, 이른바 '남만스러운 것'을 모티브로 한 병풍이다. 남만이란 본래 한족이 화이 의식을 바탕으로 중국 남부의 이민족을 멸칭하는 용어였다. 그러나 16세기 이후의 일본에서는 오히려 동남아시아 방면에서 내항하는 포르투갈 세력과 에스파냐 세력을 지칭하는 경우가 많으며, 멸칭이라기보다는 이국풍의 신비로움이라는 뉘앙스로 사용되었다. 남만 병풍에는 6곡 1쌍의 좌우 척에 일본과 이국에서 활동하는 남만인과 남만

---

74 1532~1597년. 포르투갈의 예수회 선교사. 1563년에 일본을 방문해 주일본 포교장으로서 오다 노부나가의 환대를 받았다. 『일본사』와 『유럽 문화와 일본 문화의 비교』를 저술하는 등 일본 사정에 정통해 발리냐노의 통역을 맡기도 했다.
75 16세기 후반에서 17세기 전반에 내항한 남만인과의 교류를 묘사하는 병풍과 그림을 가리키는 것으로, 좁은 의미로는 도래한 남만인이 상륙하는 모습과 교역하는 모습을 그린 병풍을 지칭한다.

가노 나이젠(狩野內膳)이 제작한 남만 병풍

선, 남만 무역으로 전래된 문물 등이 묘사되어 있다. 세계라고 하더라도 부상(扶桑: 일본)과 진단(震旦: 중국), 천축(天竺: 인도)이라는 삼국세계관을 지녔던 당시의 일본인은 새로이 등장한 남만 세계의 사람과 물품, 풍속 문화 등에 강한 호기심을 품었고, 그 모습을 상세히 병풍에 그려 넣은 것이다. 다만 그리는 대상은 참신했으나 여전히 전통적으로 획득해 온 형식과 그림 재료를 사용했기에 양식은 이 시대에 그려진 인물화와 공통된 것이었다. 또한 그려지는 도상을 보아도 남만인과 남만선의 묘사는 비교적 정확한 경우가 있으나, 실제로 볼 수 없었던 이국의 건물 등은 상상에 맡긴 채 그려졌고, 본래는 유럽적인 건조물일 것이 동양적인 건조물로 대용되는 점이 흥미롭다. 남만 병풍은 병풍이라는 일본의 전통적인 미술공예품의 형태와 기법, 표현으로 서양적인 물품을 그린다는 점에서 동서의 요소가 혼합되어 있다고 할 수 있다. 그런 의미에서 16세기 동아시아의 해역 교류의 양상을 생생히 이야기해 주고 있다.

바다에서 본 역사

해역 교류의 확대와 남만 칠기의 탄생

포르투갈인은 모양은 유럽풍이지만 그들이 방문한 아시아 현지의 기술과 장식 기법을 이용한 다양한 기물을 만들어 냈다. 이와 같은 기물의 양식적 특징은 인도에서 포르투갈의 일대 거점이었던 고아에서 성립했을 것으로 생각되어, 인도-포르투갈 양식(인도 양식과 포르투갈 양식의 혼성 양식) 등으로 불린다. 포르투갈인이 아시아의 다양한 공예품과 공예 문화에 눈을 돌린 결과, 인도-포르투갈 양식과 같은 절묘한 형태의 공예품이 아시아 각지에서 생산되었고 유럽용으로 수출된 것이다.

남만 칠기[76]도 형태는 대체로 유럽의 기물을 모델로 하나, 일본에서 발달한 기법인 마키에(蒔絵)*가 이용된다. 다만 문양의 표현은 일본의 전통과는 동떨어져 있다. 남만 칠기는 공간을 꽉 채우는 장식 문양과 나전(螺鈿)[77]을 많이 사용한다는 특징이 주목된다. 나전에 관해서는 조선의 나전과의 관련성이 지적되는데, 남만 칠기에는 조선과 중국처럼 전통적으로 일본 미술 속에서 긴밀한 관계가 있었던 국가뿐 아니라 인도 북서부 구자라트 지방의 공예품과 공통점이 확인된다. 전체 면에 조개를 붙인 남만 칠기는 구자라트 지방의 조개 세공을 기본으로 하며, 인도에서 남만 칠기와 같은 규격의 장롱(옷장) 등이 만들어지는 것도 양자의 관련성을 뒷받침해 준다. 이러한 유사

---

76   포르투갈 상인들이 수출한 칠기류를 가리킨다.

*   **옮긴이 주** _ 금가루와 은가루를 뿌려서 다듬는 일본 특유의 칠공예 기법.

77   칠공예의 한 기법으로 야광패와 전복 같은 진주색을 내는 조개껍데기를 문양으로 잘라 나무 재료나 칠기 면에 삽입하거나 붙인 것.

품이 일본에서 만들어진 것은 유럽인이 일본의 칠기에도 '인도적인' 요소를 요구했기 때문이었다. 일본이라는 나라에는 친숙함이 없었던 데에 비해, 동방의 상징으로서 인도의 이미지는 대단히 친숙했기에 아시아에서 오는 물품에 그러한 요소를 요구했을 것이다. 따라서 일본적인 요소와 인도적인 요소를 모두 지닌 남만 칠기의 다양하고 복합적인 특징에서 당시의 유럽인이 요구했던 일본의 이미지(실은 인도적인 '동양' 이미지)와 실태 사이의 간격을 읽어 낼 수 있다. 거기에서는 유럽인이 가지고 온 물품이나 이미지와 일본의 전통적 기법 등이 반드시 조화되고 융합되지는 않았고, 이질적인 요소가 그대로 서로 부딪혔던 것이다.

또한 남만 칠기 중에는 드물게 작품 자체가 일본제가 아닌 부분이 조합된 것도 있으며, 다양한 양식의 융합과 혼성이라기보다도 오히려 이질적 요소가 하나의 작품 속에서 '서로 경쟁함'으로써 생각지도 못했던 효과가 나타난다. 남만 칠기는 일본적 요소와 인도적 요소, 그 외의 여러 가지 요소를 다양한 형태로 뒤섞는 과정에서 창출된 것이다. 여기서 중요한 것은 유럽인은 아시아 각지의 공예품을 비교하고 나서 각 지역의 특징적 기법을 살린 세간을 구했다는 사실이다. 강도와 품질이 뛰어나고 나아가 마키에 등의 기법을 구사하며, 회화적·장식적 표현을 자랑하는 일본의 칠기가 다른 지역의 칠공예보다 뛰어나다는 점이 주목되어 남만 칠기가 만들어졌을 것이다. 남만 칠기는 일본이 유럽으로 수출한 칠기 가운데 선구적 위치를 차지했으며, 아시아 각지의 중계 항구로도 수출되는 국제 상품이 되었다.

17세기 이후에 일본 칠기의 영향을 받은 물품이 다양한 지역에서 많이 만들어지는데, 멕시코에서는 남만 칠기의 영향을 받아 유화에 나전을 조합한 작품의 사례도 소개되고 있다. 이와 같은 동서의 여러 요소가 뒤섞여 만들어진 남만 칠기의 영향을 받아 새로운 혼합종이 세계의 타 지역에서 생성되는 현상을 통해 큰 바다의 동서 교류라는 측면만으로 파악하기 어려운, 이 시대의 해역 교류가 가지는 역동성을 느낄 수 있다.

화기 기술의 새로운 전개

해상무역으로 아시아에서 유럽으로 전래된 것이 도자기와 병풍, 남만 칠기라면 거꾸로 그 루트를 통해 유럽에서 아시아로 전해진 것이 새로운 화기 기술이다. 15세기 유럽에서 화기의 급속한 발전이 가져온 '군사 혁명'은 머지않아 서아시아로도 확대되었고, 16세기에는 동아시아 해역으로도 파급되어 그 후의 역사 전개에 커다란 영향을 미쳤던 것이다.

금속제 화기가 처음으로 실용화된 것은 13세기 중국이었다. 14세기 후반부터는 명에서 휴대용 '총통'과 대형 화포 등 방대한 화기가 제조되었다. 다만 15세기 중기 이후로 대규모 대외 전쟁이 사라지자 화기 기술은 혁신되지 않았고, 그 기술은 정체되어 16세기 초두까지 명초 형식의 화기가 여전히 계속해서 제조되었다. 한편으로 화기는 명과의 통교를 통해서 조선과 류큐로도 전파되고, 나아가 명과의 교전을 통해 동남아시아로도 퍼져 나갔다. 단 일본열도만은 동아시아와 동남아시아의 화기 보급에서 제외되어 있었다. 전술상의 이유 외에 일본에서는 화약의 주요 원료인 초석을 조달할 수 없었던 점이 컸을 것이다.

16세기 전반에 포르투갈 세력이 동방으로 진출함에 따라 그들이 들여온 유럽식 화기가 동아시아 여러 지역에 유입되었다. 그 대표가 불랑기포(Frankish gun)와 철포(화승총)다. 불랑기포는 실린더식의 자포(子砲)를 포신의 뒷부분에 순서대로 장착해 발사하는 후장포로, 포르투갈 배의 함재포로서 이용되었고 1522년에 광동에서 명과 포르투갈 사이에 군사 충돌이 발생했을 때 중국에 전파되었다. 불랑기포는 중국의 전통 화기와 비교해 연발 내구성과 사정거리, 파괴력이 뛰어났다. 명에서는 오랫동안 축적된 화기를 제조하는 기술을 활용해 수성(守城)과 야전 등에서도 사용할 수 있도록 더욱 개량해 크고 작은 다양한 불랑기포를 지속적으로 양산했다.

게다가 1543년에는 포르투갈인이 철포를 다네가시마에 전했다. 그 제조 기술은 전국시대의 일본열도로 급속하게 보급되었고, 통일 정권이 수립되는 원동력이 되기도 했다. 또한 포르투갈인을 통해 중국으로도 철포가 전해졌던 듯한데, 당초에는 완벽히 모조할 수가 없었고, 1548년에 명군이 쌍서의 밀무역 거점을 공격했을 때에 일본식의 철포 기술이 전해졌을 것으로 보인다. 복건 등의 동남 연안 지역에서는 유럽식 화승총도 전래되어 1558년에는 명 조정에서 1만 정 이상의 조총(화승총)을 제조했다고 한다. 다만 당초에 명에서 제조한 조총은 종래의 화기 기술을 이용한 동으로 만든 주조품이었던 듯하다. 동을 주조해 만든 조총은 단기간에 대량으로 모조할 수 있었지만, 철을 단련해 만든 조총과 비교해 총신이 약하고 여러 발을 쏘았을 때 폭발할 우려가 있어 높은 명중률을 기대할 수 없었다.

그때까지 화기 기술의 공백 지대였던 일본에서는 16세기 중기에

바다에서 본 역사

전래된 철포를 원점에서부터 충실하게 모조했고, 그것이 열도 전역으로 급속하게 보급되었다. 포르투갈인이나 화인 밀무역자를 통해 동남아시아산 초석과 중국산 초석이 공급될 수 있었던 점도 급속한 보급에 크게 기여했을 것이다. 이에 반해 고유의 화기 기술의 전통을 지닌 중국에서는 그 기술을 활용해 유럽식의 불랑기포를 독자적으로 개량하고, 다양한 대형 화포를 대량으로 생산해 배치했다. 16세기 말에 도요토미 정권이 조선을 침략했을 때에는 일본의 철포와 명의 화포가 정면으로 부딪치게 되었다.

풍부하고 다양한 화포를 장착한 명군과 정예의 철포를 대량으로 장비한 일본군 사이에 벌어진 대규모 전쟁은 서로의 화기 기술을 활발하게 교류하게 했고, 화기 수준을 비약적으로 향상시키는 계기가 되었다. 명군의 대형 화포는 특히 공성전(攻城戰)에서 위력을 발휘했다. 이 때문에 도쿠가와 이에야스는 사카이나 오미의 구니토모에서 대포를 주조하는 동시에 네덜란드 상관에서도 대포를 수입했고, 1614년에서 1615년의 오사카 성 포위전에서는 100문 이상의 대포로 격렬한 포격을 하기에 이르렀다. 한편 뛰어난 성능을 가진 일본식 철포는 명군에 심대한 위협이 되었으며, 명 조정은 일본군 포로를 돌려주고 일본식 단철제(鍛鐵製) 철포를 입수해 그 도입을 진행하고자 했다. 명은 일본인 포로를 철포 부대로 편성해, 서남 소수민족의 반란이나 동북의 여진과의 전쟁에 활용했다.

이런 가운데 명에서는 일본식 철포를 비롯한 화기 기술에 관한 관심이 급속하게 고조되었다. 16세기 말에는 철포 연구서인 『신기보(神器譜)』가 저술되었고, 오스만 제국에서 온 대형 철포인 '루미총(嚕蜜

銃)' 등 일본식 철포를 능가한다고 여겨지는 다양한 화기가 소개되었다. 게다가 전장이 된 조선에도 일본군 포로를 통해 일본식 철포가, 조선을 구원하러 온 명군을 통해 불랑기포가 전해졌다. 그때까지 활과 화살이 주요 병기였던 조선에 최첨단 화기 기술이 이전되자, 17세기의 조선은 동아시아 유수의 철포 제조국이자 보유국이 되었다.

화기를 주요 병기로 하는 대규모 전쟁이 빈발하자 포로를 포함한 사람의 왕래가 활발해지는 동시에 화기 기술의 유동화와 확산화가 진행되었으며, 육지를 기반으로 하는 명 조정의 구심력 저하와 여러 세력의 대두라는 추세를 불러왔다. 17세기 전반의 명에서는 서광계(徐光啓) 등 예수회 수도사와 가까운 관료가 중심이 되어 최신 유럽식 화포의 도입을 시도했고, 후금[78]과의 공방에서 누르하치를 격퇴하는 등 일정한 성과를 올렸다. 그러나 그 후 명의 최신 화기 도입은 순조롭게 진전되지 않았다. 그것과는 대조적으로 후금 측에서는 명에서 획득한 화포와 화기 기술에 뛰어난 가톨릭 선교사 등의 인재를 통해 최신예 유럽식 화포였던 홍이포(紅夷砲, 또는 홍의포(紅依砲))를 도입하는 데에 성공했고, 명을 상대로 점차 우세에 서게 되었다. 16세기 이후의 동아시아 해역에서는 새로운 화기 기술의 도입과 활용의 성패가 여러 세력이 흥하고 망하는 분기점이 되었다. 신기술을 순조롭게 수용한 세력이 17세기 동아시아 국제 질서의 변동 속에서 주도권을 장악하게 된 것이다.

---

78   누르하치가 여진족을 통합해 세운 국가로 만주어로는 만주국 또는 아이신국이라고 했다. 명과 전쟁을 벌여 요동 지방에 진출했으며, 1636년에 대청으로 개칭했다.

대량 출판 시대와 출판 기술의 융합

사람들이 정보와 지식을 공유하는 수단으로서 출판문화의 존재는 중요하다. 16세기의 동아시아 해역에서는 출판문화가 활발해지고 서적이 대량으로 출판되었다. 한자를 주로 이용하는 지역에서는 그때까지 기본적으로 목판인쇄가 주류였다. 예외는 한반도에서 전개된 활자 인쇄 출판뿐이다. 16세기는 한자 문화권 바깥에서도 새로운 출판 기술이 도입되어 예로부터 내려오는 기술과 융합한 시대였다.

서적의 출판과 판매를 담당한 서사(書肆: 서적상)의 활동은 16세기 중국에서 획기적인 전개를 달성했다. 한자를 이용하는 지역에는 목판인쇄가 널리 보급되었으나, 그것은 중앙정부와 지방정부, 유력한 개인 아래에서 이루어지는 출판 활동이 중심이었다. 16세기 이전에 출판과 판매를 담당한 서사는 중국의 대도시와 복건 산간 지역에서만 보였다. 서사의 활동은 수적으로 대단히 제한적이었으며, 긴 역사를 지닌 사본(寫本) 문화를 능가할 수는 없었다. 그러나 16세기가 되자 사본에 대한 간행본의 우세가 확실하게 되었으며, 중국 연안부를 중심으로 도서가 대량으로 출판되어 영리 출판이 크게 전개된 것이다.

15세기 중엽에 요하네스 구텐베르크(Johannes Gutenberg)[79]가 활판인쇄 기술을 개발하고, 16세기가 되자 그것이 유럽 각지에 널리 보

79　독일의 기술자. 활자 인쇄술의 발명자. 주형으로 활자를 만들고 인쇄기를 발명해 『42행 성서』와 면벌부 등을 인쇄했다.

급되었다는 사실은 잘 알려져 있다. 예수회는 이 기술을 16세기 중엽에 아시아 포교에 즈음해 반입했다. 인쇄기는 리스본에서 귀국길에 오른 일본의 덴쇼 견구 사절 일행이 아시아에 전했고, 1587년에는 고아의 예수회 순찰사 발리냐노 아래에서 하라 마르티노(原 Martinão)의 라틴어 연설을 일본인이 활판으로 인쇄했다. 일본에서는 1587년에 기리시탄 추방령이 발포되는 가운데, 발리냐노의 주도하에 로마자와 일본 가나 문자로 된 기리시탄판(版)으로 불리는 서적이 100종 넘게 출판되었다. 한편 1582년에 마카오에 도착한 예수회 수도사 마테오 리치는 1601년에 명 황제의 궁정에 들어가 기독교 관계서와 서양 학술서 다수를 중국어로 번역하고 출판했으나, 그가 채용한 것은 중국 전통의 목판인쇄였다.

16세기 말에 도요토미 정권에 의한 조선 침략은 한반도의 많은 문화재를 폭력적으로 일본으로 가져가는 계기가 되었다. 그중 하나가 조선에서 활발히 출판되었던 조선 활자본이며, 동(銅) 활자도 동시에 유출되었다. 일본에서는 1593년에 고요제이 천황(後陽成天皇)의 칙명으로 활자 출판을 시작한 이후, 천황과 유력 무장, 유력한 사찰 세력과 신사 세력이 활발하게 활자본을 출판했으며, '고활자판의 시대'가 약 60년간 이어졌다. 이들 출판 사업은 조선 활자 문화의 직접적인 영향을 크게 받으면서도 유럽의 활자 인쇄 기술을 이용한 기리시탄판의 조판 기법을 그대로 채용했다. 즉 유럽 활판인쇄의 납 활자를 나무 활자로 하고, 프레스 인쇄를 전통적 습판(槢版) 인쇄로 변경함으로써 고활자판이 성립했던 것이다.

도요토미 히데요리(豊臣秀賴)가 1606년에 출판한 고활자판 『제감도설(帝鑑圖說)』[80]은 당시 동아시아 해역의 출판문화가 지닌 특징을 집중적으로 표현하는 대단히 혼성적인 서적이다. 16세기 말에 간행된 그 저본이 명대 후기 목판화 기술의 수준을 보여 주는 한편으로, 조판의 면에서는 고활자판이라는, 유럽의 활판인쇄와 조선의 활자 기술, 전통 목판인쇄의 융합 기술에 기대었기 때문이다. 일본에 전래되어 번각된 『제감도설』은 위정자들의 기호에 들어맞아 후세에 이르기까지 장벽화(障壁畵)에 계속해서 그려지는 규범적인 그림 소재가 되었다. 전국적인 건축 붐 아래에 나고야 성 혼마루(本丸)의 맹장지 그림인 「제감도(帝鑑圖)」(가노 탄유(狩野探幽)의 그림)로 대표되듯이 장벽화와 병풍이 왕성하게 그려졌다. 만력 원년(1573년)에 간행된 중국의 판본에 관한 최신 정보는 그때까지 없었던 속도로 열도 각지에 퍼졌다. 이 시대 동아시아 해역에서 출판문화의 융성과 그에 따른 정보의 보급을 단적으로 보여 주는 사례라 할 수 있다.

바다를 건너는 일본 정보

16세기 동아시아 해역에서는 사람과 물품의 왕래뿐만 아니라 정보의 유통도 활발해졌다. 특히 세계 유수의 은 산지이자 대왜구 시대와 조선 침략의 진원지이기도 하며, 한편으로 기독교 포교의 최전선이기도 했던 일본을 둘러싼 정보는 해외 사람들의 관심을 크게 모았

---

80 중국 고대 제왕의 치적 가운데 치란과 흥망의 권계(勸誡)라 할 만한 사건을 그림으로 설명한 명대의 책. 내용은 옛 성왕인 요제(堯帝)에서 북송의 신종(神宗)에 이르는 제왕의 임현(任賢)과 효덕, 인자, 검약, 호학 등 귀감이 될 만한 선행 81항에 하의 태강(太康)에서 북송의 휘종(徽宗)까지 제왕이 경계하고 삼가야 하는 악행 36항을 더해 모두 117항으로 구성된다.

고, 여러 종류의 연구서와 보고서를 탄생시켰다.

　본래 명에서는 일본 정보에 관한 관심이 그다지 높지 않았다. 그러나 1523년에 일어난 영파의 난은 일본의 상황에 관한 관심을 환기했고, 이를 계기로 편찬된 설준(薛俊)[81]의 『일본고략(日本考略)』(1523년)은 이후에 이루어진 일본 연구의 기초가 되었다. 16세기 중엽이 되자 이른바 가정 대왜구가 중국 연안을 휩쓸고 돌아다니게 되었고, 명은 왜구 금압을 요구하는 사절을 일본으로 파견했다. 1555년 장주의 일본 방문과 1556년 정순공(鄭舜功)[82]의 일본 방문이 그것이며, 그들은 서일본 각지를 답사하며 일본의 최신 정보를 명에 전했다.

　그 결과가 정약증(鄭若曾)의 『일본도찬(日本圖纂)』(1561년)이며, 특히 「일본국도(日本國圖)」와 「일본입구도(日本入寇圖)」 등의 상세한 지도와 중국에서 류큐를 경유해 일본으로 향하는 항로를 그린 『사왜침경도설(使倭針經圖說)』 등이 주목된다. 「일본국도」를 보면 왜구의 본거지인 고토 열도가 규슈 본토와 같은 정도로 거대하게 그려져 있는데, 왜구의 근거지라는 일본의 이미지를 단적으로 보여 준다. 마찬가지로 정약증이 편찬한 『류큐도설(琉球圖說)』에 수록된 「류큐국도(琉球國圖)」는 16세기의 슈리와 나하항을 그린 유일한 회도(繪圖)로서

81　생몰 연대 미상. 중국 정해현(定海縣) 사람으로 학문에 정통한 상주(常州) 지역의 교유(敎諭)로서 학생을 이끌었다고 한다. 그가 편찬한 『일본고략』은 명나라 최초의 일본 연구서이며, 그 완성도는 높지 않았지만, 후에 나온 일본 연구서에 많은 영향을 주었다.

82　생몰 연대 미상. 1556년에 절강 총독의 명으로 왜구 금압을 교섭하기 위해 일본을 방문했다. 분고의 오토모 소린 아래에 체류했고, 이듬해 오토모씨의 사절인 승려 청수(淸授)와 함께 귀국했다. 이때의 도항 체험과 일본 체류 중의 견문, 수집 사료 등을 바탕으로 『일본일감』을 찬술했으며, 중국인의 일본 인식에 커다란 영향을 주었다.

귀중하다. 게다가 그는 『일본도찬』의 내용을 확장해 136종이나 되는 지도와 서적을 참조해서 『주해도편(籌海圖編)』(1562년) 열세 권을 저술했다. 『주해도편』에는 중국 연해부 등의 풍부한 지도류와 왜구 피해의 종합 연표, 다양한 종류의 선박과 무기 등 그림 자료도 수록되어 있어, 그야말로 왜구 연구의 집대성이라고 해도 좋을 만한 저작이었다.

이에 대해 정순공의 『일본일감(日本一鑑)』(1565년)은 자신이 사절로서 일본에 체재했을 때에 수집한 정보를 바탕으로 한 저작이다. 거기에는 자신이 도항한 경위, 왜구의 동정, 일본의 지리 풍속 등이 선명하게 기록되어 있으며, 수록된 지도류에도 다른 곳에는 없는 정보가 많다. 또한 당시에 명에서는 일용유서(日用類書: 삽화가 들어간 일용적인 백과사전)가 간행되었는데, 초기 간본의 삽화에서는 일본인이 선승의 모습으로 그려졌던 데에 비해, 그 후의 간본에서는 반라에 칼을 지닌 전형적인 왜구 형태로 그려지고 있다. 송과 원 이래의 선승 교류라는 이미지를 대신해 반라의 왜구상이 일본인의 스테레오타입이 되었던 것이다.

한편으로 전기 왜구로 고민하던 조선에서는 일찍부터 일본에 관한 정보를 수집하려고 시도했고, 그 집대성이 신숙주(申叔舟)의 『해동제국기(海東諸國紀)』[83](1471년)였다. 그러나 전기 왜구가 진정된 15세기 후반에는 일본 정보에 관한 관심도 저하되어 갔다. 16세기가 되자 조

---

83 조선의 왕 성종의 명으로 신숙주가 편찬해 1471년에 완성된 서적이다. 일본과 쓰시마, 이키, 류큐의 정세와 국교의 역사를 기록하고, 사자에 대한 응접을 규정하고 있다. 조선 외교관의 필독서가 되었다.

선 조정은 쓰시마의 소씨가 통상 목적으로 꾸며 낸 위장 사절이 가져온 자의적인 정보에 의존했고, 살아 있는 정보를 얻기가 어려워졌다. 16세기 중엽에는 후기 왜구가 조선 연안에도 모습을 드러내게 되어 일본에 대한 해안 방어 정책의 필요성이 재인식되었고, 조선의 조공 사절이 북경에서 입수한 『일본고략』(1530년)이 조선에서 중간되었다. 그러나 그 후에도 조선 조정은 최신의 정확한 일본 정보를 입수할 방법이 없었고, 그것이 도요토미 정권의 조선 침략을 무방비한 상태에서 맞게 되는 원인이 되기도 했다.

16세기의 일본에 가장 관심을 기울이고 정보 수집에 힘썼으며 정교하고 치밀한 연구를 한 집단은 예수회다. 그 관심의 동기는 중국인과 조선인의 동기와는 크게 달랐다. 그들에게는 획득한 정보를 기독교 포교 확대에 도움이 되게 할 뿐 아니라, 유럽 사람들에게 이국에서 예수회가 하는 포교 활동을 알리기 위한 프로파간다적 요소로 삼고자 하는 의도가 있었다. 그리고 그 정보는 유럽의 지식계급이 강하게 요구하는, 미지의 세계에 관한 지적 욕구를 충족해 주는 효과도 있었다. 예수회의 정보 수집이 지닌 특징은 회원의 서간을 통한 정보의 수집과 공유에 있다. 하비에르가 일본을 방문한 이래 포교의 실정과 성과에 관해 정리한 보고서는 로마의 예수회 총장 등에게 송신되고, 예수회의 검열과 인가를 얻은 다음 인쇄되어 널리 반포되었다. 그와 같은 공개 문서와는 별개로 비공개를 전제로 한 문서도 회원이 작성했다. 포교를 고무하기 위해 작성된 교화 서간보다도 국외(局外) 극비의 보고서 쪽이 정보의 신빙성이 높다. 예수회의 일본 연구는 어학과 역사학, 문학, 지리학에 관해서도 정교하고 치밀해 『일포사서(日

葡辭書)』[84]와 루이스 프로이스의『일본사』 같은 서적도 탄생했다.

명과 조선, 예수회의 삼자에 국한해 일본에 관한 정보의 실태를 비교하면, 정보 수집과 정보 분석에 관한 한 예수회가 가장 우수했다. 그 이유 중 하나는 양질의 정보원(情報源)에서 구할 수 있다. 예를 들면 프로이스는 도요토미 히데요시의 우필(右筆)[85]을 유력한 정보원으로 두었으며, 히데요시가 발급한 주인장의 사본 등을『일본사』[86]에 수록했다. 또한 예수회 수도사는 잡다한 기초 자료를 체계화하고 정제된 정보로 만들어 내는 종합 분석 능력에서도 훨씬 높은 수준에 있었다.

다시 분고 후나이에서

15세기 일본열도에서 사람과 물품, 정보가 해외로 이동하는 것은 동중국해 주변 지역과의 사이에 몇 가지 한정적인 루트에서 행해졌을 뿐이었다. 그러나 16세기 동아시아 해역에서는 사람과 물품, 정보의 이동이 한꺼번에 활발해졌고, 그 이동 범위도 비약적으로 확대했다. 이번 장의 첫머리에서 소개한 분고 후나이는 이러한 16세기 동아시아 해역을 집약적으로 보여 주는 장소였다. 그곳에서는 도시 공

---

84 예수회 선교사가 일본어 습득의 편의를 도모하기 위해 편찬한 사전. 본편은 1603년, 개정판은 이듬해에 나왔다. 약 3만 2800개의 일본어를 일본과 중국, 고상한 것과 속된 것 등의 구별 없이 채집하고 포르투갈어로 주석을 붙여 출전과 용법, 관련어, 위상 등을 작성해 두었다.
85 주인의 문서를 대필하는 사람.
86 프란치스코 하비에르의 방일에서 시작해 1592년 무렵까지 약 40년간 일본 예수회의 포교 역사를 루이스 프로이스가 서술한 것. 선교사로서 어느 정도 편견은 있다고 하더라도 관찰과 정보 수집의 확실함과 상세한 서술이라는 점에서는 발군의 가치가 인정된다.

간 속에 선종사원과 기독교회와 화인 거류지(도진마치)가 병존했고, 기독교의 십자가나 메달과 함께 불구와 불상도 출토되고 있다. 나아가 대량의 조선제·일본제·중국제·동남아시아제 도자기를 비롯해 화승총의 탄환과 부품도 출토되며, 다수의 중국 동전에 더해 일본 은의 유통과 관련된 분동(分銅)도 발견되었다.

이 국제도시의 지배자였던 오토모 소린(大友宗麟)[87]은 견명선 파견을 시도하고 명과의 밀무역과 류큐 왕국과의 교역도 추진하는 동시에, 예수회 수도사를 통해 마카오와도 통상을 열고 나아가 캄보디아 등 동남아시아 여러 나라와도 독자적으로 통교했다. 오토모 소린은 소년 시절 다네가시마에 막 도착한 화승총을 이른 단계에 접했고, 나중에는 마카오에서 대형 불랑기포를 수입하기도 했다. 장주와 정순공도 분고에 체재하며 오토모 소린 아래에서 일본에 관한 정보를 수집했다. 그리고 후나이에 체류한 선교사가 기록한 서간은 예수회의 정보망을 통해 세계 각지에 발신되었으며, 루이스 프로이스는 그 분고 왕국의 영광과 시마즈씨의 침공에 따른 붕괴를 『일본사』에 만감(萬感)을 담아 기록했다. 해역 아시아 동단의 일본열도 한구석에 있는 후나이는 바다를 건너 이동하는 사람과 물품, 정보가 집약되는 공간이었던 것이다.

그러나 16세기 말에 규슈를 제압한 도요토미 정권은 오토모씨 등

---

87 1530~1587년. 오토모 요시시게(大友義鎭)라고도 한다. 전국시대의 무장으로 분고와 치쿠고(築後), 히고, 치쿠젠, 부젠, 히젠의 6개국 슈고. 오토모 요시아키(大友義鑑)의 아들로 오우치 요시나가(大內義長)와는 형제 관계였다. 규슈 북부에 판도를 구축하고 시마즈씨와 대립하며 도요토미 정권에 접근했다. 열심히 남만 무역을 했으며 기독교의 영향도 크게 받았다.

규슈의 여러 다이묘를 조선 침략에 동원했고, 전쟁에서 서툴렀다는 구실로 오토모씨를 분고에서 추방해 버렸다. 17세기 이후의 후나이는 이미 국제도시로서의 성격을 잃고 전국에 수백 개가 있는 작은 번의 조카마치 가운데 하나가 되어 버렸다. 동아시아 해역의 각지에서 다양한 세력이 통상의 이익과 무력을 연결해 서로 경쟁했던 시대는 점차 막을 내리고, 여러 세력의 '상호 경쟁'을 이겨 낸 통일 권력이 일정한 루트로 사람과 물품, 정보의 이동을 관리하는 시대가 막을 올리고 있었던 것이다.

공생하는 바다,

1700~
1800년

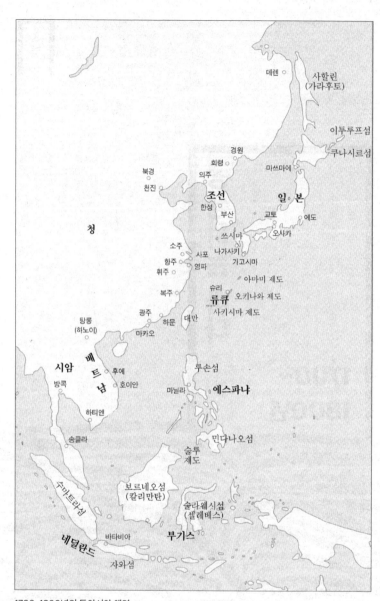

데렌
사할린
(가라후토)

이투루프섬
쿠나시르섬

경원
회령
북경   의주   마쓰마에
천진   **조선**   **일   본**
        한성   부산   교토
            쓰시마   오사카   에도
청   오사카

소주
항주   시포 나가사키
휘주   영파   가고시마
        아마미 제도
복주   슈리
        류큐 오키나와 제도
광주 하문 대만   사키시마 제도
탕롱   마카오
(하노이)
베
시**암** **트** 후에   루손섬
방콕   **남**   호이안
        마닐라   **에스파냐**
하티엔
                민다나오섬
송클라   술루
            제도
        보르네오섬
        (칼리만탄)
스마트라섬   술라웨시섬
            (셀레베스)
바타비아   **부기스**
네덜란드
자와섬

1700~1800년의 동아시아 해역

1   시대의 구도

두 가지 표류 사건

장군 도쿠가와 요시무네(德川吉宗)[1]의 치세에 해당하는 간포(寛保) 2년(1742년) 7월, 류큐에서 가고시마로 향하는 한 척의 사쓰마 배가 해상에서 조난했다. 승조원은 스물한 명으로, 그중 두 명은 류큐에서 고용한 류큐인 뱃사람이었다. 일행은 머리를 자르고 바닷속에 던지면서 소원을 빌고, 선적 화물을 버려 선체를 가볍게 하는 등 필사적으로 노력했지만, 강한 풍파 앞에 마침내 배는 침몰하고 말았으며, 승조원은 작은 배에 옮겨 타고 탈출했다. 이때 한 명이 이동에 실패해 사망했으나, 남은 스무 명은 운을 하늘에 맡기고 표류해 다행히 어떤 한 섬에 표착했다.

(『통항일람(通航一覽)』, 권 225; 『살주선청국표착담(薩州船淸國漂着談)』;

『구기잡록(舊記雜錄)』 추록(追錄), 권 87.)

메이와(明和) 원년(1764년) 10월, 이번에는 치쿠젠(築前)의 가이센인 이세마루가 쓰가루의 목재를 싣고 에도로 향하는 도중에 가시마나다(鹿島灘)에서 폭풍우를 만났다. 폭풍 속에서 스무 명의 승무원은 배에 들어오는 물을 퍼내고 선적 목재를 버려 선체를 가볍게 했으며, 머리를 잘라 바닷속에 던져 넣어 신불에게 기도하면서 악전고투를 계속했다. 간신히 위

---

1   1684~1751년. 에도 막부의 제8대 장군(재직 1716~1745년). 고산케(御三家)의 하나인 기슈 도쿠가와가 집안의 제5대 당주였으나, 도쿠가와 이에쓰구(德川家繼)의 뒤를 이어 장군이 되었다. 교호의 개혁으로 불리는 재정 재건과 기구 개편을 추진하고 체제를 중흥했다.

기를 면했으나 돛도 노도 닻도 잃어버린 배는 이미 목적지 없이 표류할 수밖에 없었고, 무려 101일 후에 잘 알지 못하는 커다란 섬에 표착했다.

(『남해기문(南海紀聞)』; 『표류천축물어(漂流天竺物語)』.)

여기까지는 배의 종류와 신앙에 따른 차이는 있을지라도 해상에서는 어느 시대에도 어느 지역에서도 일어날 수 있는 이야기일 것이다. 그러나 그 후 그들의 운명은 이 3부에서 다루는 1700~1800년 무렵 동아시아 해역의 특징을 뚜렷하게 나타내는 것이었다. 우선 사쓰마 배가 겪은 뒷이야기를 보자.

돌아오는 표류자

섬에 표착한 그들은 "여기는 당나라일 거야."라고 추측했는데, 과연 생각한 대로였다. 그곳은 현재의 중국 절강성 북동 해역에 여기저기 흩어져 있는 주산군도의 한 작은 섬이었던 것이다. 섬사람에게 일본어는 전혀 통하지 않았지만, 손짓으로 표류자라고 설명하자 이해한 모양인지 식사를 제공해 주는 등 편의를 봐주었다. 그 후 주산이라는 커다란 섬으로 이끌려 가서 그곳에서 지방관에게 필담으로 상세한 사정 청취를 받았다. 이때 선두(船頭)인 덴베에(傳兵衛)는 "일본국 사쓰마의 마쓰다이라 오스미노카미의 영내 사람(日本國之內薩摩國松平大隅守領內之者)"이라고 썼다고 한다. '마쓰다이라 오스미노카미(松平大隅守)'란 이때의 사쓰마 영주 시마즈 쓰구토요(島津繼豊)를 말하는 것으로, 마쓰다이라(松平)라는 성은 유력한 도자마 다이묘에게 허락된, 사성(賜姓)에 의한 이름이다. 이 주산에서도 일행에게는 매일 식사와 차, 담배가 지급되었고 매우 정중한 대우를 받았다.

비로소 덴베에 일행은 대륙 쪽으로 건너가, 진해(鎭海)와 영파, 항주, 소흥, 가흥으로 이동해 사포(乍浦)라는 항구도시에 당도했다. 사포는 중국에서 일본의 나가사키로 향하는 상선의 주된 출항지다. 그들은 나가사키행 배의 선주인 삼관(三官)이라는 당인의 저택에 체류하게 되었다. 일행은 그곳에서 식사뿐 아니라 의류와 이불 등도 지급받고 정성스러운 보살핌을 받았다. 삼관은 사포의 지방관에게 덴베에 일행을 보살피고 송환하라는 명을 받았고, 그들에게 지급되는 생활비와 물품은 공비에서 지출되었다.

봄이 되자 일행은 삼관의 배로 사포를 출항해 10일 정도 만에 나가사키에 입항해, 나가사키 봉행소에 인도되었다. 봉행소는 그들을 조사하고 이름과 본적지, 종교에 대한 검토와 후미에(踏み絵), 표류의 경위와 체류 중의 모습에 관한 상세한 심문 등을 했다. 그 결과 일행은 특별히 문제가 없다고 판단되어 사쓰마의 역인(役人)에게 인도되었고, 각각의 본거지로 돌아갔다는 것이다.

이처럼 중국 연안에 표착한 일행은 일본과는 국교가 없었을 청의 관민 쌍방의 도움을 받아 송환되었고, 귀국한 후에도 '쇄국'을 어긴 죄로 처벌받는 일 없이 일상으로 복귀했다. 2부에서 다룬 시대였다면 그들이 표착한 주산군도는 '왜구'의 최대 근거지 그 자체였으니, 세상이 세상인 만큼 몸에 걸친 것을 몽땅 빼앗기고 팔려 가거나 그들 자신도 왜구가 될 수밖에 없었을 것이다.

그러나 18세기의 동중국해에서 표착은 특별한 사례가 아니었으며, 청의 영내에 표착한 일본인은 거의 예외 없이 보호를 받아 나가사키행 상선에 태워져 일본으로 송환되었던 것이다. 도중에 때때로 지방관이 관여하고 여러 경비가 공비에서 지출되는 점에서 엿볼 수 있듯이 이러한 원조와 보호는 청의 국가 제도로서 정해져 있었고, 지방관들은 직무의 일환으로 표착민에 대한 대응을 담당했다. 반대의 경우에도 마찬가지로, 일본에 표착한 외국인도 막부나 여러 다이묘 집안의 법도에 따라 원조와 보호를 받고 같은 루트로 귀국했다. 이처럼 국가 제도에 바탕을 둔 외국인 표착민의 보호와 송환은 청과 일본 사이뿐만 아니라, 청, 일본, 류큐, 조선의 4개국 사이에 서로 행해졌으며, 직접적인 통교 루트가 없었던 류큐와 조선 사이에, 또는 베트남과의 사이에서조차도 각국과 관계를 맺었던 청의 중개로 표착민의 상호 송환이 시행되었다.

이와 같은 제도는 현대인에게는 상식처럼 생각되지만, 청, 일본, 류큐, 조선 사이에 표착민이 거의 확실하게 원조와 보호를 받게 된 것은 실로 18세기 초 무렵이었다. 물론 그 이전부터 해난에 대한 원조와 송환은 행해졌지만, 일방적인 경우가 많았고, 상호 간의 송환까지는 보장되지 않았다. 그뿐 아니라 현지로 귀화하거나 노예가 되거나 매각되는 일도 다분히 존재했으며, 중세 일본의 기선 관행(1부 참조)처럼 그것이 표착지의 관행과 권리가 되는 일조차 있었다. 즉 이와 같은 보호와 송환이 우연이 아니라 제도적으로 상호 간에 보장되는 상황이야말로 18세기의 동중국해가 가지는 특징이라 할 수 있는 것이다.

동시에 주목되는 것은 이와 같은 상호 송환이 반드시 국가 간의 외교 관계를 전제로 했던 것은 아니라는 점이다. 18세기에 일본이 청과 국교를 맺지 않았던 사실은 잘 알려져 있지만, 양자 사이에는 교섭이 결코 단절된 것이 아니라 민간무역을 주로 하는 다양한 관계가 왕성하고 안정적으로 전개되었다. 이것은 막번제하의 일본뿐만 아니라 청 측에서도 '표면상의 단절과 현실 면에서의 교류'라는 형태를 인정했음을 의미한다.

일본의 '쇄국'과 청이 무역항을 광주 한 곳으로 제한한, 폐쇄적이고 소극적으로 보이는 18세기의 역사상은 근년에 크게 바뀌고 있기는 하지만, 앞뒤의 시대와 대비해 보면 일반적으로는 더욱 '닫힌' 시대라는 인상이 강할지도 모르겠다. 그러나 분명 제약은 많지만 각국의 문호는 닫혀 있었던 것이 아니다. 오히려 명확한 법규이든 암묵적인 양해이든 일정한 약속 아래에서 왕성하게 교류했다. 정치권력이 외국인 표착민을 원조하고 보호하며 상호 송환한다는 '상식'의 확립도 그중 한 장면이나 다름없다.

이 시대의 바다에는 이목을 끌 만한 전쟁이나 동란을 확인할 수 없지만, 그것은 교류의 정체와 저조를 의미하는 것이 아니라 오히려 안정과 융성이라 말해야 할 것이다. 그리고 그 아래에서 조용하게, 그러나 착실하게 지각변동이 진행되었다. 그러므로 이 시기의 특징을 그 앞 시대로 거슬러 올라가 구체적으로 살펴보자.

동중국해를 둘러싼 권력과 '바다의 평화'

18세기의 개시에서 100년을 거슬러 올라간 17세기 초의 동중국해와 그 주변은 2부에서 묘사된 것처럼 생사를 비롯한 중국의 물산과 일본 및 아메리카 은과의 교역이 열기를 띠어 각 지역에서 정치 질서와 사회구조의 지각변동이 최고조에 달해 있었다. 그 소용돌이 속에서 형성된 새로운 정치권력이 오다 노부나가와 도요토미 히데요시에서 도쿠가와 이에야스로 이어져 갔던 일본열도의 통일 정권이며, 누르하치가 만주의 여진족을 통합해 세운 후금이었다. 전자는 제2대 장군 도쿠가와 히데타다(德川秀忠),[2] 제3대 장군 도쿠가와 이에미쓰(德川家光) 때에 에도의 막부가 전국으로 강력한 지배권을 행사하는 막번 체제를 구축했고, 후자는 제2대 홍타이지 대에 민족명을 만주,[3] 국명을 대청(大淸)으로 바꾸고 그와 함께 1630~1640년대에 그 모습을 정비했다.

당초에 대명(對明) 국교 교섭과 주인선에 의한 해외무역에 열심이었던 도쿠가와 정권은 이 시기에 대외 관계의 재편성을 추진해, 후에 '쇄국'으로 불리는 엄격한 대외 관계 관리 체제를 정비해 갔다. 그것은 해외 통교 규제와 기독교 금지, 무역 관리를 골자로 하며, 대외 관계를 나가사키와 사쓰마, 쓰시마, 마쓰마에(松前) 등 '네 개의 창구'[4]로 집약해 관리하는 것이었다. 같은 시기에 대두한 후금, 즉 청은 병민 일치(兵民一致) 조직인 팔기(八旗)[5]를 국가의 제도로 해서 그 강력

---

2 1579~1632년. 에도 막부의 제2대 장군(재직 1605~1623년)으로서, 그 아들 도쿠가와 이에미쓰(1604~1651년)는 제3대 장군(재직 1623~1651년)으로서 도쿠가와 정권을 확립하는 데에 진력했으며, 도쿠가와 이에야스가 무력으로 손에 넣은 패권을 안정 궤도에 올려놓았다.

3 '만주'란 부족명으로, 명 측이 말하는 건주 여진을 가리킨다. 누르하치가 왕조 이름(만주국)으로도 사용했다. '滿洲'란 한자로 그 발음을 옮긴 것이다. 홍타이지가 왕조 이름을 대청으로 변경하면서 1635년에 여진을 대신해 민족 이름으로 삼았다.

4 에도 시대에 대외 관계에 활용된 네 개의 루트를 말한다. 나가사키 창구로는 중국선과 네덜란드선이 입항했고, 사쓰마는 류큐, 쓰시마는 조선, 마쓰마에는 에조치(홋카이도)와의 창구 역할을 했다.

5 후금(청)의 군사 조직이자 행정 조직으로 색깔별로 나눈 여덟 개의 집단으로 구성되기 때문에 '팔기'로 불린다. 당초에 모든 신민은 한 가지 기(旗)에 소속해 병역과 노역, 납세 등의 의무

한 구심력과 군사력을 무기로 삼아 몽골의 여러 세력을 차례로 제압하고 흡수해 가는 동시에, 조선을 굴복시켜 명의 조공국 진영에서 이탈시키고, 독자적인 국제 질서의 구축을 추진해 갔다. 다른 한편으로 도요토미 히데요시와 홍타이지의 군세에 잇따라 유린된 조선(근세조선), 그리고 사쓰마의 시마즈씨가 침공해 와 그 통제 아래에 들어간 제2쇼씨(尚氏)의 류큐 왕국(근세 류큐)은 바라지는 않았지만 새로운 환경 아래서 체제를 재편했다.

이러한 변동이 일어나는 가운데 중국을 지배하고 국제 질서의 중심에 있었던 명이 1644년에 내란으로 붕괴했다. 북경에 진입해 온 만주인의 청, 명을 무너뜨린 이자성(李自成)[6] 등의 무장 세력, 명의 잔존 세력인 남명(南明)의 여러 정권, 명에서 이탈해 청의 번왕이 된 오삼계(吳三桂) 등의 삼번(三藩),[7] 정성공 일족의 해상 세력이 이후 40년에 걸쳐 이합집산을 반복하면서 패권 다툼을 전개했다. 대항 세력을 차례로 쓰러뜨려 갔던 청은 그 과정에서 연해부 주민에게 선박의 출항을 금지(해금령)하고 내륙으로 강제로 이주(천계령)하라고 명령하면서 해상의 정씨 세력에 대항했고, 1683년에 마침내 정씨가 거점으로 삼았던 대만을 점령해 16세기 이래로 이어진 해상의 자립적 세력을 일

를 부담했으나, 중국을 정복한 후에는 농업과 공업, 상업에 종사하지 않고 관원과 병사를 배출하는 특권계급이 되었다.

6 1606~1645년. 명 말의 반란 주도자. 서안을 본거지로 해서 1644년에 북경을 공략하고 명을 멸했으나, 오삼계와 연합한 청군에 패해 호북에서 사망했다.

7 화남에 진주한 오삼계 등 청의 한인 무장 세력을 말한다. 임지에서 철수하라는 명을 받은 운남의 오삼계가 청에 반기를 들고, 이웃의 세력들도 호응해 삼번의 난(1673~1681년)으로 불리는 내란이 일어났다.

소하는 데에 성공했다.

청의 강희제[8]는 이를 받아 이듬해인 1684년에 민간 상선의 해외 출항을 허가하고, 연해부의 요지에 네 개의 해관(海關)[9]을 설치해 해외무역의 관리를 담당하게 했다. 상선의 도항처로는 나가사키도 포함되어 있었고, 이리하여 중앙정부 간의 공적 접촉은 없는 상태로 일본과 청 사이에 안정적인 통상이 열린 것이다. 청은 이미 조선과 류큐를 조공국으로 삼고 외교 관계를 맺고 있었기 때문에, 이로써 강력한 육상의 여러 정치권력의 통제 아래서 해상으로 통교하는 상태가 만들어졌다.

3부에서 다루는 시기는 이들 국가 단위의 정치권력이 강대화하고, 그 이하에 있는 지역 단위의 여러 권력을 통제하에 두어 교통과 교역을 주도한 시대였다. 16세기의 동란과 질서 변동을 겪고 17세기에 형성(청과 도쿠가와 정권)되거나 재편(조선과 류큐)되어 자국 영내를 강력하게 장악하는 이들 정치권력을 여기서는 '근세국가(近世國家)'로 부르기로 한다. 이들 강력한 '근세국가'는 펄펄 끓어오르는 도가니 같았던 16세기의 바다와 육지의 여러 세력이 뒤섞인 상황에 종지부를 찍고 자타가 선 긋기를 통해 각자의 영역과 구성원을 재정의하고, 서로 연달아 들어서서 바다에 임한 것이다.

---

8   1654~1722년. 청의 제4대 황제(재위 1661~1722년), 이름은 아이신기오로 현엽. 남방에서는 삼번을 평정하고 대만의 정씨를 공략했으며, 북방에서는 러시아를 흑룡강 방면에서 쫓아내고 북몽골을 신속함으로써, 제국을 안정 궤도에 올리는 데에 성공했다.

9   주요한 대외무역 항구에 둔 세관으로 강소의 강해관과 절강의 절해관, 복건의 민해관, 광동의 월해관이 있었다. 중앙이 특파한 해관 감독이 관리하고 입항한 상선으로부터 입항세와 화물세를 징수했다.

동시에 이들 '근세국가', 특히 강대했던 만주인의 청과 일본의 도쿠가와 정권은 해상무역과 연이 없을지언정 이를 적대시했던 것도 아니다. 오히려 그 본래의 성격은 16~17세기의 국제무역 상황 속에서 형성된 신흥 무사 세력으로, 그들은 패권의 진전과 함께 축이 되는 다리를 대외무역에서 영토 통치로 옮겨 새로운 질서를 주재한 것이다. 그리고 각 정치권력의 대외 관계를 관리하는 체제가 연달아 들어섬으로써 무력 충돌과 외교 문제가 그 모습을 대략 감추고, 여러 세력이 무역 활동에 전념하는 '바다의 평화'가 출현한 것이 이 시대였다. 그 강력한 통제력은 동중국해의 바깥 세력에 대해서도 작용해서, 유럽선 등의 내항자도 이 시대에는 동중국해의 규칙에 따르지 않으면 안 되었다.

다만 이 상태는 현재와 같은 '국제 협의'의 산물은 아니었고, 각각의 정치권력이 자기 형편에 맞추어 구축한 '자국에 가장 합리적인 관리 체제'가 서로 보완해 주는 결과로서 만들어진 것이었다. 그것을 가능하게 한 것은 정치권력끼리의 마찰과 충돌을 극력 회피하고 각각의 정치권력이 '국내 통치의 논리'와 '국제 질서와 대외 관계에 관한 논리'를 양립할 수 있게 한, 암묵의 합의와 궁리였다. 영역 내에 강력한 정치권력이 줄지어 들어서면서 정면에서 충돌하는 것도 아니고 정식으로 화친하는 것도 아닌, 서로 눈을 감아 줌으로써 성가신 일을 회피하고 함께 이익을 향유하는 일종의 '공생'이라고 할 수 있다. 각각 자국을 중심으로 하는 질서를 그리는 청과 도쿠가와 정권이 서로의 세계관과 질서상이 충돌하지 않도록 직접적인 외교 관계는 피하면서도 민간의 무역을 공인하고 장려한 것이 그 뚜렷한 예다. 쓰시마 배에 탔던 덴베에 일행은 바로 그와 같은 환경 아래에서 귀환할 수 있었던 것이다.

이처럼 18세기 동중국해에서는 그때까지 자립적이고 다중적이었던 바다에 관한 집단과 조직 가운데 국가 단위의 정치권력이 극도로 강대해져 그 외의 여러 세력을 관리하고 통제하기에 이르렀다. 그리고 바다의 통교를 정치권력이 주도해 관리함으로써 각 정치권력이 그야말로 '공생하는' 상태가 나타났다. 이것이 첫 번째 특징이다.

동중국해의 바깥: 남중국해의 표류민

이와 같은 이른바 '틀이 잡힌' 동중국해에 비해 그 바깥의 바다는 어떤 상태였을까? 그것을 검증하기 위해 이번 장의 첫머리에 예로 들었던 두 번째 표류 사건의 뒷이야기를 보자.

약 3개월의 가혹한 표류 생활을 끝낸 스무 명은 살아 돌아간다는 기분으로 육지에 올랐다. 나중에 안 사실이지만 그곳은 필리핀 제도의 민다나오섬[10]이었다. 사람의 흔적은 보이지 않았지만, 섬 안을 여러 날 이동하자 인가가 나왔다. 일행은 크게 기뻐하며 접근했다. 그러나 철포와 바람총, 창, 방패 등을 가진 괴이한 모습의 현지민 100명 정도에게 둘러싸였고, 모래땅에 '일본'이라 썼지만 통하지 않았으며, 소지품 등 일체를 빼앗겨 버리고 말았던 것이다. 그들은 수장에게 연행되어 노예가 되고 말았으며 농

---

10 필리핀 제도 남부의 큰 섬으로 16세기에 이슬람교가 퍼졌다. 중부의 이슬람 왕국은 해상무역이 왕성했고, 북부 루손섬의 마닐라에 있는 에스파냐 세력과 대치했다.

바다에서 본 역사

사에 부려지는 곤궁에 빠졌다. 여기에서 아홉 명이 연달아 사망하고, 네 명은 어딘가로 끌려가고 말았다. 노예로서 팔렸을 것이다. 남은 일곱 명은 근린의 술루[11]에 팔려 약 1년간 상선의 뱃사람으로서 부려졌다.

1766년에 마고타로(孫太郞)와 고고로(幸五郞) 두 명만이 보르네오섬 남부의 도시 반자르마신에 끌려갔는데, 도중에 고고로는 병사하고 말았다. 결국 혼자가 된 마고타로는 반자르마신에서 타이콩 관(大棍官)이라는 화인에게 팔렸다. 타이콩 관은 견직물과 도자기를 판매하는 호상(豪商)으로, 복건의 장주 사람이다. 반자르마신에 거주하면서도 호적을 개정하고 상품을 매입하기 위해 정기적으로 귀국했다고 한다. 타이콩 관은 많은 노예를 쓰고 있었다. 마고타로는 주인의 마음에 들었는지 다른 노예와는 구별되어 가족에 준해 취급받았다.

반자르마신은 커다란 항구도시로, 타이콩 관 등 화인 상인(唐山客商)의 집이 줄지어 서 있을 뿐 아니라 네덜란드 상관도 있었다. 항구에서 조금 올라간 지점에는 현지인 수장이 있었고, 교역을 하는 타이콩 관에게 이끌려 마고타로도 때때로 그곳을 방문하곤 했다. 마고타로는 타이콩 관의 상업 업무로 현지의 네덜란드 상관에 가는 일도 있었다. 그때 네덜란드인은 밤에 몰래 강을 헤엄쳐 탈출해 오면 바타비아[12]에서 3개월 이내에 일본으로 송환해 줄 것이라고 권유하기도 했다.

이윽고 7년이 지나 마고타로는 점점 고향을 그리는 심정이 깊어졌다.

---

11 민다나오섬과 보르네오(칼리만탄)섬 사이의 해역에 흩어져 있는 군도다. 이슬람 왕국이 성립해 17세기 이후 중국과 마닐라 사이의 해상무역을 통해 번영했다.
12 자와섬 서부의 도시로 현재 인도네시아의 수도인 자카르타. 17세기 초에 네덜란드가 상관을 두었으며, 이후 교역과 통치의 거점으로 삼았다.

그래서 어느 날 마음을 단단히 먹고 타이콩 관에게 귀국을 부탁했다. 마고타로의 필사적인 호소가 통했는지 타이콩 관은 그 바람을 들어주어 내항한 복주 배의 선주와 상담하게 되었다. 선주는 다른 선주와 상담한 후 변발(辮髮)[13]을 해서 '당인'인 척하면서 동행하면 나가사키까지 데리고 가겠다고 답했다. 그러나 마고타로는 머리카락을 깎고 싶지 않았기 때문에 이 기회를 미루었다. 그런데 그로부터 머지않아 마고타로는 네덜란드 배를 탈 기회를 얻어 바타비아로 이동했고, 그곳에서 다른 네덜란드 배로 갈아타고 나가사키로 향하게 되었다. 1771년 여름에 드디어 마고타로는 데지마에 상륙했고, 역인중(役人衆)에게 인도되어 봉행소에서 심문을 받은 후 마침내 염원하던 귀향을 할 수 있었다.

동중국해에서의 표류와는 대조적으로 동남아시아에 표착한 일행을 기다리던 운명은 비참했다. 스무 명의 승선원 전원이 육지에 당도했는데도 그 땅에서 약탈과 노예화, 매매의 대상이 되어 얼마 안 되는 사이에 마고타로 한 사람을 남기고 모두 소식이 끊어지고 말았던 것이다. 그가 생환할 수 있었던 것도 주인인 화인 상인이 베푼 호의와 네덜란드 배의 알선이라는 우연한 행운으로 인한 것이었다.

이처럼 남중국해에서는 표착민이 반드시 구조되고 송환되었던 것은 아니며, 표착자와 표착물은 연안민이나 영주의 획득물로 자주 간

---

13 머리카락의 일부를 기르고 나머지 부분을 깎는 머리 형태로, 북아시아의 유목민 남성과 수렵민 남성에게 예로부터 널리 보이는 풍습이다. 만주인의 변발은 후두부 한 곳만 남기고 거기를 길게 늘어뜨려 묶는 형태로, 청이 중국을 정복함에 따라 복종의 증표로 한인에게 강제되기도 했다.

주되어 약탈하고 점유하는 대상으로 여겨졌다. 그러나 남중국해가 동중국해와는 별개의 세계를 이루어 드물게 일어나는 표착을 제외하고 관계를 맺지 않았는가 하면 그렇지는 않았다. 마고타로는 화인 상인에게 팔린 뒤에 복주 배와의 접촉을 거쳐 네덜란드 배로 귀국을 달성했다. 즉 동중국해와 마찬가지로 남중국해에서도 화인 해상과 네덜란드 상선이 항상 활동했으며, 해상 교통과 무역 활동은 해역과 정치권력에 의해 따로 쪼개지는 일 없이 행해졌던 것이다.

그러나 정치 면에서는 반자르마신의 '현지인 수장'이 마고타로에게 특별히 관심을 보이지 않았던 것처럼 그들이 표착하고 편력했던 각지의 정치권력은 표착민을 보호하고 송환하는 제도의 카운터파트(counterpart) 역할을 수행하지 않았다. 즉 표착민을 찾아온 비극은 그곳이 미지의 세계이거나 교섭이라고는 없는 이세계(異世界)였기 때문이 아니라, 경제활동상으로는 연결된 해역이면서도 정치 면과 제도 면에서 동중국해 연해의 여러 나라처럼 표착민을 보호하고 송환할 체제를 떠맡을 곳이 없었던 데에 기인하는 것이다.

동중국해와 남중국해의 '차이'

두 표류 사건에서 볼 수 있었던 표착민의 서로 다른 운명은 그대로 이 시대의 동중국해와 남중국해가 지닌 차이와 겹친다. 이 두 바다가 가진 차이야말로 이 시대의 두 번째 특징으로 부를 만한 것이다. 그것은 간단하게 말하면, 정치 수준과 경제 수준의 '차이'였다.

앞서 서술한 것처럼 정치 면에서 보면, 동중국해에서는 연해의 각 정치권력이 암묵적인 합의 아래에 '공생(상생)'했으며, 하나의 덩어리를 이룬 세계였다고 말할 수 있다. 그런데 남중국해에서는 동중국해와 달리 청의 카운터파트 역할을 수행할 정치권력이 존재하지 않는, 정치적인 비대칭 세계였다. 그러나 경제와 무역의 면에서 화인 해상과 유럽 상선이 중국이나 일본열도에 바다를 걸치며 왕래하던 것처럼 동중국해와 남중국해는 연동되어 이어지는 세계를 이루고 있었다. 즉 정치 면에서 동중국해와 남중국해가 분리되어 있었다고 할 수 있지만, 경제와 무역의 면에서는 양쪽 해역이 일체가 되어 움직이고 있었던 것이다. 그리고 경제활동과 무역 활동의 중심은 남중국해 쪽에 있었으며, 이 1세기 사이에 중심이 점점 남쪽으로 기울어져 갔다.

이와 같은 '차이'가 생긴 배경에는 동중국해보다 남중국해에서 정치권력의 통제가 상대적으로 허술하고 거의 방임 상태였다는 점을 간접적 원인 가운데 하나로 들 수 있다. 청의 정책이 동쪽 방면과 남쪽 방면에서 각각 달랐던 것은 아니지만, 동중국해 연해에서는 여러 정치권력의 정책 지향이 일치했던 반면에, 남중국해에서는 대응할 정치권력과 규제가 거의 존재하지 않았기 때문에 결과적으로는 방임하는 형태가 되었던 것이다. 이 때문에 예를 들어 한인의 해외 이주에 관해서 말하면 청 측의 출국 규제는 동일했더라도, 동중국해 방면으로는 출국해도 (일본을 비롯해) 받아 줄 수 있는 토지가 없었던 데에 비해, 남중국해 방면으로는 출국만 하면 이주할 수 있었으며, 그 때문에 재외 한인, 즉 화인 사회가 여기저기 생겨나게 된 것이다.

이와 같은 상황이 뒷받침해 준 덕분에 18세기에 급증한 중국의 인구가 남중국해 방면으로 확산되고 유출되어 갔다. 반자르마신에 화인의 집이 즐비해 마고타로를 사들인 것도 화인 상인이었다는 사실,

바다에서 본 역사

그리고 그 귀국 상담이 현지를 출입하는 복주 배의 선주를 통해 이루어진 사실은 남중국해에서 일어난 지역 간 교류의 상황과 한인의 해외 이주라는 당시의 상황을 예리하게 반영한다고 할 수 있다. 동시에 최종적으로 마고타로를 송환해 준 것이 네덜란드 배이며, 그것이 바타비아를 경유해 이루어졌다는 사실은 네덜란드의 동남아시아 도서부 진출과 안정된 아시아 무역을 배경으로 했음은 말할 것도 없다.

'경계'로서의 바다

이처럼 여러 정치권력이 '공생하는' 상태가 형성되고 유지되어 가는 가운데 이 시대에는 각각의 영역에서 '안'과 '밖'의 구별이 서서히 명확해져 갔다. 바다는 지역을 연결해 주는 면과 지역을 격리하는 면이라는 두 가지 성격을 함께 지닌다. 이 시기는 그중에서 격리하는 면이 전면에 드러나 바다가 '안'과 '밖'을 나누는 '경계'로서 지닌 성격을 강화한 시대였다고 할 수 있다. 그리고 공간과 사람의 귀속이 고정되어 가는 상황에서 바다라는 '경계'를 통해 '밖'과 구별되는 '안', 즉 '국가'가 점차 윤곽을 나타내게 되었다. 이것이 이 시대가 가지는 세 번째 특징이다.

'공생'이 형성된 이 시대에 동중국해에서는 바다를 건넌 사람과 사람의 접촉이 점차 제한되어 가는 한편으로, 물품은 융성하게 이동하고 서적과 현물을 통한 지식과 기술의 교류, 이전, 전파가 성행했다. 살아 있는 사람 간의 접촉과 교류가 제한되었기 때문에 물품과 정보가 가지는 의미가 상대적으로 높아졌던 것이다. 그 가운데 각지에서 재래와 외래의 문물 및 풍속의 음미와 소화가 진행되었고, 후대에 그 '국가'의 '전통'으로 불릴 만한 형태까지 성숙해 갔다. 동시에 그 아래에서 각국이 바다를 '경계'로 간주하는 느슨한 공통 인식이 형성되어, 서로의 영역 인식과 그에 바탕을 둔 상호 불가침, 그리고 그것과 밀접하게 관련된 표착민의 상호 송환 등의 관행과 제도가 만들어져 갔다.

한편 이 시기를 통해 바다를 '경계'로 하는 영역 인식과 영역화가 점차 진전된 사실은, 이들 동중국해를 둘러싼 여러 국가의 '공생'을 지탱해 주었을 뿐 아니라 국경과 그에 따라 구획된 국토를 기간으로 하는 유럽 주도의 '근대'를 맞이하는 데에 공교롭게도 그에 대한 대응을 준비해 가게 해 주었다고 할 수 있다. 그 막을 올린 것은 역시 18세기였다. 18세기는 동중국해를 넘어 세계의 바다를 멀리 내다보면 북태평양이 모습을 드러내는 시대라고 할 수 있는데, 그것을 열어 준 구미선(歐美船)[14]이 영토와 경계라는 개념과 작법을 가지고 들어왔다.

18세기 전반에 육로로 동진해 온 러시아가 베링 해협을 넘어 북미의 알래스카와 알류샨 열도에 도달하는 동시에 쿠릴 열도로 남하해 일본과도 접촉했다. 나아가 세기 후반에는 영국의 제임스 쿡(James Cook)[15](그 유명한 '캡틴 쿡'이다.) 함대와 프랑스의 라페루즈(La Pérouse)[16] 함대가 북태평양을 탐사했으며, 그중에서도 후자는 동중

---

14 당시에 독립한 직후였던 미합중국의 영역은 동해안에 머물러 있었으나, 그 상선들은 희망봉을 경유하고 남미의 혼곶을 경유해 태평양까지 진출했다.

15 1728~1779년. 영국의 해군이자 탐험가다. 1768년 이후 3회에 걸쳐 태평양 탐험 항해를 했으나 하와이섬에서 섬사람과 분쟁이 일어나 살해당했다.

16 1741~1788년. 프랑스의 해양 탐험가. 1785년에 프랑스 왕 루이 16세(Louis XVI)의 명으로 태평양 탐험에 나서게 되었고, 동해까지 도달해 라페루즈 해협을 통과했다.

국해를 북상해 동해를 종단했다. 이들 구미선은 상륙하는 곳곳에서 영유 의식을 발휘해 그 땅에 이름을 붙이고, 영역을 확장하고자 다투었다. 강력한 육상의 권력이 병립하는 동중국해 방면에서는 그와 같은 방법이 곧장 통용되지는 않았다고 하더라도, 암묵의 '공생'과는 차원을 달리 하는 명시적 영토 분할의 발상과 작법이 도입되었다는 사실은 다음 시대의 조짐인 동시에 동중국해의 '규칙'과도 일정한 친화성을 가지는 것이기도 했다.

이렇게 조감해 보면 이 시대의 전환점은 청이 개방 정책으로 전환한 1684년에 있었다고 할 수 있다. 3부에서 대상으로 하는 이 시기는 모두 강한 개성을 발휘한 강희제와 도쿠가와 쓰나요시(德川綱吉)[17]의 치세가 안정기를 맞이했던 1700년에서 시작해, 둘 다 오랫동안 군림한 것으로 잘 알려진 건륭제(乾隆帝)[18]가 전년에 사망하고 도쿠가와 이에나리(德川家齊)[19]가 장군으로 재직 중이었던 1800년까지를 기본으로 하지만, 그 기점은 다소 거슬러 올라간 1684년으로 하고, 약간의 가감을 가지면서 시대를 조망하고자 한다.

---

17 1646~1709년. 도쿠가와 이에미쓰의 아들로, 형 도쿠가와 이에쓰나(德川家綱)의 양사자(養嗣子)가 되어 제5대 장군(재직 1680~1709년)에 올랐다. 학문 문화의 중시 등 문치 정책을 추진했는데, 치세는 겐로쿠 시대로 불린다.
18 1711~1799년. 청의 제6대 황제(재위 1735~1795년), 아이신기오로 훙력(弘曆). 중가르를 멸하고 동투르키스탄을 병합해 청의 최대 판도를 달성했다. 재위 기간이 60년에 이르러 조부 강희제에게 버금가게 되자 가경제에게 양위했으나, 다시 태상황으로서 실권을 쥐었다.
19 1773~1841년. 에도 막부 제11대 장군(재직 1787~1837년). 에도 시대에 가장 긴 기간인 50년에 걸쳐 장군직에 있었으며, 그 뒤에도 오고쇼(大御所)로서 실권을 쥐었다.

18세기 바다 위 세계의 주역들

청의 관헌에게 보호받은 사쓰마의 덴베에 일행과 동남아시아에서 쓰라린 경험을 한 마고타로 모두 나가사키로 들어오는 루트를 통해 귀국을 달성한 것처럼, 표류자는 모두 최종적으로 육상 정치권력의 비호와 통제 아래에서 귀향할 수 있었다. 이 사실이 보여 주는 것처럼 이 시대의 동중국해는 강력한 정치권력, 즉 '근세국가'에 둘러싸여 있었고, 바다로 가는 사람들은 그들이 펼쳐 놓은 규칙 아래에서 활동해야 했다.

그러나 한편으로 그들 '근세국가'가 민간의 활동을 압살하고 직영 사업을 한 것은 아니다. 덴베에 일행이 화인 해상의 배로 귀국길에 올랐고, 다른 한편으로 마고타로가 네덜란드 배로 송환된 사실이 단적으로 보여 주듯이, 이 시기는 육상 권력의 우산 아래에서 화인 해상과 유럽 상인으로 대표되는 무역상과 항해자들이 주된 담당자가 된 시대이기도 했다. 네 개의 '근세국가' 가운데 조선과 일본, 류큐가 자국민의 해외 도항을 엄격히 금지했으므로 동중국해와 남중국해는 자연히 그 외에 상정할 수 있는 플레이어의 독무대가 되었다. 18세기 전반에는 이전 세기 말의 해금 해제로 일제히 바다로 진출한 화인 해상의 정크선이 교통과 교역의 주역이 되었고, 동중국해와 남중국해를 '화인의 바다'로 삼았다. 다른 한편으로 '근세국가'의 해금으로 17세기에 잠시 기세가 시들해졌던 유럽 상선의 내항도 상향선을 그리면서 증가했고, 18세기 후반에는 또 하나의 주역으로 등장했다.

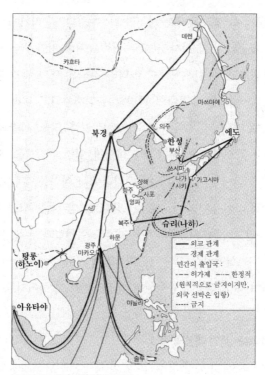

근세국가의 대외 관계와 통교 관리

이들 화인 해상과 유럽 상인이 주역이 되었다는 사실은 1부와 2부에서 묘사된 상황과 대비해 말하면 무슬림 해상의 부재와 일본선의 쇠퇴로 말할 수도 있다. 이것은 시각을 바꾸어 보면 그들의 역할을 양자가 대체했다는 의미이기도 하다. 나아가 유럽선에 관해 말하면 16세기에 주역이었던 포르투갈선은 그 자리에서 내려왔고, 네덜란드와 영국이 그 자리를 대신했다.

16세기와의 차이는 그들이 정치권력과 '경쟁하는' 것이 아니라 손을 잡고 '공생'하려고 했다는 점이라 할 수 있다. 즉 거기에는 일찍이 등장했던 왜구나 유력 신사, 센고쿠 다이묘처럼 지역 단위의 독립적 세력이 난립하고 항쟁하는 것이 아니라 각국의 영역 관리가 확립되어 있었으며, 무역은 공권력의 관리하에서 허가나 청부라는 형태로 융성하게 이루어진 것이다. 동시에 그것은 정치권력이 일방적으로 사람들의 활동을 억압해 갔다는 것이 아니라, 일정한 질서를 바라는 민간도 그것을 받아들여 공권력의 관리하에서 이익을 누림으로써 이른바 공존하고 이용해 갔다고 할 수 있다. 18세기에는 해외무역과 대외 교섭을 청부하는 무역상과 항해자가 정치권력과 손을 잡고 공동으로 '공생'을 실행하는 담당자였다. 그 아래로 항구에서의 여러 수속과 거래의 중개 등을 담당하는 중개인과 통역이 이어져 있었다.

바다를 가르는 화인 해상의 정크

그렇다면 이 시대 해상의 주역이었던 무역상과 항해자들의 모습을 구체적으로 살펴보자. 이 시대에 가장 활약했던 것이 정크선으로 바다를 오간 화인 해상들이었다. 정크선의 선형은 해역에 맞추어 몇 가지로 분화되어 있었는데, 동중국해를 항행하는 데에 이용된 것은 주로 조선(鳥船)으로 불리는 첨저형의 외양선이었다. 조선은 대형인 경우에는 전체 길이가 40~50미터에 달하고, 건조하고 유지하는 데에는 거액의 자금이 필요했으므로 공동출자와 위탁계약, 기업적 조직 등이 발달했다.

그 경영 구조를 보면, 구체적으로는 자본 제공자와 상거래 책임자, 대리인, 선박 소유자, 실제 항해를 하는 선박 운용자, 그 운용자가 모집한 승조원 등으로 세밀하게 나누어진다. 주요한 것을 들면, 선박을 건조하고 소유하는 선호(船戶), 무역 상인인 하주, 하주와 계약하고 도항과 거래를 청부하는 선주다. 해외무역에 즈음해서는 하주 자신이 도항해 스스로 상거래를 하는 경우도 있었지만, 선주에게 위탁하는 경우도 있었다. 후자의 경우 직접 도항하지 않는 무역상을 '재동(財東)' 또는 '재당 하주(在唐荷主)'라 했고, 이들과 계약해 도항과 거래를 대행하는 선주를 '행상(行商)' 또는 '출해(出海)'라 했는데, 18세기 중엽에는 '재당 하주'와 '행상' 선주가 거의 분리되었다. 항해의 수익은 공동출자자와 승조원에게 배분되었으며, 각자가 출자한 비율과 역할에 따라 받아 갔다. 또한 행상 선주 이하의 승조원에게는 일정한 자기 화물을 선적해 기항처에서 개인적으로 재주껏 파는 행위가 허용되었다.

선주는 상선의 책임자이지만, 운항뿐 아니라 그것을 포함하는 상거래 전체의 책임자였다. 항해를 지휘하는 상급 승조원으로서는 부장(副長)과 출납장(出納長)에 해당하는 재부(財副), 항해장인 과장(夥長: 또는 화장(火長)), 사무장인 총관(總管), 조타수인 타공(舵工)이 있어 주요한 업무를 분담했으며, 그 아래에 목려(目侶)와 수주(水主) 등으로 불리는 다수의 하급선원[20]이 탑승했다. 하급선원은 자그마한 배에는 30~40명, 대형선에는 100명 이상이 탔으며, 그 배에 무역상 등의 승객도 함께 탔기 때문에 총원은 50~60명 정도에서 많은 경우

20 하급선원의 직책으로는 아반(亞班: 망보는 사람)과 대료(大繚: 돛 담당), 두정(頭碇: 닻 담당), 치고(値庫: 화물 선적 관리계), 총포(總鋪: 취사계) 등 다수가 있었으며, 이들은 항해 때마다 고용되었다.

에는 200~300명에 달하기도 했다. 남중국해로 향하는 배에는 선객으로서 무역상 외에도 많은 노동자와 이민자의 모습이 보였다.

대일 무역의 주된 출항지가 된 곳은 절강의 영파와 사포, 강소의 상해 등 강남 지방의 여러 항구다. 1684년에 해금이 해제된 직후에는 강남뿐 아니라 복건과 광동의 여러 항구에서 출발하는 배도 나가사키로 대거 건너갔지만, 일본 측에서 무역을 제한하는 정책을 시행함에 따라 청 측에서도 상인 단체를 통한 통제를 추진한 결과, 18세기 중엽에는 강남의 여러 항구, 그중에서도 절강 상인의 본거지인 사포가 대일 무역의 기점으로서 지위를 확립했다. 일본 측에서는 이들 중국의 항구에서 내항하는 사람들을 당인으로, 그 상선을 당선으로 총칭했다. 좀 더 상세하게는 일본에서 보았을 때 출항지의 원근을 기준으로 강소 방면과 절강 방면에서 온 '구치부네(口船)', 복건 방면과 광동 방면에서 온 '나카오쿠부네(中奧船)', 동남아시아 방면에서 온 '오쿠부네(奧船)'로 파악했다.

이에 대해 남중국해를 통한 동남아시아 및 구미와의 남양 무역에서는 복건의 하문과 광동의 광주(유럽에서는 '캔턴(Canton)'으로 불렸다.)가 2대 중심이었다. 하문은 화인 상선의 최대 출항지로 성장했고, 하문과 쌍벽을 이룬 광주는 특히 구미선의 입항지로 지정된 18세기 후반에 눈에 띄는 성장을 보이며 남양 무역의 허브 항구가 되었다. 또한 자와해와 필리핀 군도 방면에서는 술루 왕국과 부기인[21] 등 교

---

21 동남아시아 동부 다도해의 술라웨시섬 남부의 무슬림 주민이다. 조선과 항해술이 뛰어나며 해상과 병사로서 동남아시아의 해역에서 활약했다.

역 세력의 활동도 활발했고, 화인과 때로는 경합하고 때로는 협력했
다. 남중국해 해상 교통의 특징은 중국에서 일본으로 일방통행이었
던 동중국해와는 달리 쌍방향적이자 복선적이라는 점이다. 반자르마
신에서 마고타로가 만났던 이들도 이러한 방식으로 바다를 왕래하
는 화인 해상들이었다.

무역항의 상인 단체

중국의 대상인은 직접 해외무역을 전개하는 것이 아니라 내항한
외국선과 거래했고, 그 알선 역할을 담당했다. 고래로부터 중국 사회
에서는 상거래에서 아행(牙行)으로 불리는 청부인 겸 중개업자가 활
약했는데, 청대에 국제무역은 제도상 국내 상업과 구별되지 않았기
때문에 해외무역에서도 국내와 마찬가지로 아행이 개입했다.

아행은 거래를 중개하는 동시에 그에 관한 납세(정권의 입장에서 보
면 징세)와 여러 수속을 대행하고, 창고와 숙사의 수배와 운영도 맡
아 했다. 관청도 거래에 대한 징세와 상공업자의 관리는 아행(이 경우
에는 관아)을 통해 했으며, 운용 물자의 조달도 담당하게 했다. 해상무
역을 취급하는 아행은 선행(船行)으로 불리며, 하주와 선호 사이에서
운송과 보상 등의 계약을 중개하고, 승조원의 고용과 신원보증, 출항
과 입항의 수속, 수출입 수속, 납세, 선적 화물의 관리, 숙사의 제공
등을 담당했다. 특히 해외무역을 취급하는 자를 양행(洋行)[22]이라 했

---

22   양화행(洋貨行)과 외양행(外洋行)의 약칭으로 양화행은 해금이 해제된 후에 설치된, 해외무
역을 취급하는 관허 상인 그룹이고, 외양행은 서양 상선만을 취급하는 그룹으로 1760년에
양화행에서 새롭게 설정되었다.

광주의 유럽 상관

고, 그 행상을 양상(洋商)이라고 했다. 가장 유명한 아행이 광주에서 구미와의 무역을 독점한 광동 13행(공행(公行))이며, 독점적으로 무역 실무를 담당하는 동시에 체재하는 구미인을 보살피고 관리하는 일 일체를 맡았다.

대일 무역에서는 1726년에 강소와 절강의 민간 상인 여덟 명이 총상(總商, 또는 상총(商總))에 임명되어 무역상과 상선의 관리와 감독을 맡았으며, 나아가 1740년에는 관상(官商) 또는 액상(額商)[23]으로 불리는 특권 상인이 지정되어 정부로부터 동(銅) 무역을 청부받았다. 청 측이 대일 무역에서 요구했던 것은 동전의 원재료인 동이었으나, 일본 측의 무역 제한 정책으로 인해 안정적인 공급이 어려운 데다가 강소계·절강계 상인 그룹과 복건계·광동계 상인 그룹의 영역 다툼도

---

23 동을 조달해 달라는 정부의 청부를 받은 상인으로, 관상은 정부의 자금을 빌렸고, 액상은 관
    허를 받아 자기자본으로 무역을 하고 남은 동의 자유로운 판매를 허가받았다.

바다에서 본 역사

더해져서 총상에게 일원적 관리를 맡기고 관상 및 액상에 대한 독점적 조달 및 위탁을 단행한 것이다.

또한 류큐 조공선의 지정 입항지인 복건의 복주에는 십가 구상(十家球商)으로 통칭되는 특권 상인(류큐관 객상)이 지정되어 있었으며, 류큐 측으로부터 위탁을 받아 구매를 희망하는 물품을 사들이는 방식으로 무역이 행해졌다. 남양 무역에서도 1720년에 하문 양행이 설립되었고, 이들은 모두 아행의 일종이었다.

단 특권 상인이라고 하면 이익을 독점한 듯한 인상을 주지만, 실제로는 행상끼리의 과당 경쟁과 청부받은 업무의 부담, 관원의 착취 등으로 인해 업적 부진과 파탄에 이르는 사례도 많았고, 개개의 상가가 안정적으로 이익을 올려 조직으로서 성장해 가기란 지극히 어려웠다. 유명한 광동 13행도 상가의 구성원이 계속해서 바뀌었고, 행의 수도 시기에 따라 변화했다.

동인도회사와 컨트리 트레이더

이들 화인 해상의 배와 나란히 동아시아 해역에서 무역에 종사한 유럽 상선은 각국의 동인도회사선과 컨트리 트레이더(Country Trader)로 불리는 민간무역상의 것이었다. 대표적인 동인도회사선은 말할 것도 없이 네덜란드 동인도회사(VOC)[24]와 영국 동인도회사

---

24 정식으로는 연합 동인도회사라 했고, 1602년에 네덜란드 각지의 무역 회사 여섯 개를 통합해서 설립되었다. 동아시아 해역에서는 바타비아를 근거지로 삼고, 인도양에서 동중국해에 이르는 거의 전역에서 활동을 전개했다.

(EIC)[25]다. 후발 그룹인 프랑스 동인도회사나 덴마크와 스웨덴, 오스트리아 등의 동인도회사[26]도 우상향 곡선을 그리며 신장한 차 무역의 이익을 목적으로 중국에 배를 파견해 경합했다. 한편 일본에 배를 보내도 된다고 일본 측으로부터 허락받은 것은 네덜란드 동인도회사뿐으로, 그 입장을 이용해 유럽 상품보다도 오히려 아시아 산품을 대량으로 일본에 실어 날라 이익을 올렸다. 그에 반해 조선과 류큐는 유럽선에 일체 문호를 닫고 있었다.

동인도회사선은 유럽의 본국에서 희망봉을 넘어 인도양을 건너야 했기 때문에 일반적으로 대형이었다. 배의 유형은 용골을 갖춘 범선으로, 커다란 특징은 대포를 탑재해 무장한다는 점이었다. 탑승자는 선장과 고급선원, 수부, 견습 선원에 회사 업무와 식민지 업무를 담당하는 상관원, 병사, 직인, 그 외의 탑승객으로 구성된다. 승조원에게는 일정한 틀의 사무역이 인정되었으며, 그들은 회사의 업무에 종사하는 동시에 그러한 틀을 살려(또한 자주 그 틀을 넘어서서) 무역 활동에 힘썼다. 선객 중에는 북경의 청 궁정에서 복무한 선교사들도 있었지만, 일본으로 향하는 배에서는 선교사는커녕 기독교에 관계된 것이 눈에 띄는 것을 일체 허용하지 않았으며, 입항 전에 봉인하게 되어 있었다.

---

25 1600년에 엘리자베스 1세의 칙허장을 얻어 발족한 무역 회사. 인도와 페르시아에 거점을 구축하고 포르투갈을 넘어 네덜란드와 경합했다.
26 프랑스는 후발 주자였지만 정부의 강력한 후원으로 급속하게 사업을 확장했고, 18세기 초에는 다른 무역 회사와 합병해 프랑스 동인도회사가 되었다. 오스트리아 동인도회사(오스텐트)는 18세기 전반에 오스트리아가 출자하고 공인해 설립한 회사이나, 단명으로 끝났다.

이들 독점 회사와 달리 컨트리 트레이더는 본국과의 사이가 아니라 인도양과 남중국해, 동중국해를 잇는 아시아 역내 무역을 하는 상인이다. 선박의 보유와 임차, 운용에는 거액이 들기 때문에 동인도회사 외의 무역 활동은 당초에는 회사선을 이용해 사무역의 특권을 활용하는 방식으로 행해졌으나, 18세기 후반이 되면 공동출자 등으로 독자적으로 선박을 운용하는 컨트리 트레이더의 활동이 현저하게 성장을 보였다. 특히 동중국해와 남중국해에 거점이 없었던 영국의 경우 그들이 인도와 중국 사이의 무역에서 커다란 역할을 수행했고, 인도에 주재한 아르메니아인 상인과 파르시 상인[27] 등도 영국 본국 출신 상인과 경쟁하며 활약했다. 1780년대 이후에 광주에는 차 무역의 융성을 원동력으로 한 그들의 상선이 폭주했고, 이것이 '근세국가'와 독점 회사에 의한 '공생'의 시대를 붕괴해 가게 되는 것이다.

이처럼 화인 해상과 유럽 상인은 이 시대의 사람과 물품, 정보의 유통을 담당한 주역이었으나, 동시에 그것이 어디까지나 '공인'된 것이었음이 보여 주듯이 육상 정치권력의 통제를 강력하게 받았다. 화인 해상과 유럽 상인은 어디까지나 권력의 허가 아래에서만 활발한 상업 활동이 허락된 것으로, 네덜란드 동인도회사는 일본과의 무역을 지속하기 위해 한결같이 일본에 순순히 복종하며 대응했고, 호시의 은혜를 향유하던 영국은 청에 외교교섭[28] 카드를 꺼내 들자마자

---

27 이란에서 인도로 이주한 조로아스터교인의 집단으로, 인도 서해안을 거점으로 상업에서 활약했다. 오늘날의 타타 재벌도 파르시로 알려져 있다.

28 무역 제도의 변경을 교섭할 목적으로 파견된 영국의 조지 매카트니(George Macartney) 사절단은 1793년에 광주를 피하고 북경으로 직행해 열하의 이궁(離宮)에서 건륭제를 배알했

차갑게 거절당했다. 같은 중국해라도 남중국해에서 네덜란드 동인도 회사가 육상 정치권력이기도 했으나 동중국해에서는 각국 정치권력의 승인하에서 무역에 임하는 하나의 플레이어에 지나지 않았으므로, 여기에서도 동중국해와 남중국해의 '차이'를 엿볼 수 있다.

국가와 국가를 연결하는 배와 사람들

국가 간 혹은 그것에 준하는 외교 관계 속에서 정기적으로 두 나라 사이를 항해한 사람들도 18세기 해상 교통의 중요한 담당자였다. 외교 관계에 기반을 둔 공식 사절로는 우선 조공선을 들 수 있다.

'근세국가' 중에서 정기적으로 조공선을 보낸 것은 류큐 왕국이다. 건국 이래로 명에 조공했던 류큐는 1609년에 사쓰마의 시마즈씨가 침공해 오자 굴복하고, 이후 명과 일본 양쪽을 상대로 이중의 군신 관계를 가지게 되었다. 이 관계는 명을 대신한 청과의 사이에서도 계승되어 청 황제에게서 유구국 중산왕으로 책봉되었고, 정기적으로 조공 사절을 계속 파견했다.

근세 류큐의 조공은 '2년 1공', 즉 격년으로 규정되어 있었고, 진공선(進貢船)으로 불리는 조공선을 2년마다 두 척(약 200명)씩 파견했으나, 그 사이의 해에도 귀로를 배웅하는 배로 접공선(接貢船) 한 척(약 100명)을 보내고 있었으므로 실질적으로는 공식 사절을 매년 파견하던 셈이 된다. 이 역할을 여역(旅役)이라 하며, 여역을 명받은 관원은

다. 그러나 납작하게 엎드리는 것을 9회 반복하는 삼배구고두(三拜九叩頭)라는 종속의 예는 면제받았지만, 외교교섭은 전혀 받아들여지지 않았다.

바다에서 본 역사

류큐의 진공선

도당 역인(渡唐役人)으로 불린다. 도당 역인은 정사와 부사, 통역, 유학생 등 외교 요원과 무역 관계자에 상급 승조원으로 구성되고, 실제로 배에는 그 외에도 다수의 하급선원이 탑승했다.

배는 모두 지정 입항지인 복건의 복주로 들어가며, 이들 도당 역인은 공무역을 포함하는 조공의 공무를 수행하는 한편으로, 각자에게 일정한 범위로 허락되어 있던 개인 무역을 해서 류큐나 일본의 산품을 중국으로, 중국에서 조달한 상품을 류큐로(게다가 류큐를 경유해 일본으로) 공급했다. 이들 조공선 외에 다양한 특사[29]가 류큐에서 빈번하게 파견되었다. 거꾸로 청에서는 국왕이 교체될 때에 새로운 국왕을 책봉하는 사절을 파견했다. 책봉사선[30]이 입항하면 사절 일행이 반입하는 대량의 중국산 물품을 류큐 측이 사들이는 관선 무역이 부수적으로 행해졌는데, 이것을 평가 무역(評價貿易)이라고 했다.

한편으로 도쿠가와 정권과 사쓰마 시마즈씨의 통제하에 놓여 있기도 했던 류큐는 가고시마에도 해마다 세 척의 관선(해선(楷船))을 파견하고 사쓰마로 보내는 공납품과 사자를 운반했다. 거꾸로 사쓰마에서는 허가를 받은 야마토선(大和船: 사쓰마의 민간 선박)이 나하뿐 아니라 미야코시마(宮古島)와 이시가키지마(石垣島)까지 도항했다. 그들은 류큐에서 쓰시마로 가는 공납품을 운반해 주는 대가로 류큐에서의 상업 활동을 허가받은 특허 상인이었다. 또한 도쿠가와 정권에 대해서는 청에 대한 것과 마찬가지로, 장군 승계를 축하하는 경하사와 류큐 국왕의 승계를 감사하는 사은사를 에도로 파견하는 것이 관례가 되었다. 이를 에도다치(江戶立, 또는 에도노보리(江戶上り))라고 하

---

29 책봉사를 맞이하는 접봉사(接封使)와 책봉에 대한 사은사(謝恩使), 황제 즉위를 축하하는 경하사(慶賀使), 황제 붕어를 조문하는 진향사(進香使), 류큐 국왕의 서거를 알리는 보상사(報喪使) 등이 있으며, 슈리 왕부는 모든 기회를 활용해 배를 보내려고 시도했다.

30 책봉사가 탄 배를 봉주(封舟) 또는 봉선이라고 하며, 류큐 측에서는 '책봉사선' 또는 국왕의 왕관을 가지고 왔다고 해서 관선(冠船)이나 어관선(御冠船)이라고도 했다. 18세기에는 민간에서 빌린 조선 두 척이 정례였다.

며, 1644년에서 1850년까지의 기간에 17회(그중에 18세기에는 8회) 행해졌다.

조선과 일본 사이에도 양국의 외교 관계 속에서 바다를 왕래하는 사람들의 모습이 있었다. 조선은 청과 육로로 통교했기 때문에 나라 밖으로 열린 항구는 일본을 위한 부산항 하나뿐이었다. 조선과 일본 사이에는 임진왜란 후의 외교교섭을 거쳐 17세기 초에 쓰시마 도주인 소씨를 창구로 해서 조선 국왕과 도쿠가와 장군 사이에 외교 관계가 열려 있었고, 1635년 이후에는 외교와 무역의 방식이 거의 정비되었다. 조선에서는 일본에 장군 승계와 후계자의 탄생과 같은 경사가 있으면 외교사절을 파견했다. 당초에는 '회답 겸 쇄환사(回答兼刷還使)', 즉 일본 측 국서에 대한 회답과 임진왜란 때에 잡혀 간 포로의 송환을 사명으로 하는 것이었으나, 1636년 이후로는 '통신사'로 불리게 되었으며, 19세기 초까지 모두 12회(그중 18세기에는 4회) 일본을 방문했다.

이에 대해 도쿠가와 장군이 직접 사절을 파견하는 일은 없었으나, 조선과 쓰시마 사이에서는 사절이 빈번하게 교환되었다. 쓰시마는 조선과의 협정에 바탕을 두어 세견선(歲遣船)[31]으로 불리는 사송선(使送船)을 연 스무 척 파견했으며, 별도의 용건이 생긴 경우에는 도쿠가와 정권의 명령으로 통상보다 격상된 참판사(參判使)라는 사절을 보냈다. 이에 대해 조선은 쓰시마로 역관사(譯官使, 또는 문위사(問

---

31   세견선은 이 시대에는 업무 간소화와 경비 절감을 도모해 연 8회 보내게('겸대(兼帶)'라고 한다.) 되어 있었기 때문에 팔송사(八送使)로도 불렸다.

慰使))라는 사절을 보냈는데, 잘 알려진 통신사보다도 훨씬 많이, 에도 시대를 통틀어 50회 이상 파견했다.

조선 측 창구인 부산에 설치된 일본인 거류구(왜관(倭館) 또는 화관(和館))에는 쓰시마의 관민이 상시 체재했으며, 부산과 쓰시마 사이에는 그들의 외교사선을 비롯해 다양한 선박이 빈번하게 왕래했다. 쓰시마 측은 나아가 여러 가지 명목[32]으로 도항선의 수를 늘려 무역량의 증가를 꾀했으며, 18세기에는 무역선이 도항선 수의 8할을 차지했다. 참판사도 어미조선(御米漕船) 등에 편승해 조선으로 건너갔고, 귀국 시에는 그때 입항하는 쓰시마 배에 탑승해 돌아왔을 정도다. 이들 배의 대부분은 조닌이 가진 배를 빌린 것으로, 배의 보유자는 이선두(異船頭: 또는 거선두(巨船頭))로 불렸다.

또한 공적인 외교 관계라는 점에서 보면 조선 외에 베트남[33]도 청에 조공했는데, 육상으로 청과 접한 양국은 육로로 입공하도록 지정되어 있었으므로, 류큐의 조공과 쓰시마의 조선에 대한 외교와는 양상이 달랐다. 남중국해에서는 시암[34]에서 보낸 조공선이 광주로 입항하게 되어 있었다.

---

32 사송선 외에 수목선(水木船)과 어미조선(땔감, 물, 쌀을 운반하는 배) 등 각종 명목의 무역선과 비선으로 불리는 긴급 연락용의 소형 배가 있었다.

33 베트남에서는 16세기에 레 왕조가 쇠퇴하고 막씨(莫氏)가 정권을 찬탈했다. 17세기 이후에는 레 왕조의 황제를 옹립하는 북부의 찐씨(鄭氏) 정권 외에 중부의 응우옌씨 정권, 그리고 중국과 베트남의 국경에 걸쳐 있는 막씨 정권이 병립했고, 레씨가 청조로부터 안남국왕에 봉해졌다.

34 시암의 아유타야 왕조는 17세기에는 청에 조공하는 한편, 나가사키 무역에도 진출해 번영했다. 그러나 버마 꼰바웅 왕조의 공격으로 1767년에 멸망했고, 시암에는 단명한 톤부리 왕조를 거쳐 1782년에 현 왕조인 라따나꼬신 왕조(짜끄리 왕조)가 성립했다.

무역도시 나가사키

이들 화인 상선과 유럽 상선 혹은 류큐선과는 달리 도쿠가와 정권의 해외 도항 금제 때문에 동중국해와 남중국해에는 (조선과 일본 사이의 쓰시마선 및 일본과 류큐 사이의 사쓰마선을 제외하면) 일본 무역선의 모습은 없었다. 그 때문에 일본열도에서는 스스로 해외로 진출하는 무역상이 없는 대신에 내항하는 외국 상선, 즉 당선과 네덜란드선과 접촉해 거래하는 국내 무역상과 통역, 에이전트가 중요한 역할을 수행했다. 그 무대가 된 곳이 당선과 네덜란드선에 유일하게 열려 있던 항구 나가사키다.

나가사키는 '네 개의 창구' 가운데 오로지 하나뿐인 정권 직할의 무역항이었으나, 무역 실무와 시정(市政)이 모두 무사의 손에 운영되었던 것은 아니다. 막번 영주제와 신분제 아래에 편성되어 있던 일본에서 공권력은 원칙적으로 무사 신분의 전유물이었지만, 그 공권력이 행사되는 과정에서 다양한 형태로 유력 조닌과 농민 등을 지배 조직에 편입했으며, 해상무역에 관한 부분에서도 그와 같은 특질이 공통적으로 확인된다.

도시 나가사키의 장관은 나가사키 봉행(奉行)이었지만, 봉행을 정점으로 하는 무사 신분의 역인은 쉰 명도 안 되었고, 실제 무역 사무와 시정 서무는 조닌 신분인 지역인(地役人)들이 담당했다. 나가사키의 지역인 조직은 18세기 초에 이미 총수가 1000명을 넘을 정도로 거대했으며, 나가사키 대관[35]을 필두로 해서 여섯 명의 마치도시요리

---

35 나가사키의 필두 지방관으로, 나가사키 봉행의 보좌역이자 주민의 대표격으로 나가사키 시

(町年寄)와 여든다섯 명의 마치오토나(町乙名)가 중핵이 되어 시정을 운영했다. 무역품은 17세기 말에 설치된 나가사키 회소(會所)[36]를 통해 매매하게 되어 있었다. 내항자에 대해서는 마치(町)의 책임자인 오토나 중에 '난방(蘭方)', 즉 네덜란드 상관을 담당하는 데지마 오토나 두 명과 '당방', 즉 화상(華商)을 담당하는 도진야시키(唐人屋敷) 오토나 네 명이 있어 구미가시라(組頭) 이하의 여러 역직을 통괄하며 관리를 담당했다. 네덜란드 상관이 설치된 데지마도 제도상으로는 마치였고, 그 때문에 관리상으로는 오토나와 구미가시라를 두는 마치의 체재를 취한 것이다. 데지마 오토나와 도진야시키 오토나는 무역 실무를 행하는 동시에 데지마에 머무는 네덜란드 상관원과 도진야시키에 머무는 화상을 각각 감독하고, 시설과 출입하는 일본인을 관리했다.

'당인'으로 불린, 일본을 방문한 화상에 대한 대응에서는 야도마치(宿町)와 쓰키마치(附町)라는 제도를 시행했다. 야도마치란 일본을 방문한 화상을 숙박하게 하는 동시에 거래의 중개와 수수료 징수 등 관련 실무를 맡는 숙박 겸 중개 업무를 담당하는 마치를 가리키는 것으로, 1666년 이후에는 야도마치와 그 보조에 해당하는 쓰키마치를 각 마치가 돌아가면서 맡게 되어 있었다. 1689년에 도진야시키가 설치된 후부터는 일본을 방문한 화상이 시중에서 기숙하고 체재하

정에 큰 영향력을 지녔고, 주변 천령 등의 지배를 담당하기도 했다. 무라야마 도안과 스에쓰구 헤이조의 가문을 거쳐, 1739년 이후에는 다카기 사쿠에몬의 가문이 세습했다.

36 나가사키 무역 전반의 회계와 이익 배분을 통할하는, 무역을 통제하는 기관으로 중앙에 대한 상납과 나가사키의 재정 운영을 도맡아 관리했다.

바다에서 본 역사

는 일이 원칙적으로 없어졌고, 나가사키 회소가 설립된 후에는 거래를 중개하는 역할도 회소에 흡수되었지만, 그 이후에도 담당하는 배의 유지 및 보수와 하역 업무는 계속해서 그들이 담당했다.

또한 거래와 체재에 불가결한 통역을 위해 네덜란드 통사(通詞)와 당통사(唐通事)를 두었다. 통역은 조닌인 동시에 봉행 소관하의 지역인이기도 하며, 문자 그대로 통역과 번역은 물론이고 출항과 입항, 상거래에 관한 제반 업무에다 체재 중인 외국 상인의 관리와 단속, 나아가서는 전문 지식을 어떻게 행정·무역·학술 면에서 활용하면 좋을지 등을 당국에 조언하거나 당국을 보좌하는 역할 등 다양한 직무를 수행하는 존재였다. 네덜란드인이 직접 통역을 고용하는 것은 허용되지 않았으므로 네덜란드 상관원은 통사를 일종의 파수꾼이나 감시역으로 간주하기도 했다.

신분제 아래에서 이들 역직은 '가직(家職)'으로서 담당하는 일이었으며, 당통사는 중국에서 일본을 방문해 정주하는 '주택 당인'과 그 자손인 칠십몇 집안에서 선임되었다. 또한 네덜란드 통사는 16세기 이래로 포르투갈과 무역한 여파로 포르투갈어[37] 통역을 맡은 가계가 많았다. 직제를 보면 18세기 초 무렵의 단계에서 본통사(本通事)로 칭해지는 대통사, 소통사와 그 보조에 해당하는 게이코 통사(稽古通事: 수습 통사) 등 3역을 중심으로 해서 그 위에 통사 메츠케(通事目付) 등 각 통사 아래에 보조역과 견습 등을 두었다.(네덜란드 통사의 경

---

37   17세기까지 네덜란드인과 일본인은 여전히 포르투갈어로 이야기를 나누었다. 네덜란드어로 대화하고 번역하는 것이 정착하는 시점은 18세기다.

우는 '通事'가 아니라 '通詞'로 썼다.)

다만 그들은 지역인이라고는 해도 어디까지나 조닌 신분이었고, 표면적으로는 정부 사이의 '외교'가 아니라 민간 단위의 '통상' 관계자로 자리매김되었다. 이처럼 나가사키는 정권 직할의 무역도시이면서도 그곳에서의 무역과 여러 업무는 정부 직할의 형태를 취하지 않고 나가사키의 마치를 매개로 한 민간 단위의 상행위라는 형식으로 행해졌던 것이다.

연안 항해와 국내 해운

동중국해를 둘러싸고 있는 여러 지역에서는 외양 항해와 연안 항해, 하천 교통 각각에서 조선과 운항, 운송, 계약, 상거래 등의 방법과 기술이 발달했다. 해상 교통과 하천 교통 간에 차이가 있는 것은 당연하지만, 계절풍이나 구로시오 해류가 있는 이 해역에서는 외양 항해와 연안 항해 사이에도 선박의 형태와 규모 그리고 선원의 직무와 기능은 자연히 차이가 있을 수밖에 없었다. 교통 루트와 그 담당자라는 면에서도 이 시기에는 각 정권이 외양 항해에 실효력 있는 제한을 가했기 때문에 외양과 연안 그리고 운항 주체와 운송 내용 등에 의한 '공생'이 각지에서 진전된 것이다.

한반도와 중국 사이에 펼쳐지는 황해는 정크선이 왕래하는 바다가 되었고, 18세기에는 해운업이 가장 융성했다. 육지에서 멀리까지 수심이 얕은 해안선이 이어지는 이 바다의 주역은 사선으로 불리는, 흘수가 얕은 평저 타입이었다. 연해와 내륙하천의 수상 운송의 최대 터미널이 되었던 곳은 최대 소비지이자 산업 집적지였던 강남 지방의 항구 유하항(瀏河港: 유가항)이다. 유하항은 상해의 서북방이자 소주의 외항에 해당하며, 여기를 기점으로 강남에서 황해와 발해가 사선으로 이어졌고, 내륙 루트로는 대운하를 통해 북경으로 물류망이 연결되었다.

북쪽의 요동에서 남쪽의 광동에 이르는 각지의 항구도시에서는 방언과 상거래 관습, 도량형조차도 서로 다른 다양한 지역의 상인과 승선원이 뒤섞여 거래했기 때문에 아행이 그 사이에 개입해 거래와 결제, 납세 등의 여러 업무를 청부받았다. 또한 항구도시에서는 화물 선적 등을 담당하는 항만 노동자와 항해 때마다 고용되는 하급선원을 늘 모집해 잉여 노동력을 흡수했다. 그러나 한편으로 숙련된 기능을 가진 것이 아니라 유동적이고 불안정한 상황에 있었던 이러한 사람들은 연해부의 관청과 지역사회에서 치안과 고용상의 걱정거리이기도 했다.

태백산맥이 국토를 관통하는 한반도에서도 해운과 함께 한강 및 낙동강 등 내륙 하천을 이용하는 수운이 발달했다. 건국 초기부터 조선에서는 전국 각지의 세곡과 공물, 진상품 등을 수도 한성에 운반하는 정부 직영의 조운 네트워크가 정비되었다. 당초에는 관선이 주체였지만, 17세기 이래 민간의 수상 운송이 발달하면서 한성의 경성 상인이 소유한 경강 사선(京江私船)이 조운을 청부받게 되었으며, 1000석을 실을 수 있는 규모의 범선으로 세곡 수송을 담당하는 자도 등장했다. 이때 지방 주민이 소유한 배는 지토선(地土船)으로 불렸다. 민간의 수상 운송이 융성한 가운데 각지의 시장을 연결해 물자를 운송하는 선상(船商)이 발생했고, 나아가 거기에서 수상 운송업자가 분화되어 갔다. 이들 사적 선박의 구성원은 대체로 선주(배의 주인)와 물주(화물의 주인), 사공(沙工: 선장), 격군(格軍: 선원)으로 되어 있었으며, 선주 자신이 배를 타지 않는 경우나 선주와 물주, 사공이 동일인인 경우처럼 경영 형태는 다양했다.

류큐에서도 나하항과 도마리(泊)항을 거점으로 국내의 해운 네트워크가 정비되어, 오키나와 본토의 중북부와 주변의 외딴섬뿐만 아니라, 미야코 지역과 야에야마(八重山) 지역까지 망라했다. 이러한 네트워크의 주역은 나하를 거점으로 하는 민간 해운업자(선주(주인)와 선두(선장), 수주(선원)로 구성되었다.)로, 그들은 마란센(馬艦船)[38]으로 불리는 중형 정크 선박과 소형 정크 선박을 운항했고, 상품을 각지로 날라서 매매하는 한편으로, 운임과 수수료를 얻어 지방에서 오는 조세, 문서, 역인 등을 나하로 운반했다. 이 네트워크는 조공을 통해 중국으로, 야마토선의 왕래를 통해 일본열도로도 연결되었다.

일본열도에서는 해외 도항의 금제 때문에 모든 선박 관계자와 해사 관계자의 활동이 연안 항로에만 제한되었으나, 일본선은 해외에 직접 나간 적이 없는 대신에 국내의 해상 운송에서 활약함으로써 무역업과 해운업이 크게 발전했다. 나가사키를 시작으로 하는, 해외와 접속하는 창구를 통해 외양으로 가는 화인 상선 및 네덜란드선과 '공생'했다고도 말할 수 있다.

근세 일본의 운송 주역은 뭐니 뭐니 해도 대량 운송이 가능한 해

---

38 18세기에 류큐 왕부의 주도로 도입되어 갔던 정크 형태의 배다. 와센 형태였던 종래의 지선
    (地船)과 비교해 견고하고 범주 능력이 뛰어나서 급속도로 보급되었다.

운과 수운이었다. 물류의 대동맥인 오사카와 에도 사이에는 정기 화물선인 히가키카이센과 다루카이센[39]이 취항해 활발히 왕래했다. 18세기 후반에는 신속한 데다 운임이 저렴한 후자가 우세하게 되었고, 북방과의 물류 유통이 긴밀해진 상황을 배경으로 에조치(홋카이도)와 오사카를 잇는 기타마에부네[40]가 대두했다.

가이센의 경영 형태는 화물주가 선주(선박 보유자)에게 운송을 위탁하는 경우를 진즈미센(賃積船)이라 하고, 이에 대해 선주 자신이 직접 상거래와 경영을 담당하는 것을 가이즈미센(買積船)으로 부르며, 나아가 선주가 스스로 탑승해 지휘하는 것을 직승 선두(直乗船頭), 선주에게 고용되어 항해와 거래를 위탁받은 것을 충선두(沖船頭, 또는 고선두(雇船頭))라고 했다. 충선두의 경우에도 일정량의 개인 화물을 적재해 매매하는 일이 허용되었고, 선원들에게도 선주의 이익에서 소정의 배분이 있었다.

이와 같은 해상 운송을 위해서는 아행이나 상사(商社)와 마찬가지로 화물주와 선주 사이에 계약과 거래를 중개하고, 해난과 도난, 부정행위 등에 대한 대처와 보상을 취급하는 업무가 필요했다. 일본에서는 가이센돈야(廻船問屋)가 이를 담당했고, 에도와 오사카에서는 도이야나카마(問屋仲間)가 결성되어 공동 해손법(海損法)을 정해 운

---

39 히가키카이센은 여러 하주에게서 받아들인 여러 종류의 화물이 뒤섞여 실린 화물선으로, '히가키'라는 이름은 뱃전에 있는 마름모꼴의 격자에서 유래한다. 1730년에 술 운반 전용의 다루카이센이 독립함에 따라 술이 아닌 화물도 실어 나르면서 양자는 경합하게 되었다.

40 에조치와 호쿠리쿠 방면의 물산을 서쪽으로 우회하는 항로를 통해 오사카로 운송하는 가이센의 총칭으로, 북쪽에서는 베자이센으로 불렀다. 선주의 상당수는 동해 연안을 본거지로 삼았고, 하주를 겸해 스스로 상거래를 하는 사람이 많았다.

용에 활용했다. 국내 활동에 머무른다고는 해도 이들의 경영 구조는 동중국해와 남중국해를 종횡무진한 화인 상선과 유럽 상선의 경영 구조와 조응한다고 말할 수 있다.

바다와 마주하는 권력

이들 무역상 및 항해자들과 직접 상대하던 지역의 정치권력은 이 시대의 최상위에 있는 국가 단위 권력의 강한 통제하에 있었다. 각각의 국가 하부에 연결되는 지역 단위의 정치권력은 2부의 시대와는 달리, 좀 더 강력한 상위 권력의 통제에 복속했으며, 16세기와 같은 국가적 통합의 이완과 해체, 지방 자립의 움직임으로 결합되는 일은 없었던 것이다. 각국의 대외 관계와 연해 지역에 관한 여러 세력을 보자.

경제와 무역의 중심이었던 중국은 명에서 청으로 통치자가 바뀌었다. 명의 옛 영역은 1750년대까지 파미르 고원 이동 지역의 대부분을 통치하던 청에 비하면 절반에 지나지 않아, 청은 그 광대하고 다양한 영역을 지배하기 위해 지역별로 다양한 통치 방식을 두었다.

명의 옛 영역에서는 명의 제도를 이어받아 총독(總督)과 순무(巡撫)[41]에서 지부와 지현(知縣)에 이르는 각급 지방관을 두고 지방 통치를 하는 동시에 네 곳의 해관에 해관 감독을 두고 해외무역의 관리와 징세를 담당하게 했다. 게다가 이들 지방 행정과 해외무역 관계의 두 가지 계통 외에 군사 계통과 경찰 계통으로서 주요 해항(海港) 또

---

41 명의 옛 영역에 둔 최상위 지방 장관으로, 총무로 총칭된다. 총독은 보통 복수의 성을, 순무는 하나의 성을 관할하고 관위상으로도 총독이 상위이지만, 모두 황제에게 직결되어 있어 상하 관계에 있지는 않았고, 협동하면서 통치에 임했다.

는 그 근린의 요지에는 국군의 주력인 주방 팔기(駐防八旗)[42]가 주둔했고, 녹영(綠營)으로 불리는, 한인이 주체인 치안 유지 부대와 함께 육지와 바다를 관리하게 했다. 이에 더해 주요 항구에 둔 해관과 마찬가지로 산업의 요지에는 물품 조달을 담당하는 특파관을 보내, 본래의 직무에 머무르지 않고 정보 수집 등 임지의 지배에도 관여했다. 강남 지방의 강녕(남경), 소주, 항주에 설치한, 관용 견직물을 조달하는 담당인 직조(織造)는 그 대표적인 사례다.

한편 중앙정부에서 대외 관계를 취급한 부서는 전통적으로 조공 관계 사무를 직무로 하는 예부(禮部)였다. 그러나 의례적인 조공 업무는 어찌 되었든 간에, 조공의 형식을 취하지 않는 일본 무역과 구미 무역이 활발히 행해진 이 시기에 국가 재정을 관장하는 호부(戶部)와 황실 재정을 담당하는 내무부(內務府)가 오히려 중요했다. 내무부는 팔기 가운데 황제에 직속된 군단으로 구성한 가정(家政) 기관이며, 해관 감독과 직조에는 이 내무부의 관원(포의(包衣))[43]을 보냈다.

청의 정치와 제도가 가지는 특징은 팔기에 소속된 사람들, 즉 기인(旗人)이 지배층의 중핵을 이루었다는 점이다. 중앙과 지방의 고관 가운데 반수 이상, 몽골과 티베트 등 명의 옛 영역 바깥 지역의 통치 요원 가운데 대부분이 이들 만주인을 주체로 하는 기인이었다. 따라서

---

42 청의 영역 각지의 요소에 파견된 팔기의 주둔부대. 연해부에서는 항주와 복주, 광주 등에 주둔했고, 사포와 복주, 광주에는 수사(해군)도 설치되었다.

43 포의는 가정 부문 소속의 팔기를 가리키며, 팔기에 편입되었던 한인도 많이 소속되어 있었다. 장편소설 『홍루몽(紅樓夢)』의 저자로 유명한 조설근(曹雪芹)은 강희 연간에 직조의 장관직을 오랫동안 차지한 조새(曹璽)와 조인(曹寅)의 자손이다.

앞의 여러 관직 가운데 현지에서의 주방 팔기는 반드시 기인이었으며, 해관 감독도 내무부에서 보냈으며, 총독 계급과 순무 계급도 대부분 기인이었다. 중앙에서도 대관의 대부분은 황족이나 기인이었고, 심지어 황제 주변을 굳게 지키는 것도 그들이었다. 이 때문에 바다에 대한 의사 결정 중에 상당 부분은 언뜻 보기에는 바다와 인연이 멀다고 할 수 있는 만주인의 손에 쥐어져 있었다고 할 수 있다. 다른 한편으로 한인 관료에게는 중앙 고관 자리의 반이 보장되어 있었고, 중앙정부와 명의 옛 영역 모두 중급 관원과 하급 관원은 대부분 한인이었기 때문에, 현장에서 조공사와 무역선에 대응하는 담당자는 한인인 경우가 많았다.

관계 관청이 복수 계통에 걸쳐 있고, 각 계통 사이에서도, 하나의 계통 내에서도 권한과 직무가 중복되어 단독으로 결정할 수 없게 된 것도 청의 특징이었다. 현지에서는 총독과 순무 이하 각급의 지방관, 중앙이 파견한 무역 담당인 해관 감독, 주방 장군 이하의 주둔군 사령관이 그 어떤 형태로든 관여했다. 이것은 전통적인 중화 왕조 관제의 특징인 동시에, 팔기로 조직된 만주인이 몽골인과 함께 한인을 지배하는, 청 특유의 성격 때문이기도 했다.

또한 중앙의 대외 정책을 결정하는 요인이 해상의 정세가 아니라 내륙의 정세였다는 점에도 주의해야 한다. 1680년대 이래로 청은 서북방에서 몽골계인 중가르 칸국[44]과 계속 대립했는데, 해상의 고요

---

44 중가르는 칭기즈 칸의 자손이 아닌 왕가가 이끄는 서몽골의 오이라트계 유목 부족으로 17세기 중엽에 강대해졌다. 이후 1750년대에 청에 복속되기까지 유라시아 중앙부에 유목 제국을 구축해 청 및 러시아와 어깨를 나란히 했다.

함과 편안함은 배후의 안전을 위해 필요했던 것으로, 경제적 이해만을 생각했던 것은 아니었다.

조선의 통치 구조도 관료제 아래에 조직되어 있었다. 중앙의 조정에서는 17세기 이후로 원래는 국방을 관장했던 비변사가 종래의 의정부를 대신해 최고 기관이 되었고, 전국을 팔도로 나누어 관찰사(감사)를 장관으로 파견했으며, 그 아래에 부와 목, 군, 현 등(읍과 고을로 총칭된다.)에는 수령으로 불리는 지방관을 두어 통치를 담당하게 했다. 외교는 중국의 예부에 상당하는 예조가 담당했으나, 지방 단위에서는 전문 조직을 두지 않았고, 대일 외교는 왜관이 있는 부산을 담당하는 동래부사(동래부의 수령)가 일상적인 관계 업무와 분쟁 처리를 맡았다. 또한 경비와 연료의 지급, 건물의 보수, 화물의 운반 등은 무관인 부산첨사를 장으로 하는 부산진이 담당했다. 동래부사와 부산첨사 아래에는 일상적으로 왜관과 절충하는 관원으로 왜학(倭學) 역관(일본어 통역)의 일원인 훈도(訓導)와 별차(別差)가 배치되어 있었다.

류큐의 정부인 슈리 왕부의 중핵은 국왕과 섭정, 삼사관(三司官: 세 명의 재상), 물봉행(物奉行: 재정, 용도, 산업을 담당), 신구방(申口方: 외교, 호적, 경찰, 사법을 담당)으로 구성되는 합의제인 평정소(評定所)이며, 여기에서 국가 안건부터 미결의 재판 안건까지 심의되었다. 외무와 내무를 관장하는 신구방은 쇄지측(鎖之側)과 쌍지고리(双紙庫理), 박지두(泊地頭), 평등소(平等所) 등 네 개의 부서로 구성되며, 이 가운데 쇄지측이 외교를 관할했다. 그러나 청 및 일본과 이중의 군신 관계를 맺은 류큐에서는 국정에서 외교가 차지하는 중요성이 컸고, 그러한 의미에서 왕부 기구의 거의 모든 것이 그 어떤 형태로든 대외 활동에 관계되었다고 보아도 좋을 것이다.

일본열도의 여러 권력과 해역 교통

이들 청, 조선, 류큐 삼국과 달리 일본의 도쿠가와 정권은 주종 관계에 바탕을 둔 막번 영주제의 형태를 취했기 때문에 원리와 조직이 크게 달랐다. 즉 해외로 열려 있는 '네 개의 창구' 가운데 사쓰마와 쓰시마, 마쓰마에는 각각 시마즈씨와 소씨, 마쓰마에씨(松前氏)라는 막번 영주에게 위임되었으며, 정권 직할의 창구인 나가사키도 장군의 가신인 하타모토(旗本)가 지배를 담당했다.

나가사키의 최고 책임자인 나가사키 봉행은 당초에 다이묘가 임명되었으나, 간에이(寬永: 1624~1644년) 연간 이후에는 노중(老中) 관할하의 원국(遠國) 봉행 가운데 하나로서 하타모토가 임용되었다. 정원도 시기에 따라 변화가 있었으나, 기본적으로는 두 명이 1년을 임기로 에도(재부(在府))와 나가사키(재번(在番))에서 근무했다. 나가사키 봉행은 외국 무역의 관리 및 장군과 정부의 수요품 구매와 같은 무역 관련 업무 외에도 해외 정보의 수집과 서국(西國) 다이묘의 동정 감시, 나가사키와 서국의 연안 경비 총괄, 기리시탄 금제 등 도시 나가사키에만 국한되지 않은 광범위한 치안과 국방의 임무를 담당하기도 했다.

이에 대해 특정한 막번 영주에게 관리와 운영을 위임하는 형태를 취한 사쓰마와 쓰시마, 마쓰마에에서는 각각 독자적인 관리 형태가 전개되었다. 도쿠가와 정권은 사쓰마의 시마즈씨가 류큐를 지배하고 연공을 징수하도록 허용하고, 류큐의 진공 무역을 나가사키를 보완해 중국 물산을 입수하는 루트로 자리매김하게 해서 사쓰마의 감독 하에서 조공을 계속하게 했다. 한편으로 시마즈씨도 류큐의 대청(對清) 무역을 자기들의 재정에 보태는 수입원으로 간주했으며, 가로(家老) 가운데 류큐를 전적으로 담당하는 류큐가카리(琉球掛)를 두고, 나하에는 감시역으로 재번 봉행을 파견해 오카리야(御仮屋)로 불리는 공관에 주재하게 했다. 다만 내정과 외무에서 슈리 왕부의 자율성은 보장되었다.

또한 쓰시마의 소씨는 통신사 초빙을 축으로 하는 조선과의 관계 유지와 중국의 정세에 관한 정보 입수, 중국산 물품과 조선산 물품을 조달하는 루트의 역할을 담당했다. 이 때문에 소씨는 실제로는 수입이 2만 석 정도였는데도 가문의 격은 10만 석으로 대우받았고, 재정난에 대해서도 보조금을 받는 등 여러 다이묘 중에서도 특수한 지위에 있었다. 마쓰마에씨의 경우, 벼농사를 지을 수 없는 지역이었기 때문에 '무고(無高)', 즉 석고(石高)가 없는 유일한 다이묘였고, 가문의 격을 1만 석 이상으로 대우받는 특이한 존재였다. 그 상대도 다른 창구와는 다르게 국가를 형성하지 않은 각지의 아이누 집단이었으며, 교역과 공납, 복속 의례를 통해 개별의 집단 및 수장과 관계를 맺는다는 독특한 형태를 취하게 되어 있었다.

더욱이 이들 업무를 수행하기 위해서는 나가사키와 마찬가지로 통역이 반드시 필요했다. 쓰시마에는 본래 상인 출신인 조선 통사가 있었지만, 1727년에 아메노모리 호슈(雨森芳洲)[45]의 건의로 후추(府中:

---

45 1668~1755년. 기노시타 준안(木下順庵)의 문하에서 배운 주자학파 유자로, 쓰시마의 소씨

이즈하라(嚴原))에 통역 양성소를 개설해 통역의 육성에 힘썼다. 사쓰마에도 류큐를 관할하는 일에 더해 화인 상선의 표착도 빈발했기 때문에 당통사가 배치되었으나, 조선 배의 표착에도 대비하기 위해 조선통사까지 양성되었다. 이들은 실제로 표착 시와 송환 시에 활약했지만, 그뿐 아니라 사쓰마 독자의 통교 네트워크의 존재를 엿볼 수 있게 하는 존재들이라 할 수 있다. 이들과 달리 정식으로 청에 도항하고 조공하는 류큐는 진공선으로 관비 유학생(관생(官生))과 비공식 유학생(권학(勸學))을 현지에 보내 어학 등을 배우게 했다. 그 때문에 중국 각지에서 민간 상인이 내항하는 나가사키에서는 당통사가 남경과 복주, 장주 등 각지의 방언을 익혔던 것에 반해 류큐의 통사는 공용어인 관화(官話)를 배웠다.

바다와 권력의 상관성

이들 가운데 바다를 직접적으로 상대하는 권력으로 청의 해관 감독과 연해 지역의 총독 및 순무, 일본의 나가사키 봉행과 쓰시마의 소씨, 조선의 동래부사 등을 꼽을 수 있다. 특히 해관 감독과 나가사키 봉행은 관료제와 주종제(主從制)의 서로 다름을 넘어 중앙에서 특파한 공권력으로서 바다에 임했다고 할 수 있다. 특파관이기 때문에 무역 관리와 출입국 관리에 강력한 권한을 부여받으면서도 직속의 수하 세력을 가질 수 없다는 점이 양자의 공통점이다. 청의 항만 경

집안에 복무하며 대조선 외교에 진력했다. 저서로 조선에 대한 외교에 관해 논한 『교린제성(交隣提醒)』 등이 있다.

비는 해관이 아니라 주방 장군이 지휘하는 주방 팔기와 총독 및 순무와 제독 수하의 녹영과 같은 근린 부대가 담당했으며, 나가사키에서도 경비는 주변의 여러 다이묘가 분담했고 주력은 격년을 주기로 경비 임무를 맡는 후쿠오카의 구로다씨(黑田氏)와 사가의 나베시마씨(鍋島氏)의 군세였다. 유사시에는 나가사키 봉행이 이들을 동원하고 지휘하게 되어 있었으나, 즉각 대응하기는 어려웠다. 이 때문에 영국선이 네덜란드선을 나포하려고 만 안으로 침입했던 1808년의 페이튼(Phaeton)호 사건[46]에서는 어찌할 바를 몰라 요구를 들어주고 퇴거하게 할 수밖에 없었으며, 이 일로 재번 봉행인 마쓰다이라 야스히데(松平康英)는 책임을 지고 자결했다.

통교와 무역의 형태도 일본과 청의 방책은 의외로 유사했다. 나가사키와 광주에서 모두 공권력 자체는 외국 상인과 직접 관계하는 일을 피하고, 어디까지 오토나 및 통사와 양행 및 공행을 매개로 한 민간의 상거래 형태를 취해 외국과 무역을 했던 것이다. 이처럼 해외무역을 둘러싸고는 기본적으로 개방적이었던 청, 그리고 도항을 전면적으로 금지하고 내항에도 엄격한 제한을 두었던 일본은 정권의 방침 면에서는 무척 대조적이었지만, 무역항에서 특권 상인 집단과 에이전트, 통역의 역할과 성격은 유사하다고 할 수 있다.

이에 반해 조선에서는 관내에 왜관을 둔 동래부사가 대일 외교의 창구를 담당했으나, 동래부사는 어디까지나 일개 지방관이었고, 일

---

46 1808년에 나폴레옹 전쟁이 벌어지던 당시에 네덜란드와 적대 관계에 있던 영국의 군함 페이튼호가 나가사키에 침입해 네덜란드 상관원을 붙잡고 일본 측으로부터 땔감과 물, 식량 등을 얻어 퇴거한 사건.

본의 나가사키 봉행처럼 특별히 임명되거나 파견된 관리는 아니었다. 다만 동래부사는 관위가 비교적 높았고, 국왕에게 직접 상주하는 등 일반적인 수령보다 높은 지위가 부여되었다. 이것은 제주목사와 의주(義州)부윤 등과 공통된, 변경 요지의 장관이 가지는 특징이었다.

또한 이들 바다와 서로 마주한 정치권력이라도 국가 단위와 지역 단위는 이해와 주체가 달랐기 때문에, 이 정도로 중앙의 관리와 통제가 강한 시기였을지라도 총독과 순무 등 청의 지방 장관과 일본의 다이묘 가문 등 연해부의 지역적 권력 자체가 밀무역에 손을 담그는 일도 있었다. 그중에서도 사쓰마의 시마즈씨는 영내의 섬에서 밀무역을 하는 동시에 자기들이 관할하는 류큐의 진공 무역을 이용해 허가된 총량과 범위를 넘어서 교역을 전개해 19세기에는 나가사키 무역을 압박할 정도에 이르렀다.

종합해 보면 이 시기의 바다는 개방성과 폐쇄성, 방임과 통제의 양면을 모두 지니고 있었다고 할 수 있다. 눈에 띄는 전쟁이나 긴장도 없는 가운데 바다 위를 화인 상인과 유럽 상선이 활발히 왕래한 점에서는 개방적이었다고 할 수 있지만, 한편으로 그 손 그물은 육상 정치권력의 의사에 위임되어, 그 아래에서 움직이는 개개의 담당자에게는 권리와 권한이 보장되어 있지 않았다. 2부에서 묘사된 시대가 난입과 과당 경쟁이었던 점과 대비해 말한다면, 이 시기는 정부와 내항자 사이의 연결 파이프가 한정된 데다, 그것이 정부 직영이 아니라 청부인에게 재하청되는 구조였다고 말할 수 있다.

한정된 파이프를 통과할 수 있는 것은 제한된 해상과 사절뿐이었고, 그 창구가 된 무역항에서는 반관반민(半官半民)적인 존재인 아행과 마치도시요리, 통사 등이 징세 대행과 출항과 입항 및 체재 관련 업무의 대가로 무역상의 특권을 부여받아, 관민이 손을 잡고 무역과 관리를 일체적으로 행했다. 그리고 이처럼 왕래와 교류가 한정된 것을 압축과 집중으로 부를 수 있다. 그렇다면 그 구체적인 제도와 실태는 어떠했을까?

3 　교류와 거류의 압축과 집중

쇼토쿠 신례와 신패 소동

1715(쇼토쿠(正德) 5)년 3월, 일본의 나가사키 봉행소에서 쇼토쿠 신례(正德新例) 또는 해박 호시 신례(海舶互市新例)로도 불리는 무역 개혁의 신법이 당시의 나가사키 봉행 오오카 비젠노카미 기요스케(大岡備前守淸相)(淸雄)에게서 귀국을 앞둔 화인 상인들에게 통고되었다. 여러 분야에 걸친 취지 가운데 그들에게 직결하는 것 한 가지는 화인 해상의 내항 수를 종래의 연간 여든 척에서 서른 척으로 줄이고, 출발지별로 한 해당 보낼 수 있는 배의 수를 정한다는 점이었다. 새로운 법을 주도한 것은 아라이 하쿠세키(新井白石).[47] 이때로부터 30년을 거슬러 올라가는 1684년에 청의 해금이 해제된 이래로 동중국해에 대거 등장한 화인 해상의 무역선이 해마다 나가사키에 쇄도

47　1657~1725년. 도쿠가와 이에노부(德川家宣)와 도쿠가와 이에쓰구의 정권에서 막정의 중핵에 참여한 정치가이자 유자. 아메노모리 호슈와 동문으로 주자학을 수학했으며, '쇼토쿠의 치'로 불리는 혁신 정치를 추진했다.

해 내항선 수가 격증하자 무역액과 배의 수에 제한을 두었으나, 은과 동의 유출과 넘쳐나는 상선에 의한 밀무역이 이 무렵에 이르기까지 문제시되었던 것이다. 이때 새롭게 제시된 내용의 핵심은 화상에 대해 나가사키 당통사 명의로 '신패(信牌)', 즉 입항 허가서를 발급하고, 이것을 지니지 않은 배는 다음 해 이후의 입항과 무역을 허가하지 않기로 한 부분에 있었다.

이 신패가 청 측에 건네지자 한바탕 소동이 일어났다. 신패를 잘못 이용해 나가사키에서 무역을 허가받지 못한 채 추방된 해상들이 신패를 취득한 판매 라이벌들을 가리켜 "청을 등지고 일본을 따르며, 외국의 연호를 이용한 문서를 발급받았다."라며 고소한 것이다. 고발을 받은 청 당국에서는 의견이 나뉘었다. 대일 무역의 출항지를 관장하는 절강의 절해관 감독 보차이(保在)는 별다른 일로 생각하지 않은 채 새로운 방식으로 통상을 계속하려고 했고, 마찬가지로 강소의 강해관 감독 오키(鄂起)도 무역 부진으로 관의 세수입이 줄어드는 것을 염려할 뿐이었다. 그러나 이에 대해 포정사(布政使: 성의 재무 장관) 단지희(段志熙)와 안찰사(按察使: 성의 사법 장관) 양종인(楊宗仁)은 해상들이 외국의 '신패'를 수취한 것 자체를 문제시했다. 그래서 지방 장관인 절강과 복건의 총독 만보(萬保)와 절강 순무 서원몽(徐元夢, 한어 이름이지만 만주 기인이다.)이 우선 일본의 태도를 파악하기 위해 이듬 해인 1716년에 광동의 신식 배를 운용하는 해상 이도사(李韜士) 일행에게 신패를 지니지 않고 종래와 같은 방식으로 나가사키에 가게 했는데, 신례에 따라 매정하게 추방되어 버렸다. 이리하여 논의는 신패 현물과 함께 북경의 조정에 들어가게 되었다.

북경에서도 논의는 대립되었다. 청 측에서 자국 상인에게 발급하는 증명서로 일본의 무역 허가증을 대신할 수 있도록 일본에 문서를 보내어 교섭하자는 주장과 신패를 수취한 해상을 처벌하자는 주장 등이 제안되었다. 그러나 스스로 신패를 살펴본 강희제는 모든 의견을 각하하고, "이 문서는 민간에서 거래할 때 주고받는 증명서에 지나지 않으며, 외국의 공문서가 아니다."라고 해서 자국 해상이 수취해 행사하는 것을 전혀 문제시하지 않았으며, 따라서 일본에 외교교섭을 제안하는 일도 불필요하다는 판단을 보여 주었다.

같은 해에 일본에서도 신패 없이 도항해 왔던 당선에 대한 대처를 둘러싸고 노중이 자문한 내용에 대해 아라이 하쿠세키는 "신패는 봉행소에서 건네준 것이 아니라 통사와 상인 사이에서 주고받은 것이기 때문에 그것이 청 측에서 문제가 된다는 것은 승복하기 어렵다."라고 회답해야 한다고 답신했다. 이 회답은 귀국하기 전인 이도사 일행에게 번역되어 제시되면서 청 측에도 전달되었는데, 그것은 강희제의 판단과 절묘하게 들어맞는 내용이었다.

그러나 이것은 궤변이라면 궤변이다. 신례는 일본의 정권이 지시한 법령으로, 봉행소에 화상을 불러 모아 나가사키 봉행이 통고한 것이었다. 통사와의 사이에서 주고받은 것이라고는 해도, 앞서 서술한 것처럼 통사는 봉행의 지휘에 복속하는 지역인에 지나지 않았다. 그러나 아라이 하쿠세키와 강희제 모두 각자가 속한 정치권력의 방침과 표면적 태도를 지키면서 눈 감을 곳은 눈 감고 실리를 취한다는 판단을 내린 것이었다.

이렇게 신패 소동은 외교 문제가 되는 일도, 국내 문제가 되는 일

도 없이 해결되었고, 일단 절해관이 맡아 두었던 신패는 해상들에게
반납되었으며, 새로운 규정 아래에서 화인 해상이 떳떳하게 나가사
키를 방문했다. 당장 1717년에 입항한 한 척에는 당국으로부터 돌려
받은 신패를 이도사에게서 위탁받은 이도사의 생질(甥姪) 이역현(李
亦賢)의 모습도 있었다. 이후에 일본 측이 화상에게 교부하는 신패에
바탕을 둔 관리 무역이 청일 무역의 기본형이 되었던 것이다.

'정치의 바다'의 비정치화

이처럼 18세기의 동중국해를 둘러싼 지역에서는 그때까지 없던
강한 구심력을 지닌 정치권력이 줄지어 등장하면서 타자를 자기 정
치질서 아래에 편입시키려는 움직임을 보이는 것이 아니라, 각각이
명분과 실리를 중시하면서 상대에 맞추어 주는 현실적이면서도 다양
한 대응 방침을 취했던 것이다. 그것도 일반적으로는 '조공 체제'에서
이탈해 '쇄국'했다는 식으로 인식되는 일본뿐만 아니라 '조공 체제'
를 주재하는 '중화 왕조'로 인식되는 청이 스스로 자국의 질서를 강
압하려고도 하지 않았을뿐더러 공적인 '외교'를 피하고 유연하게 대
외 관계를 전개했다.

이처럼 대외 관계를 조공으로 일원화할 것을 강요해 파탄이 났던
명 대신에 등장한 청이 추진한 것은 조공 제도의 재건과 확대가 아니
라 그것과는 정반대인, 그와 같은 정치적 관계의 축소와 희박화였다.
2부에서 그려진 것처럼, 이 추세는 조공·해금 체제가 파탄 났던 16세
기에 시작되었으며, 명과 청이 교체되는 동란기에 일시적으로 해금
이 부활했지만 해상 세력을 제압하는 데에 성공한 1684년 이후, 화

상의 출해 무역과 내항하는 외국선의 호시 무역이 급속하게 확대해 갔다. 이 시기의 해상무역은 '근세국가'가 둘러싸고 있던 동중국해뿐만 아니라 동남아시아와 유럽에서 무역선이 잇따라 내항하는 남중국해에서도 대부분 호시 형태로 행해졌으며, 조공의 비중은 대단히 낮았다. 즉 이 시기의 바다를 지배하는 방식이 '조공'이나 '외교'는 아니었다. 그것들은 다양한 관계의 실태 가운데 하나에 지나지 않았다.

물론 한 차례 청과 공식적으로 교섭하고자 하면 외부에서 오는 접촉을 '조공'으로 간주하고, 교섭자를 자주 '책봉'해 '외신(外臣)'으로 자리매김하게 하는, 예로부터 존재했던 경직된 틀에 기댈 수밖에 없었다. 하지만 이를 싫어했던 도쿠가와 정권뿐만 아니라 청도 가급적이면 그와 같은 기제가 발동하는 일을 피하려고 했던 것이다. 류큐가 청과 일본 '양쪽에 속하는 것'을 묵인하고 내항하는 해외 상선에 조공 의례를 요구하지 않았던 것은 그 결과다.

그 배경으로 청 스스로 다양한 상대에게 다양한 입장으로 임하는 유라시아 제국이었다는 점(동중국해는 그중 한 방면에 지나지 않는다.)을 들 수 있다. 청의 기본자세는 명분과 형식을 고집해 무역의 이익을 잃는다거나 갈등을 일으키는 것 등은 어리석은 일이며 상업의 이익과 치안의 결실을 얻을 수 있으면 좋다는, 실리를 우선하는 현실주의였다. 그와 같은 발상은 황제뿐만 아니라 기인 관료에게도 공유되었다. 앞서 등장한 지방관 가운데 신패를 문제시하지 않았던 자는 그 이름에서도 알 수 있는 것처럼 모조리 만주인과 기인이었다. 다른 한편으로 일본 측도 중앙에서 특파한 나가사키 봉행이 관할하면서도 조닌 신분인 당통사를 사이에 세움으로써 무역만이 아니라 정치적 사안까지도 민간 교류의 틀 속에서 처리했다.

이처럼 이 시기의 동중국해는 흔히 인식되는 것처럼 청 황제를 주재자로 하는 '조공 시스템'과 '책봉 체제'라는 일원적 질서하에 놓여 있었던(그 반작용으로서 일본 한 나라만이 거기서 이탈했던) 것은 아니었다고 이야기할 만하다. 분명히 통시적으로 보아 동중국해는 육상의 정치권력이 해상무역을 관리하고 항해자를 통제하려는 '정치의 바다'였고, 그것은 이 시대에 극한에 달했다고 말할 수 있지만, 그 실태는 이른바 "'정치의 바다'의 비정치화"를 도모한 것이었다고 표현할 수 있다. 거기에서는 공권력이 무역과 출입국을 이전에 없던 엄격함으로 관리했고, 그 점에서는 '정치'가 전면에 나와 있었으나, 그 틀 아래 '정치 문제'를 발생시키는 일 없이 민간무역의 형태를 취하며 무역과 교류가 융성했던 것이다.

'근세국가' 간 관계의 여러 모습

그렇다면 이들 '근세국가'는 구체적으로 어떠한 관계를 구축하고 타협했던 것일까? 국가 단위의 정치권력인 네 개의 '근세국가'는 자국보다 상위에 있는 권위와 질서를 인정하지 않는 청과 일본, 그리고 그들의 질서를 수용한 조선과 류큐로 나눌 수 있다. 그렇다고 하더라도 일본 측은 물론 청 측도 일본과 자웅을 가리고자 하는 일은 없었으며, 조선과 류큐의 실효 지배를 기도하거나 내정에 간섭하는 일도 없었기 때문에 이 시기에 이들 네 세력의 '공생'이 사실상 성립했다.

그 전제가 되는 국제 질서 인식은 단순히 옛것을 답습하는 것이 아니라 17세기 중엽의 명·청 교체로 형태가 잡힌 이 시기 특유의 것이었다. 명의 멸망과 청(만주)의 '중화' 정복이라는 질서 변동은 동중국해 주변의 여러 사회에 커다란 충격을 주었다. 당초에는 장래가 걱정되기도 했던 청의 패권이 1680년대에 거의 확립되자, 치하에 있는 명의 옛 영역을 포함해, 현 상황을 해석하고 자신의 입장을 설명하고자 하는 노력이 각지에서 시도되었다.

애당초 한문 고전을 공유하는 여러 사회는 자신을 문화적 중심으로 여기고 타자를 어떠한 점에서든 열위에 있는 것으로 간주해 계층적으로 자리매김하는 자기중심적이며 차등적인 질서관, 즉 화이사상을 가졌다. '이(夷)'로 여겨져 왔던 만주인이 '화(華)'의 자리에 앉은 명·청 교체 이후의 특징은 그와 같은 '화와 이의 역전'을 어떻게 받아들일지를 둘러싸고 전개된, 차등적 질서관의 다원화와 상대화라고 할 수 있다.

국제 질서의 주재자가 된 청 황제는 예교(禮敎)를 보호하고 실천하며 천하에 평화를 가져다준 것 그 자체를 정통성의 근거로 삼아 한인과 조공국을 상대로 자기가 '화'의 자리에 있음을 주장했으며, 다른 한편으로 몽골과 티베트에 대해서는 문수보살의 화신이자 티베트 불교의 보호자[48]로서 행동했다. 이에 대해 조공국인 조선과 류큐는 청이 주재하는 화이 질서 속에 자국을 자리매김했으나, 조선의 지식층은 내심으로 만주인을 '이'로 간주해 사라진 명의 연호를 국내에서 계속 사용함으로써 자기들을 유일한 '화'라고 하는 등 복잡한 자세

---

48 17세기 이후로 티베트 불교는 몽골인과 만주인에게도 퍼졌으며, 청의 황제는 전륜성왕(불교를 흥륭하는 이상적 군주)이자 문수보살의 화신으로, 문수보살 대황제로 칭해졌다.

를 취했다. 한편 일본의 도쿠가와 정권은 청과 공적인 접촉을 끊음으로써 어떤 자에게도 복속하지 않는다는 자국의 권위를 유지하고자 했다. 이에 대항해 예교라는 보편성이 아니라 '무위'와 '신국' 의식과 같은 고유성에 의거함으로써 류큐와 조선 등 '이국'의 정복을 가장해 만든, 독자적인 국제 질서관[49]을 구축했다.

이들 질서의 틈에 놓여 있던 것이 근세의 류큐다. 청과 일본을 상대로 이중의 군신 관계에 있었던 류큐는 청에는 명대 이래의 충순한 조공국으로서, 일본에는 '장군의 무위에 복속한 이국'으로서, 양쪽 모두에 자국의 중심성과 구심성을 확인하기 위한 존재로 자리매김되었다. 이 때문에 류큐는 이와 같은 이중 외교를 눈치채지 못하게 하고자 청에는 일본과의 관계 일체를 은폐하는 정책을 시행했다.

이 정책은 류큐 지배를 둘러싸고 청과 마찰이 발생하는 것을 염려한 도쿠가와 정권의 의향 아래에 17세기 후반에 사쓰마의 시마즈씨가 지시하면서 개시되었고, 특히 18세기에 들자 은폐를 지시하는 규정을 수차례에 걸쳐 발포하는 등 슈리 왕부 스스로 적극적으로 류큐와 일본 사이의 관계를 은폐하는 데에 힘썼다. 그 규정은 "일본선에 류큐인이 동승해 중국에 표착한 경우에 모두 일본인의 모습을 해 버리도록" 하는 등 대단히 구체적이고 세밀한 것이었다. 실제로 첫머리에서 소개한 사쓰마 배의 표류 사건에서 같은 배를 타고 있던 두 명

---

49 중화의 세계관과 마찬가지인 자기중심적 질서를 구축하면서, 그 우열의 기본은 일본이 독자적으로 설정한다는 이 시기의 국제관을 일본형 화이 질서로 부른다. 그 질서를 실현하고자 외교와 전쟁이라는 수단을 동원하지 않았고, 그 질서는 실질적으로 자국 내에서밖에 통용되지 않았기 때문에 현실의 국제 질서가 아니었다는 의미에서 일본형 화이 의식이라고도 한다.

의 류큐인은 머리카락을 칼로 자르고 일본인처럼 '존마게'(丁髷: 일본식 상투)를 틀고 나서 상륙했다. 이름 역시 일본풍으로 바꾸었는데, '긴조(金城)'는 '긴구에몬(金右衛門)'으로, '고자(呉座)'는 '고우에몬(五右衛門)'으로 바꿀 정도로 주의를 기울였다.

그렇다고 청이 류큐와 일본 사이의 관계를 깨닫지 못했느냐고 하면, 그렇지는 않았다. 류큐인과 사쓰마인이 눈물겹게 노력했는데도 청에서는 류큐가 일본의 통제하에 놓여 있다는 '사실'을 아주 이른 단계부터 인지했다. 그러나 "류큐는 청의 신하다."라는 체면이 지켜지기만 한다면 괜찮다고 생각하던 청 측은 일부러 류큐를 견책하거나 일본에 외교적으로 맞서는 일은 하지 않고 '봐도 못 본 척'을 했다. 이처럼 서로 현실을 묵인하는 관계가 형성되어 있었던 것이 나가사키의 신패 문제와 마찬가지로 '정치의 바다'였을 동중국해에서 '정치 문제'를 제거해 주었던 셈이다.

비슷한 실태는 쓰시마를 매개로 하는 조선과 일본 사이의 관계에서도 찾을 수 있다. 대조선 외교의 창구가 된 쓰시마의 소씨는 도쿠가와 장군에게 신속하는 하나의 막번 영주인 동시에, 조선에 대해서도 중세 이래로 조공자의 입장을 답습했다. 그 때문에 조선 측은 쓰시마를 늘 조공자로 취급하고자 했으나, 쓰시마 측은 군신 관계를 의미하는 표현이나 수속을 신중하게 피해 자기들이 조선의 신하라고는 인정하지 않았다. 예를 들면 조선에서 쓰시마로 넘어가는 '조공에 대한 하사품'을 수취한 쓰시마 측에서는 '조선이 보내온 소무(所務: 연공 등으로 올리는 물건)'로 달리 읽어 버리는 등, 쌍방이 자신의 형편에 유리한 해석을 하면서 관계를 유지했던 것이다.

「동래부사접왜사도」: 동래부에 도착한 일본 사신을 맞이하는 행사를 그린 그림.
© 국립중앙박물관

이와 같은 차이가 있으면서도 조선과 쓰시마 사이의 관계가 안정적으로 지속되었던 것은 경제를 조선과의 무역에 의존하는 쓰시마와 일본과의 관계에 안정을 꾀하고 싶은 조선의 이해가 일치해 양자가 함께 타협을 선택했기 때문이다. 쓰시마의 배후에 있는 도쿠가와 정권도 조선과의 관계 유지에 소씨가 도움이 되는 한 그것을 들추어내어 문제시하려고 하지 않았다. 즉 여기에서도 조선과 쓰시마(그리고 도쿠가와 정권)의 관계 유지에서 양자(또는 삼자)의 암묵적 양해가 있었다고 할 수 있다.

바다에서 본 역사

'근세국가'의 '공생'을 위한 궁리

이와 같은 국가 단위의 접촉에서 문제가 되는 것은 군주의 칭호와 연호다. 조공 관계하에 있는 청과 류큐, 조선 사이에서는 문제가 없었지만, 그 외의 관계에서는 늘 잠재적인 불씨였다. 그 때문에 분규의 발생을 미연에 방지하기 위해 일본은 청과 외교 관계를 가지지 않으려 했고, 청 측도 스스로 촉구하는 일이 없었으며, 신패 문제에 즈음해서도 직접 교섭을 피했던 것이다. 거꾸로 청과 일본 양쪽에 조공하지 않으면 안 되는 류큐는 청에 대한 문서에서는 청의 연호를, 일본에 대한 문서에서는 일본의 연호를 적어 사용을 구분했다.

다른 한편으로 조선과 일본 사이에서는 17세기에 우여곡절 끝에 일본 측은 일본의 연호를, 조선 측은 간지(명이 멸망하기 전까지는 명의 연호)를 이용한다는 대등한 방식으로 결론이 났다. 한층 복잡한 일본 측 칭호에 대해서는, 도쿠가와 장군은 조선 국왕에게 보내는 국서에서 자신을 '일본국 미나모토노(源) 아무개'[50]로 칭하고, 조선 국왕이 장군에게 보내는 국서에서는 장군을 '일본국 대군(大君)'으로 부르는 특이한 형태로 정착되었으며, 이후 1710년대에 아라이 하쿠세키가 일시적으로 '일본 국왕'이라는 호칭을 부활시킨 시기를 제외하고는 막부 말기까지 이러한 형식이 이어졌다. 각각의 국내용 위세와는 정반대로 상호 간 각자의 기년법을 이용해 칭호의 균형을 배려하는 방식을 만들었던 것이다.

---

50 국명과 성명만을 칭해 관직을 보여 주지 않는 특이한 이름 표기 방식으로, 일본의 실질적 지배자를 가리키는 호칭. 15세기 이후에 사용되었고, 겐지(源氏)로 칭했던 도쿠가와 가문도 미나모토노 아무개와 같은 식으로 이름을 표기했다.

또한 별개의 궁리로서 구태여 군주 간이 아니라 쌍방의 대신이나 지방관 단위에서 주고받는 형식을 취하기도 했다. 쓰시마의 소씨는 조선 국왕이 아니라 조선의 예조와 대등한 형식의 서간을 주고받고 있었으며, 이와 같은 방식은 청과 러시아 사이에서도 이루어졌다. 일본과 청 사이에서도 나가사키 봉행과 강남 및 복건의 지방관이 문서를 주고받아 교섭을 완결시키고 있었다. 이처럼 국가 단위의 상호 관계에서는 일부러 외교적 접촉을 피하거나 어쩔 수 없는 경우에도 서로의 국내 지배 논리를 손상하지 않도록 잘 배려해 주는 방식이 점차 다듬어졌던 것이다.

한편으로 모두 청에 대한 조공국이었던 조선과 류큐 사이에 이 시기에는 직접적인 외교 관계는 맺어지지 않았다. 책봉과 조공 같은 국제 질서 체계 아래에서 조공국끼리 통교하는 것은 '사통(私通)'으로서 표면적으로 금지되어 있었으나, 실제로는 17세기 초까지 조선 국왕과 류큐 국왕의 '교린'으로 사절의 파견과 북경에서의 공적 교류가 이루어졌다. 이 시대에 그것이 보이지 않는 것은 외교 관계의 정비를 통해(예를 들면 서로의 표류민은 청을 매개해 송환되었다.) 직접 통교를 할 필요성이 저하되었기 때문이라 할 수 있다.

청의 출해 규제와 출입국 관리

이와 같은 18세기 해상 질서의 안정은 그 이전 시대의 혼돈이나 교환의 '자유'와 결별한 '근세국가'의 강한 의지와 실력을 통해 구축된 것이며, 각 정치권력은 자기들이 만든 질서를 유지하는 데 힘을 쏟았다. 그 때문에 치안을 유지하려는 목적으로 기독교와 자립적 해상 세력 등 국내 통치에 유해하다고 간주된 불안 요소를 배제하는, 엄격한 출해 규제와 출입국 관리 체제를 일제히 작동시킨 것이다. 물론 18세기에는 대체로 치안 문제보다는 외국 무역의 통제나 밀무역 저지와 같은 경제 문제가 관심사였으나, 그 체제가 본래는 안전보장과 치안 유지를 제1의 목적으로 구축된 것이라는 사실을 잊어서는 안 된다.

우선 바다를 통한 출입국과 출항, 입항의 관리 실태에 관해 구체적으로 살펴보자. 그 관리에는 배 자체에 대한 관리와 탑승하는 사람에 대한 관리, 사람이 탑승한 배의 출입에 대한 관리가 있다. 대만의 정씨와 긴 싸움을 벌인 쓰라린 경험이 있는 청은 선박에 대한 등록을 의무화하고, 출항에 관해서는 각급 지방관이 도항 허가증을 교부했으며, 각 항구에서 금제품(禁制品)을 검사하고 세금을 징수했다.

1684년에 청이 해금을 해제했을 때에는 두 개의 돛대가 달린 대형선은 금지되었지만, 18세기에 들어서자 도리어 규제가 완화되어 조선과 승원에 관한 규정이 정비되었다. 우선 배를 건조하고 싶은 경우, 친족과 인보(隣保) 등의 보증서를 첨부하고 조선 신청서(조선원(造船願))를 주와 현의 관청 및 해관에 제출해 요조(料照: 조선 자재의 구매 허가증)를 발행받아야 한다. 배를 완성하면 보준품(報竣稟: 보고서)을 제출하고, 지현의 검사를 받아 합격하면 선체에 선호(船號)와 선호(船戶)의 성명이 낙인되며 선조(船照: 선인[船引]이라고도 하는 배의 보증서)가 발급된다.

이렇게 완성된 배가 출항하는 경우, 역시 보증서를 첨부해 해관에 제출하고 선조를 검사하며 승조원의 수와 신원을 확인받아 순무가 발행하는 부조(部照), 포정사가 발행하는 사조(司照), 지현이 발행하는 현조(縣照), 해방청이 발행하는 청조(廳照)라는 네 장이나 되는 도항 허가증을 신청하고 취득해야 한다. 그리고 나서 항구의 연안 경비대에서 각 허가증과 선적 화물을 점검받아 괘호(掛號)라는 검사필증을 현조에 부착해야 마침내 출항할 수 있었다. 도항 허가증에는 도항처와 회항 기한(연해 무역은 2년, 외양 무역은 3년)이 기재되어 있으며, 허가받은 행선지 외로 도항하거나 기한을 넘기는 체재는 금지되었다.

거꾸로 내항해 오는 선박에 대해서는 종류와 성격에 따라 입항하는 항구와 수속이 결정되었다. 조공선의 경우에는 항구가 지정되어 있었는데, 예를 들면 류큐선은 복건의 복주에 입항하게 되어 있었다. 호시에 바탕을 둔 무역선의 경우에는 해관 네 곳의 관할하에 있다면 소정의 수속과 납세를 통해 출항과 입항, 거래를 할 수 있었다. 당연한 것이기도 하지만, 교통의 편리성과 집하 및 거래상의 조건 차이 등에 따라 입항처와 무역 상대는 점차 정해지는 경향이 있었는데, 예를 들어 유럽선은 광주에 입항하는 것이 점차 관례가 되었다.

이러한 가운데 영국이 광주 외에서 교역하기를 원하며 관행에 반해 영파로 내항하는 플린트 사건[51]이 일어나 이를 계기로 1757년에 유럽선의 입항을 광주 한 곳으로 한정한다는 유명한 결정이 내려졌다. 게다가 2년 후인 1759년에 정해진 방범외이규조(防範外夷規條)에 따라 광주에서 구미인의 거류와 행동이 규제되었고, 광주는 소정의 호시와 조공만 허락되는 공간이 되었다. 이것이 유명한 '광동 시스템

---

51 광주 무역에서의 제약에 불만을 가진 영국의 제임스 플린트(James Flint)가 1755년에 마카오에서 직접 영파로 내항해 무역을 요구한 사건. 이후 3년 연속으로 내항해 1759년에는 천진까지 이르렀으나, 도리어 입항 제한의 강화를 불러일으키게 되었다.

(캔턴 시스템: 一口通商)'으로 불리는 관리 무역 체제다.

다만 이는 어디까지나 구미선의 입항을 광주로 제한한 것에 지나지 않았으며, 청의 문호가 '닫혀 있었던' 것은 아니라는 점에 주의해야 한다. 그 외의 조공선과 무역선은 변함없이 각 항구에 내항했고, 화인 해상의 출해 무역도 활발히 이루어졌으며, 오히려 그 후 반세기 동안에 광주의 무역액은 세 배 이상으로 급증했던 것이다.

전체적으로 말하면 등록제와 허가제를 기본으로 하는 청의 시책은 수속이 엄격하고 번잡하게 규정되었다고는 해도, 원칙적으로 출국과 무역에 참여하는 데 커다란 자유를 부여했다고 할 수 있다.

조선과 일본, 류큐의 '해금' 체제

한편 조선과 일본, 류큐 삼국은 내외를 가로지르는 이동을 엄격하게 규제했다. 그중에서도 일본의 도쿠가와 정권은 잘 알려진 것처럼 1630년대에 일본인의 해외 도항과 귀국의 금지, 기독교 금지, 철저한 무역관리를 골자로 한, 이른바 '쇄국'에 들어갔으며, 대외 관계를 자국의 관리와 통제하에 두었다. 이에 따라 내항하는 외국선은 정치권력 사이의 관계에 바탕을 둔 류큐와 조선의 사신이 탄 배 외에는 나가사키에 내항하는 화인 상선과 네덜란드선으로 한정되었고, 그 외의 외국선이 접근하는 것을 감시하고 통보하는 체제를 구축했다.

화인 상선과 네덜란드선의 입항 시 수순은 대체로 다음과 같았다. 도미반(遠見番)이 배의 형체를 발견하면 봉행소 역인이 동승한 검사선(檢使船)을 출발시켜 신호(合圖) 포탄(石火矢)이나 깃발 맞추기로 선적을 확인한 뒤, 검사와 통사 등이 배에 올라 승원 명부와 적하 목록

등 필요 서류를 제출하게 해서 번역하고 확인한다. 이렇게 시작해 계류(繫留)와 상륙이 결정되는 엄격한 방식이었다. 또한 정보를 수집하기 위해 네덜란드선이 입항하면 「오란다 풍설서(風說書)」,[52] 화인 상선이 입항하면 「당선 풍설서」[53]로 불리는 문서를 작성해 나가사키 봉행에게 제출했다.

국내의 선박에 대해서는 도쿠가와 정권 초의 대형선 몰수령[54]을 전국으로 확대해 1635년의 무가제법도로 500석 이상을 실을 수 있는 대형선을 금지했다. 다만 선박 규제의 주안점은 도항 금지가 아니라 다이묘 통제라는 군사 목적에 있었으며, 서국 다이묘의 해군력 억제가 그 주된 목적이었다. 이 때문에 1638년에 규제를 완화해 상선은 제외했고, 구조가 다른 정크 형태의 외양선은 당초부터 일관되게 규제 대상 바깥에 있었다. '쇄국'은 배 그 자체의 규제보다도 사람의 이동을 관리함으로써 철저해졌다고 할 수 있다.

일찍이 왜구로 골머리를 썩었던 조선에서도 연해 지역의 치안을 유지하기 위해 해금 정책을 시행했다. 조선의 해금 정책의 골자는 자국선의 원양 항해 금지와 공도 정책, 즉 도서(섬) 주민의 강제 퇴거, 그리고 외국 무역의 관리 통제로 구성된다. 이 정책들은 해상 무장 집

---

52 네덜란드선에서 매년 전달되는 해외 정보 보고서다. 나가사키의 네덜란드 통사가 상관장 일행에게 청취해 작성하며, 노중에게 보내진다.

53 나가사키에 내항하는 화인 항선에서 얻은 해외 정보 보고서다. 입항한 화상의 구술과 문서를 바탕으로 나가사키의 당통사가 작성하고, 노중에게 보내진다.

54 1609년에 서국의 여러 다이묘에게 내려진 것으로 군선과 상선의 구별 없이 500석 이상을 실을 수 있는 대형선을 몰수하고 금지했다. 단 군선으로 전용할 수 없었던 정크형 등 항양선 (航洋船)은 대상에서 제외했다.

단과 연안 주민의 접촉을 끊어 도서가 그들의 근거지가 되는 것을 막기 위한 조치였다. 그중에서도 특징적인 것은 외양 항행 금령을 민간 선뿐 아니라 군선에도 적용했던 점이다. 이 때문에 외양으로 출항할 수 있었던 것은 외국으로 열려 있던 유일한 항구인 부산에서 출발하는, 통신사와 역관사 같은 외교사절의 배뿐이었다.

정부가 민간의 해외 왕래를 금지하고 해외무역을 통제한다는 방책은 항구로 둘러싸인 류큐에서도 마찬가지였으며, 청을 오가는 도당선(진공선과 접공선) 등 슈리 왕부가 파견하는 공적 사절의 배를 제외하고는 자국선의 해외 도항을 금지했다. 동중국해에 산재한 섬을 이어 주는 역내 교통도 왕부가 통제해, 물봉행(物奉行) 관하의 급지방(給地方: 지행이나 용도를 담당하는 부서)에 속하는 후나테자(船手座)라는 해사 행정기관이 선박의 등록과 선구의 관리, 도항 허가증의 발행, 운행 상황의 점검 등을 행했다. 배를 만드는 일 자체도 왕부가 통제했으며, 새롭게 만들 때에는 왕부의 허가가 필요했고, 선박 자재로 이용되는 큰 나무의 벌목 역시 물봉행 관할하의 용의방에 속하는 산봉행(山奉行)이 관리했다. 게다가 왕부는 농업을 장려하는 정책을 추진했기 때문에 민중의 어로 활동조차 강하게 규제했다. 근세의 류큐는 바다에 둘러싸여 있다고는 해도, 해외무역과 어업에 입각한 '해양국가'는 아니었던 것이다.

해상 세력의 재편과 연안 경비 체제의 정비

종합해 말하면 육역에 중점을 둔 이들 '근세국가'에 바다는 경계의 대상이었다. 따라서 일찍이 위세를 떨쳤던 해상의 자립적 세력을 해

소하고 재편해 새로운 위협의 출현을 막는 것이 치안 유지와 안전보
장에서 긴급한 과제였다.

청은 정복 전쟁을 하는 과정에서 투항한 무장 세력을 팔기로 편입
시켜 자국의 군사력으로서 활용했는데, 바다에서도 비슷한 방책으
로 해상 세력을 편입시키고 전력화해 갔다. 17세기 후반에 대만의 정
씨와 항쟁할 때에는 정씨 세력에서 투항해 온 자들을 곧장 해군(수사
(水師))에 편입시켜 대만 침공에 활용했다. 대만으로 도해하는 작전을
지휘했던 해군 제독 시랑(施琅)[55]은 본래 정성공의 막하(幕下)였으나,
청 측으로 돌아선 후 팔기에 편입되었고 복건의 해군 사령관에 등용
된 인물이다.

한편 일본에서는 도요토미 정권의 해적 정지령에 따라 해상 세력
은 자립적인 활동을 봉쇄당했다. 금령을 실효력 있게 시행하지 못했
던 종전의 정권과 달리 도요토미 정권과 도쿠가와 정권은 압도적인
무력과 자금력으로 이를 철저히 시행했고, 일찍이 해상을 마음대로
종횡한 '해적'들을 제압했던 것이다.

일본의 통일 정권은 해상 세력을 그대로 해군으로 활용하는 것이
아니라 막번제 아래에 편입시켜, 한정적으로만 존속시키거나 육상의
영주로 만드는 방책을 취했다. 이리하여 세토 내해에서 이름을 떨친
무라카미 수군인 노시마 무라카미씨는 자립할 힘을 잃어 모리 가문
의 가신단에 편입되었고, 고자부네(御座船)와 조선 통신사선 등을 다

---

55 1621~1696년. 정성공과 같은 복건 진강(晋江) 출신의 해군 장수. 정씨 세력의 내부 투쟁으로
    쫓겨나 청에 항복하고 황제 직속의 양황기(鑲黃旗) 한군(漢軍)에 속해 복건 수사 제독에 임
    명되었다.

루는 후나테슈(船手衆)로서 근무하게 되었다. 시마(志摩) 수군인 구키씨(九鬼氏)[56]는 바다에서 격절된 셋쓰의 산다(三田)로 전봉되었고, 히라도의 마쓰라씨(松浦氏)[57]와 구루시마(來島)의 무라카미씨[58]도 육상 영주의 길을 선택할 수밖에 없었다. 일찍이 동중국해 주변의 어느 바다든 마음껏 왕래한 자립적 세력은 이빨이 빠진 채 길들여져, 오히려 '공생'의 담당자가 되어 갔던 것이다.

다른 한편으로 각 정치권력은 연안을 경비하는 체제를 구축하고, 새로운 해상 세력의 출현을 막는 동시에 바다에서 오는 외적의 침입에 대비했다. 청은 해상의 외부 세력이든 국내의 반청 운동이든, 불안 요소의 유입과 대두를 막기 위해 연안부 각지에 주방 팔기를 배치하고 수사영을 설치했으며, 전선을 배비해 해방 체제를 견고히 했다. 상선과 어선에도 각종 금령을 내려 무기의 탑재를 엄금하고, 금과 은, 동, 유황, 초석과 같은 광물과 승조원 몫 외의 식량 등을 금제품으로 했다. 이러한 조치들은 해상과 해외의 반청 세력으로 물품이 들어가 자금원과 군수품, 병량이 되는 것을 경계한 조치로, 위정자의 주된

---

56 구마노 수군의 일당으로 전국시대에 시마와 도바를 거점으로 위세를 떨쳤다. 오다 노부나가와 도요토미 히데요시에게 복종했으며, 세키가하라 전투 이후에는 내륙인 셋쓰 산다와 단바 아야베(綾部)의 다이묘가 되었다.

57 비젠 마쓰우라 지방에 할거한 무사단으로 16세기에 해외무역으로 융성했다. 영국 상관과 네덜란드 상관의 폐쇄와 이전으로 무역 입국(立國)의 길은 끊어졌지만, 진신류 차도와 『갑자야화(甲子夜話)』로 알려진 마쓰라 세이잔(松浦靜山: 1760~1841년) 등이 문화 부문에서 이름을 떨쳤다. (프롤로그에 나온) 「당선지도」도 히라도 마쓰라 가문에 전해지는 것이다.

58 삼도 무라카미씨 가운데 하나로, 이요의 구루시마에 본거를 둔 일족이다. 노시마 무라카미씨와 교류를 끊고 오다 쪽에 붙은 후, 세키가하라 전투가 끝난 후에는 내륙에 있는 분고 모리 번의 다이묘가 되었다.

관심은 어디까지나 치안 유지에 있었던 것이다.

1717년에서 1727년까지 시행된 남양 해금령도 그 동기는 남중국해 방면의 재외 화인 인구가 급증하는 상황에서 서북 전선의 중가르와 전쟁을 벌이는 청이 배후의 불안을 제거하는 데에 있었다. 실제로 1721년에 대만에서 주일귀(朱一貴)의 난[59]이 발생했기에 대륙 국가인 청으로서는 육지와 바다의 정세를 늘 살펴보아야 했던 것이다.

일본의 도쿠가와 정권은 앞서 본 바처럼 국내의 해군력을 오히려 치안상의 불안 요소로 간주해 억압하는 한편으로, 외국선의 내항에 대해서는 감시 체제와 통보 체제를 정비하는 동시에 유사시에는 여러 다이묘를 동원할 수 있는 체제를 정비하는 것으로 대응했다. 이와 같은 연안 경비 체제는 포르투갈선의 내항을 금지한 1630~1640년대에 여러 다이묘에게 도미반쇼(遠見番所)의 설치와 통보 및 동원의 규범을 지시하고, 평시의 경비 체제와 유사한 지휘 계통을 정하는 것으로 구축되었다. 근해에 출몰하는 화인 해상에 대해서도 쇼토쿠 신레와 함께 무력행사 방침을 내세워, 신패를 지니지 않은 채 사무역을 하는 당선은 '해적'으로 간주해 추방 대상으로 삼았다.

바다로 둘러싸인 류큐도 도쿠가와 정권이 시행한 대외 정책의 일환으로 외국선을 감시하는 임무를 맡고 있었으며, 국왕을 정점으로 말단의 백성[60]까지 조직해 왕부 기구의 거의 전체가 외국선의 내항

59　청대에 대만에서 일어난 반란 가운데 하나로 복건 출신의 이주자 주일귀가 일으킨 반란이다. 한때 대만의 대부분을 점거했으나, 1723년에 진압되었다.

60　류큐의 신분제에서 피지배 신분으로, 민중을 의미한다. 농민뿐만 아니라 상공업에 종사하는 백성도 포함된다. 지배 신분은 사(士, 사무레)로 불렸으나, 무인인 일본의 무사와는 달리 문

과 표착에 대비하는 체제를 만들었다. 농촌부에 해당하는 지가타(地方: 시골)에는 고조모쿠(御條目)[61]와 이국선 그림, 이국선 깃발 도장 그림이 배부되었고, 왕부가 파견한 해방관(재번)의 지휘 아래에 백성의 일부인 지방 역인이 이국방(異國方)과 원목번(遠目番)으로 조직되어 유사시에 대비했다. 외국선이 표착하고 기항한 경우에는 비선(飛船)으로 불리는 소형 연락정과 봉화의 릴레이로 곧장 왕부에 전달하게 되어 있어 일본과 마찬가지로 외국선을 감시하는 체제가 철저하게 작동되었다.

이처럼 '근세국가'가 취한 방책은 육상의 정치권력 자체가 해군을 정비하고 해상으로 나아가는 것이 아니라 강력한 육상 군사력으로 연안을 견고히 하고, 해상 세력이 발판을 만들 여지를 없애 버리는 것이었다. 그러한 점에서 보면 이 시기의 바다에 대한 관리는 근대의 외양 해군을 기간으로 한 '면으로서의 해양(영해) 관리'와는 달리, 출입국과 무역을 관리하는 제도와 연안을 경비하는 체제에 따라 영역을 가로지르는 사람의 이동을 규제함으로써 실현되었다고 할 수 있다. 동시에 이들에게 보이는 공통된 특징은 의사 결정과 즉시 대응할 수 있는 군사력을 팔기나 막번 영주가 거의 대부분 관장했다는 점으로, 민간의 해상 세력에 위임한 것이 아니었다. 이 같은 체제는 18세기 후반부터 변용해 가게 된다.

관이다.

61 외국선이 내항하거나 표착했을 때 대처하는 방법에 관한 지침을 정리한 것으로, 15개조로 구성되어 있다. 1704년에 사쓰마에서 슈리 왕부에 포달되어, 1840년대까지 류큐에서 표착선에 대응할 때 대원칙이 되었다.

외국인 거류지와 거류민의 형태

각 정치권력은 또한 외국선의 지정 입항지에 지정된 구역과 시설을 설치하고 내항하는 외국인의 행동과 권리를 제한했다. 각국의 외국인 거류지에는 각각의 사정과 개성이 반영되었지만, '격리'가 원칙이 되는 등 많은 공통점이 확인된다.

청

청에서 잘 알려진 것은 구미인에 대해 지정한 광주의 외국인 거류 구역이다. 이는 한어로 '이관(夷館)', 영국인이 '팩토리(factory)'로 부르는 것으로, 광주성 바깥 주강(珠江) 연안에 설치되어 만 입구부의 포르투갈인 거류지인 마카오와 일체가 되어 운용되었다. 당초에는 지정 거류 구획이라고만 했을 뿐, 체재 중인 외국인도 광주성 내외를 왕래할 수 있는 등 규제가 느슨했다. 그러나 옹정(擁正) 연간(1722~1735년) 이후 점차 제한이 강해져, 1759년의 방범외이규조를 통해 엄격한 제한이 가해지기에 이르렀다. 방범외이규조에 따르면, 구미인이 그곳에 체재할 수 있는 것은 무역을 하는 기간뿐으로, 거래가 끝나면 마카오로 돌아가 다음 무역 시즌까지 보내야 했고, 광주에서는 특허 상인과만 거래할 수 있었으며, 구미 측이 현지민을 고용하는 것도 금지되었다.

다만 지정 항구에 외국인을 위한 지정 시설을 설치하는 것 자체는 일반적인 일로, 복주에는 유원역(柔遠驛), 광주에는 회원역(懷遠驛)이 설치되었다. 유원역은 복주성 동남쪽 문 바깥에 위치해 오직 류큐인만이 사용했기 때문에 '류큐관'으로 통칭되었다. 부지는 약 1700평

바다에서 본 역사

(약 5600제곱미터)으로, 주위는 흙벽으로 둘러싸였고 내부는 바깥쪽의 대문(大門: 두문(頭門))과 안쪽의 이문(二門: 의문(儀門))에 의해 두 개의 공간으로 나누어졌다. 대문에서 이문 사이는 청 측 인원들의 구역으로, 문지기(파문번(把門番))의 대기소와 통역(하구 통사(河口通事))의 사무실이 있었고, 이문의 안쪽이 류큐인이 체재하는 구역이었다. 여기에는 사무동인 대당(大堂)과 숙박 시설 등이 있었고, 나아가 가장 안쪽에는 항해신(천후, 마조)과 토지신, 객사한 류큐인의 위패를 모시는 구역(묘소는 성 바깥에 있었다.)이 있었다.

유원역은 청 측의 관서였기 때문에 건물은 완전히 중국풍이었으며, 관리는 복주부의 담당관(해방 동지(海防同知))이 맡았다. 관서로의 출입은 청 측의 문지기가 감시했으며, 야간 외출과 외박은 금지되었지만, 낮 시간에는 류큐인의 행동에 커다란 제한은 없어서 성 내외의 각지를 방문하거나 근처의 온천과 명승지를 유람할 수 있었다. 체재하는 자는 원칙적으로 슈리 왕부가 파견한 도당 역인으로 제한되어 체재하는 비용은 청 측이 은전(恩典)으로 지급했다. 체재 인원은 류큐에서 온 배의 출입에 따라 10여 명에서 200여 명까지 증감이 있었고, 정사와 부사 등 약 스무 명은 2년에 1회의 비율로 조공하기 위해 육로를 통해 북경으로 향했으며, 남은 일행은 복주에서 무역 등의 업무를 맡았다. 이처럼 유원역은 청 영역 내에서 류큐 사절의 활동 거점인 동시에 복주에서 북경까지 미치는 조공 활동의 기점이자 종점이기도 했던 것이다.

광주의 회원역은 성 바깥의 서관(西關: 광주성 바깥 서남부 구역)에 있었으며, 명 초에 설치되어 명 말에 한 차례 없어지지만, 1653년에 시암과 네덜란드의 조공이 허가됨에 따라 옛 땅에 재건된 것이다. 주로 시암에서 온 조공 사절이 숙박하는 시설로 이용되었고, 19세기 전반 유럽인의 기록에 의하면 문의 상부에 '섬라국 공관(暹羅國貢館)'이라 쓰여 있었다고 한다. 또한 시암인의 묘지가 부설되었으며, 옆에는 항해신을 모시는 천후궁도 있었다. 조공선과 사자를 제외한 선원은 광주 교외의 황포(黃埔)에 정박하고 체류했다.

일본

일본에서는 말할 것도 없이 나가사키의 데지마다. 데지마는 모래 땅을 매립해 만든 부채꼴의 인공 섬으로, 당초에는 포르투갈인을 수용하기 위해 구축되었으나 완성 직후에 포르투갈인은 추방되고, 그 대신 1641년에 네덜란드 상관이 히라도에서 이전해 왔다. 면적은 3969평(약 1만 3100제곱미터)으로, 관리 시설과 네덜란드 시설, 창고 등이 혼재하는 일중(一重) 구조로 바닷속에서부터 쌓아올린 돌담과 벽이 사방에 둘러쳐졌고, 단 하나의 다리로 시내와 연결되어 있었다.

건설에 출자한 이들은 데지마 조닌으로 불리는 나가사키와 교토, 오사카, 사카이, 하카타 등의 호상 스물다섯 명으로 네덜란드 측에는 토지를 고르거나 취득할 권리는 없었으며, 임차인으로서 조닌에게 임차료를 지급해야 했다. 데지마 조닌은 건물 등의 소유자로서 건물과 임차인인 네덜란드 상관원을 관리할 책임을 졌으며, 그 권리는 일종의 '주식'으로서 매매되고 계승되어 갔다.

바타비아에서 온 네덜란드선은 18세기에는 통상 1년에 두 척으로 제한되었는데, 대체로 구력(음력) 6~7월에 나가사키에 입항했다. 데

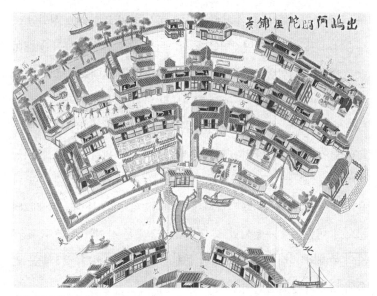
나가사키의 데지마

지마에 체재했던 이들은 네덜란드 상관장(카피탕)과 차석 상관장(페이토르(feitor)), 창고장, 서기역, 상관장 보조원, 의사, 조리사 등 열 명 전후로, 배가 정박하는 중이라도 스무 명에서 서른 명 정도에 지나지 않았고, 대부분의 선원은 선상에서 생활하도록 강요받았다. 일본인의 데지마 출입과 네덜란드인의 외출은 엄격하게 제한되었으며, 직인과 인부 등이 출입하는 데에도 데지마 오토나가 발행하는 문감(門鑑)이라는 표찰이 필요했다.

다른 한편으로 화인 해상은 당초에 시내에 체재하며 야도마치에서 머물렀으나, 밀무역이 끊이지 않음에 따라 1689년에 마을 외곽에 도진야시키가 새로이 설치되어 화상을 수용했다. 1698년에는 눈앞의 해안에 당선 화물을 수용하는 장소로서 신지(新地)가 조성되었고, 도진야시키와 다리로 연결되었다. 신지는 당국으로부터 자금을 대여받은 마치가 건설했고, 마치는 화상이 지급하는 임대료에서 빚을 갚아 나갔으며, 모두 갚은 후에는 임대료가 마치의 수입이 되었다.

도진야시키는 그 면적이 8000평(약 2만 6400제곱미터) 정도였으나, 1760년에 약 9400평(약 3만 1000제곱미터)으로 확장되었다. 부지는 연병(練塀)*과 해자로 둘러싸였고, 그 바깥에 대나무 담을 설치한 다음 번소(番所)를 두는 등 엄중하게 관리되었다. 내부는 대문과 제2의 문으로 이중으로 구분되었고, 대문과 제2의 문 사이는 일본 측 관계자의 주재와 거래를 위한 시설이 들어선 공적 공간이며, 제2의 문 안쪽이 당인의 생활공간이었다.

데지마를 설치한 주안점은 기독교 배제에 있었고 도진야시키의 설치에도 청을 경유해 기독교가 유입되는 것을 방지한다는 의도가 있었으나, 최대 목적은 밀무역 저지였다. 나가사키에 체재하는 화상은 원칙적으로 이 도진야시키에 들어가게 되어 있었고, 데지마의 네덜란드 상관원과 마찬가지로 부지 바깥으로 나오는 것이 금지되었으며, 여성과 동반 상륙하는 것도 금했다. 거꾸로 일본인이 출입하려면 도진야시키 출입 표찰(문표(門票))이 필요했으며, 제2의 문 안으로는 역인이라 하더라도 함부로 들어갈 수 없었다. 1730년대까지는 1000~2000명의 화상이 체재하는 혼잡한 상태였으나, 그 이후 내항선의 수가 감소하면서 체재 인구는 안정화되어 갔다.

---

* **옮긴이 주** _ 찰흙과 기왓장으로 쌓고 위를 기와로 인 담을 가리킨다.

바다에서 본 역사

또한 류큐와의 관계를 관장하는 사쓰마에는 류큐에서 파견하는 상국 사자(上國使者)와 계고인(稽古人: 유학생)이 체재하는 시설로서 가고시마 류큐관이 설치되어 있었다. 당초에는 류큐카이야(琉球仮屋, 또는 류큐야(琉仮屋))로 불렸고 가고시마 성(츠루마루 성(鶴丸城))의 동남쪽에 있었으나, 17세기 말 무렵에 성의 북편으로 이전해 1784년에 류큐관으로 개칭되었다. 당초에는 류큐에서 온 인질의 거처이기도 했으나, 17세기 후반부터는 류큐 당물과 사탕을 무역하는 거점으로 바뀌어 갔다. 출입은 사쓰마의 문지기가 감시했고, 허가가 없는 일반인의 출입은 금지되었다.

조선

근세조선의 대외 관계 창구는 기본적으로 북서의 의주(중강(中江)과 책문(柵門)), 동북의 경원(慶源)과 회령(會寧), 동남의 부산으로 제한되어 있었다. 대청 관계의 통교는 육로로 행해졌기 때문에, 바다로 열려 있는 것은 일본을 상대하는 부산뿐이었다.

부산에 있는 일본인 거류 시설은 왜관(화관(和館))[62]*으로 불린다. 일본인이라 해도 체재를 인정받은 것은 쓰시마의 명령 혹은 허가를 받은 자[63]뿐이며, 여성의 거주는 허락되지 않았다. 왜관은 17세기 초

---

62 조선 측에서는 일본의 국명으로 '일본'을 사용했으나, 그 외에는 왜인과 왜어, 왜선 등 오로지 왜로 불렀다. 쓰시마 측은 왜라는 글자를 좋아하지 않아 화관이라고 했다.

* **옮긴이 주** _ 일본어 발음은 왜관이나 화관이나 '와칸'으로 동일하다.

63 사자와 관수(館守: 왜관의 총책임자), 재판(특정한 외교교섭의 담당자), 대관(무역 관할자), 서기, 통역, 승려, 수부(선원), 상인, 유학생 등이 있었다.

에 조선과 일본의 관계가 개선된 후 우선 두모포(豆毛浦)에 설치되었으나, 너무 좁고 불편했기 때문에 1678년에 교외 남쪽으로 신설해 이전했다. 이것이 초량(草梁) 왜관으로, 부지는 10만 평(33만 제곱미터)에 달했으며, 두모포 왜관의 열 배, 나가사키 데지마의 약 스물다섯 배, 복주의 류큐관보다는 실로 예순 배 가까이에 상당하는 넓이였다. 광대한 부지 중앙에는 조금 높은 용두산이 있었고, 그것을 경계로 크게 동서 구역으로 나누어져 있었다. 왜관의 동면과 남면은 바다에 접해 있었으며, 주위는 높이 2미터 정도의 벽으로 둘러싸여 있었고, 여섯 곳의 번소에 조선 측의 파수꾼이 근무했다.

통상의 출입은 동측의 수문(守門)을 이용했고, 수문에서 다음의 설문(設門)까지의 공간에 의례와 향응을 행하기 위한 초량 객사, 연대청(宴大廳)과 통역 대기소 등 조선 측의 시설이 들어서 있었다. 왜관 내부에는 무역을 하는 개시 대청(開市大廳)을 비롯해 거관(居館)과 사원, 상점, 선착장, 창고 등이 있어 500명 전후의 인원이 상시 체재했던 것으로 보인다. 이는 당시 쓰시마 성인 남성 약 스무 명 중 한 명에 상당하는 인원이었다.

그들의 외출은 왜관 주변을 산책하는 일 외에 설문 내에 있는 조선 측 시설 방문, 두모포 왜관으로 가는 성묘 등에 한정되어 있었으므로 18세기의 왜관은 조선에서 거의 유일한 일본과의 교류와 접촉의 장소였다고 할 수 있다. 왜관에 출입하는 조선인은 왜관에 관련된 관원 외에는 동래(東萊)상인(내상(萊商))[64]으로 불리는 특권 상인단

---

64   대일 무역의 허가를 얻은 특권 무역 상인으로 도중(都中)으로 불리는 그룹이 중핵을 이룬다.

바다에서 본 역사

「왜관도」: 부산 초량 왜관의 전경을 묘사한 그림. © 국립중앙박물관

등에 한정되어 있었지만, 그래도 밀무역과 밀통(교간(交奸)) 사건이 빈발했기 때문에 1709년에는 좌우로 돌담이 있는 설문이 신설되었다. 이와 관련된 비용과 체재비는 원칙적으로 조선 측이 지출했기 때문에 그 부담은 컸다.

이들 거류지의 특징 중 하나는 대부분 각 정치권력이 외국인 남성과 자국 여성의 접촉을 경계하고, 외국인 여성의 왕래를 규제했다는 점이다. 그 결과 거류지에 체재하는 외국인은 대부분 남성이었다.

다만 남성 사회의 숙명으로 발생하는 '여성 문제'에 관해서는 지역 차가 크다. 가장 엄격했던 조선에서는 왜관에서 조선인과 일본인 사이의 남녀 교제를 일절 금지했고, 유녀(기생)조차도 출입이 허락되지 않았기에 밀통은 당사자도 중개자도 일률적으로 사형죄에 해당하는 것이 원칙이었다. 그러나 일본 측에서는 이와 같은 법문화가 존재하지 않았기 때문에 일본인 밀통 용의자에 대한 쓰시마의 대응은 늘 둔했고, 이 온도 차가 자주 조선과 일본 사이의 마찰을 불러왔다. 이에 반해 일본의 나가사키에서는 데지마와 도진야시키에서 모두 봉행소의 허가를 얻은 유녀는 출입이 허락되었다. 류큐에서도 부분적으로 느슨한 금지를 규범으로 했지만 실제 상태는 거의 자유로웠으며, 청에서는 특별히 금지되지 않았다.

한편 그에 따라 생겨난 혼혈아 문제의 경우, 나가사키에서는 데지마와 도진야시키에 출입하는 유녀가 임신하는 것 자체가 당연시되었지만, 태어난 아이가 부친과 해외로 동행하는 것은 금지되었고, 그들

동래부에서 왜관을 출입할 수 있는 감찰(鑑札)을 받아 거래에 종사했다.

은 일본인으로서 일생을 살아가게 되었다.

표류민과 송환 체제

이처럼 동중국해를 둘러싼 '근세국가'가 시행한 국내외의 출입 관리와 통제 가운데 특히 입국은 엄격하게 관리되었고, 자국으로의 이주와 잡거도 강하게 규제되고 금지되었다. 그러나 관리의 주안점이 치안 유지였던 점에서 출국에 관해서는 이미 "나와 버린 경우는 보호해 주지 않고 귀국을 금지한다."라는 대응을 취했다. 일본의 '쇄국령'에서 귀국 금지는 그 대표적인 사례다. 1740년에 바타비아에서 일어난 화인 학살 사건[65] 때에도 청이 재외 화인을 보호하고 보복 조치를 취하는 일은 없었다.

한편 예기치 않은 해난으로 타국에 표착한 경우에는 "국가가 설정한 규정을 범했다."라고 간주되지 않았으며, 각국에서 보호와 구조의 대상으로 여겨졌다. 이 때문에 이 시기에 동중국해를 둘러싼 여러 국가 사이에서 외국인 표착민의 상호 송환 체제가 형성되어 있었던 것은 특필할 만한 현상이다.

본래 청에서는 외국선이 표착했을 때 지방관이 중앙정부의 지시와 현지의 전례에 바탕을 두어 구조하고 보호해 왔으나, 통일된 국가 차원의 규정은 없었다. 이 때문에 건륭제가 1737년에 "모든 외국인 표착민을 불쌍히 여겨 위로하며 의식을 제공하고 배를 수리해서 귀국

---

65 네덜란드의 거점인 자와섬의 바타비아에서 1740년에 네덜란드인과 체류 화인 사이의 충돌이 계기가 되어 발생한 사건으로, 1만여 명의 화인이 학살되었다. 유입된 화인 인구의 급증에 따른 치안 악화와 봉기에 대한 염려가 배경에 있었다고 생각된다.

시키라."라는 명령을 내렸고, 이후 이것이 표착민 대응에 관한 통일적인 지침이 되어 갔다. 그 내용은 "표착지의 지방관이 공비를 지출해 의복을 지급하고 배를 수리한다.", "선적 화물과 사용 불능이 된 선체를 환금해도 좋다.", "선적 화물은 원칙적으로 면세로 한다.", "선체의 파손 등으로 자력으로 귀국할 수 없는 경우에는 조공 사절의 왕래에 편승하거나 그 국가와 왕래가 있는 민간의 무역선에 태워 귀국시킨다."라는 것이다. 일본인은 일단 대일 무역 거점인 사포로 보내져 그곳에서 일본으로 향하는 배로 송환하게 되어 있었고, 사쓰마 배의 덴베에 일행은 바로 이러한 지침을 적용해 송환된 사례다. 또한 류큐인의 경우, 표착자는 복주로 보내져 류큐관에 수용되고 도당선에 태워져 귀국했다.

한편 일본에서는 연해 각지로 표착한 외국인은 우선 기리시탄인지 아닌지를 엄격히 구별했다. 기리시탄이면 포박한 다음에 나가사키로, 기리시탄이 아니면 구조하고 보호해 역시 나가사키로 회송되는 것이 관례였다. 그 후 청인이라면 나가사키를 왕래하는 화인 상선에 태워 귀국하게 했고, 조선인이면 쓰시마의 소 가문에, 류큐인이면 사쓰마의 시마즈 가문에 위임했다. 구조와 보호의 비용은 원칙적으로 표착지에서 부담했으며, 표착민의 취급에 관한 규정은 각 다이묘 집안에서 정비했다. 이와 같은 일본의 표착민 송환 체제는 우선 기리시탄인지 아닌지 확인하는 것처럼, 연안을 경비하는 체제와 표리일체로 구축된 것이었다.

류큐의 경우, 외국인 표착민은 우선 사쓰마로 보냈으나, 1684년의 해금 해제와 함께 청이 여러 조공국에 자국 표류민의 보호와 송환을

바다에서 본 역사

요청한 것을 받아들여, 청으로 직접 송환하게 되었다. 구체적으로는 외국인 표착민의 대응 규정인 '고조모쿠'가 1704년에 사쓰마에서 통달(通達)되어 류큐에 표착한 외국인에 대한 조치의 원칙이 되었다. 슈리 왕부는 이에 따라 국내에 각종 관련 규정을 발포하고 독자적인 구조 제도와 송환 제도를 정비했다.

류큐에서도 송환민은 기리시탄인지 아닌지로 엄격히 구별되어, 기리시탄인 경우 포박한 뒤에 사쓰마로 이송하도록 규정했다. 기리시탄이 아니라면, 자력으로 귀국할 수 있는 경우에는 식량과 물을 지급하고 선체를 수리해서 귀국시켰다. 자력으로 귀국할 수 없는 경우에는 도마리촌(泊村: 현재의 나하 시내)에 보내져 도당선에 태워 청으로 보냈다. 구조하고 보호하는 비용은 왕부 재정으로 조달되었으나, 노동력은 표착지 등의 각 지방에서 부담했다. 이처럼 송환하는 방법은 일본의 체제에서 벗어났지만, 표착민에 대한 처리는 기리시탄 금제와 무역 금제 같은 도쿠가와 정권의 대외 통제책의 영향하에 있었던 것이다.

조선에서는 남부의 부산과 거제, 제주도 등 경상도와 전라도의 각지에 왜학 역관이 배치되어 일본인의 표착에 대비했다. 일본인이 표착하면 이들 통역이 사정을 청취했고, 중앙정부로 보고했다. 류큐인 표착민의 경우에는 전문 통역이 없었기 때문에 필담이나 손동작으로 의사소통을 시도했다. 그 후에는 각지의 지방관이 중앙정부의 지시를 받들면서 표착민의 구조와 이송을 담당하고, 일본인은 부산의 왜관으로, 류큐인은 청으로 송환했다.

이 시대에 청은 동중국해 각지와 남중국해 각지의 표착민을 중계하는 역할을 수행했다. 이러한 체제 아래에서 예를 들어 류큐와 조선, 조선과 베트남처럼 직접적인 교류의 루트가 없는 국가끼리도 쌍방과 관계를 가진 청의 중계를 통해 간접적인 상호 송환이 이루어질 수 있었다. 또한 동남아시아에 표착한 경우에도 첫머리에서 본 마고타로의 사례처럼 화인 상선 등을 통해 청으로 보내졌고, 일본인인 경우에는 나가사키행 민간 상선에 태워져 귀국했다.

한편으로 이와 같은 표착민의 보호 체제와 송환 체제를 역이용해, 표류선 또는 표착선으로 위장해서(이를 고표(故漂)라고 한다.) 고의로 타국의 연안 지역에 접근하고 밀무역을 하는 사례도 있었다. 특히 일본의 규슈와 산인의 근해에서는 무역의 틀에서 밀려난 화인 상선이 자주 표류와 표착을 가장해 출몰해서 추방 명령이 내려질 정도였다.

이처럼 18세기의 동중국해를 둘러싼 지역에서 사람의 왕래는 외교사절과 상인, 송환 표착민 등 공권력의 허가를 얻은 존재로 좁혀졌으며, '외국인'과 접촉하고 교류하는 장소도 지정된 거류지에 한정되어 갔다. 해상의 왕래는 안정적이고 활발했지만, 1부와 2부의 시대와는 달리, 설령 항구도시라고 할지라도 잡거, 더욱이 정주는 허락되지 않았다. 일찍이 당방이나 왜구와 같은, 바다를 가로지르는 세계는 이미 찾아볼 수 없었다. 항구도시에서도 '안'과 '밖'이 명확하게 선으로 그어져 있고, 외국인과 외래 문물을 접촉할 기회는 국한되어 있었다.

그렇지만 이것이 바다를 걸친 해역 교류가 닫혀 버렸다는 의미는 아니었다. 방임적이었던 남중국해는 물론 동중국해에서도 왕래하는 사람이 운반하는 물품은 오히려 점점 대량화되고 다양해졌으며, 각지를 오가면서 각각의 사회에 뿌리를 내려갔다. 이제 그 틈으로 시선을 옮겨 보자.

4 바다를 넘나드는 물품과 정보

모습을 바꾼 해역 교류: 사람에서 물품으로

1715년 겨울에 오사카 도톤보리 에비스바시의 조루리(淨瑠璃) 고야 다케모토자(竹本座)에서 지카마쓰 몬자에몬(近松門左衛門)[66]의 작품인 「국성야 합전(國姓爺合戰)」의 상연이 시작되었다. 정성공을 모델로 한, 일본인 어머니를 둔 혼혈 영웅 와토나이(和藤內)가 청을 견준 '달단인(韃靼人: 타타르인)'을 상대로 명의 부흥을 위해 싸우는 이 작품은 순식간에 항간의 인기를 독차지해, 17개월이라는 이례적인 장기 흥행을 지속하게 되었다.

18세기 초의 일본에서 「국성야 합전」이 인기를 떨친 것은 당시 대다수의 사람이 바다를 가로지르는 인적 교류에서 차단되었던 사실을 역으로 보여 준다. 바다를 무대로 사람들이 서로 경쟁하던 2부의 시대에서 일본의 '쇄국'과 청의 천계령이라는 해금의 시대를 거치면서 바다를 건너 사람과 사람이 직접 교류하는 장소와 기회는 점차 한정되어 갔다. 일찍이 오다 노부나가의 아즈치 성 축성과 도요토미

---

66 1653~1724년. 교토와 오사카에서 활약한 조루리 작가이자 가부키 작가. 무사 출신이지만 예능계에 몸을 담아 다케모토자의 대표 작가로서 「소네자키 신주(曾根崎心中)」 등의 서민극과 「국성야 합전」과 같은 시대극 등 인기작을 다수 남겼다.

히데요시의 호코지(方廣寺) 대불 조립에 화인계 공장(工匠)이 참가했고, 영국인이 도쿠가와 이에야스의 고문을 담당했던 시대는 이제 먼 과거의 일이 되었다. 교토 우지(宇治)의 황벽종(黃檗宗) 본산 만푸쿠지(萬福寺)에서는 1654년에 도래한 개산조사 은원융기(隱元隆琦)[67] 이래로 대대로 주지를 중국에서 맞이하는 관습을 유지했으나, 1721년에 내일한 대성조한(大成照漢)을 끝으로 끊어졌다. 직접적인 원인은 청의 절강 총독 이위(李衛)[68]가 도항 규제를 강화한 것에 있었으나, 완화된 후에도 도래승은 부활하지 않았고, 이후 일본인 승려가 대대로 주지를 맡았다.

그러나 한편으로는 「국성야 합전」이 초연되었던 해에 반포되었던 쇼토쿠 신례가 말해 주듯이, 나가사키를 향해 가는 화상의 무역선은 끊임이 없었고, 은과 동의 유출과 근해에서의 밀무역이 일본 측의 현안이 될 정도였다. 이처럼 압축되고 집중되었던 파이프를 통해 바다를 건넌 물품과 정보의 왕래가 더욱 증대해 갔던 것도 이 시대가 가지는 또 하나의 특징이다. 지금까지 교통과 교역이 한정되었다는 관점에서 이 시대의 실태를 보아 왔다면, 이번 장에서는 한정된 루트를 통해서 사람이 운반한 것, 즉 물품과 정보에 초점을 맞추고자 한다.

67　1592~1673년. 일본 황벽종의 개조로 복건 복주 출신. 명이 멸망한 후인 1654년에 일본으로 건너가 장군 도쿠가와 이에쓰나에게서 사령(寺領)을 하사받아 우지에 만푸쿠지를 열었다.
68　1686~1738년. 청의 옹정제 아래에서 지방 행정으로 활약하던 한인 관료. 강소 출신으로 관직 매매로 관계로 들어가 강남 통치에서 치적을 올렸다.

어느 표착 당선의 적재 화물

1800(간세이(寬政) 12)년 12월 4일 새벽에 엔슈나다(遠州灘: 현재의 시즈오카현 연안)에 한 척의 당선이 표착한 것이 발견되었다. 이 당선은 이름은 만승호(萬勝號)였고, 같은 해 11월 9일에 선주 유연을(劉然乙)과 왕청천(汪晴川) 이하 승조원 여든다섯 명(일설에는 여든여섯 명)을 태우고 사포를 출항했으나, 나가사키로 향하는 도중에 폭풍을 만나 태평양 연안으로 떠내려가 표착한 것이다. 이 소식은 주민에게서 연안의 영주와 대관을 거쳐 에도에 도달했고, 선적 화물에 대한 회수와 함께 승선원의 구성 및 사정에 관한 취조가 이루어졌다.

만승호는 어떠한 화물을 싣고 나가사키로 향했던 것일까? 다행히 수용된 직후 만승호 측에서 제출한 목록이 남아 있다. 이에 따르면 선적 화물의 대부분을 차지하던 것은 약재에 견과 면, 모 등의 직물류, 백설탕, 빙설탕이었다. 특히 약재는 종류도 많고 양도 많아 목통(木通: 으름덩굴)과 감초(甘草), 대황(大黃),[69] 빈랑(檳榔), 육계(肉桂), 산귀래(山歸來: 토복령), 곽향(藿香: 배초향, 가와미도리), 아차(児茶: 감비어), 후박(厚朴: 호오노키와 일본목련) 등 그 총량은 11만 5890근(약 69.5톤)에 이른다.

양만 보면 그것을 상회하는 것이 설탕(사탕)이었다. '천탕(泉糖)'으로 기록되어 있는 백설탕(白砂糖)만도 22만 3350근(약 134톤), 게다가 '장빙(漳氷)'으로 기록되어 있는 얼린 설탕이 5170근(약 3.1톤) 실려 있

---

69 루바브(rhubarb). 여뀌과의 식물로 뿌리 덩이가 정장제(整腸濟)이자 위를 튼튼하게 하는 약제로서 귀하게 여겨진다. 감숙 지방과 청해 지방을 원산지로 하며, 비단 및 차와 함께 실크로드 무역의 중요한 교역 물품으로 알려졌다.

었다. 또한 수정과 인감(印鑑), 조각 등 별도로 판매(기본 거래 틀인 '상고(常高)' 외의 거래)하는 물품은 소량이면서도 '상용(上用)'이라는 문자가 있다는 점에서 나가사키의 주문 판매를 상정했을지 모른다. 그 외에 서적, 붉은 염료가 되는 소목, 나아가 나가사키 도진야시키의 사당(묘) 등에 봉납하는 물품도 쌓여 있었다. 선적 화물은 대부분 물에 젖어 버렸고, 특히 설탕류는 대부분 바닷속으로 유출되어 버렸지만, 어떻게든 회수된 상품은 엄중하게 경비된 장소에서 말린 다음에 승선원과 함께 나가사키로 회송되었다.

이들 선적 화물이 나가사키에서 어떠한 취급을 받았는지, 실제로 거래가 있었는지는 기록만으로 알 수가 없다. 다만 같은 시기에 나가사키로 내항한 화인 해상에 관해 네덜란드인이 입수한 정보에 의하면, 화상이 나가사키에서 구매해 가는 주요 상품은 우선 '도동(棹銅)'으로 불리는 동(銅)의 지금(地金), 그리고 말린 해삼과 말린 전복, 건조된 상어 지느러미와 같은 건어물(다와라모노), 다시마, 가다랑어포 등의 해산물이었다. 도동은 한 척당 10만 근(60톤)으로 유통량이 정해져 있었기 때문에 잉여 공간에 따라서 해산물을 대량으로 사들였고, 나아가서는 표고버섯과 우뭇가사리(한천의 재료), 맨드라미(식용과 약용의 꽃), 복령(茯苓: 한방약의 원료가 되는 버섯), 간장과 술, 칠기, 도기, 심지어 우산과 섶(땔감)에 이르기까지 대단히 다양한 품목이 귀국길의 선적 화물이 되었다. 도기나 섶 등은 분명히 밸러스트(바닥짐)의 보조로 적재되었을 것이다.

이와 같은 표착선의 선적 화물은 이 시대의 어떠한 특징을 말해 주는 것일까? 그리고 거기에 어떠한 변화가 일어났던 것일까?

교류 루트로 본 동중국해와 남중국해

18세기 동아시아 해역의 경제를 뒷받침했던 것은 동중국해를 둘러싼 지역 간 교역과 지역 내 교역, 그리고 남중국해를 중심으로 국경을 넘는 지역 간 교역의 융성이다. 여기서 말하는 '지역'이란 지리적 조건과 생산, 유통, 소비에서 일정한 통합성을 가지는 지리적 범위를 가리킨다. 한반도와 일본열도의 경우에는 정치권력의 규제와 상업 및 유통의 발달에 따라 지역과 정치권력의 영역이 거의 일치하는, 일국 완결적인 시장이 성립했다. 한편 청이 지배하는 중국은 그 영역의 광대함과 다양함으로 말미암아 국가 규모의 시장은 성립하지 않았고, 화북, 강남, 복건, 영남(嶺南)과 같은 복수의 지역이 병립했는데, 복건 이남 지역의 시장은 남중국해를 통해 동남아시아 각지와 밀접한 관계를 가졌다.

이러한 해상 교통 루트는 동중국해에서 '근세국가'의 '공생'을 반영한다. 예를 들면 나가사키에 입항한 배가 그 앞의 하카타나 오사카로 나아갈 수는 없었던 것처럼, 국가 간의 교통 네트워크와 각 영역 내의 네트워크가 완전히 분리되어 있다는 특징이 있다. 이에 비해 남중국해의 해상 교통 루트는 복건의 하문과 광동의 광주 및 마카오라는 2대 창구를 중심으로 동남아시아의 주요 항구와 양쪽으로 연결되어 있었는데, 복잡하고 복선적이었다.

이 시기의 동중국해에서는 각국의 무역 규제와 출입국을 관리하는 제도에 따라 국경을 넘은 물품의 이동이 규제되었던 일도 있었고, 국제무역의 총량은 한계점에 다다라 하락하는 경향을 보였지만, 거꾸로 중국 연안의 지역 간 무역이나 조선 및 일본의 지역 내 무역은 활성화했다.

　동중국해가 생산과 소비의 양면에서 동아시아 해역의 중심이었던 것은 거대한 인구를 안고 있는 장강 하류의 강남 지역이 세계 규모에서도 최대 시장 가운데 하나였기 때문이다. 강남의 유하항과 상해, 사포, 영파 등의 항구에서 뻗어 나가는 해상 항로는 북쪽으로 산동의 여러 항구를 거쳐 북경의 외항인 천진, 나아가 요동 연안에 이르렀고, 남쪽으로는 온주(溫州) 등 절강 남부의 여러 항구를 거쳐 복건의 복주와 하문, 나아가 광동의 조주(潮州) 및 광주로 이어졌다. 남북 항로의 결절점이 되었던 곳은 항주만 하구의 주산군도였으며, 여기는 나가사키로 향하는 동방 항로도 접속하는 동중국해의 허브였다. 또한 복주에서는 류큐로, 하문과 광주에서는 남중국해를 둘러싼 마닐라와 아유타야, 바타비아 등의 주요 항구도시로, 나아가 좀 더 먼 곳으로 이어지는 항로의 네트워크가 펼쳐져 있었다. 광주와 일체가 되어 기능했던 마카오는 '캔턴(광동) 시스템'이 확립된 후, 포르투갈뿐만 아니라 구미 여러 나라 전체의 남중국해 무역 거점이라는 성격이 강해졌다.

　일본열도에서는 16세기까지 해상 세력이 난립하고 다이묘 사이의 분쟁도 항상 있어서 연안 항로는 토막토막 나누어져 있었으나, 통일 정권이 등장함에 따라 17세기에는 세토 내해와 동해 항로가 접속되어 같은 세기 후반에는 태평양 연안 항로[70]도 정비되었으며, 에조치

70　동해 연안에서 혼슈의 태평양 연안을 남하해 에도에 이르는 해운은 동회(東廻) 해운으로 불린다. 오우 지방에서 에도로 이어지는 해운은 당초에는 토네가와(利根川)를 경유하는 내하(內河)의 수상 운송이었지만, 1670년에 에도 상인인 가와무라 즈이켄(河村瑞賢)이 보소(房

를 포함한 열도 각지가 생산과 소비의 두 중심인 가미가타(上方: 오사카와 교토) 및 에도와 밀접하게 연결되었다. 대외적인 창구인 '네 개의 창구'는 이 주항(周航) 루트 바깥에 있었지만, 그곳을 접속 창구로 해서 물품의 흐름은 일본열도의 각 연안 교역 네트워크와 이어져 있었다.

이에 비해 정치권력의 제약이 비교적 느슨했던 남중국해에서 해상무역은 18세기를 통해 발전하는 기조에 있었다. 하문과 광주의 해관 세수입은 세기 전체를 통해 급증했으며, 관세 수입 전체에서 차지하는 해관세의 비율도 일관되게 증가했다. 상해와 사포 등 강남의 여러 항구는 무역 중계지로서의 기능도 높아졌고, 동남아시아까지 직접 향하지 않더라도 필요한 물품을 조달할 수 있는 무역 시스템이 형성되었다. 예를 들면 나가사키 무역에서는 아유타야에서 직항해 오는 시암 왕국 직영의 무역선(경영은 화인에게 위탁했다.)이 18세기 전반에 자취를 감추고, 동남아시아에서 온 '오쿠부네(奧船)' 시대도 18세기 중반 무렵에 모습을 감추는데, 이것은 동남아시아 산품을 강남에서 조달할 수 있게 되었기 때문이었다. 직접적인 왕래의 유무와 물품의 움직임이 반드시 연동하지 않았던 것이다. 이처럼 정치적 측면에서는 전혀 이질적인 세계로 보이는 18세기의 동중국해와 남중국해는 물품의 이동이라는 측면에서 보면, 광주, 하문, 강남 등의 결절점을 매개로 연동했다.

교역 면에서 보았을 때 이 시기의 또 한 가지 특징은 북방 루트가 명

總)반도를 우회하는 직항로를 개발한 이후 활발해졌다.

확하게 모습을 드러내어 동중국해와 긴밀하게 이어졌다는 사실이다. 동해를 건넌 무역은 정치적 제약뿐만 아니라 동해 그 자체가 횡단이 어려운 거친 바다라는 요인도 있어서, 흑룡강(아무르강)과 송화강 등 만주의 내륙 하천에서 사할린을 거쳐 에조치에 이르는 루트를 취하게 된다. 이 루트를 통해 이루어진 것이 산탄(山丹) 교역[71]이며, 이로 인해 전래된 에조니시키(蝦夷錦)[72]는 일본 국내에서 크게 중시되었다. 또한 다시마나 전복, 해달 가죽 등 북방 산품은 나가사키와 류큐를 경유해 멀리 강남까지 운반되었다. 이 방면의 특징은 동중국해와 달리 정치권력의 통제가 느슨했고 화인의 배가 보이지 않았다는 점이다.

바다를 건너는 상품의 '일용품화'

그러면 구체적으로 어떠한 물건이 18세기의 동아시아 해역을 왕래했던 것일까? 동중국해에서 정리된 기록을 남긴 나가사키를 사례로 들면, 중국의 수출품은 17세기에 생사가 중심이었으나, 18세기 중엽에는 견직물, 같은 세기 후반이 되면 약재가 주요한 지위를 차지하게 된다. 일본열도에서는 17세기에 은이 수출의 중심이었으나, 은 산출량의 감소에 따라 동의 비중이 증가했고, 나아가 18세기에는 다와라모노(俵物)로 불리는 건어물과 대량의 다시마 등 해산물이 주역이

---

71   산탄이란 흑룡강 하류 지역과 사할린섬의 주민을 가리키는, 아이누어에 기원을 둔 호칭으로 산탄 교역은 사할린과 에조치에서 이루어진 산탄과 아이누 사이의 교역을 말한다. 18세기 중엽부터 약 1세기 동안 최성기를 맞았다.

72   마쓰마에를 경유해 일본 국내에 유입되었던 중국산 견직물을 칭한다. 본래는 청이 흑룡강 하류의 사할린 방면 수장에게 하사한 관복인데, 그것이 일본용 교역품으로 전해진 것이다.

되어 갔다. 즉 중국에서 온 생사와 일본산 은의 교환을 축으로 했던 16세기와 17세기의 형태에서, 18세기에는 견직물과 동의 시대를 거쳐, 마침내 약재와 해산물을 축으로 한 형태로 이행해 간 것이다. 앞서 본 것처럼 만승호에 실려 있던 수많은 약재의 종류와 양이 그것을 잘 보여 준다. 또한 약재 수입과 함께 서적 수입도 확대되었는데, 이것이 18세기 후반 이후 일본열도에서 여러 학문의 융성으로 연결되어 갔다. 이와 같은 추이는 한반도와 일본과 중국을 잇는 부산-쓰시마 루트의 교역, 일본과 류큐와 중국을 잇는 류큐-복주 루트의 교역에서도 거의 동일하게 나타난다.

그렇다면 남중국해는 어떠했을까? 18세기 말에 베트남 호이안[73]과 광동을 왕복했던 상선의 선적 화물을 예로 들면, 중국에서는 액세서리 등의 공예품과 각종 도자기, 차, 한방약 등이 수출되었으며, 거꾸로 중국용 수출품은 수입품보다 종류가 다양했고, 동식물이나 광산물과 같은 1차 산품의 비율이 높았다. 해삼이나 연와(燕窩: 제비집) 등 고급 식재료나 고가의 향료와 약재도 보이지만, 중량의 면에서 보면 빈랑과 말린 생선 등 저렴한 일상 상품이 압도적으로 많았고, 가장 양이 많았던 것은 설탕이었다.

이처럼 대중 무역을 통해 호황을 맞은 남중국해 화인 상선의 선적 화물에서는 16세기와 17세기에 인기 상품이었던 은과 생사가 모습을 감추고, 언뜻 보기에는 먼 바다를 건너 운반하지 않아도 될 듯

73　오래전부터 무역항으로 번성했던 베트남 중부의 항구도시. 17세기 전반에는 니혼진마치(일본인 거류지)도 존재했다.

한 저렴한 일용품이 무시할 수 없는 비중을 차지하게 되었다. 이와 같은 변화는 동중국해에서도 조용히 진행되었다. 예를 들어 18세기 후반에 류큐의 진공선이 복주에서 돌아가는 길에 운반한 물품 속에는 일본 시장용인 약재도 있었지만, '미조키'[74]로 불리는, 대나무로 만든 농기구와 차, 당산(唐傘), 철침, 조잡한 여름용 천·겨울용 천·부채·자기 등 류큐 사회의 평범한 생활용품이 대량으로 포함되어 있었다. 이와 같은 현상을 교역품의 '일용품화'로 부를 수 있을 것이다. 구미선의 무역에서도 잘 알려진 것처럼, 18세기 후반에 차(녹차와 홍차 모두)의 비중이 현저히 높아졌다.

국경을 넘는 원격지 해상 교역의 각 노선에서 일어난 이러한 변화는 17세기까지의 은과 생사처럼 어느 정도 보편적으로 높은 가격을 가지고 거대한 시장과 연결되는 교역으로의 변화가 아니라, 오히려 개개의 지역사회와 지역 경제에 적응해 가는 개별화의 길로 부를 만한 것이었다. 동시에 이 변화를 거꾸로 조망해 보면 개개의 지역사회와 지역 경제의 변화도 바다를 매개로 한 교역 네트워크의 변화에 대한 육상 사회의 적응이라고도 할 수 있다.

해역을 오가는 상품과 화폐

'일용품'과는 별개로 특색 있는 상품을 살펴보자. 18세기에는 교역품 중에서 해산물의 비중이 현저하게 높아져 갔다. 주된 품목으로

---

74   원형의 키(箕: 일본어로는 '미'라고 발음한다.)를 가리킨다. 납작한 대나무 바구니를 망처럼 짜서 테두리는 대나무에 끼워 종려 끈과 핀으로 고정한 것. 곡물의 탈곡과 정비 등에 이용한다.

는 앞서 서술한 대로 나가사키나 사쓰마와 류큐를 경유해 중국에 운반된 건어물과 다시마를 들 수 있다. 청과 일본 사이의 해산물 교역의 융성은 귀금속 유출에 고민했던 일본 측의 수출 상품 개발, 그리고 '성세(盛世)'를 구가하는 청 치하 중국 사회에서 고급 중화요리의 성립과 고급 식재료 수요의 증대라는 수요와 공급의 일치에 따른 결과였다. 고급 식재료의 대중국 수출은 남중국해 방면에서도 보이며, 특히 술루에서 복건을 경유해 수출된 동인도네시아산 상어 지느러미와 해삼, 연와의 수출이 이 시기에 급성장했다.

해산물 교역의 발전은 역내 무역에서도 나타나는데, 다시마와 가다랑어포 등은 일본열도 각지를 긴밀히 연결하는 해상 교통로를 타고 이 시기 이후에 열도 전역에서 일상적으로 먹을 수 있게 되었다. 그뿐 아니라 이들을 생산하거나 제조하지 않는 류큐의 식문화에서도 불가결한 것이 되었으며, 그 흐름은 나가사키와 류큐를 거쳐 중국에까지 이어졌다. 다른 한편으로 그 해산물들의 주산지가 된 에조치에서는 마쓰마에씨의 지배 아래에서 오우미 상인 등 혼슈의 상인에게 생산과 유통의 청부가 진전되어(장소(場所) 청부 제도),[75] 열도 규모의 물류로 편입되어 갔다. 각지의 아이누는 그 아래에서 어장 노동력 등으로서 혹사되었으며 점차 곤궁해지고 인구 역시 감소했는데, 그것은 동중국해를 넘은 물류와 불가분의 관계에 있었던 것이다. 가키자키 하쿄(蠣崎波響)의 명화인 「이수열상(夷酋列像)」을 통해 알려진

---

75 에조치에 있는 장소에서의 교역권을 운상금(運上金)을 납부한 상인에게 주는 제도. 장소란 교역권이 할당된 지역을 가리키는데, 에조치 산품의 수요가 확대되면서 어장 경영으로까지 퍼졌고, 아이누를 노동력으로 이용했다.

過決矢 總部首長
乙箇吐壹

「이수열상」에 그려진 아이누 수장 이코토이

1789년의 '구나시리 메하시 싸움'(간세이 에미시 봉기(寬蝦夷蜂起))[76]은

76　1789년에 쿠나시르섬(구나시리섬(國後島)) 남부의 구나시리 장소와 그 건너편 언덕의 메나

그와 같은 상황 아래에서 일어난 홋카이도 동부 아이누의 봉기였다.

이와 나란히 18세기를 대표하는 국제 상품이라 할 수 있는 것이 만승호에도 대량으로 적재되어 있던 설탕이다. 물론 설탕은 이전부터 유통되었으나, 17세기에 제당 기술이 개량되어 전파되고 플랜테이션 농장에서 재배가 융성해지면서 '세계 상품'으로 성장했다. 설탕은 농업정책과 경제정책, 항해 사정, 식문화 등 다양한 조건에 따라 여러 얼굴을 보이는 상품이다. 예를 들어 류큐는 흑설탕을 생산하고 수출하는 동시에 백설탕을 수입했으며, 네덜란드의 나가사키 무역에서는 밸러스트 상품으로서의 성격을 가졌다.

또 한 가지 이 시대의 특징을 잘 보여 주는 것이 화폐와 그 소재(素材)다. 2부에서 묘사된 것처럼 17세기의 국제 거래에서 주역은 은이었는데, 18세기에는 마닐라를 경유해 아메리카의 은이 계속 유입되었으나 이미 종전과 같은 세계적인 인기 상품 정도의 비중을 차지하지는 않게 되었으며, 좀 더 지역성이 강한 화폐인 동전의 대량 주조가 눈길을 끌게 된다. 그 때문에 각국이 원했던 동의 지금과 동전은 17세기 후반에 일본의 주력 수출품이 되었으며, 화인 상선은 중국과 동남아시아에, 네덜란드 동인도회사는 주로 인도에 이를 운반해 거대한 이익을 얻었다. 그러나 동의 유출을 염려한 도쿠가와 정권이 수출 규제를 강화했기 때문에 18세기 초를 정점으로 일본 동의 수출액은 현저히 감소했다. 이에 대해 청은 운남의 동광산 개발 등으로 동

시 지역에서 발생한 대규모 화인 습격 사건. 봉기 세력이 아이누 유력자의 설득으로 항복해 종식되었다. 「이수열상」은 사건 다음 해에 마쓰마에에서 제작된 아이누 유력자 열두 명의 그림으로, 화가인 가키자키 하쿄(1764~1826년)는 마쓰마에씨의 가로이기도 했나.

부족 문제를 타개하고자 했으나 해결은 간단하지 않았으며, 18세기 중엽의 상해나 사포에서는 일본의 간에이 통보(寬永通寶)가 반입되어 그대로 유통될 정도였다. 대부분의 지역에서 이 '전황(錢荒: 동전 부족)' 사태가 진정되는 것은 18세기 후반의 일이었다.

산업구조와 무역구조의 재편과 국산화의 진전

18세기 동아시아 해역의 산업을 이야기하는 데에 주목해야 할 것은 상품작물 생산의 전개다. 그 배경에는 농업 경영에서 핵가족 또는 그에 조부모를 더한 4인에서 7인 정도의 세대가 기본 단위가 되는 '소농 사회'가 각지에서 성립했다는 점을 들 수 있다.

소농 사회는 중국의 경우 16세기 무렵, 한반도와 일본에서는 17세기 무렵, 베트남에서도 18세기에 성립했다고 여겨진다. 소농 사회의 확산에 따라 소농 경영에 맞는 농법과 농업기술이 농서나 농업 연구에 매진하는 농가 등을 통해 보급되어 가는 동시에 가내 수공업 등의 농가 부업에 잉여 노동력이 투입되었다. 일본의 '이에(家)' 제도와 한인의 종족(宗族) 등 가족 조직과 친족 조직도 이에 적합한 형태로 변용되어 갔다. 부업이 아니라 본업으로서 면, 뽕나무, 담배, 차를 비롯한 상품작물 생산을 선택하는 지역도 증가했으며, 선행하는 시대에 이미 성립한 유통 네트워크가 상품작물의 생산과 지역 간의 분업 구조를 뒷받침했다.

중국에서는 18세기에 지역 간 분업 및 지역 간 교류의 새로운 전개와 재편이 진전되었다. 특히 복건과 광동은 설탕과 담배 등의 고부가가치 상품의 생산을 특화했다. 대만과 광서가 그 배후지로서 미곡의 공급을 뒷받침했으나, 그래도 종종 쌀 부족이 발생해 남중국해를 건너 시암과 베트남에서 쌀이 수입되었다. 또한 강남에서 쓰이는 대두(大豆)와 대두 술지게미는 18세기 전반까지 산동이 주산지였으나, 18세기 후반에는 한인 이민자가 유입된 요동이 산동을 대신했고, 나아가 곡물도 그곳에서 화북 각지로 옮겨지게 되었다. 이들 상품은 내륙의 하천 유통 루트에서도 수송되었지만, 명대에 별로 기능하지 않았던 동중국해-황해-발해의 연안 교역 루트가 더욱 활발하게 이용되었다. 지역 간 분업의 진전과 그를 뒷받침하는 유통망의 발전은 수레의 양쪽 바퀴와도 같았다.

일본에서는 국제무역과 관련해 말하면, 이 시기에 진전된 것은 해산물 등 수출품의 개발뿐만 아니라 수입품의 국산화와 대체화였다. 해산물 수출이 활발해짐으로써 동의 유출은 억제되었더라도 생사나 설탕, 조선 인삼 등 국내에서 조달하기가 곤란한 상품을 입수할 필요가 있는 경우에는 여전히 무역에 의존할 수밖에 없었다. 그 때문에 17세기 이후로 농산물의 국내 재배와 수공업 제품의 국산화 노력이 거듭된 것이다.

그 노력이 결실을 맺어 18세기에는 생사와 흑설탕의 국내 생산, 그리고 견직품과 면제품의 국산화가 진전되었다. 교토의 니시진오리(西陣織)나 설탕을 충분히 사용한 전국 각지의 화과자(和菓子)는 그 산물이었다. 조선의 특산품이었던 고가의 약용 조선 인삼도 장군 도쿠가와 요시무네의 주도하에 재배 노력이 이어져, 1730년대에 드디어 국내 생산에 성공했다. 동남아시아산으로 자급이 곤란한 소목은 붉은 염료를 홍화(紅花: 잇꽃 또는 베니바나)로 대신함으로써 대응했으며,

18세기에 홍화 재배가 각지로 확산되었다. 그중에서도 모가미(最上) 주운(舟運)과 동해 해운으로 직물 산지인 교토와 이어진 데와(出羽)에서는 교호(享保) 연간(1716~1736년)에 전국의 4할을 생산했고, 현재도 홍화가 야마가타현의 현화(縣花)일 정도다. 동중국해 국제무역이 쇠퇴하는 경향에는 이처럼 일본에서 진행된 국산화와 대체화가 크게 영향을 주고 있었던 것이다.

여기에서도 동중국해와 남중국해의 양상이 다르게 나타난다. 남중국해에서 무역의 총량은 크게 늘었으나, 눈에 띄는 수입품의 국제화와 대체화는 이루어지지 않았다. 비단과 도자기를 비롯해 중국 제품은 계속해서 동남아시아 각지로 대량으로 수출되었고, 베트남의 비단 산업과 도자기 산업이 해외시장과 국내 고가품 시장을 잃는 경우도 나타났다. 전체적으로 동남아시아 지역은 중국에 1차 산품을 공급하는 지역이면서 중국제 경공업 제품의 시장이라는, 근대 아시아 간 교역권의 원형이 되는 산업구조와 무역구조를 형성해 갔던 것이다.

인구의 증가와 이동: 남중국해 '화인의 세기'

18세기의 특색을 보여 주는 또 다른 커다란 움직임은 중국의 인구 폭발이다. 한반도와 일본열도의 경우에 17세기가 인구가 증가하는 시대였지만, 18세기 중엽에는 보합세에 들어갔다. 그에 비해 중국에서는 17세기 말부터 인구 폭발이 시작되어, 그 무렵 약 1억 5000만 명으로 추계되었던 인구가 100년 후인 18세기 말에는 3억 명을 돌파하기에 이르렀다. 1750년 무렵의 추계 인구는 일본이 약 3000만 명, 조선이 약 700만 명이었던 데에 비해, 청은 1억 9000만 명에서 2억

2000만 명에 이르렀고 대부분이 한인이었다. 앞서 살펴본 산업구조의 재편은 이와 같은 동중국해를 둘러싼 여러 사회에서 나타난 인구동태와도 긴밀하게 관계되어 있었다.

중국의 인구 폭발은 사회에 불가역적인 변화를 가져왔다. 증가한 인구는 명 말과 청 초의 전란에서 황폐해진 지역이나 종전까지 개발이 미치지 못했던 산간 지역으로 향했다. 벼농사와 밀 재배에 적합하지 않은 경사지에서도 재배할 수 있는 고구마(甘藷)와 옥수수 등 남아메리카가 원산지인 작물이 산간에서는 큰 역할을 수행했다. 고구마는 조선과 일본에서도 구황작물로서 정착했고, 인구 유지에 큰 도움을 주었다.

바깥을 향해서는 광동과 복건에서 아주 많은 사람이 베트남의 메콩 삼각주와 보르네오섬 등 남중국해 방면 각지의 미개척지로 이주해 갔다. 이 시기 해외 이주의 특징은 그 이전과 같은 교역 목적보다도 농지 개발과 현지 노동이 중심이었다. 이로 말미암아 현지에서 갖는 직업은 금광이나 주석 광산의 광산 노동, 설탕 플랜테이션 농장 등의 농업 노동, 메콩 삼각주의 개척 농민 등 다종다양했다. 다만 단순한 노동력 제공뿐 아니라 기술 이전을 동반하는 것이기도 했다.

이처럼 화인이 남중국해로 진출한 배경에는 미개발 지역의 '프런티어'적 상황에다 입국 규제가 엄격한 동중국해 연해의 여러 나라와는 사뭇 다른 정치 환경이 있었다. 동중국해 방면과 다르게 '공생'의 상대가 될 만한 '근세국가'가 없었으며, 해외 이주를 사실상 방임했던 남중국해에서 이 시기에 각지에서 화인 사회가 무더기로 생겨나 근현대의 화교로 이어지게 되었다. 앞서 살펴본 것처럼 동중국해에서는 여러 정치권력이 모두 자국민의 출국과 외국인의 왕래를 제한하거나 금지했는데, 근대국가의 국민 관리 및 출입국 관리와도 상통하는 이 같은 경험이 동중국해를 둘러싼 여러 나라의 '근대'를 준비했다고 할 수도 있을 것이다.

이리하여 화인 이주의 확대에 따라 동중국해 연해 각지에서는 차이나타운이 급증했다. 현지의 화인 사회는 현지의 정치권력에 의존하지 않고 자기들의 지연 네트워크와 혈연 네트워크로 성립되었다. 현지에서의 존재 형태도 다양했는데, 마조 신앙 등 고향의 문화를 고수하는 경우가 있는가 하면, 에스파냐령 필리핀의 메스티소 화인[77]처럼 가톨릭으로 개종해 현지에 동화하는 경우도 있었다. 차이나타운 중에는 타이만의 연안 지역처럼 송클라[78]의 오씨(吳氏)나 하티엔[79]의 막씨(鄭氏) 등 화인이 주도하는 항구도시로 성장해 반(半)독립 정권으로 발전한 사례도 있었다.

화인 네트워크와 경제적 영향력은 널리 남중국해 일대에 미쳤고, 의식주나 신앙 등 생활 문화에도 커다란 영향을 남겼다. 그 대부분은 복건과 광동 같은 중국 동남 연해부의 서민 문화에서 유래한다고 여겨진다. 그러나 이것을 '중국화'로 부르는 일은 거의 없었다. 그도

---

77 화인과 현지 주민의 혼혈로, 가톨릭으로 개종한 후 현지의 필리핀 사회에 동화해 활동했고, 18세기 이후에는 화인 이민에 대항하는 사회적·경제적 엘리트층이 되었다.

78 말레이반도 동안의 항구도시로, 18세기 중엽에 복건에서 도래한 오양(吳讓)이 세력을 구축했다. 교역으로 번영하는 동시에 시암으로부터 조공국의 통제를 위임받았고, 정치와 경제의 양면에서 힘을 지녔다.

79 인도차이나반도 남부의 항구도시로, 17세기 말에는 광동에서 도래한 정구(鄭玖)가 세력을 구축했다. 베트남 남부를 지배한 꽝남의 응우옌씨 아래에서 세력을 확대했고 청에도 조공했다.

그럴 것이 일반적으로 '중국화'라고 할 경우 떠올리는, 사서오경으로 대표되는 유교 등 이른바 고급문화는 전통적으로 중국 문명을 수용해 온 베트남을 제외하고는 남중국해 방면의 여러 지역에 보급되거나 정착된 모습이 확인되지 않기 때문이다. 이러한 점에서 서적 등을 통해 적극적으로 그 문화들을 받아들인 조선이나 일본과는 두드러진 대조를 보인다.

인쇄된 정보의 교류

이 시기의 바다를 넘어가는 물품의 왕래 가운데 한 가지 특필할 만한 것은 서적이다. 이전 세기와 비교하면 동중국해를 넘어 네 개의 '근세국가'에 출입하는 사람과 물품은 감소했지만, 서적의 활발한 유통으로 이동하는 정보가 거꾸로 증대했던 것이 바로 이 시대다. 강남을 비롯한 청 치하의 여러 도시는 바다와 육지를 통해 조선·일본·류큐·베트남 방면으로 운반되는 대량의 한적(漢籍: 한문으로 쓴 책)을 보내는 곳이었다.

이 시대에 한적의 최대 수입처는 청과 정식 국교가 없던 일본의 정치권력이다. 도쿠가와 정권과 여러 다이묘는 나가사키에 내항하는 화상과 당통사를 통해 탐욕스럽게 한적을 모았다. 그중에서도 이를 적극적으로 추진한 인물이 1716년에 도쿠가와 종가를 이은 제8대 장군 도쿠가와 요시무네다. 도쿠가와 요시무네의 한적 수집은 정책적이고 체계적인 것으로, 두 가지 명확한 의도를 엿볼 수 있다. 첫 번째로 과학 기술의 이전과 실용화다. 도쿠가와 요시무네는 1720년에 기독교의 교의 그 자체에 관한 서적을 제외하고 금서의 완화를 명했으며, 이에 따라 역법과 천문학, 수학, 의학 등 자연과학 계통의 서적을 수입하고 출판하는 일이 허가되었다. 또한 도쿠가와 요시무네는 약재나 의서 등 조선의 문물에도 보통이 아닌 관심을 보여 조사와 수집을 장려했다. 이와 같은 축적은 난학의 성숙과 함께 19세기에 들어 꽃피웠다. 이러한 추세의 배경에는 18세기에 청대의 고증학[80]으로 대표되는, 해석을 다투는 것이 아니라 텍스트를 확정하고 그것을 엄밀하게 읽는 학문의 성립과 확산이라는 조류가 있었다.

두 번째는 명과 청의 법률과 여러 제도의 내용을 철저하게 음미해 그 성과를 정책에 반영하는 것이다. 도쿠가와 요시무네는 제도와 법제를 연구하기 위해 청의 규정집 및 법률서, 지방지를 대량으로 수입해 요리아이(寄合) 유학자들에게 일본어로 번역하고 연구하게 했다. 중심이 된 것은 오규 홋케이(荻生北溪)[81]와 후카미 겐타이(深見玄岱) 및 후카미 아리치카(深見有隣) 부자[82]다. 그들은 『대청회전(大淸會典)』[83] 등의 번역과 연구에 종사하고, 화상에게서 듣고 적은 것을 『청조탐사(淸朝探事)』로 정리했다. 공사방어정서(公事方御定書) 등 법제의

---

80 유학 경전과 사서에 관한 문헌학적 연구를 주로 한 학문. 청대에 강남에서 발달했다. 음운학과 지리학의 중시와 엄밀한 사료 비판을 특징으로 한다.

81 1673~1754년. 오규 소라이의 동생으로 요리아이 유학자로서 출사해 도쿠가와 요시무네의 자문을 담당했다. 한적의 교정과 청조 연구에 큰 업적을 남겼다.

82 후카미 가문은 17세기 초에 복건에서 도래한 나가사키의 당통사 가문으로, 학식을 인정받은 겐타이(1649~1722년)가 에도로 불려가 유관(儒官)이 되었다. 아들 아리치카(1691~1773년)는 에도성 내의 모미지야마 문고(장군가의 도서관)의 책임자인 '서물(書物) 봉행'에 발탁되었다.

83 5회에 걸쳐 편찬된 청의 각종 제도에 관한 총람. 교호 연간에 강희본(1690년 간행)이 일본에 전해졌다.

정비는 물론, 제국인수조(諸國人數調: 전국 호구조사)의 시행, 국역보청제(國役普請制)에 의한 대규모 하천 치수의 전국화 등 도쿠가와 요시무네의 여러 정책은 이러한 성과로 생각된다. 70년 만에 부활한 닛코(日光) 참배의 이름을 빌린 대규모 행렬(pageant)도 강희제의 강남 순행(巡幸)[84] 등에서 힌트를 얻었을지 모른다.

또한 교훈서 『육유연의(六諭衍義)』[85]를 유학자인 무로 규소(室鳩巢)에게 요약하게 해서, 도덕 교본 『육유연의대의(六諭衍義大意)』로 보급하게 했던 일도 간과할 수 없다. 그 텍스트는 류큐의 유학자 데이 준소쿠(程順則)[86]가 복주에서 가지고 돌아온 책을 사쓰마의 시마즈 요시타카(島津吉貴: 사쓰마 배의 덴베에가 말한 '마쓰다이라 오스미노 카미', 즉 시마즈 쓰구토요의 아버지)가 헌상한 것이었다. 도쿠가와 요시무네가 시행한 정책의 일단이 엿보이는 동시에 청에서 일본으로 가는 한적의 흐름이 나가사키 루트만이 아니었다는 점도 알 수 있다.

특필할 만한 사실로, 이 시기에 중국에서 입수하기가 곤란했던 책이 화인 해상의 손을 거쳐 일본으로부터 되돌아온 사례가 있었다. 휘주 상인으로 유명한 안휘성 흡현 출신의 장서가 포정박(鮑廷博)이 진귀한 서적을 모아 엮은 『지부족제총서(知不足齊叢書)』에는 중국에서

---

84 청의 황제는 몽골·만주 방면과 강남 지방 등을 종종 순행했다. 경제와 문화의 중심인 강남 지방에 대해서는 1684년을 시작으로 강희제가 6회, 건륭제도 6회에 걸쳐 순행했고, 천하태평을 연출했다.

85 육유란 명의 홍무제가 1397년에 민중을 교화하기 위해 공포한 6개조의 교훈으로 『육유연의』는 명 말에 편찬된 그 해설서다.

86 1663~1734년. 류큐의 관인. 나구 웨카타(名護親方)를 지냈으며 나구 성인으로 불렸다. 청에서 유학을 배워 와 류큐에서 유학의 교육과 보급에 힘썼다. 서예와 한시에 뛰어났으며, 일본과 청의 문인과 교류가 있었다.

는 구하기 어려운 『고문효경공씨전(古文孝經孔氏傳)』과 『논어집해의 소(論語集解義疏)』가 수록되어 있다. 이것은 1770년에 일본에 자주 내항했던 왕붕(汪鵬)이라는 절강 상인이 나가사키에서 입수해 가지고 돌아간 것이었다.

이와 같은 교류의 하이라이트는 오규 소라이(荻生徂徠) 문하의 야마노이 데이(山井鼎)가 엮고, 야마노이 데이의 사후에 오규 홋케이가 보완한 『칠경맹자고문병보유(七經孟子考文幷補遺)』가 청 궁정에 전해져, 황제가 손수 제정한 일대 총서인 『사고전서(四庫全書)』[87]에 수록된 일이다. 이것은 아시카가 학교에 전래되고 보존되었던 고초본(古抄本)과 간행본을 유교 경전 7종으로 묶어 교감(校勘)을 추가한 것으로, 중국에서는 잃어버린 내용을 포함한 귀중한 업적이었다. 일본에서 활발히 이루어진, 당 형법전의 주석서인 『당률소의(唐律疏議)』의 교정과 연구의 성과도 마찬가지로 환류해서 북경의 궁정으로 들어갔다. 오랫동안 대륙에서 도래하는 일방통행이었던 문화 전파는 이때에 이르러 '교류'의 영역에 도달했다고 할 수 있다.

옮겨 베끼기에서 번안, 그리고 '전통문화'로

일본의 한적 수용에 나타나는 중요한 특징으로 민간 서점의 화각본(和刻本) 발행을 들 수 있다. 물론 조선과 류큐에서도 사절이나 유학생이 많은 한적을 가지고 왔다. 도쿠가와 요시무네가 입수한 『육유

87　건륭제의 명으로 1773년부터 10년에 걸쳐 편찬된 총서. 사고란 한적의 분류인 경(經: 유학), 사(史: 사서), 자(子: 여러 가지 사상), 집(集: 문학)의 창고라는 의미다.

연의』는 류큐의 조공사가 본국에서 한어 학습과 풍속 교화에 활용·하고자 체류지인 복주에서 인쇄한 것이었다. 조선에서도 연행사(燕行使)[88]가 북경 등에서 대량으로 한적과 한역 서양서를 구매했고, 일본에서도 수는 많지 않지만 통신사가 『화한삼재도회(和漢三才圖會)』[89] 등의 실학서를 가지고 돌아갔다. 그러나 많은 경우 수입된 한적은 일부의 관료와 학자가 필사하는 정도여서 사본 형태로밖에 전해지지 않았다. 이에 비해 일본에서는 이미 17세기에 교토 등에 있는 서점이 한적의 화각본을 다수 출판했다. 이 책들은 단순한 복제가 아니라 일본인이 읽기 쉽도록 훈점(訓点)을 붙이고 다시 편집한 것으로, 내용 역시 경서와 사서에서 수필과 문학에 이르기까지 여러 분야에 걸쳐 있다. 1711년에 조선통신사가 서점에서 자국서의 화각본이 있는 것을 보고 경악한 것처럼, 일본은 조선 서적의 유입과 출판에도 대단히 의욕적이었다.

훈점본을 통해 한적의 정보가 지식층 내에 확산된 17세기에 비해 18세기는 그 영향이 다양한 형태로 심화된 시대이며, 수입 서적을 통해 다양한 계층에서 중국 문화를 수용했다. 다만 그렇다고 해서 당시의 일본이 '중국화'했다는 것은 아니다. 그것은 옮겨 베끼기와 번안, 바꾸어 말하면 수용하는 측의 문화 체계에 따른 다시 읽기와 고치고

---

88 조선에서 청으로 파견되는 사절. 연경(베이징의 옛 이름)에 가는 사절이라는 의미로, 매년 정례의 조공사 외에, 경조사가 있을 때 보내는 임시 사절이 있다. 많은 관계자가 연행록으로 불리는 여행기와 견문록을 남겼다.

89 정확한 이름은 『왜한삼재도회략(倭漢三才圖會略)』이다. 데라지마 료안(寺島良安)이 펴냈고, 1712년에 간행되었다. 명대의 『삼재도회(三才圖會)』를 흉내 내어 다양한 인물과 사건을 삽화와 함께 해설한 백과사전이다.

바꾸기를 수반하는 것이었기 때문이다.

　18세기의 일본에서 진행되었던 한시의 유행은 같은 시기의 청과 조선과는 어떤 상호 관계도 없는, 열도만의 독자적 현상이며, 문화의 현지화다. 그리고 이와 같은 한(漢) 문화의 수용은 고전 문화의 보급과 동시에 진행되었다. 17세기는 한적의 화각본과 병행해 『고사기(古事記)』와 『겐지 이야기(源氏物語)』, 『쓰레즈레구사(徒然草)』, 『태평기(太平記)』 등 일본의 역사, 법제, 문학 등의 훈점서와 주석서, 해설서가 다수 출판되었다. 그리고 18세기에는 이러한 '고전'을 고치고 바꾸어 골계화하고 풍자화한 작품이 잇따라 탄생했고, 하이쿠(俳句)의 소재로서도 보급되어 갔던 것이다.

　당시에 일본열도의 마치와 무라(村)에서는 조조(曹操)와 아시카가 다카우지(足利尊氏), 이백(李白)과 사이교(西行), 양귀비(楊貴妃)와 오노노 고마치(小野小町)가 같은 맥락으로 이야기되었다. 데라코야(寺子屋)에서는 『정영식목(貞永式目)』이나 『논어(論語)』를 외우는 아이들의 목소리가 들렸고, 번화가에서는 제갈공명(諸葛孔明)과 구스노키 마사시게(楠木正成)를 이야기하는 강석사(講釋師)*의 목소리가 울려 퍼졌다. 그렇다고 해서 "백낙천(白樂天)은 일본인" 등으로 양자를 섞던 것은 아니고, 전제가 되는 '화(和)'와 '한(漢)'의 구분은 명확했다. 이처럼 18세기의 열도 각지에서 '고문(古文)'과 '한문', '화양(和樣)'과 '당양(唐樣)'이 병존하는 '전통문화'의 배양이 진행되었던 것이다.

해역 교류에 대한 동경과 경계

　이 시대에 「국성야 합전」처럼 해외 정보와 교류의 기억을 엮어 넣은 작품이 일본에서 인기를 떨친 배경에는 자립적인 여러 세력이 해역 교류에 적극적으로 참가했던 종전의 시대와 이 시기 사이의 격차가 크다는 점이 있다. '이국'을 접하는 장면이 적었던 일본에서는 동경과 갈망, 호기심도 강해져 갔다. 외래문화의 창구로서, 특히 문화인(文化人)에게 하나의 성지가 되었던 곳은 말할 것도 없이 나가사키다. 내항하는 화인을 면회하기 위한 문화인의 나가사키 참배와 서면을 통한 화인과의 교류는 여러 종류의 규제를 빠져나가면서 활발하게 이루어졌다. 이러한 교류는 전국으로 퍼져, 오사카에 있는 기무라 겐카도(木村蒹葭堂)[90]의 문화 살롱에는 이국의 정보와 문물이 넘쳐났으며, 나가사키에 내항한 정적성(程赤城)[91]의 글을 베낀 편액은 규슈를 중심으로 일본 각지에 남아 있다.

따라서 외교사절의 도래는 이국인을 접할 절호의 기회였으며, 민간의 학자와 문화인에서 서민까지 큰 관심을 보였다. 조선통신사와 류큐 사절은 숙박하는 곳곳에서 지역 문화인에게 한시를 낭송하거나 휘호를 써 달라고 요구받았으며, 행렬을 구경하러 몰려든 많은 서민의 호기심 어린 눈에 노출되었다. 특히 1748년과 1764년의 통신사는 규슈에 도착한 직후부터 사절단의 허허실실에 관한 정보가 가미

---

* **옮긴이 주** _ 전쟁이나 무용담 등을 전업적으로 이야기해 주는 사람을 가리킨다.

90　1736~1802년. 오사카의 문화인으로, 주조업을 경영하면서 학문에 힘썼고 문예에 뛰어났다. 또한 귀중한 서화나 골동품을 수집했다. 전국의 문인 및 명사와 교유했는데 히라도의 마쓰라 세이잔도 그중 한 명이었다.

91　1770년대부터 1811년 무렵까지 내항한 강소 상인. 자는 적성, 이름은 하생(霞生)이다. 내항한 청인의 대표적 존재로서 일본의 문인과 교류하며 많은 책을 남겼다. 『지부족제총서』를 1778년에 처음으로 일본에 소개하기도 했다.

1655년의 조선통신사 행렬, © PHGCOM

가타와 에도에서 출판되는 등 붐이라 할 수 있을 정도의 사회현상이
되었다. 또한 조선통신사와 류큐 사절, 네덜란드 상관장의 행렬이 통
과한 지역에서는 그것이 '도진오도리(唐人踊)'와 '도진시바이(唐人芝
居)' 등의 제례(祭禮)로 재현되었으며, 각지의 '전통문화'에서 일단을
담당하기에 이르렀다.

이러한 점에서 조선과 청은 양상을 달리한다. 청에서는 기독교 선
교사가 북경의 궁전에 출사했고, 유럽 상인이 광주와 마카오에 체재
했다. 애당초 청 시대가 만주인 지배층을 받드는 다양한 민족으로 구
성되어 있었고, 명의 옛 영역에 있는 한인 사회조차 한 덩어리가 아니
었다는 사실에 주의해야 한다. 18세기에 포교를 목적으로 강남과 사
천으로 잠입한 기독교 선교사들[92]은 특별히 이상하게 여겨지는 일
없이 통행할 수 있었다. 그 점에서 일본인으로 분장해 잠입하자마자

---

92 청은 당초에는 기독교를 용인했지만, 18세기에 포교를 금지했다. 단 궁정에는 선교사가 계속
해서 학술과 기예의 고문으로서 근무했으며, 지방에서도 일본처럼 상시로 엄격하게 단속했
던 것은 아니다.

순식간에 발각된 선교사 조반니 바티스타 시도티(Giovanni Battista Sidotti)[93]의 일본 잠입과는 상황이 크게 달랐다. 또한 조공 사절 일행이 국내를 이동하는 것은 항상 있는 일이었지만, 일본과 달리 그 행렬이 주목을 끄는 일은 없었다. 그것보다도 세간의 흥미를 모은 것은 강희제와 건륭제가 종종 수행했던 강남 순행이었다.

조선에서도 무역 업무 등으로 날마다 서로 접하던 왜관 내부의 조선 관리와 일본 역인 사이에 친교가 싹트는 경우가 있었지만, 거류지 바깥에서 왜관의 일본인은 혐오의 대상이었으며, 일반인에게서 돌멩이가 날아오는 일도 드물지 않았다. 그 때문에 조선통신사의 파견이 일본에서는 붐을 일으킨 데에 비해, 조선 측에서는 거의 관심을 기울이는 일이 없었던 것이다.

동경이든 반감이든 이와 같은 반응을 확인하는 전제로서, 자아와 타자를 구별하는 의식과 그것을 표상하는 표식(標識)이 있다. 이 시대에 '공생'을 통해 사람과 사람이 직접적으로 교류할 기회가 줄어들고, 외국인이 관념화하거나 전형화해 가는 가운데 강하게 의식된 표식이 복장과 함께 두발을 비롯한 '털'이었다. 「국성야 합전」에서 주인공인 와토나이가 항복한 '달단인'의 머리 모양을 변발에서 일본의 존마게로 바꾸는 장면이 등장하는 것처럼, 동중국해를 둘러싼 '근세국가'에서 머리 모양과 복장은 자아와 타자를 나누는 상징적인 표식이었다. 그렇기 때문에 사쓰마 배에 덴베에와 함께 탑승한 두 명의 류

---

93 1668~1714년. 이탈리아 출신의 선교사. 1708년에 일본 포교를 목표로 야쿠시마에 상륙했으나 붙잡혀 옥사했다. 에도에서 그를 심문한 아라이 하쿠세키가 그 내용을 바탕으로 『채람이언(采覧異言)』과 『서양기문(西洋紀聞)』을 남겼다.

일본 속 이국인의 표상: 1811년의 조선통신사 중 정사 김이교(金履喬)의 초상

큐인은 일본선에 류큐인이 탔다는 사실을 감추기 위해 머리를 자르고 일본풍으로 긴 머리를 묶은 것이다.

특히 외국인과의 접촉이 줄어든 일본에서 서양인은 물론 근린의 조선인과 한인도 수염과 구레나룻이 수북한 '모당(毛唐: 털이 많은 당인)' 등의 외견적 이미지로 표현하려는 경향이 18세기를 통해 확대되고 심화되어 갔다. 이와 같은 '이국'의 기호화는 살아 있는 사람과의 접촉에서 물품(서적과 회화)을 통한 지식의 섭취로 이행한, 이 시대의 교류 실태의 산물이라 할 수 있다.

항해 신앙의 '지역화'와 '근대화'

이 시기 해역 교류의 특징은 항해 신앙의 실태와 그 변화에서도 엿볼 수 있다. 항해신인 마조(천비 또는 천후)는 중국에서 오는 배가 가는 곳마다 널리 전파되었다. 류큐에는 복주를 오가는 항해의 안전을

바다에서 본 역사

기원하는 천비궁이 있었고, 남중국해의 화인 거리에서도 활발하게 모셔졌다. 일본열도에서도 나가사키에는 화인 상인이 건립한 당사나 도진야시키에 마조당이 설치되어 입항한 중국선으로부터 잠시 마조 상을 맡아 두었다. 마조상이 배에서 마조당으로 향할 때의 '보사아게 (菩薩揚: 마조 행렬)'는 이국 정서가 넘치는 광경으로, 18세기 나가사 키의 명물이 되었다.

다른 한편으로 규슈의 사쓰마와 북간토의 히타치(常陸) 등에서는 일본인 어민과 선원들이 마조를 모시고 있었다. 사쓰마의 마조는 해 상에서 눈에 띄는 노마(野間) 산꼭대기에 낭마권현(娘媽權現)이라는 이름으로 모셔졌다. 후카미 겐타이가 1706년에 펴낸 「낭마산비기(娘 媽山碑記)」에는 형제를 구하지 못했던 회한으로 바다에 몸을 던진 마 조의 유해가 표착했다는 『천후현성록(天后顯聖錄)』을 번안한 유래가 기록되어 있다. 또한 히타치의 마조 신앙은 도쿠가와 미쓰쿠니(德川 光圀)가 17세기 말에 미토(水戶)에 초빙한 명의 승려 동고심월(東皋心 越)[94]의 영향으로 전해진다. 이 지역에서 천비는 용궁의 을희(乙姬: 용 왕의 딸)와 같다고 여겨지며, 나카미나토(那珂湊) 항구와 이소하라(磯 原) 항구의 작은 산에 '천비마조권현사(天妃媽祖權現社)'라는 신사가 건립되어 밤에는 등대 역할을 했다. 더욱이 히타치의 마조 신앙은 바 다를 북상해 센다이만 시치가하마(七ヶ浜)와 시모키타반도의 오오마 (大間)에도 천비의 신사가 세워져 있다. 이들은 중국에서 기원한 마조

94　1639~1695년. 절강 금화 출신으로 조동종(曹洞宗)의 고승이다. 1677년에 나가사키로 도항했 다. 1683년에 도쿠가와 미쓰쿠니의 부름으로 미토로 가서 에도 불교계에 명의 법식을 전했다.

신앙이 '현지화'한 것이라 할 수 있다.

한편으로 이 시기에 모습을 드러내게 되는 '안'과 '밖'을 나누는 의식이 19세기가 되면 마조 신앙에서도 나타나게 된다. 1793년에 오오마를 방문한 스가에 마스미(菅江眞澄)[95]는 "이곳의 천비도, 일본의 사루타히코(猿田彦)도 존엄함에는 차이가 없다."라고 했으나, 19세기가 되자 "후나다마 신(船玉神)은 삼한 정벌 대에 진구 황후(神功皇后)의 배를 수호한 스미요시 삼신이며, 천비라는 속설은 받아들일 수 없다."(『백로초(百露草)』)라는 사람들도 등장하게 된다. 1829년에 미토 번주가 된 도쿠가와 나리아키(德川齊昭)[96]는 나카미나토 등에서 천비를 모시는 제례를 "비속하다."라고 비난했고 신상을 몰수해 제사로 모시는 신을 야마토타케루노미코토(日本武尊)의 아내 오토타치바나히메(弟橘媛)로 바꾸고 말았다. 훗날 메이지 유신 전후에는 낭마권현을 모시던 곳이 니니기노미코토(瓊瓊杵尊)를 신으로 모시는 노마 신사로 바뀌었으며, 오오마의 천비권현을 모시던 곳도 폐사되어 버렸다. 이처럼 내셔널리즘적 의식의 성장 속에서 마조는 일본서기 계통의 신들로 교체되어 모습을 감추어 간 것이다. 그것은 해역 교류를 포함해 다종다양한 연원을 가지는 '전통문화'가 단일한 가치 체계에

---

95 1754~1829년. 미카와 출신의 국학자이자 여행가. 가모노 마부치(賀茂眞淵)의 문인 우에타 요시에(植田義方)에게 배웠으며, 1783년부터 40여 년에 걸쳐 도호쿠 각지를 여행하고 다수의 여행기와 기록을 남겼다.

96 1800~1860년. 고산케 가운데 하나인 미토 도쿠가와 가문의 당주. 마지막 장군인 도쿠가와 요시노부(德川慶喜)의 친부이기도 하다. 번정의 개혁에 힘썼으나 신불 분리의 강행 등이 반발을 사 은거하게 되었다. 그 후 막정에도 참여했으나, 대로 이이 나오스케(井伊直弼)와 대립하다가 처분되었다.

의해 규격화된 문화로 개편하고자 하는 '근대화'의 움직임과 마찰을 일으킴을 보여 주는 한 대목이다.

다른 한편으로 마조의 본가인 중국에서는 구미 여러 나라의 외압이 강해지는 가운데 국가적 수호신으로서 마조의 중요성이 고조되어 갔다. 1870년에 동치제(同治帝)[97]의 궁정에서 제작된 『천후성모성적도지(天后聖母聖跡圖志)』에는 송에서 청에 이르는 시기에 나타난 수많은 국가적 영험이 기록되어 있으며, 1880년대 후반에 영국와 독일에서 건조된 신예함을 갖춘 북양 함대의 함정에도 함교(艦橋)*에 '천상성모(마조)지신위(天上聖母(媽祖)之神位)'를 봉안하는 장엄하고 화려한 신사(神祠)를 갖추고 있었다.

'경계'로서의 바다: '구분되는 바다'의 시대로

또 한 가지, 다음 시대로의 변화를 이야기해 주는 것이 이 시기를 통해 바다를 '경계'로서 간주하는 인식이 만들어지고, 다른 한편으로 그것과 표리해 '외국' 의식이 형성되어 갔다는 점이다. 그것이 첨예하게 나타난 것은 동중국해와 남중국해뿐 아니라 북방의 바다였다.

조선에서는 18세기가 되자 종래의 공도 정책에서 진(鎭)을 설치하는 정책으로 방향을 전환했다. 그 배경 가운데 하나는 청의 해금 해제로 말미암아 황해에 중국에서 온 어선과 해적선이 횡행하게 된 것이며, 또 하나는 평화 아래에서 인구가 증가하고 상업이 활성화됨에

---

97 1856~1874년. 청의 제10대 황제(재위 1862~1874년), 아이신기오로 재순(載淳). 어려서 즉위해 친모인 서태후 등의 후견을 받았다. 치세는 청의 개혁·소강기였으나 본인에게 실권이 없었으며, 젊은 나이에 사망했다.

따라 도서부로 이주와 개발이 진행되었다는 점이다. 그래서 도서를 무인화해 불안 요소를 제거하고자 했던 것이 아니라, 상인과 어민의 왕래와 거주를 전제로하고 그것을 감독하는 진을 설치함으로써 적극적으로 관리하고자 한 것이다. 그와 같은 흐름 속에서 마침내 동해에서 독도와 울릉도의 문제[98]가 일본과의 사이에서 부상하게 된다.

게다가 북방의 오호츠크해 방면에서는 새로운 플레이어로서 참가한 러시아가 18세기 후반에 이르러 그 족적을 남긴 섬들에 비석을 세우는 등 '영유권'을 선언하는 방식을 도입했다. 동중국해를 둘러싼 지역에서는 본래 '공생'할 수 있었기 때문에 그다지 문제가 되지 않았지만, 북방에서는 경계가 선이 아니라 면으로서 존재한다는 고래의 방식으로 파악되었기 때문에 이로부터 '영유권'이 문제로 떠오르게 되었다.

이와 같은 추세를 이어받아 일본에서도 18세기 말 이후에 모가미 도쿠나이(最上德內)[99]와 곤도 주조(近藤重藏),[100] 마미야 린조(間宮林蔵)[101]와 같은 사람들이 정권의 의향 아래 북방 탐사에 나서게 되었

---

* **옮긴이 주** _ 함장이 지휘하기 위해 갑판 맨 앞 한가운데에 높게 만든 갑판을 가리킨다.

98 오키섬 서북부에 있는 두 섬을 둘러싼 문제. 17세기 당시에 일본에서는 독도를 마쓰시마(松島)로, 울릉도를 다케시마(竹島)로 불렀다. 일본 측은 울릉도에서 조선 어민과 접촉한 일로 일본인의 울릉도 도항을 금지했다. 독도는 1905년에 일본령으로 편입되었으나, 제2차 세계대전 후에는 다시 한국의 영토가 되었다.

99 1755~1836년. 데와 사람으로 에도에서 혼다 도시아키(本多利明)에게 천문과 항해, 측량을 배웠다. 1785년 이후에 막부의 명령으로 에조치와 쿠릴 열도, 사할린 방면을 탐험했다.

100 1771~1829년. 에도 출신의 막신으로, 이름은 모리시게(守重), 호는 세이사이(正齋). 1798년에는 마쓰마에의 에조치 어용 취급이 되었으며 쿠릴 열도 방면을 탐험했다.

101 1775~1844년. 히타치 사람으로 이노 다다타카(伊能忠敬)에게 측량을 배웠으며, 에조치 측량에 종사. 1808년에 마쓰다 덴주로(松田傳十郎)와 함께 사할린이 섬이라는 사실을 확인하

다. 그들의 업적은 결코 탐험이라는 개인적 동기로 이루어진 것이 아니다. 그들이 내놓은 결과에 따라 공백을 메워 간 지도에는 자타의 영역을 보여 주는 분계선과 지명이 기입되었으며, 바다와 섬들은 누군가에게 귀속하는 것이 되어 갔다.

그것을 상징할 수 있는 것이 18세기의 끝에 가까운 1798년에 막부의 명으로 쿠릴 열도와 이투루프섬(에토로후섬)을 탐험한 곤도 주조와 모가미 도쿠나이가 이투루프섬에 '대일본혜토려부(大日本惠土呂府)'라는 푯대를 세운 사건일 것이다. 이제 시대는 암흑의 '공생'인 근세에서 명확한 선이 그어져 그것을 둘러싸고 각국이 분쟁하는 '구분되는 바다'의 근대로 이행해 간 것이다.

고, 마미야 해협(타타르 해협)에 이름을 남겼다. 이듬해에는 대륙으로 건너가 흑룡강 하류의 데렌에서 청의 기인 관료와 면회했고, 『동달지방기행(東韃地方紀行)』과 『북하이도설(北蝦夷圖說)』을 남겼다.

프롤로그

安達裕之, 『日本の船』(和船編), 船の科學館, 1998.

岩生成, 『朱印船貿易史の研究 新版』, 吉川弘文館, 1985.

山形欣哉, 『歷史の海を走る-中國造船技術の航跡』, 農山漁村文化協會, 2004.

1부

[일본어]

相田二郎, 『中世の關所 (復刻增補版)』, 有峰書店, 1972.

荒野泰典 外 編, 『アジアのなかの日本史』 1~6, 東京大學出版會, 1992~1993.

池內宏, 『元寇の新研究』, 東洋文庫, 1931.

池端雪浦 外 編, 『東南アジア古代國家の成立と展開』(岩波講座東南アジア史二),
　　岩波書店, 2001.

イブン·バットゥータ(イブン·ジュザイイ 編, 家島彦一 譯註), 『大旅行記』 1~8, 平凡
　　社東洋文庫, 1996~2002.

植松正, 「元大の海運萬戶府と海運世家」, 『京都女子大學大學院文學研究科研究
　　紀要』 史學編 3, 2004.

榎本涉, 「初期日元貿易と人的交流」, 『長江流域の宋代: 社會經濟史の視點から』,
　　汲古書院, 2006.

榎本涉, 『東アジア海域と日中交流 九: 一四世紀』, 吉川弘文館, 2007.

榎本涉, 『僧侶と海商たちの東シナ海』, 講談社選書メチエ, 2010.

太田弘毅, 『蒙古襲來: その軍事史的研究』, 錦正社, 1997.

大庭康時 外 編, 『中世都市·博多を掘る』, 海島社, 2008.

岡田英弘, 「元の惠宗と濟州島」, 『モンゴル帝國から大淸帝國へ』, 藤原書店, 2010.

尾崎貴久子, 「元代の日用類書『居家必用事類』にみえる回回食品」, 《東洋學報》 88-3, 2007.

愛宕松男, 『中國社會文化史』(愛宕松男東洋史學論集二), 三一書房, 1987.

川添昭二, 「鎌倉中期の對外關係と博多」, 《九州史學》 88·89·90, 1987.

川添昭二, 「鎌倉初期の對外交流と博多」, 『鎖國日本と國際交流』, 吉川弘文館, 1988.

川添昭二, 「鎌倉末期の對外關係と博多」, 『鎌倉時代文化傳播の研究』, 吉川弘文館, 1993.

北村秀人, 「高麗時代の漕倉制について」, 旗田巍先生古稀記念會 編, 『朝鮮歷史論集(上)』, 龍溪書舍, 1979.

木下尙子 外, 『13-14世紀の琉球と福建』, 平城17-20年度科學研究費補助金基盤研究(A)(2) 研究成果報告書, 2009.

金文京·玄幸子·佐藤晴彦 (譯註)·鄭光 (解說) 『老乞大: 朝鮮中世の中國語會話讀本』, 平凡社東洋文庫, 2002.

桑原隲蔵, 『蒲壽庚の事蹟』, 平凡社東洋文庫, 1989.

木宮泰彦, 『日華文化交流史』, 冨山房, 1955.

佐伯弘次, 『モンゴル襲來の衝撃』(日本の中世九), 中央公論新社, 2003.

佐伯弘次, 「鎭西問題·鎭西管領と東アジア」, 『から船往來: 日本を育ってたひと·ふね·まち·こころ』, 中國書店, 2009.

佐々木銀彌, 『日本中世の流通と對外關係』, 吉川弘文館, 1994.

斯波義信, 『宋代商業史研究』, 風間書房, 1968.

斯波義信, 「綱首·綱司·公司: ジャンク商船の經營をめぐって」, 森川哲雄, 佐伯弘次 編 『內陸圈·海域圈交流ネットワークとイスラム』, 九州大學21世紀COEプログラム(人文科學) 「東アジア日本: 交流と變容」, 2006.

新城常三,『中世水運史の研究』, 塙書房, 1994.

須川英徳,「高麗後期における商業政策の展開: 對外關係を中心に」,《朝鮮文化研究》4, 1997.

杉山正明,『クビライの挑戰』, 朝日選書, 1995.

出川哲朗 外 編,『アジア陶藝史』, 昭和堂, 2001.

中島樂章,「鷹島海底遺跡出土の南宋殿前司をめぐる文字資料」,『鷹島海底遺跡八: 長崎北松浦郡鷹島町神崎港改修工事に伴う發掘調査槪報二』, 長崎縣鷹島町教育委員會, 2003.

南基鶴,『蒙古襲來と鎌倉幕府』, 臨川書房, 1996.

深見純生,「元代のマラッカ海峽: 通路か據點か」,《東南アジア: 歷史と文化》33, 2004.

深見純生,「ターンブラリンガの發展と一三世紀東南アジアのコマーシャルブーム」,《國際文化論集》(桃山學院大學總合研究所) 34, 2006.

藤田明良,「「蘭秀山の亂」と東アジアの海域世界: 一四世紀の舟山群島と高麗·日本」,《歷史學研究》698, 1997.

藤田豊八,『東西交涉史の研究: 南海篇』, 岡書院, 1932.

ポーロ, マルコ(愛宕松男 譯註),『東方見聞錄』 一·二, 平凡社東洋文庫, 1970·1971.

前田元重,「金瀧文庫古文書にみえる日元交通史料: 稱名寺僧俊如房の渡唐をめぐって」,《金瀧文庫研究》249·250, 1978.

桝屋友子,『すぐわかるイスラームの美術: 建築·寫本藝術·工藝』, 東京美術, 2009.

宮紀子,「Tanksūq nānmahの『脈訣』原本を尋ねて: モンゴル時代の書物の旅」, 窪田順平 編『ユーラシア中央域の歷史構圖: 13-15世紀の東西』總合地球環境學研究所, 2010.

向正樹,「蒲壽庚軍事集團とモンゴル海上勢力の擡頭」,《東洋學報》89-3, 2007.

向正樹,「クビライ朝初期南海招諭の實像: 泉州における軍事·交易集團とコネクション」,《東方學》116, 2008.

向正樹,「モンゴル治下福建沿海部のムスリム官人層」,《アラブ·イスラム研究》7,

2009.

向正樹, 「元朝初期の南海貿易と行省: マングタイの市舶行政關與とその背景」, 《待兼山論叢》43(史學), 2009.

村井章介, 『アジアのかかの中世日本』, 校倉書房, 1988.

村井章介, 『中世の國家と在地社會』, 校倉書房, 2005.

村上正二, 『モンゴル帝國史研究』, 風間書房, 1993.

桃木至朗 編, 『海域アジア史研究入門』, 岩波書店, 2008.

森克己, 『新編森克己著作集』1~3, 逸誠出版, 2008~2010.

森平雅彦, 「高麗における元の站赤: ルートの比定を中心に」, 《史淵》141, 2004.

森平雅彦, 『モンゴル帝國の覇權と朝鮮半島』(世界史リブレット九九), 山川出版社, 2011.

森安孝夫, 「日本に現存するマニ教繪畫の發見とその歷史的背景」, 《內陸アジア史研究》25, 2010.

家島彦一, 『海が創る文明: インド洋海域世界の歷史』, 朝日新聞社, 1993.

家島彦一, 『海域から見た歷史: インド洋と地中海を結ぶ交流史』, 名古屋大學出版會, 2006.

山內晉次, 「日宋貿易の展開」, 加藤友康 編, 『攝關政治と王朝文化』(日本の時代史六), 吉川弘文館, 2002.

山內晉次, 『奈良平安期の日本とアジア』, 吉川弘文館, 2003.

山內晉次, 『日宋貿易と「硫黃の道」』(日本史リブレット七五), 山川出版社, 2009.

四日市康博, 「元朝宮廷における交易と廷臣集團」, 《早稻田大學大學院文學研究科紀要》45-4, 2000.

四日市康博, 「元朝の中買寶貨: その意義および南海交易・オルトクとの關わりについて」, 《內陸アジア史研究》17, 2002.

四日市康博, 「元朝南海交易經營考: 文書行政と錢貨の流れから」, 《九州大學東洋史論集》34, 2006.

四日市康博, 「元朝斡脫政策にみる交易活動と宗教活動の諸相: 附『元典章』斡脫關係條文譯注」, 《東アジアと日本: 交流と變容》3, 2006.

四日市康博 編,『モンゴルから見た海域アジア史: モンゴル-宋元時代のアジアと日本の交流』, 九州大學出版會, 2008.

和島芳男,『中世の儒學』, 吉川弘文館, 1965.

和田久德,「東南アジアにおける初期華僑社會(960~1279)」,《東洋學報》42-1, 1959.

[중국어]

王賽時,『山東沿海開發史』, 齊魯書社, 2005.

高榮盛,「元代海運試析」,《元史及北方民族史研究集刊》七, 1983.

高榮盛,『元代海外貿易研究』, 四川人民出版社, 1998.

陳高華,『元史研究新論』, 上海社會科學院出版社, 2005.

陳高華·吳泰,『宋元時期的海外貿易』, 天津人民出版社, 1981.

[한국어]

김일우,『고려시대 탐라사 연구』, 신서원, 2000.

동북아역사재단·경북대학교 한중교류연구원 엮음,『13~14세기 고려-몽골 관계 탐구』, 동북아역사재단, 2011.

동북아역사재단·한일문화교류기금 엮음,『몽골의 고려·일본 침공과 한일관계』, 경인문화사, 2009.

윤용혁,『고려 삼별초의 대몽항쟁』, 일지사, 2000.

이강한,「'원-일본간' 교역선의 고려 방문 양상 검토」,『해양문화재』1, 2008.

『한국사』19~21, 국사편찬위원회, 1994~1996.

2부

[일본어]

青木康征,『南米ポトシ銀山』, 中公新書, 2000.

アブールゴド, ジャネット·L(佐藤次高 外 譯),『ヨーロッパ覇權以前: もうほとつの世

界システム』(上・下), 岩波書店, 2001.

綱野徹哉, 『インカとスペイン帝國の交錯』(興亡の世界史 一二), 講談社, 2008.

荒川浩和, 『南蠻漆藝』, 美術出版社, 1971.

荒木和憲, 『中世對馬宗氏領國と朝鮮』, 山川出版社, 2007.

有馬成甫, 『火砲の起源とその傳流』, 吉川弘文館, 1962.

伊川健二, 『大航海時代の東アジア: 日歐通交の歷史的前提』, 吉川弘文館, 2007.

生田滋, 『大航海時代とモルッカ諸島: ポルトガル, スペイン, テルテナ王國と丁字貿
　　易』, 中公新書, 1998.

池端雪浦 編, 『東南アジア史 二 島嶼部』(新版 世界各國史 六), 山川出版社, 1999.

石澤良昭·生田滋, 『東南アジアの傳統と發展』(世界の歷史 一三), 中央公論新社,
　　1998.

石原道博, 『倭寇』, 吉川弘文館, 1964.

伊藤幸司, 『中世日本の外交と禪宗』, 吉川弘文館, 2002.

伊藤幸司, 「中世後期外交使節の旅と寺」, 中尾堯 編, 『中世の寺院體制と社會』, 吉
　　川弘文館, 2002.

井上進, 『中國出版文化史』, 名古屋大學出版會, 2002.

猪熊兼樹, 「館藏『大航海時代の工藝品』に關する小考」, 《東風西聲》2, 2006.

岩井茂樹, 「十六·十七世紀の中國邊境社會」, 小野和子 編, 『明末淸初の社會と文
　　化』, 京都大學人文科學硏究所, 1996.

岩井茂樹, 「十六世紀中國における交易秩序の模索」, 岩井茂樹 編, 『中國近世社會
　　の秩序形成』, 京都大學人文科學硏究所, 2004.

岩井茂樹, 「明代中國の禮制覇權主義と東アジアの秩序」, 《東洋文化》八五, 2005.

岩井茂樹, 「帝國と互市」, 籠谷直人, 脇村孝平 編, 『帝國とアジア·ネットワーク: 長
　　期の一九世紀』, 世界思想社, 2009.

岩生成一, 『南洋日本町の硏究』, 岩波書店, 1966.

上里隆史, 「古琉球·那覇の『倭人』居留地と環シナ海世界」, 《史學雜誌》114-7,
　　2005.

上田信, 『トラが語る中國史: エコロジカル·ヒストリーの可能性』, 山川出版社,

2002.

上田信, 『海と帝國: 明清時代』(中國の歷史九), 講談社, 2005.

ウォーラーステイン, イマニュエル(川北稔 譯), 『近代世界システム: 農業資本主義と「ヨーロッパ世界經濟」の成立』, 岩波書店, 1981.

宇田川武久, 『東アジア兵器交流史の研究』, 吉川弘文館, 1993.

宇田川武久, 『戰國水軍の興亡』, 平凡社新書, 2002.

江嶋壽雄, 『明代淸初の女直史研究』, 中國書店, 1999.

榎一雄, 『商人カルレッティ』, 大東出版社, 1984.

大木康, 『明末江南の出版文化』, 硏文出版, 2004.

大田由紀夫, 「一五·一六世紀東アジアにおける錢貨流通」, 《新しい歴史學のために》279, 2011.

岡美穗子, 『商人と宣教師 南蠻貿易の世界』, 東京大學出版會, 2010.

岡田讓, 『南蠻工藝』(日本の美術八五), 至文堂, 1973.

岡本隆司, 「朝貢と互市と海關」, 《史林》90-5, 2007.

岡本弘道, 『琉球王國海上交渉史研究』, 榕樹書林, 2010.

岡本良知, 『改訂增補 十六世紀日歐交通史の研究』, 六甲書房, 1942.

長節子, 『中世日朝關係と對馬』, 吉川弘文館, 1987.

長節子, 『中世國境海域の倭と朝鮮』, 吉川弘文館, 2002.

小野和子, 『明李黨社考: 東林黨と復社』, 同朋舍出版, 1996.

鹿毛敏夫, 『戰國大名の外交と都市·流通』, 思文閣出版, 2006.

鹿毛敏夫 編, 『戰國大名大友氏と豊後府内』, 高志書院, 2008.

鹿毛敏夫, 『アジアン戰國大名大友氏の研究』, 吉川弘文館, 2011.

勝俣鎭夫, 「中世の海賊とその終焉」, 『戰國時代論』, 岩波書店, 1996.

金谷匡人, 『海賊たちの中世』, 吉川弘文館, 1998.

紙屋敦之, 『幕藩制國家の琉球支配』, 校倉書房, 1990.

川瀬一馬, 『古活字版之研究』(增補版), Antiquarian Booksellers Association of Japan, 1967.

韓國圖書館學研究會 編, 『韓國古印刷史』, 同朋舍, 1978.

岸田裕之, 『大名領國の經濟構造』, 岩波書店, 2001.

岸本美緒, 『淸代中國の物價と經濟變動』, 硏文出版, 1997.

岸本美緒, 「東アジア·東南アジア傳統社會の形成」, 岸本美緒 編, 『東アジア·東南アジア傳統社會の形成』(岩波講座世界史 一三), 岩波書店, 1998.

岸本美緒, 『東アジアの「近世」』(世界史リブレット 一三), 山川出版社, 1998.

岸本美緒·宮道博史, 『明淸と李朝の時代』(世界の歷史 一二), 中央公論新社, 2008.

北島万次, 「豊臣秀吉の朝鮮侵略」, 吉川弘文館, 1995.

鬼頭宏, 『人口から讀む日本の歷史』, 講談社學術文庫, 2000.

久田松和則, 『伊勢御師と旦那: 伊勢信仰の開拓者たち』, 弘文堂, 2004.

久芳崇, 『東アジアの兵器革命: 十六世紀中國に渡った日本の鐵砲』, 吉川弘文館, 2010.

黑田明伸, 『貨幣システムの世界史: <非對稱性>をよむ』, 岩波書店, 2003.

合田昌史, 『マゼラン: 世界分割を體現した航海者』, 京都大學學術出版會, 2006.

小葉田淳, 『中世日支通交貿易史の研究』, 刀江書院, 1941.

小葉田淳, 『改訂增補 日本貨幣流通史』, 刀江書院, 1942.

小葉田淳, 『金銀貿易史の研究』, 法政大學出版局, 1976.

小林宏光, 『中國の版畫』(世界美術叢書 四), 東信堂, 1995.

佐伯弘次, 「一六世紀における後期倭寇の活動と對馬宗氏」, 中村質 編, 『鎖國と國際關係』, 吉川弘文館, 1997.

佐伯弘次, 『對馬と海峽の中世史』(日本史リブレット 七七), 山川出版社, 2008.

佐伯弘次, 「博多商人神屋壽禎の實像」, 九州史學研究會 編, 『境界からみた內と外』, 岩波書店, 2008.

坂本滿·吉村元雄, 『南蠻美術』(日本の美術 三四), 小學館, 1974.

佐久間重男, 『日明關係史の研究』, 吉川弘文館, 1992.

櫻井英治, 「山賊·海賊と關の起源」, 『日本中世の經濟構造』, 岩波書店, 1996.

櫻井由躬雄, 『前近代の東南アジア』, 放送大學校教育振興會, 2006.

サントリー美術館 外 編, 『BIOMBO(ビオンボ) 屏風 日本の美術展』, 日本經濟新聞社, 2007.

菅谷成子,「スペイン領フィリピンの成立」, 石井米雄 編,『東南アジア近世の成立』(岩波講座東南アジア史三), 岩波書店, 2001.

鈴木恒之,「東南アジアの港市國家」, 前掲,『東アジア・東南アジア傳統社會の形成』, 岩波書店, 1998.

關周一,『中世日朝海域史の研究』, 吉川弘文館, 2002.

錢存訓,『中國の紙と印刷の文化史』, 法政大學出版局, 2007.

高橋公明,「十六世紀の朝鮮・對馬・東アジア海域」, 加藤榮一・北島万次・深谷克己 編,『幕藩制國家と異域・異國』, 校倉書房, 1989.

高良倉吉,『琉球王國』, 岩波書店, 1993.

武野要子,『藩貿易史の研究』, ミネルヴァ書房, 1979.

田名眞之,「古琉球の久米村」,『新琉球史 古琉球編』, 琉球新報社, 1991.

田中健夫,『倭寇: 海の歴史』, 講談社學術文庫, 2012.

田中健夫,『東アジア交通圏と國際認識』, 吉川弘文館, 1997.

玉永光洋・坂本嘉弘,『大友宗麟の戰國都市・豊後府内』, 新泉社, 2009.

檀上寬,「明初の海禁と朝貢: 明朝專制支配の理解に寄して」, 森正夫 外 編,『明淸時代史の基本問題』, 汲古書院, 1997.

檀上寬,「明代海禁概念の成立とその背景: 違禁下海から下海通番へ」,《東洋史研究》63-2, 2004.

檀上寬,「明代「海禁」の實像: 海禁=朝貢システムの創設とその展開」, 歷史學研究會 編,『港町と海域世界』, 青木書店, 2005.

津野倫明,『長宗我部氏の研究』, 吉川弘文館, 2012.

鄭樑生,『明・日關係史の研究』, 雄産閣出版, 1985.

天理圖書館 編,『キリシタン版の研究』, 天理圖書館, 1973.

長澤規矩也,『圖解和漢印刷史』, 汲古書院, 1976.

中島樂章,「十六・十七世紀の東アジア海域と華人知識層の移動: 南九州の明人醫師をめぐって」,《史學雜誌》113-12, 2004.

中島樂章,「ポルトガル人の日本初來航と東アジア海域交易」,《史淵》142, 2005.

中島樂章,「十六世紀末の福建: フィリピン-九州貿易」,《史淵》144, 2007.

中島樂章,「十六世紀末の九州-東南アジア貿易: 加藤淸正のルソン貿易をめぐって」,《史學雜誌》118-8, 2009.

中島樂章,「ポルトガル人日本初來航再論」,《史淵》146, 2009.

中島樂章,「銃筒から佛郎機銃へ: 十四~十六世紀の東アジア海域と火器」,《史淵》148, 2011.

中島樂章,「ルーベンスの描いた朝鮮人: 十六・十七世紀における東アジア人のディアスポラ」,『森平雄彦 外 編,『東アジア世界の交流と變容』,九州大學出版會, 2011.

中島樂章,「14-16世紀, 東アジア貿易秩序の變容と再編: 朝貢體制から一五七〇年システムへ」,《社會經濟史學》76-4, 2011.

永原慶二,『內亂と民衆の世紀』(大系日本の歷史 六), 小學館, 1992.

二階堂善弘,「海神・伽藍神としての招寶七郎大權修利」,《白山中國學》13, 2007.

灰野昭郎,『漆工〈近世編〉』(日本の美術 231), 至文堂, 1985.

荻原淳平,『明代蒙古研究』, 同朋舍出版, 1980.

橋本雄,「撰錢令と列島內外の錢貨流通」,《出土錢貨》9, 1998.

橋本雄,「遣明船の派遣契機」,《日本史研究》479, 2002.

橋本雄,『中世日本の國際關係―東アジア通交圈と僞使問題』, 吉川弘文館, 2005.

濱下武志,『朝貢システムと近代アジア』, 巖波書店, 1997.

坂野正高,『近代中國政治外交史―ヴァスコ・ダ・ガマから五四運動まで』, 東京大學出版會, 1973.

日高薰,『異國の表象 近世輸出漆器の創造力』, ブリュッケ, 2008.

日高薰,「異國へ贈られた漆器―天正遣歐使節の土産物」,《國立歷史民俗博物館研究報告》140, 2008.

ヒル・フアン(平山篤子 譯),『イダルゴとサムライ―16・17世紀のイスパニアと日本』, 法政大學出版局, 2002.

ピレス・トメ(生田滋 外 譯),『東方諸國記』, 巖波書店, 1966.

弘末雅士,『東南アジアの港市世界―地域社會の形成と世界秩序』, 巖波書店, 2004.

フェーブル・リュシアン/マルタン・アルリ゠ジャン(關根素子 外 譯),『書物の出現』, 筑摩書房, 1987.

深瀨公一郎,「16・17世紀における琉球・南九州海域と海商」,《史觀》157, 2007.

藤木久志,『豐臣平和令と戰國社會』, 東京大學出版會, 1985.

藤木久志,『新版 雜兵たちの戰場』, 朝日選書, 2005.

藤木久志,「印刷文化の比較史」, 荒野泰典 外 編,『文化と技術』(アジアのなかの日本史 6), 東京大學出版會, 1993.

フリン・デニス(秋田茂・西村雄志 編),『グローバル化と銀』, 山川出版社, 2010.

洞富雄,『鐵炮—傳來とその影響』, 思文閣出版, 1991.

真榮平房昭,「16-17世紀における琉球海域と幕藩制支配」,《日本史研究》500, 2004.

三鬼淸一郎,「朝鮮役における水軍編成について」,『名古屋大學文學部二十週年紀念論集』, 名古屋大學文學部, 1969.

宮嶋博史,「東アジア小農社會の形成」, 溝口雄三 外 編,『長期社會變動』(アジアから考える 6), 東京大學出版會, 1994.

村井章介,『中世倭人傳』, 巖波新書, 1993.

村井章介,『海から見た戰國日本—列島史から世界史へ』, ちくま新書, 1997.

村井章介,「倭寇とはだれか」,《東方學》119, 2010.

桃木至朗 編,『海域アジア史研究入門』, 巖波書店, 2008.

森上修・山口忠男,「慶長勅版『長恨歌琵琶行』について(上)—慶長勅版の植字組版技法を中心として」,《ビブリア》95, 1990.

森上修,「慶長勅版『長恨歌琵琶行』について(下)—わが古活字版と組版技法の傳來」,《ビブリア》97, 1991.

モルガ・アントニオ・デ(神吉敬三・箭內健次 譯),『フィリピン諸島誌』, 巖波書店, 1966.

山內讓,『海賊と海域—瀨戶內の戰國史』, 平凡社選書, 1997.

山內讓,『中世瀨戶內海地域史の研究』, 法政大學出版局, 1998.

山崎岳,「巡撫朱紈の見た海」,《東洋史研究》62-1, 2003.

山崎岳,「江海の賊から蘇松の寇へ」,《東方學報》(京都) 81, 京都大學人文科學研究所, 2007.

山崎岳,「朝貢と海禁の倫理と現實─明代中期の「奸細」宋素卿を題材として」, 夫馬進 編,『中國東アジア外交交流史の研究』, 京都大學學術出版會, 2007.

山崎岳,「舶主王直功罪考─『海寇議』とその周邊」,《東方學報》(京都) 85, 2010.

山崎剛,『海を渡った日本漆器 ─(16・17世紀)』(日本の美術 426), 至文堂, 2001.

弓場紀知,『青花の道─中國陶磁器が語る東西交流』, NHKブックス, 2008.

米穀均,「豊臣政權期における海賊の引き渡しと日朝關係」,《日本歷史》650, 2002.

米穀均,「後期倭寇から朝鮮侵略へ」, 池享 編,『天下統一と朝鮮侵略』(日本の時代史 13), 吉川弘文館, 2003.

李獻璋,「嘉靖年間における浙海の私商及び舶主王直行蹟考(上・下)」,『史學』34-1・2, 1961.

リード・アンソニー(平野秀秋・田中優子 譯),『大航海時代の東南アジア Ⅰ・Ⅱ』, 法政大學出版局, 1997, 2003.

六反田豊,「15・16世紀朝鮮の「水賊」: その基礎的考察」, 森平雅彦 編,『中近世の朝鮮半島と海域交流』(東アジア海域叢書 14), 汲古書院, 2013.

和田博德,「明代の鐵炮傳來とオスマン帝國: 神器譜と西域土地人物略」,《史學》31-1・2・3・4, 1958.

[중국어]

王兆春,『中國火器史』, 軍事科學出版社, 1991.

黃一農,「紅夷砲與明清戰爭」,《清華學報》新26卷 第1期, 1996.

晁中辰,『明代海禁與海外貿易』, 人民出版社, 2005.

鄭永常,『來自海洋的挑戰: 明代海貿政策演變研究』, 稻鄉出版社, 2004.

邱炫煜,『明帝國與南海諸蕃國關係的演變』, 蘭臺出版社, 1995.

萬明,『中國融入世界的步履: 明與清前期海外政策比較研究』, 社會科學文獻出版社, 2000.

萬明, 『中葡早期關係史』, 社會科學文獻出版社, 2001.

李雲泉, 『朝貢制度史論: 中國古代對外關係體制研究』, 新華出版社, 2004.

李金明, 『明代海外貿易史』, 中國社會科學出版社, 1990.

李慶新, 『明代海外貿易制度』, 社會科學出版社, 2007.

劉旭, 『中國古代火藥火器史』, 大象出版社, 2004.

[영어]

Atwell, Willam S., "Ming China and Emerging World Economy, c.1470-1650", *Cambridge History of China*, Vol.8, Cambridge University Press, 1998.

Atwell, Willam S., "Time, Money, and the Weather: Ming China and the 'Great Depression' of the Mid-Fifteenth Century", *The Journal of Asian Studies*, 61-1, 2002.

Blair, Emma Helen and Robertson, James A. eds., *The Philippine Islands, 1493-1803*, Cleveland: A. H. Clark, 1903~1909.

Boxer, Charles R., *The Great Ship from Amacon: Annals of Macao and Old Japan Trade, 1555-1640*, Lisbon: Centro de Estudos Historicos Ultramarinos, 1959.

Carletti, Francesco(trans. by Herbert Weinstock), *My Voyage around the World*, New York: Pantheon Books, 1964.

Fairbank, John King ed., *The Chinese World Order: Traditional China's Foreign Relations*, Cambridge Mass.: Harvard University Press, 1968.

Impey, Oliver and Jörg, Christiaan, *Japanese Export Lacquer 1580-1850*, Amsterdam: Hotei, 2005.

Needham, Joseph, *Science and Civilization in China, Vol.5: Chemistry and Chemical Technology, Pt.7: Military Technology; The Gunpowder Epic*, Cambridge: Cambridge University Press, 1986.

Ptak, Roderich, "Ming Maritime Trade to Southeast Asia, 1368-1567: Visions of a 'System'", In Roderich Ptak, *China, the Portuguese, and the Nangyang:*

Oceans and Routes, Regions and Trade(c. 1000-1600), Aldershot: Ashugate Publishing Limited, 2003.

Reid, Anthony, *Southeast Asia in the Age of Commerce, 1450-1680*, Vol. 1-2, New Haven: Yale University Press, 1988, 1993.

Sousa, Lucio de, *Early European Presence in China, Japan, the Philippines and South-East Asia 1550-1590: the Life of Bartolomeo Landeiro*, Macao: Macao Foundation, 2010.

Von Glahn, Richard, *Fountain of Fortune: Money and Monetary Policy in China, 1000-1700*, Berkeley: University of California Press, 1996.

3부

[일본어]

赤嶺守, 『琉球王國: 東アジアのコーナーストーン』, 講談社選書メチエ, 2004.

赤嶺守 監譯, 河宇鳳 外 共著, 『朝鮮と琉球: 歴史の深淵を探る』, 榕樹書林, 2011(原著 1999).

安達裕之, 『異樣の船: 洋式船導入と鎖國體制』, 平凡社, 1995.

荒野泰典, 『近世日本と東アジア』, 東京大學出版會, 1988.

荒野泰典 編, 『江戸幕府と東アジア』(日本の時代史 14), 吉川弘文館, 2003.

荒野泰典·石井正敏·村井章介 編, 『近世的世界の成熟』(日本の對外關係 6), 吉川弘文館, 2010.

池內敏, 『大君外交と「武威」: 近世日本の國際秩序と朝鮮觀』, 名古屋大學出版會, 2006.

池田晧 編, 『日本庶民生活史料集成』5, 三一書房, 1968.

池端雪浦 編, 『東南アジア史 2 島嶼部』(新版世界各國史 6), 山川出版社, 1999.

石井研堂 編, 『異國漂流奇談集』, 福永書店, 1927.

巖井茂樹, 「帝國と互市: 16-18世紀東アジアの通交」, 籠谷直人·脇村孝平 編, 『帝國とアジア·ネットワーク: 長期の19世紀』, 世界思想社, 2009.

巖井茂樹, 「朝貢と互市」, 『東アジア世界の近代』(巖波講座東アジア近現代通史 1), 巖波書店, 2010.

巖下哲典·真榮平房昭 編, 『近世日本の海外情報』, 巖田書院, 1997.

上田信, 『海と帝國: 明淸時代』(中國の歷史 9), 講談社, 2005.

榎一雄 編, 『西歐文明と東アジア』(東西文明の交流 5), 平凡社, 1971.

大庭修, 『漢籍輸入の文化史: 聖德太子から吉宗へ』, 硏文出版, 1997.

大庭修, 『德川吉宗と康熙帝: 鎖國下での中日交流』, 大修館書店, 1997.

大庭修, 『漂着船物語: 江戶時代の中日交流』, 巖波新書, 2001.

岡田英弘 編, 『淸朝とは何か』(別冊環 16), 藤原書店, 2009.

岡本隆司, 『近代中國と海關』, 名古屋大學出版會, 1999.

オドレール·フィリップ(羽田正 編譯, 大峰眞理 譯), 『フランス東インド會社とポンディシェリ』, 山川出版社, 2006.

懷德堂紀念會 編, 『世界史を書き直す 日本史を書き直す: 阪大史學の挑戰』, 和泉書院, 2008.

片桐一男, 『出島: 異文化交流の舞台』, 集英社新書, 2000.

加藤榮一 外 編, 『幕藩制國家と異域·異國』, 校倉書房, 1989.

加藤雄三 外 編, 『東アジア內海世界の交流史: 周緣地域における社會制度の形成』, 人文書院, 2008.

紙屋敦之, 『琉球と日本·中國』(日本史リブレッド 43), 山川出版社, 2003.

川勝平太 編, 『「鎖國」を開く』, 同文館, 2000.

菊池勇夫, 『アイヌ民族と日本人: 東アジアのなかの蝦夷地』, 朝日選書, 1994.

菊池勇夫 編, 『蝦夷島と北方世界』(日本の時代史 19), 吉川弘文館, 2003.

岸本美緖, 『淸代中國の物價と經濟變動』, 硏文出版, 1997.

岸本美緖, 「東アジア·東南アジア傳統社會の形成」, 『巖波講座世界歷史 13』, 巖波書店, 1998.

岸本美緖, 『東アジアの「近世」』(世界史リブレッド 13), 山川出版社, 1998.

岸本美緖·宮嶋博史, 『明淸と李朝の時代』(世界の歷史 12), 中央公論新社, 1998.

財團法人沖繩縣文化振興會公文書管理部史料編集室 編, 『沖繩縣史』各論編 第

4卷·近世, 沖繩縣教育委員會, 2005.

櫻井由躬雄 編, 『東南アジア近世國家群の展開』(巖波講座東南アジア史 4), 巖波書店, 2001.

佐佐木史郎, 『北方から來た交易民: 絹と毛皮とサンタン人』, NHKブックス, 1996.

佐佐木史郎·加藤雄三 編, 『東アジアの民族的世界: 境界地域における多文化的狀況と相互認識』, 有志舍, 2011.

杉山淸彥, 「大淸帝國の支配構造と八旗制: マンシュ王朝としての國制試論」, 《中國史學》 18, 2008.

田代和生, 『近世日朝通交貿易史の研究』, 創文社, 1981.

田代和生, 『日朝交易と對馬藩』, 創文社, 2007.

田代和生, 『新·倭館: 鎖國時代の日本人町』, ゆまに書房, 2011.

朝鮮史研究會 編, 『朝鮮史研究入門』, 名古屋大學出版會, 2011.

鶴田啓, 『對馬から見た日朝關係』(日本史リブレット 41), 山川出版社, 2006.

寺田隆信, 「淸朝の海關行政について」, 《史林》 49-2, 1966.

トビ·ロナルド, 『「鎖國」という外交』(全集日本の歷史 9), 小學館, 2008.

豐見山和行 編, 『沖繩·琉球史の世界』(日本の時代史 18), 吉川弘文館, 2003.

豐見山和行, 『琉球王國の外交と王權』, 吉川弘文館, 2004.

中川忠英(孫伯醇·松村一彌 編), 『淸俗紀聞』(全2卷, 平凡社東洋文庫, 1966).

永積洋子 編, 『「鎖國」を見直す』(シリーズ國際交流 1), 山川出版社, 1999.

長森美信, 「朝鮮近世漂流民と東アジア海域」, 《文部省科研費·特定領域研究「東アジアの海域交流と日本傳統文化の形成: 寧波を焦點とする學際的創成」研究成果報告書》 6, 2010.

長森美信, 「朝鮮傳統船研究の現況と課題: 近世の使臣船を中心に」, 森平雅彥 編, 『中近世の朝鮮半島と海域交流』(東アジア海域叢書 14), 汲古書院, 2013.

西里喜行, 「中琉交涉史における土通事と牙行(球商)」, 《琉球大學教育學部紀要》 50, 1997.

根室シンポシウム實行委員會 編, 『37本のイナウー寬政アイヌの蜂起200年』, 北海道出版企畫センター, 1990.

羽田正, 『東インド會社と東アジアの海』(興亡の世界史 15), 講談社, 2007.

濱下武志 編, 『東アジア世界の地域ネットワーク』(シリーズ國際交流 3), 山川出版社, 1999.

春名徹, 「漂流民送還制度の形成について」, 《海事史研究》 52, 1995.

春名徹, 「港市・乍浦覺え書」, 《調布日本文化》 6, 1996.

平川新, 『開國への道』(全集日本の歴史 12), 小學館, 2008.

藤田明良, 「日本近世における古媽祖像と船玉神の信仰」, 黃自進 編, 『近現代日本社會の蛻變』, 中央研究院人文社會科學研究中心, 2006.

藤田覺 編, 『17世紀の日本と東アジア』, 山川出版社, 2000.

夫馬進 編, 『增訂使琉球錄解題及び研究』, 榕樹書林, 1999.

夫馬進 編, 『中國東アジア外交交流史の研究』, 京都大學學術出版會, 2007.

夫馬進, 「1609年, 日本の琉球併合以降における中國・朝鮮の對琉球外交一東アジア四國における冊封・通信そして杜絶」, 《朝鮮史研究會論文集》 46, 2008.

北海道・東北史研究會 編, 『メナシの世界』, 北海道出版企畫センター, 1996.

松井洋子, 「長崎出島と異國女性一「外國婦人の入國禁止」再考」, 《史學雜誌》 118-2, 2009.

松浦章, 『清代海外貿易史の研究』, 朋友書店, 2002.

松浦章, 『清代中國琉球貿易史の研究』, 榕樹書林, 2003.

松浦章, 『中國の海商と海賊』(世界史リブレット 63), 山川出版社, 2003.

松浦章, 『江戸時代唐船による日中文化交流』, 思文閣出版, 2007.

松尾晉一, 『江戸幕府の對外政策と沿岸警備』, 校倉書房, 2010.

松方冬子, 『オランダ風說書』, 中公新書, 2010.

水林彪, 『封建制の再編と日本的社會の確立』(日本通史 2), 山川出版社, 1987.

村尾進, 「懷遠驛」, 《中國文化研究》 16, 1999.

村尾進, 「乾隆己卯一都市廣州と澳門がつくる邊疆」, 《東洋史研究》 65-4, 2007.

桃木至朗 編, 『海域アジア史研究入門』, 巖波書店, 2008.

柳澤明, 「康熙56年の南洋海禁の背景一清朝における中國世界と非中國世界の問題に寄せて」, 《史觀》 140, 1999.

山本博文,『鎖國と海禁の時代』, 校倉書房, 1995.

山脇悌二郎,『長崎の唐人貿易』, 吉川弘文館, 1964.

米穀均,「近世日朝關係における對馬藩主の上表文について」,《朝鮮學報》154,
    1995.

劉序楓,「17·18世紀の中國と東アジアー淸朝の海外貿易政策を中心に」, 溝口雄三
    外 編,『地域システム』(アジアから考える 2), 東京大學出版會, 1993.

歷史學硏究會 編,『港町の世界史』全3卷, 靑木書店, 2005~2006.

渡邊美季,「淸代中國における漂着民の處置と琉球(1)(2)」,《南島史學》54·55,
    1999~2000.

渡邊美季,「淸に對する琉日關係の隱蔽と漂着問題」,《史學雜誌》114-11, 2005.

渡邊美季,「中日の支配論理と近世琉球―「中國人·朝鮮人·異國人」漂着民の處置を
    めぐつて」,《歷史學硏究》810, 2006.

渡邊美季,『近世琉球と中日關係』, 吉川弘文館, 2012.

『歷史學事典』全15卷·別卷, 弘文堂, 1994~2009.

[중국어]

劉序楓,「淸代的乍浦港與中日貿易」, 張彬村·劉石吉 編,『中國海洋發展史論文
    集』5, 中央硏究院中山人文社會科學硏究所, 2002.

劉序楓,「淸政府對出洋船隻的管理政策(1684-1842)」, 劉序楓 編,『中國海洋發
    展史論文集』9, 中央硏究院人文社會科學硏究中心, 2005.

[한국어]

우인수,「조선 후기 해금정책의 내용과 성격」, 이문기 외,『한·중·일의 해양인식
    과 해금』, 동북아역사재단, 2007.

공동 연구 "동아시아의 해역 교류와 일본 전통문화의 형성"(닝보 프로젝트)의 틀 속에서 자발적으로 연구 활동을 펼친 '동아시아 해역사 연구회'에서 있었던 정보와 의견의 교환이 이 책을 탄생시킨 모체가 되었다. 닝보 프로젝트의 자금적 뒷받침이 없었더라면 일본 각지에 흩어져 있는 전문가를 결집한 이 연구회는 충분히 활동할 수 없었을 것이다. 이러한 점을 다시 한번 강조하며 관계자 여러분의 이해와 배려에 깊이 감사를 표한다.

'동아시아 해역사 연구회'의 활동 기간은 2007년 4월에서 2010년 3월까지 약 3년이다. 이 기간에 대단히 밀도가 높은 연구회 활동이 집중적으로 전개되었다. 늘 서른 명 전후의 연구자가 연구회에 참가했다. 전체 회의가 10여 회, 세 개의 부회가 10회 정도 (때로는 합숙 형식으로) 개최되었으며, 그 외에 운영자와 연구반의 뜻있는 사람에 의한 모임 등도 종종 열렸으니 3년간 거의 매달 어딘가에서 '동아시아 해역사 연구회'의 회합을 가졌다고 해도 좋을 것이다.

실제로 만나서 이야기하는 것뿐만 아니라 메일링 리스트를 통한 논의나 정보 교환도 매우 활발했다. 메일링 리스트에 모인 메일의 수는 2010년 3월 말 시점에서 1676통이다. 단순하게 계산하면 하루에

1.5통이 된다. 연구회에서 나눈 논의의 중간 결과는 2008년 11월에 미야지마(宮島)에서 열린 '닝보 프로젝트' 총괄반 주최 심포지엄에서 발표되었으며, 평소 연구회에 참가하지 않는 분들에게서 많은 비판과 논평을 들을 수 있었다. 또한 2009년 6월에는 중국의 푸단(復旦) 대학 문사(文史) 연구원에서 "세계사 속의 동아시아 해역"이라는 제목으로 연구집회를 가지고, 총론과 각 연구반의 연구 상황을 발표해 중국의 연구자와 토의했다. 열기가 넘치고 충실했던 이 3년간의 공동 연구 활동은 지금 돌이켜 보면 정말로 그립다.

인문학과 사회과학의 공동 연구는, 통상 어떤 공통 주제에 관한 워크숍이나 심포지엄을 몇 번인가 열고 연구자 개인이 거기에서 나온 논의와 정보를 활용해 각자 논문을 집필하며, 여러 저자의 논문을 정리해 한 권의 책으로 출판하는 형태를 취하는 일이 많다. 책으로 만드는 과정에서 밝혀진 논문 간의 시점과 견해의 서로 다름은 연구자의 독자성과 다양성을 이유로 어쩔 수 없는 부분으로 생각된다. 혹은 문제의 소재가 분명해졌다고 해서 오히려 평가를 받는 경우도 있다. 어찌 되었든 중시되는 점은 어디까지나 개인의 연구 성과다.

이에 대해 우리는 인문학과 사회과학의 분야에서는 그다지 선례를 보지 못한 공동 연구의 방법을 실험적으로 채용해 보았다. 연구회를 빈번하게 열고 참가자 전원이 납득할 때까지 철저하게 의논하며 몇 가지의 개념과 역사의 시각, 역사 서술의 방법에 관해 공통의 이해를 얻으려고 했던 것이다. 그리고 그 이해를 바탕으로 '동아시아 해역'의 과거를 해석하고 서술하는 일을 시도했다. 이미 다양한 사고방식이 있는 부분에서 새로운 역사 이해와 서술 방법을 도출해 내고자 했기 때문에 당연히 연구회에서의 논의는 늘 아주 뜨거웠다. 다른 견해를 가진 연구자끼리 무슨 일이 있어도 양보하지 않아 때로는 험악한 분위기에 빠지는 일도 있었다. 결과적으로 유감스럽게도 모든 점에서 참가자의 합의를 얻을 수 있었다고는 말할 수 없다. 그러나 이러한 방법을 채용함으로써 참가자 간의 정보 공유가 비약적으로 진전되고 논의가 매우 깊어졌음은 틀림없다. 그리고 한 사람의 연구자에 의한 개별 연구로는 도달할 수 없는 단계와 확산력을 가진 규모가 큰 공동 연구의 성과를 제시할 수 있었던 것이 아닐까 생각한다.

성과를 공표하는 방법에 관해서 연구회 운영자 중 한 사람인 하네다 마사시가 당초에 제안했던 것은, 이공계의 연구에서 보통 볼 수 있는 것과 같은 연구자 연명에 의한 발표였다. 주 저자의 이름이 앞쪽에 놓이고, 조금이라도 연구에 관여했으면 그 사람의 이름도 저자로서 병기되는 방식이다. 철저한 논의에 의해 공통의 새로운 견해와 방법이 도출된 것이라면 연구회에 참가한 사람의 이름이 모두 저자로 기재되어도 좋지 않을까 생각했기 때문이다. 그러나 이 책의 성격과 구성을 생각했을 때 그와 같은 형식으로 한 권의 책을 출판하기는 어려웠다. 이 책은 개인 연구의 성과가 중시되는 인문계 연구 분야의 연구 성과이며, 실제로 새로운 아이디어를 내거나 집필한 분 모두에게 그러한 이공계 방식의 출판을 허락받을 수는 없었다.

거꾸로 인문계적인 문맥에서는 이 책이 많은 새로운 논점과 사실(史實)을 제시하는 이상, 그 서술 내용에 대한 책임 소재를 명확하게 해야 한다. 그래서 이 책의 집필 작업과 편집 작업이 실제로 어떻게 이루어졌는지를 설명해 둔다.

(1) 프롤로그와 1부에서 3부에 이르는 네 부분에 대해 집필과 편집을 담당하는 여러 명의 편저자를 정하고, 그들이 초고를 작성해 각 부와 전체 연구회에 제출했다. 이 편저자 그룹이 연구회 참가자의 논평과 정보를 받아 초고를 적절히 수정했다.

(2) 원고의 줄거리가 일단 완성된 단계에서 네 분의 연구자께 통독과 논평을 부탁드렸다. 바쁜 가운데에 매우 읽기 어려운 원고를 읽어 주시고 여러 유익한 논평을 해 주신 것은 다음의 선생님들이다. (경칭 생략) 이노우에 도모타카(井上智貴), 후카사와 가쓰미(深澤克己), 무라이 쇼스케(村井章介), 와타나베 준세이(渡邊純成).

(3) 편저자 그룹에서 각 부의 주 편집자를 정해 그들이 각 부 원고의 수합을 담당했으며, 네 부분을 통독한 후 서로가 기술한 내용의 중복과 모순, 용어의 의미 등에 대해 논평하고, 각각 원고를 퇴고했다. 또한 하네다 마사시가 전체의 문체와 용어의 통일을 도모했다. 여기에 더해 닝보 프로젝트의 대표이자 이 책의 감수자인 고지마 쓰요시 선생님도 통독과 논평을 해 주셨다.

(4) 네 부분의 주 편집자가 최종 원고를 다듬어 도쿄 대학 출판회에 제출했으며, 교정 원고를 받은 후에는 도쿄 대학 출판회 편집자의 논평에 대한 대응, 교정 및 기록, 도판의 선정 등 실질적인 편집 작업을 담당했다.

다음으로 이 책의 대단히 복잡한 집필 작업과 편집 작업에 참여한 사람들의 이름을 들어 두고자 한다.

프롤로그

편저자: 하네다 마사시(주 편집자), 후지타 아키요시

집필 협력자: 오카 모토시, 모리히라 마사히코, 요시오 히로시

1부

편저자: 모리히라 마사히코(주 편집자), 에노모토 와타루, 오카 모토시, 사에키 고지, 무카이 마사키, 야마우치 신지, 욧카이치 야스히로

집필 협력자: 오바타 히로키, 다카하시 다다히코

2부

편저자: 나카지마 요시아키(주 편집자), 이토 고지, 오카 미호코, 하시모토 유, 야마자키 다케시

집필 협력자: 가게 도시오, 구바 다카시, 다카쓰 다카시, 노다 아사미, 후지타 아키요시, 욧카이치 야스히로, 요네타니 히토시

3부

편저자: 스기야마 기요히코(주 편집자), 와타나베 미키, 후지타 아키요시

집필 협력자: 이와이 시게키, 오카모토 히로미치, 나가모리 미쓰노부, 하스다 다카시, 하네다 마사시

원고가 어느 정도 완성된 후에는 하네다 마사시와 모리히라 마사히코, 나카지마 요시아키, 스기야마 기요히코, 후지타 아키요시 등 다섯 명이 실질적으로 편집 작업을 했다. 바쁜 일정 속에서 번잡한

작업을 마다하지 않고 헌신적으로 작업에 종사해 주신, 나를 제외한 네 분께 진심으로 감사 인사를 드리고 싶다. 이 책에서 서술한 내용에 대한 책임은 이 다섯 명이 진다. 다만 하네다가 이 책의 엮은이로 되어 있기 때문에 최종적인 책임이 하네다에게 있음은 말할 나위도 없다.

앞의 집필자 그룹에 더해 많은 분이 연구회에 늘 또는 부분적으로 참가했고 의견의 표명 및 조언과 정보의 제공 등으로 각자가 할 수 있는 한의 공헌을 해 주셨다. 이름을 열거하는 것은 피하고자 하나 특별히 감사의 뜻을 표하고 싶다.

2006년 4월 초순에 고(故) 오카 모토시 씨의 제안으로 해역이라는 연구 주제에 관심을 둔 오카 씨와 이토 고지, 나카지마 요시아키, 하네다 마사시, 이 네 명이 야마구치에 모여 해역을 주제로 하는 공동 연구의 가능성에 관해 이야기를 나누었다. 지금 생각해 보면 이 모임이야말로 이 책을 탄생시킨 출발점이 되었다. 공평무사하며 정열적인 오카 씨의 훌륭한 리더십이 없었더라면 이 책이 세상에 나올 일은 없었을 것이다. 일을 마지막까지 채 마치지 못하고 세상을 떠난 오카 씨의 아쉬움은 이해하고도 남음이 있다. 이 책은 오카 씨의 학은(學恩)에 대한 남겨진 사람들의 자그마한 보답이다.

제반 사정으로 출판이 당초의 예정보다 늦어져 이 책은 현대 동아시아 해역의 격동이 한창인 가운데에 세상에 나오게 되었다. 현대의 동아시아 해역에 관해서 직접 무엇인가를 이야기하는 것은 아니지만, 심각한 문제를 해결의 방향으로 이끌기 위한 힌트는 이 책의 본문 여기저기에 담겨 있는 것이 아닌가 생각한다. 많은 사람이 이 책을

바다에서 본 역사

펼쳐 거기에 묘사된 과거 동아시아 해역의 모습을 염두에 두고, 각자의 입장에서 문제 해결에 진지하게 대처해 주기를 간절히 바란다.

2012년 10월
하네다 마사시

집필자 · 집필 협력자

이토 고지(伊藤幸司)
규슈 대학 대학원 비교사회문화연구원 준교수
일본 중세사, 동아시아 해역사

이와이 시게키(岩井茂樹)
교토 대학 인문과학연구소 교수
중국 근세사

에노모토 와타루(榎本涉)
국제일본문화연구센터 준교수
일본 중세 대외 관계사

오카 미호코(岡美穗子)
도쿄 대학 사료편찬소 준교수
근세 초기 대외 관계사

오카 모토시(岡元司)
전(前) 히로시마 대학 대학원 문학연구과 준교
수(고인)
중국 송대사

오카모토 히로미치(岡本弘道)
현립 히로시마 대학 인간문화학부 준교수
근세 해역 아시아사

오바타 히로키(小畑弘己)
구마모토 대학 문학부 교수
고고학

가게 도시오(鹿毛敏夫)
나고야 가쿠인 대학 국제문화학부 교수
일본 중세사

구바 다카시(久芳崇)
세이난 가쿠인 대학 국제문화학부 비상근 강사
동아시아 군사기술 교류사

사에키 고지(佐伯弘次)
규슈 대학 대학원 인문과학연구원 교수
일본 중세사

스기야마 기요히코(杉山淸彦)

도쿄 대학 대학원 총합문화연구과 준교수

대청 제국사

다카쓰 다카시(高津孝)

가고시마 대학 법문학부 교수

중국 문학

다카하시 다다히코(高橋忠彦)

도쿄 가쿠게이 대학 교육학부 교수

중국 문화사

나카지마 요시아키(中島樂章)

규슈 대학 인문과학연구원 준교수

중국 근세사, 동아시아 해역사

나가모리 미쓰노부(長森美信)

덴리 대학 국제학부 준교수

조선 근세사

노다 아사미(野田麻美)

군마현립근대미술관

일본 근세 회화사

하시모토 유(橋本雄)

홋카이도 대학 대학원 문학연구과 준교수

중세 일본 국제 관계사, 문화 교류사

하스다 다카시(蓮田隆志)

리쓰메이칸 아시아 태평양 대학 아시아태평양

학부 준교수

베트남 근세사

하네다 마사시

→ 엮은이

후지타 아키요시(藤田明良)

덴리 대학 국제학부 교수

일본 중세사, 동아시아 해역사

모리히라 마사히코(森平雅彦)

규슈 대학 대학원 인문과학연구원 준교수

조선사, 동아시아 교섭사

무카이 마사키(向正樹)

도시샤 대학 글로벌지역문화학부 준교수

몽골제국사

야마우치 신지(山內晉次)

고베 여자 대학 문학부 교수

해역 아시아사, 일본 고대사

야마자키 다케시(山崎岳)

나라 대학 문학부 준교수

동양사

요시오 히로시(吉尾寬)

고치 대학 인문사회계 교수

중국 근세사

욧카이치 야스히로(四日市康博)

릿쿄 대학 문학부 준교수

몽골제국기 동서유라시아 교류사, 해역
아시아사

요네타니 히토시(米谷均)

와세다 대학 상학부 비상근 강사

중세·근세 조일 관계사

와타나베 미키(渡邊美季)

도쿄 대학 대학원 총합문화연구과 준교수

류큐사, 동아시아 해역사

엮은이

하네다 마사시(羽田正)

도쿄 대학 동양문화연구소 교수

세계사

감수자

고지마 쓰요시(小島毅)

도쿄 대학 대학원 인문사회계연구과 교수

중국 사상사

이 책은 "동아시아 해역으로 배를 저어 나아가다(Lectures on the East Asia Maritime World, 東アジア海域に漕ぎだす)"라는 대주제 아래 도쿄 대학 출판회가 2013년에서 2014년 사이에 출간한 여섯 권의 시리즈 교양서 가운데 제1권이다. 제2권은 『문화 도시 영파(文化都市寧波)』, 제3권은 『생활이 이어 주는 영파와 일본(くらしがつなぐ寧波と日本)』, 제4권은 『동아시아 속의 고잔 문화(東アジアのなかの五山文化)』, 제5권은 『훈독으로 다시 보는 동아시아(訓読から見なおす東アジア)』, 제6권은 『바다가 키우는 일본 문화(海がはぐくむ日本文化)』이므로, 이 책 『바다에서 본 역사』는 총 여섯 권에 달하는 시리즈의 개론이자 전체상을 담은 총론이라 할 수 있다.

시리즈의 전체 주제나 이 책에서 다루는 광범위한 지역과 소재 등을 한번 보기만 해도 바로 알 수 있듯, 이 책은 한두 사람의 역량으로 완성할 수 있는 수준이 결코 아니다. 세계사를 전공하는 하네다 마사시 교수를 비롯해 한국사와 중국사, 일본사, 베트남사, 류큐사, 대외 관계사, 해역 아시아사, 회화사, 문학사, 문화사, 고고학, 군사기술 교류사 등을 전공하는 학자 스물여덟 명이 뭉쳐 결성했던 '동아시아 해역사 연구회'의 공동 연구 결과물이다. 그것도 2007년에서 2010년까지 약 3년 동안 밀도 있는 연구 모임을 통해 약 서른 명의 참가자 전원이 납득할 때까지 서로 다양하게 가지는 개념과 역사의 시각, 서술 방법의 공통분모를 찾으려고 노력했다고 하니, 그야말로 학제 간 연구와 통섭(統攝, consilience)의 방법론을 모범적으로 보여 주는 결과물이라 할 수 있다.

이처럼 다양한 전공자들을 흡입력 있게 모은 연구물이 나올 수 있었던 배경에 일본 학계의 치밀한 특성과 공동 저자들의 특별한 헌신이 있었음은 말할 나위도 없겠지만, '바다'라는 연구 대상이 지닌 독특성을 빼놓을 수 없을 것 같다. 이 책의 저자들이 '해역(海域)'이라고 언급하는 바다는 하나의 구분된 범위의 바다가 아니라 "인간이 생활하는 공간으로서의 바다", 즉 사람과 물품, 정보가 이동하고 교류하는 장으로서의 바다를 말한다. 따라서 뚜렷한 구분과 경계가 존재하지 않고 주변의 '육역(陸域)' 및 또 다른 바다와 끊임없이 연결된다. 일국사(一國史) 혹은 두 국가 사이의 관계사로는 파악하기 곤란한 중층적인 교류와 혼성적(hybrid) 파생물이 생겨나므로, 자연스럽게 다양한 전공자들의 지식과 지혜를 모아야 했을 것이다. 무엇보다 변화무쌍한 해양 세계에 대한 자연과학적 이해, 항해술과 선박 제조술에 대한 과학 지식, 그리고 해안가와 해저에서 발굴되는 유적에 대한 고고학적 지식까지 가미될 때 바다를 매개로 발생했던 과거를 육지의 관점으로부터 자유롭게 복원하고 포착할 수 있다.

바다는 힘 있는 누군가의 배타적인 점유가 어려운 공간이다. 네트워크의 확장에 따라 중심과 주변이 끊임없이 변동할 뿐 아니라 만리장성과 같은 광대한 인공 경계를 건설하기도 어렵기 때문이다. 그래서 해양법의 기초를 놓았던 휘호 그로티우스(Hugo Grotius, 1583~1645년)는 『자유로운 바다(The Free Sea)』에서 특정 국가가 바다에서 자국의 주권을 주장할 수 없다고 선언했다. 바다는 무주지(無主地, terra nullius)이거나 특정인에게 점유되지 않은 곳이라는 의미다. 물론 그로티우스는 토르데시야스(Tordesillas) 조약(1493~1494년)에 따라 지구를 양분하며 해양 무역을 독점하던 포르투갈과 스페인의 기득권을 파쇄하며 자유경쟁의 권리를 확보하기 위한 네덜란드의 이해관계를 충족시키기 위해 바다의 자유를 주장했지만, 배타적 지배가 곤란한 바다의 특성을 정확하게 포착했다. 따라서 해양사 혹은 해역사라는 학문 영역 역시 그 탐구 대상처럼 다양한 전공을 지닌 연구자들이 어울려 궁리하는 특성을 지니게 된다.

두 옮긴이가 이 책의 번역을 결심한 첫 번째 이유가 바로 여기에 있다. 해양사의 중요성을 십분 인정하면서도 공동 연구를 통한 해양사 연구의 경험이 일천한 상황에서 우선 일본 학계의 탄탄한 공동 연구 성과와 방법론을 배우고 소개할 필요성을 느꼈다. 2012년에 번역되어 소개된 『해역아시아사 연구 입문』(모모키 시로 엮음, 최연식 옮김, 민속원)이 해역사에 대한 일본 연구자들의 각론이라면 이 책은 보다 종합적이고 다양한 시각을 제시한다. 물론 '대왜구의 시대'처럼 우리에게는 익숙하지 않은 표현이라도 가급적 일본 학계의 시각을 그대로 보여 주기 위해 그대로 번역했지만, '일본해'는 '동해(일본해)'로 병기했다.

다음으로 "바다에서 본"다는 관점의 신선함이 번역을 결심한 또 다른 요인이었다. 프롤로그에 잘 소개된 것처럼, 육지에서 그렇게 중요한 '국적(國籍)', 즉 소속감이라는 것이 바다에서 활동하는 상인에게는 그렇게 큰 의미가 없었다. 우리에게는 전라남도 신안(新安) 앞바다에서 발굴되었기에 신안선으로도 널리 알려진 선박이 일본 선박인지 중국의 원나라 선박인지 명확하게 규정하기가 어려운 것도 마찬가지 맥락이다. 어느 네덜란드인이 1630년에 일본 나가사키에서 발견한 서양식 갤리언 선박의 소유자가 중국인이고 항해사는 일본인 여성과 결혼한 네덜란드인이었다면, 우린 이 배를 어느 나라에 속한 배라고 말할 수 있을까? 참으로 혼란스러우면서 흥미로운 대목이 아닐 수 없다. 경계를 철저하게 무너뜨리는 바다의 침범이랄까? 그동안 얼마나 육지에 '구속되어' 살아왔는지 깨닫고 화들짝 놀라는 대목이 아닐 수 없다. 따라서 감수자 고지마 쓰요시가 잘 지적했듯, 이 책은 단순한 역사서가 아니라 세계관의 변화를 야기하는 책이라고도 할 수 있다.

　마지막으로 학술서와 대중 교양서의 사이에서 절묘한 매력을 지닌 이 책의 서술 방식에 옮긴이들은 매료되었다. 이 책은 각 페이지에 인용된 자료나 전거를 밝히는 학술서의 방식을 취하지 않는 대신 어려운 단어에 해설을 각주로 달고 관련된 도판 자료와 지도를 인용했다. 그렇다고 누구나 쉽게 읽을 수 있는 대중 교양서라고 보기도 어려운데, 전근대 동아시아 해역 각지에서 사용되던 어휘나 개념들을 현대어로 번역하지 않고 그대로 노출시켰기 때문이다. 현대적 개념으로 변환하는 과정에서 발생할 수 있는 의외의 오해를 피하고 원어를 그

　　　　　　　　　　　　　　　　　바다에서 본 역사

대로 제시하는 방식을 취했기에 형성된 특징이다. 역사 전문가라 하더라도 낯선 소재와 기발한 관점을 발견하는 재미가 쏠쏠하고, 대학생 수준의 지식인 독자라 하더라도 흥미를 잃지 않고 완독하게 할 수 있는, 딱딱하지 않은 서술상의 매력을 겸비했다고 여겨졌다. 특히 모든 시대를 망라해서 검토하기보다는 100년 단위로 13~14세기, 16세기, 18세기의 바다를 각각 '열려 있는 바다', '경합하는 바다', '공생하는 바다'로 그 특징을 뽑아낸 점도 해역사에 대한 오랜 연구와 고민의 결과일 것이다.

중국사와 일본사(한일 교류사)를 전공하는 두 연구자가 공동으로 번역에 임했던 것도 해양사의 혼종성과 일정한 관련이 있을 것 같다. 같은 학과에 봉직하고 있다는 장점도 있지만, 그보다는 중국사와 일본사를 각각 전공하는 두 한국인 역사학자의 관심사를 연결시키고 매개하는 공간은 역시 바다, 그것도 이 책의 주요 무대인 동중국해를 중심으로 한 유라시아 대륙 동쪽의 남북으로 연결된 바다였다. 특히 정순일은 고대 동아시아 사람들의 바다를 매개로 한 국제 이동과 그에서 파생하는 문화 접변을 일관된 논리로 연구해 오고 있다. 그중에서도 신라인을 비롯한 이국인이 일본열도로 유입될 때 열도 사회의 연해 지역과 도서 지역에서 발생하는 여러 가지 변화 양상을 현상적·실태적으로 분석하는 점이 주목된다. 9세기 이후 역사의 무대에 본격적으로 등장하는 '신라 해적', '신라 상인', '통역(역어와 통사)', '도항승(渡航僧)', '당물'을 연구 키워드로 삼는 것도 정순일의 고민이 어디에 있는지를 잘 보여 준다. 또한 본래 바다가 아니라 내륙에서 대운하를 따라 활동하던 상인 연구에 오랜 시간을 쏟았던 조영헌 역시 "왜 중국의 명 왕조와 청 왕조는 바다에 대한 진출을 주저했을까?" 라는 질문을 갖게 되면서 이전에 발견하지 못했던 전근대 중국과 해양 사이의 밀접한 관련성에 주목하게 되었다. 자유로운 교류와 경계의 넘나듦을 특징으로 하는 바다의 역사를 다루면서 옮긴이들은 과거에 바다를 주유(周遊)하며 물자를 교류했던 해상(海商)과 해적(海賊) 사이의 고뇌에 공감하기도 했다. 바다를 매개로 연결된 두 옮긴이의 협업이 해양사에 관심을 가진, 한국의 다양한 전공을 가진 수많은 연구자 및 연구 모임에 작은 디딤돌이 되기를 소망한다.

늘 그렇듯 번역 작업은 대학에서 사실상 거의 연구 업적으로 평가받지 못하는 현실이기에 집중적으로 진행하기가 어려웠다. 그만큼 또 많은 분의 격려와 도움을 받으며 이 책을 번역했다. 2017년부터 고려대의 지원을 받아 진행된 '동아시아해양사연구회'라는 소규모 공동 연구 모임과 이에 참여하는 다양한 전공의 연구자분들이 보여주신 관심과 격려가 이 책을 번역하는 과정에 시종일관 격려가 되었다. 또한 두 옮긴이가 봉직하는 고려대 역사교육과의 '동아시아문화교류연구소' 역시 옮긴이들에게 해양을 매개로 한 교류사에 대한 관심을 지속적으로 환기시켜 주었다. 초기 번역 과정에 남지언 선생님의 도움이 있었음에 감사를 드린다. 그 외에도 우리에게 익숙하지 않은 동남아시아의 인명과 지명을 우리말 발음으로 찾는 데에도 여러분의 도움이 있었다. 그럼에도 불구하고 여전히 남은 번역문의 어색함과 오역은 전적으로 공부가 부족하고 게으른 옮긴이들의 탓이다.

어려운 출판 환경 속에서 출간을 흔쾌히 승낙해 주고 예정보다 늦어진 번역 일정을 끈기 있게 기다리며 완성도를 높여 준 민음사에 감사한다. 무엇보다 옮긴이 정순일과 이메일을 수차례 주고받으며 한국어판의 성공적인 출판을 기원하고 물심양면으로 도와주신 하네다 마사시 선생님의 호의에 특별한 감사를 표하지 않을 수 없다. 하네다 선생님이 한국어판 서문에서 언급한바 연구자의 '위치성'은 번역의 마지막 순간까지 옮긴이들에게 지금 어디에서 연구의 좌표를 잡고 있는지 환기시켜 주었다. 이 책이 일본이라는 열도에서 바라보는 바다의 역사라고 한다면, 대륙과 해양의 교차로인 한반도에서 바라보는 바다와 해양사는 또 어떠한 모습일까? 이제 대륙사관과 해양사관을 겸비하며 새로운 돌파구를 모색하려는 한국의 해양사 연구자들이 마음을 모아 이 물음에 답할 때가 가까이 온 듯하다.

2018년 11월 20일
옮긴이 조영헌, 정순일 씀

바다에서 본 역사

개방, 경합, 공생—동아시아 700년의 문명 교류사

1판 1쇄 펴냄 2018년 12월 26일
1판 3쇄 펴냄 2022년 1월 27일

엮은이	하네다 마사시
감수자	고지마 쓰요시
옮긴이	조영헌, 정순일
발행인	박근섭, 박상준
펴낸곳	(주)민음사

출판등록   1966. 5. 19. (제16 - 490호)
주소   서울시 강남구 도산대로1길 62
            강남출판문화센터 5층 (06027)
대표전화   02-515-2000   팩시밀리 02-515-2007
홈페이지   www.minumsa.com

ISBN 978-89-374-3902-5 (03910)

* 잘못 만들어진 책은 구입처에서 교환해 드립니다.